汽车制造工艺学

主　编　黄树涛
副主编　周秋忠　苏向东　张　旭

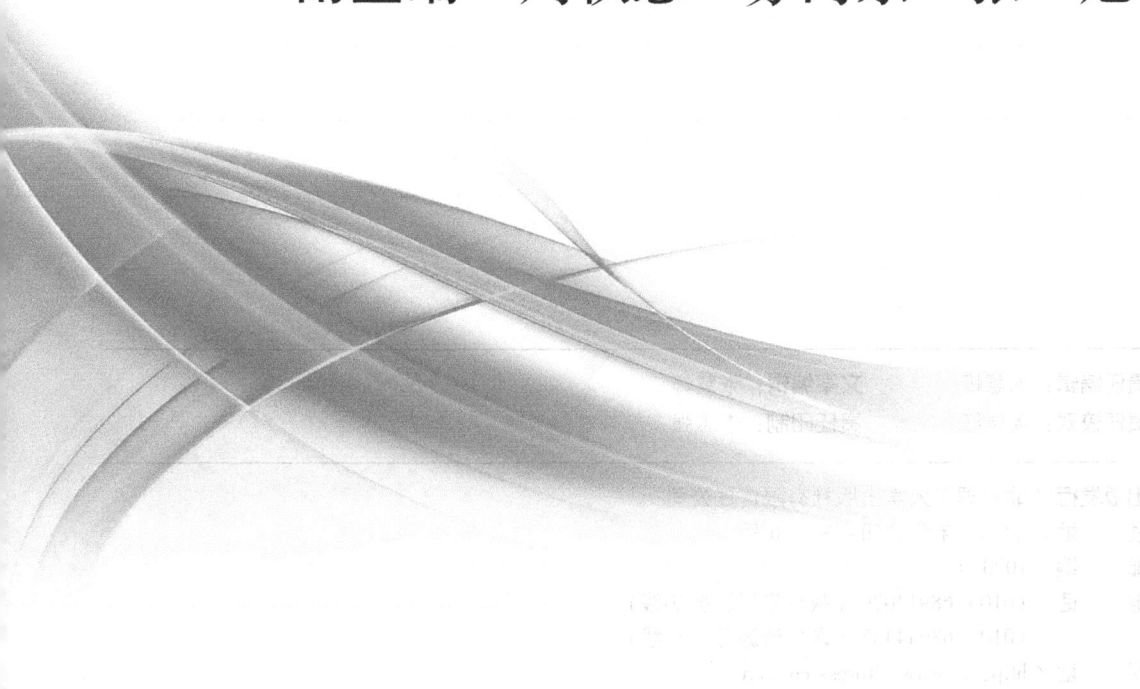

北京理工大学出版社
BEIJING INSTITUTE OF TECHNOLOGY PRESS

图书在版编目（CIP）数据

汽车制造工艺学/黄树涛主编．—北京：北京理工大学出版社，2015.1（2024.1重印）

ISBN 978-7-5640-9133-0

Ⅰ.①汽… Ⅱ.①黄… Ⅲ.①汽车-生产工艺-高等学校-教材 Ⅳ.①U466

中国版本图书馆CIP数据核字（2014）第081654号

责任编辑：张慧峰　　**文案编辑**：张慧峰
责任校对：周瑞红　　**责任印制**：李志强

出版发行／北京理工大学出版社有限责任公司
社　　址／北京市丰台区四合庄路6号
邮　　编／100070
电　　话／（010）68914026（教材售后服务热线）
（010）68944437（课件资源服务热线）
网　　址／http：//www.bitpress.com.cn

版 印 次／2024年1月第1版第4次印刷
印　　刷／廊坊市印艺阁数字科技有限公司
开　　本／787 mm×1092 mm　1/16
印　　张／16
字　　数／360千字
定　　价／48.00元

编委会名单

编写说明

根据教育部教高［2011］5号《关于“十二五”普通高等教育本科教材建设的若干意见》文件和“卓越工程师教育培养计划”的精神要求。为全面推进高等教育理工科院校“质量工程”的实施，将教学改革的成果和教学实践的积累体现到教材建设和教学资源统合的实际工作中去，以满足不断深化的教学改革的需要，更好地为学校教学改革、人才培养与课程建设服务，确保高质量教材进课堂。为此，由辽宁工程技术大学机械工程学院 、沈阳工业大学机械工程学院 、大连交通大学机械工程学院、大连工业大学机械工程与自动化学院 、辽宁科技大学机械工程与自动化学院 、辽宁工业大学机械工程与自动化学院 、辽宁工业大学汽车与交通工程学院 、辽宁石油化工大学机械工程学院、沈阳航空航天大学机电工程学院 、沈阳化工大学机械工程学院 、沈阳理工大学机械工程学院 、沈阳理工大学汽车与交通学院、沈阳建筑大学交通与机械工程学院等理工科院校机械工程学科教学单位组建的专委会和编委会组织主导，经北京理工大学出版社、理工科院校机械工程学科专委会各位专家近两年的精心组织、工作准备和调研沟通，以创新、合作、融合、共赢、整合跨院校优质资源的工作方式，结合理工科院校对机械工程学科和课程教学理念、学科建设和体系搭建等研究建设成果，按照当今最新的教材理念和立体化教材开发技术，本着“整体规划、制作精品、分步实施、落实到位”的原则确定编写机械设计与制造、机械电子工程及车辆工程等机械工程学科课程体系教材。本套丛书力求结构严谨、逻辑清晰、叙述详细、通俗易懂. 全书有较多的例题，便于自学，同时注意尽量多给出一些应用实例。

本书可供高等院校理工科类各专业的学生使用，也可供广大教师、工程技术人员参考。

理工科院校机械工程学科建设及教材编写专委会和编委会

前 言

Qianyan

“汽车制造工艺学”是全国普通高校车辆工程专业本科人才培养方案中设置的一门主干技术基础课程。通过该课程的学习，学生可以了解汽车生产过程的特点与组织形式，掌握汽车毛坯和零件的主要加工工艺方法以及设备、零件加工工艺规程的设计内容和方法，掌握机械加工质量的影响因素和控制方法等基本理论知识，并学会运用工艺知识来分析和评判车辆（汽车）零部件结构的工艺性，为毕业后从事车辆（汽车）的结构设计、工艺设计及管理工作奠定基础。

本教材的编写遵循“系统的专业基础知识培养”和“专业工程能力训练”相融合的原则，在内容安排上既突出较为系统的基础理论知识，又能反映先进的汽车制造工艺技术，力求根据汽车制造过程的特点，为学生建立合理的制造工艺知识结构，并着力培养学生的工程素养和实践应用能力，以满足学生就业需求并使之具有再学习和可持续的职业发展能力。因此，教材编写内容的特点就是既有丰富的理论知识，又有大量翔实的汽车制造工艺实例，两者相互穿插。每个理论知识点后面都配有工程实例讲解，在帮助学生理解理论知识的同时，突出理论知识的工程应用，培养学生的实际工程应用能力。

本课程应在完成机械制图、汽车构造、汽车材料、机械设计、金工实习等技术基础课程和相关实践教学环节后学习。根据作者多年的教学实践经验，建议课后安排学生在汽车生产企业实习或参观汽车材料零部件成形与加工工艺展示厅，通过生产现场进一步强化对汽车制造生产运行情况与典型零件加工工艺的认识，巩固对课程理论知识的理解。如果能有计划地安排学生从事汽车零件制造工艺课程设计，对课程知识进行消化、吸收和应用，那么对提高学生的工程实践能力，将起到重要推动作用。

本教材由沈阳理工大学汽车与交通学院黄树涛教授担任主编。编写人员有周秋忠、苏向东、张旭。其中：黄树涛编写第 3 章；张旭编写第 1 章、第 7 章和第 8 章；周秋忠编写第 2 章、第 5 章；苏向东编写第 4 章、第 6 章。

由于编者水平有限，书中错误在所难免，敬请批评指正。

编　者

Contents

目 录

目 录

Contents

目 录

Contents

Contents

目录

目 录 Contents

Contents

目 录

第1章　汽车制造工艺概论

【本章知识点】

1. 了解汽车的整体结构及各部分的作用。

2. 了解汽车的制造过程。

3. 了解生产纲领和生产类型的基本概念。

1.1　汽车整体构成及制造过程

1.1.1　汽车整体构成

汽车是由成千上万个零件构成的复杂的陆上交通工具。根据其动力装置和使用条件的不同，汽车在具体结构上有很大的差别，但其总体结构一般包括发动机、底盘、车身以及电气与电子装备四大部分。

1. 发动机

发动机是使输送进来的燃料燃烧而发出动力的装置。现代汽车上常用的发动机是往复活塞式汽油或柴油内燃机，它一般包括曲柄连杆机构、配气机构、供给系统、冷却系统、润滑系统、点火系统和启动系统。

2. 底盘

底盘是汽车的基体，接受来自发动机的动力。它主要包括传动系统、行驶系统、转向系统和制动系统四大部分。

3. 车身

车身是驾驶员工作的场所，同时也是装载乘客和货物的部件。根据结构不同分为承载式车身和非承载式车身。

4. 电气与电子设备

电气与电子设备主要包括电源组、发动机点火设备、发动机启动设备、导航系统、电子防抱死制动系统，等等。

1.1.2　汽车制造过程

汽车是一种复杂的机电产品，制造过程十分复杂。汽车的制造过程是指将原材料转变为汽车产品的整个生产过程。汽车的制造过程包括零件毛坯的制造、机械加工、热处理、装配等。这些过程是汽车生产中的中心环节，除上述生产过程外，还包括保证生产过程能正常进行所必需的其他一些辅助生产过程，例如生产过程中的运输、储存、保管，投产前的技术准备、生产准备、产品的销售及售后服务等。

汽车的制造过程涉及多个行业，如机械制造行业、玻璃制造行业及橡胶塑料制品行业、电子电器行业、化学化工行业等。在社会化大生产中，一个汽车企业或公司是不可能承担全部汽车零部件的生产的。汽车企业一般只完成汽车主要零件或部件的生产，如发动机、变速器、驱动桥、转向机构、车架、车身等的主要零件制造和总成的装配，其余零部件或附件则由其他专业厂家协作生产。在汽车制造企业内部，按产品专门化和工艺专业化的原则，设置铸造、锻造、热处理、发动机、变速器或传动器、驱动轿、转向器等车间，它们专门制造不同车型的多种零件或总成，以利于保证制品的制造质量和降低制造成本等。汽车行业是一个行业关联性强、技术密集、资金密集的产业，汽车行业的发展能带动其他行业的发展。

1.1.3 汽车制造体系的构成

在生产过程中，直接改变生产对象的形状、尺寸、表面之间的相对位置和性质等，使其成为成品或半成品的过程，称为工艺过程。汽车制造的工艺过程包括毛坯（铸件、锻件等）制造工艺过程、热处理工艺过程、机械加工工艺过程、装配工艺过程等。将原材料通过铸造或锻造方法制造成铸件或锻件，称为铸造或锻造工艺过程，统称为毛坯制造工艺过程。

在机床设备上利用切削刀具，将毛坯或工件加工成零件的过程，称为机械加工工艺过程。机械加工工艺过程主要是改变生产的形状和尺寸的过程。根据机械加工中有无切屑产生，又可分为切削加工和无屑加工两类。切削加工主要是利用切削刀具从生产对象（工件）上切除多余材料的加工方法，如在汽车零件制造中常采用的车、钻、铰、铣、拉、镗、磨、研磨、抛光、超精加工和齿轮轮齿加工中的滚齿、插齿、剃齿，以及锥齿轮轮齿加工中的铣齿、拉齿等加工方法。无屑加工主要是使用滚挤压工具对生产对象施加压力，使其产生塑性变形而成形并使其表面强化的加工方法，如汽车零件制造中采用的热轧齿轮轮齿，冷轧和冷挤压齿轮轮齿，滚挤压轴类零件外圆和内孔等。

按规定的装配技术要求，将零件或总成（部件）进行配合和连接，使之成为半成品或成品的工艺过程，称为装配工艺过程。它是改变零件、装配单元（总成或部件）间的相对位置的过程，分为总成或部件的装配（分装或部装）和汽车整车的总装配。汽车生产流程图如图 1 – 1 所示。

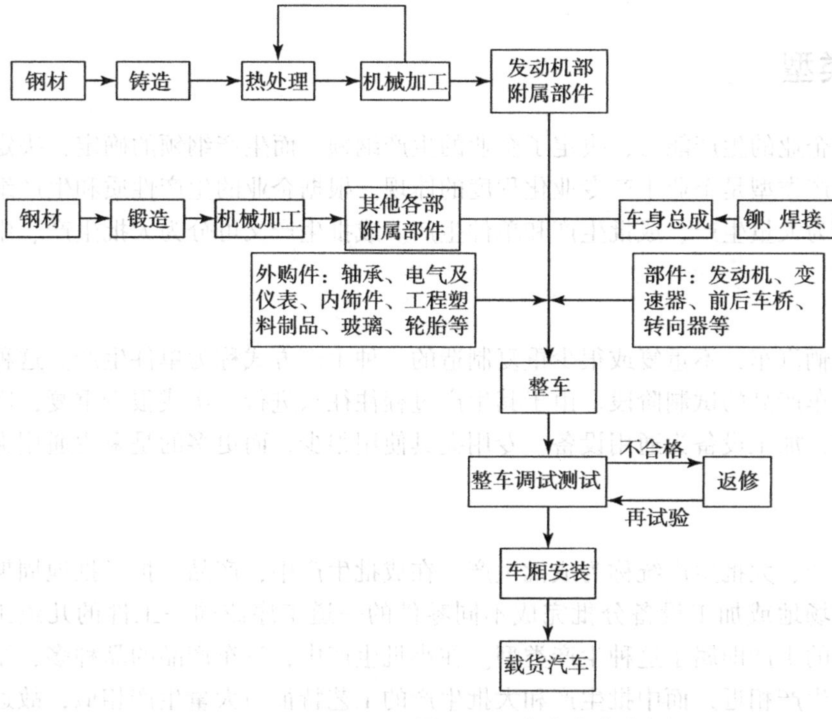

图1-1　汽车生产流程图

1.2　汽车零部件的生产类型

1.2.1　生产纲领

汽车企业，根据市场需求和本企业的生产能力制订的年（或月）产量和进度计划，称为该企业的生产纲领，生产纲领表征该企业的生产规模。而汽车零件的生产纲领，可按下式计算：

$$T = Zn(1 + a\%)(1 + b\%) \tag{1.1}$$

式中　Z——企业产品的生产纲领，台（或辆）/年（或月）；

n——每台（或每辆）产品中该零件的件数，件/台（或辆）；

$a\%$——备品率；

$b\%$——废品率。

将生产纲领计划的零件数量，在一定的时间内分批生产，每批生产的数量即为批量。汽车制造企业常用生产节拍控制其生产能力。所谓生产节拍是指在汽车零件的生产线上，工序之间被加工零件流动的时间间隔。

1.2.2 生产类型

汽车的社会需求与企业的生产能力，决定了企业的生产纲领。而生产纲领的确定，决定了产品的生产类型，生产类型是企业生产专业化程度的体现。根据企业的生产性质和生产纲领的不同，生产类型分为大量生产、成批生产和单件生产。成批生产又可分为大批生产、中批生产和小批生产。

1. 单件生产

一次生产一辆或几辆汽车，不重复或很少重复制造的一种生产方式称为单件生产。这种生产类型，常出现在汽车产品的试制阶段。由于其生产过程往往只进行一次或很少重复，因此在生产组织上很灵活，加工设备为通用设备，专用夹具使用很少，而更多的是采用通用夹具或组合夹具。

2. 成批生产

小批生产、中批生产、大批生产统称为成批生产。在成批生产中，产品一批一批地周期性投入生产。每一工作场地或加工设备分批完成不同零件的一道工序或同一工件的几道工序。中、重型载货汽车的生产即属于这种生产类型。在小批生产中，汽车产品的品种多，批量不大，其特征与单件生产相近，而中批生产和大批生产的工艺特征与大量生产相似，故通常把这些生产类型称之为单件小批生产和大批大量生产。

3. 大量生产

产品的品种不多，但数量很大，每一设备或工作场地重复地进行一种零件或几种相似零件的某一工序的生产。汽车发动机大部分零部件均属于这种生产类型。由于大量生产的零件数量很多，因此，在生产组织上，按零件的结构或部件的相对独立功能进行专业化生产，如发动机、变速器、车身等的生产部门分别称为发动机分厂、变速器分厂和车身分厂等。为提高生产效率，这些专业化分厂常采用机床设备、专用工艺设备，并按工艺规程顺序组织生产。生产类型的划分依据见表 1－1。

表 1－1 汽车制造厂机械加工车间生产类型的划分依据

汽车特征 生产类型		轿车或 1.5 t 以下商用车年产量/辆	商用车或特种车年产量/辆	
			2～6 t 汽车	8～15 t 汽车
单件生产		各类汽车新产品的试制，数量一般为一辆或几十辆		
成批生产	小批量	2 000 以下	1 000 以下	500 以下
	中批量	2 000～10 000	1 000～10 000	500～5 000
	大批量	10 000～50 000	10 000～30 000	5 000～10 000
大量生产		50 000 以上	30 000 以上	10 000 以上

本章小结

本章先从宏观上说明汽车生产过程及工艺过程的概念与组织形式。在学习中，要求从了解汽车及其零部件生产模式、现代汽车制造业发展状况和汽车大量流水生产的特点出发，了解汽车生产过程，掌握工艺过程与工序的划分与组织，了解汽车零件机械加工尺寸和形状的获得方法。在构建汽车零件毛坯、机械加工工艺与制造方法的知识基础之后，学生能够打开学习汽车各分总成、总成直至整车的制造工艺的思路。

思考与习题

1. 综述汽车制造方法与基本技术内容（写出不少于 300 字的短文）。

2. 何谓汽车生产过程？汽车生产过程由哪几部分组成？如果现在要您去考察一个汽车制造厂，您将如何安排考察路线？

3. 何谓汽车制造工艺过程？汽车制造工艺过程包含哪些子过程？从汽车生产组织需要来说明（顺序不能颠倒）。

4. 汽车零件年生产纲领是如何计算的？如何划分汽车产品和零件的生产类型？

第 2 章　汽车零件毛坯制造工艺基础

【本章知识点】

1. 铸造工艺类型及其特点。
2. 汽车零件铸件类型。
3. 锻造工艺类型及其特点。
4. 冲压工艺分类及其特点。
5. 汽车冲压件加工工艺。
6. 焊接工艺分类及其特点。
7. 汽车装焊工艺及工艺性要求。
8. 塑性成形工艺及其特点。

汽车是由许多零件组成的，而这些零件是通过不同的加工工艺方法由毛坯加工形成的。据统计，大约占汽车重量 70% 的零件，其毛坯是由铸造、模锻、冲压及焊接工艺方法加工成形的。如缸体、变速器箱体、铝质活塞与轮毂等零件的毛坯，采用的是铸造成形的铸件；连杆、十字轴、载重车前梁、军车曲轴、齿轮等要求高的重要零件毛坯，采用的是模锻成形的模锻件；车身覆盖件与加强件、车架等，直接采用冲压成形的方法制成冲压件，并经焊接方法最终形成车身。铸造、锻造、冲压和焊接加工技术在汽车生产过程中占有举足轻重的地位。

同时，由于一般的铸造和模锻毛坯附有较大的机械加工余量、毛边、工艺敷料等，其材料利用率通常为 50% ~70%。所以，为提高生产率和材料利用率，在现代汽车制造业中开始广泛地应用精密铸造、精密模锻和精密冲裁、冷镦、冷挤、轧制、粉末冶金和注塑等净成形工艺方法，大大提高了铸、锻件毛坯的精度，实现了少切屑加工；甚至可以直接成形零件制品，实现了无切屑加工，从而降低了机械加工工作量。

2.1　铸造工艺基础

铸造是将熔化后的金属液浇注到与零件内外形状相适应的铸模型腔中，待其凝固、冷却后，获得一定形状的零件或零件毛坯的生产方法。铸造是用来制造结构复杂的箱体类零件毛坯的主要生产方法，通过铸造获得的毛坯或零件统称为铸件。在汽车制造过程中，约占全车重量 10% 的零件的毛坯是铸件，并通过钻削、铣削、镗削、磨削等切削方法加工而成。

2.1.1　铸造工艺过程及其特点

按工艺条件不同，铸造工艺分为砂型铸造和特种铸造。砂型铸造是指由液态金属依靠重力充满整个以型砂为主要原材料形成的铸型型腔的成形方法。凡不同于砂型铸造的所有铸造方法，包括熔模铸造、金属型铸造、压力铸造、低压铸造、离心铸造和实型铸造等，统称为特种铸造。

1. 砂型铸造成形工艺过程

在汽车生产中，砂型铸造所生产的铸件占整个汽车铸件的90%以上。砂型铸造工艺过程主要由造型、造芯、砂型及型芯烘干、合型、熔炼金属、浇注、落砂和清理、检验等几大部分组成，其流程如图2－1所示。

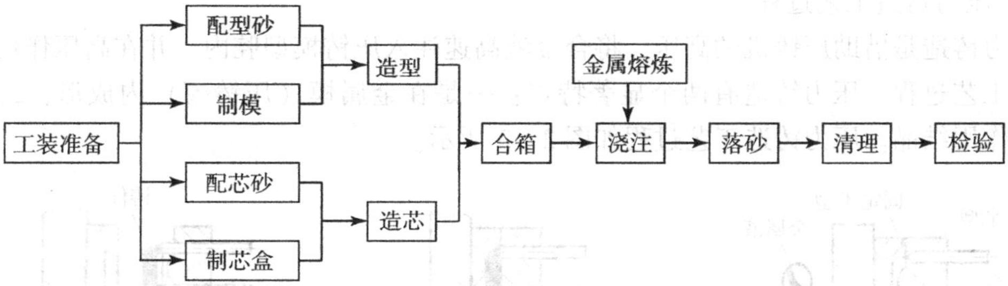

图2－1　砂型铸造工艺过程

造型用的材料为型砂，而造芯的材料为芯砂，统称为造型材料。型砂是以原砂为主，均匀混合旧砂、黏土、树脂和少量水分的混合物，具有成形性、耐火性、黏合性和透气性等工艺性能。造芯工艺形成的型芯，是在合箱后最终用来成形铸件内部空腔与孔洞的构件。把成分和温度都合格的熔炼合金液浇注到装配固定好的铸型中，再冷却、凝固、开箱、落砂和铸件清理后，即可获得铸件。

2. 特种铸造工艺过程

1）熔模铸造工艺过程

熔模铸造又称失蜡铸造，俗称精密铸造。名称来自“蜡模表面结壳、蜡失得以精密”。其工艺过程如图2－2所示。即：先压蜡制模，在蜡模表面制壳，然后熔模流失脱水、烧结，

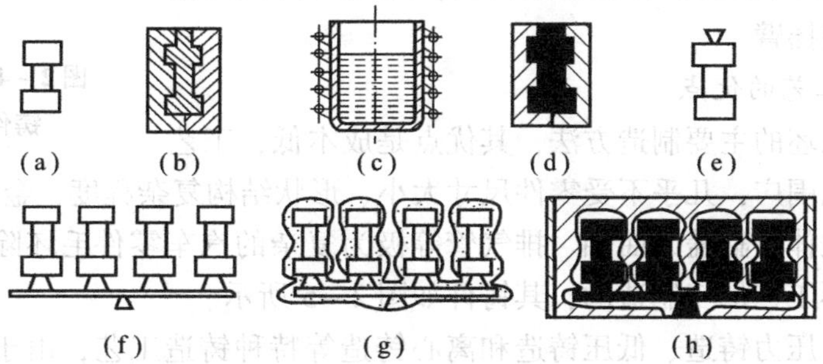

图2－2　熔模铸造工艺过程

(a) 母模；(b) 压型；(c) 熔模；(d) 压蜡；(e) 蜡模；(f) 蜡模组合；(g) 制壳；(h) 造形、浇注

金属熔炼浇注、凝固和铸件清理等。

熔模铸造特点：

(1) 铸型是一个内空壳体，无分型面；铸件无披缝，表面光洁，尺寸、形状精确，尺寸精度可达IT11～IT14，表面粗糙度值 Ra 12.5～1.6 μm。

(2) 铸造合金不受限制，任何性质的合金铸件都可以采用熔模铸造成形。

(3) 可制造形状特别复杂且难以加工的薄壁（最小壁厚0.7 mm）精密铸件，像汽车上的小型风路、油路、水路管接头和三通等小型铜合金和合金钢铸件等，一般都采用熔模精密铸造生产。

熔模铸造广泛应用于汽车、拖拉机、航空、兵器等制造业，已成为少、无切屑加工中最重要的工艺方法。特别是形状复杂、难以加工的精密合金铸钢件，如商用车挂钩等，需要采用熔模铸造。

2）压力铸造工艺过程

压力铸造是借助压铸机的高压，将合金液高速注入压铸模型腔内，并在高压作用下结晶凝固的工艺过程。压力铸造有两个显著特点：一是在金属模（压铸模）内成形；二是借助于高压作用结晶。压力铸造工艺过程如图2-3所示。

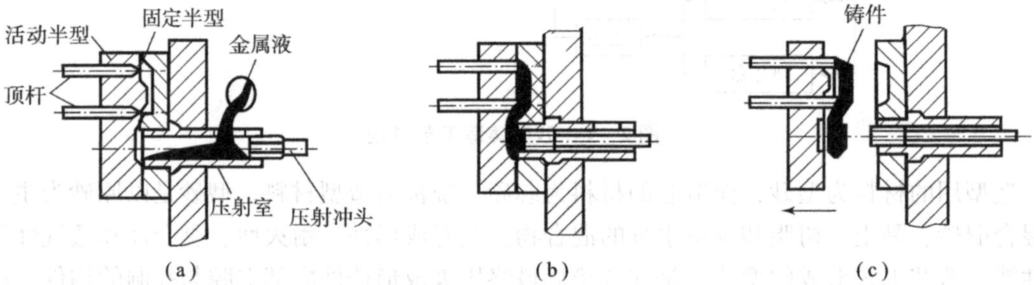

图2-3 压力铸造过程

(a) 合型浇注；(b) 施压成形；(c) 开模取件

汽车压铸件的铸造精度高，表面质量好，内部结晶组织致密，具体表现为尺寸精度可达到IT 11～13，表面粗糙度值 Ra 3.2～0.8，强度提高25%～30%，从而达到少、无切屑加工。如图2-4所示为以硬铝合金为原材料，经压铸而成的精密压铸件——气门摇臂。

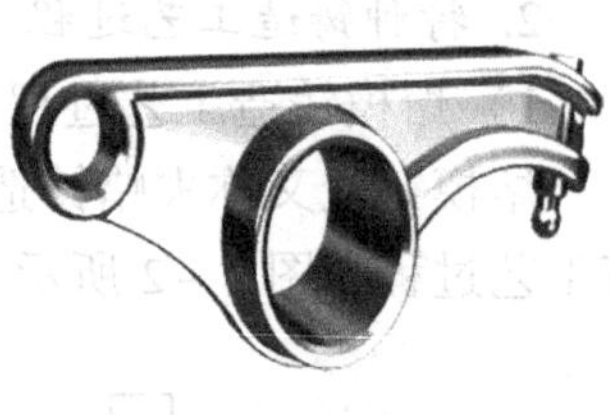

图2-4 硬铝合金精密压铸件——气门摇臂

3. 铸造成形工艺的优点

铸造是零件毛坯的主要制造方法，其优点是成本低，工艺灵活性大，适用范围广，几乎不受零件尺寸大小、形状结构复杂程度、金属材料种类、生产批量的限制。如缸体、缸盖、曲轴、排气管等极为复杂的汽车零件毛坯除了用铸造工艺外，是无法用其他成形工艺加工制造的，其铸件如图2-5所示。

金属型铸造、压力铸造、低压铸造和离心铸造等特种铸造工艺，由于采用了金属铸型，并应用热作模具钢等耐高温材料进行加工制作，具有强度大、一型多铸、使用寿命长、生产效率高、型腔表面光洁、合金液冷却快、结晶细密、产品力学性能好等一系列优点。但是，这些特种工艺存在金属铸型制造周期较长、设备投资增加等缺点。

(a)　(b)　(c)　(d)

图 2－5　形状复杂的各类汽车铸件

(a) 气缸头；(b) 气缸体；(c) 曲轴；(d) 排气管

2.1.2　汽车零件铸件类型

汽车铸件根据铸造金属材质与相应铸造方法不同而分为铸铁结构件，铝合金、铜合金铸件和少量小型铸钢件等。

1. 铸铁结构件

汽车铸铁结构件可以大致分为箱体、盘类，如气缸体、气缸盖、变速器壳体等；汽车飞轮壳、桥壳及许多保安件类；发动机曲轴类等三类。箱体、盘类常选用普通灰口铸铁 HT250（抗拉强度≥250 MPa）铸造；汽车飞轮壳、桥壳及许多保安件类则采用铁素体基体球墨铸铁，如 QT420－10；发动机曲轴等高强度铸件，则采用珠光体基体球墨铸铁 QT700－02。

汽车铸铁结构件一般都采用砂型铸造，其工艺应用如图 2－6 所示。发动机凸轮轴一般采用冷激铸铁铸造毛坯，其凸轮表面通过安放在砂型中的成形冷铁的冷激（快速冷却）作用而形成一层耐磨性非常好的细微渗碳体组织，轴体与凸轮中心仍然保证得到良好的高强度球墨铸铁。当前，在东风汽车公司和一汽集团的汽车生产中，汽车零件的砂型铸造基本实现了自动流水线方式的机械化生产，并采用了计算机辅助控制。

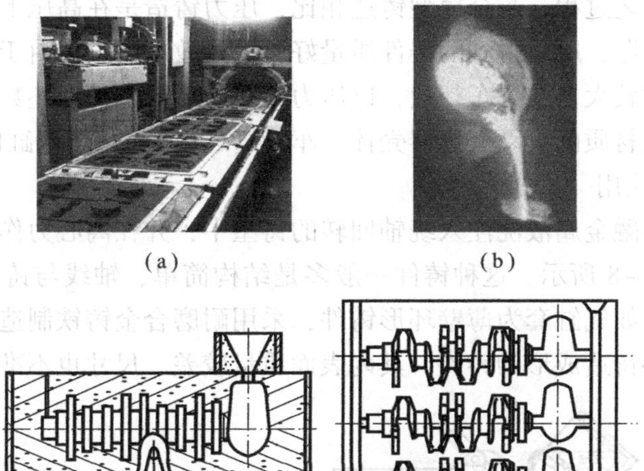
(a)　(b)　(c)　(d)

图 2－6　砂型铸造成形工艺示意图

(a) 砂型铸造生产线；(b) 浇注；(c) 球铁曲轴卧浇立冷工艺；(d) 球铁曲轴侧浇侧冷工艺

2. 铝合金铸件

汽车铝合金铸件通常采用金属型铸造、压力铸造与离心铸造成形。

1）金属型铸造的应用

金属型铸造是在重力作用下，将合格的熔融铝合金液浇注入周围采用循环水冷却的金属铸型内，凝固冷却后得到铸件毛坯的过程。金属型铸造具有尺寸精度高、表面光洁、结晶组织致密、力学性能良好的优点；同时，因实现了“一型多铸”，所以生产效率较高。但是，比起砂型铸造来，金属铸型铸造工艺相对复杂，制造成本增加。汽车活塞的毛坯就是采用金属型铸造工艺（图2－7），由铝硅合金材料（硅含量一般为13%左右）制成的。

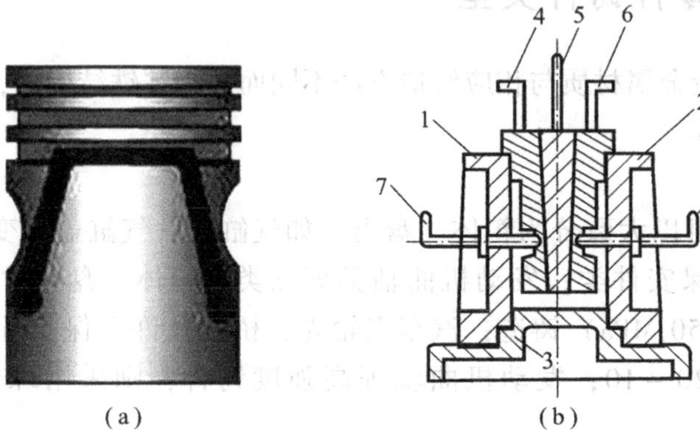

图2－7　铝硅合金活塞金属型铸造

（a）铝硅合金活塞；（b）活塞剖视图

1，2—左右半型；3—底型；4～6—分块金属型芯；7，8—销孔金属型芯

2）压力铸造的应用

压力铸造是借助压铸机的高压，将铝镁合金或铜合金液高速注入压铸模型腔内并在高压作用下结晶凝固的工艺过程。与金属型铸造相比，压力铸造是在高压下高速充型，解决了金属液流动性不畅的问题，所以得到的铸件质量好，生产效率高。但由于压铸设备与模具投入大，所以其成本相对较大。在汽车行业，以压力铸造成形的零件毛坯数量众多，其中包括结构复杂的、铝镁合金材质的自动变速器壳体、车轮（轮辋），甚至气缸体等。

3）离心铸造的应用

离心铸造是将熔融金属液浇注入绕轴回转的铸型中，并在离心力作用下凝固成形的铸造方法，其原理如图2－8所示。这种铸件一般多是结构简单、轴线与铸型回转轴线重合的圆筒形管状零件毛坯，如气缸套为薄壁环形铸件，采用耐磨合金铸铁制造，适宜于离心铸造方法成形。但是，离心铸造成形的铸件，其内表面质量较差，尺寸也不准确。

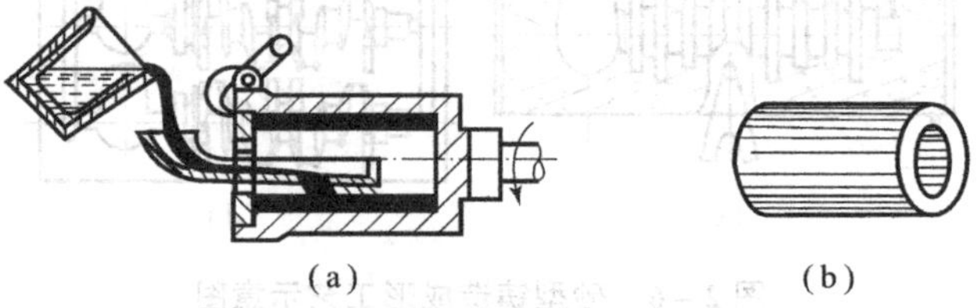

图2－8　气缸套离心铸造工艺示意图

（a）气缸套离心浇注过程；（b）气缸套毛坯

2.1.3　铸件结构工艺性

铸件结构工艺性是指所设计的铸件结构在保证零件使用性能要求的同时，还能适应铸件工艺和合金铸造性能的要求。铸件结构设计是否合理，对铸件质量、铸造成本和生产率有很大的影响。

1. 铸件工艺对铸件结构的要求

铸件结构的设计应尽量使制模、造型、造芯、合型和清理等工序简化，以提高生产率。

从铸件外形的角度看，设计时需要注意两个方面：一是因分型面易使铸件产生错型，影响铸件外形和尺寸精度，所以应避免两个以上的分型面；二是铸件外形应方便造型，在设计铸件侧壁上的凸台、凹槽时，要考虑起模方便，尽量避免使用活块和型芯。

从铸件内腔的角度看，设计时需要注意三个方面：一是因造芯不仅增加铸造工时，而且在下芯和合型浇注时容易产生麻烦和形成铸造缺陷，所以要尽量避免不必要的型芯；二是型芯要便于固定、排气和清理；三是考虑到起模方便，应在铸件结构设计时，在垂直于分型面的不加工立壁上设计出斜度，并且铸件内壁的斜度要大于外侧面。

2. 合金铸造性能对铸件结构的要求

铸件结构的设计应考虑到合金的铸造性能要求，避免产生缩孔、缩松、浇不足、变形和裂纹等铸造缺陷。

首先应合理设计铸件壁厚。不同的合金、不同的铸造条件，对合金的流动性影响很大。为了获得完整、光滑的合格铸件，铸件壁厚设计应大于该合金在一定铸造条件下所能达到的“最小壁厚”。由于铸件中心部位冷却缓慢、晶粒粗大，容易产生缩松、缩孔等缺陷，所以铸件壁厚也不宜选择过厚。另外，铸件壁厚应尽可能均匀，从而使铸件各部分冷却速度相近，避免产生缺陷。

其次应合理设计铸件壁的连接方式。铸件壁之间的连接应有铸造圆角过渡，避免交叉和锐角连接，从而避免缩孔等缺陷的产生和在内角处形成应力集中现象；在对铸件壁厚不同的部分进行连接时，应力求平缓过渡，避免截面突变。

再次，为了避免形成铸造内应力，防止产生裂纹，设计铸件时应尽量使其能自由收缩，特别是在产生内应力叠加时，应采取措施避免局部收缩阻力过大。

最后，要避免大平面。因大平面受高温金属液烘烤时间长，易产生夹渣；金属液中气孔、夹渣上浮滞留在上表面，产生气孔、渣孔；同时，大平面不利于金属液填充，易产生浇不足和冷隔现象。

2.2　锻造工艺基础

锻造是利用金属材料的可塑性，借助加压设备和工模具的作用，使坯料或铸锭产生局部或全部变形而形成所需要的形状、尺寸和一定组织性能锻件的加工方法。所以，锻造是使合金材料受力产生不可恢复的塑性变形而形成所需形状、尺寸与高性能零件毛坯的工艺过程。锻造是制造结构比较复杂，且强度要求高的零件毛坯的生产方法。

锻造分为自由锻造和模型锻造。自由锻造时，由于没有工模具，所以金属在各个方向是自由流动的，受力变形不受限制；而模型锻造时，则相反。在汽车的大批量生产制造过程中，广泛地采用模型锻造工艺加工出满足生产与质量要求的零件毛坯，再用车削、铣削、磨削等切削工艺来完成零件的制造，如曲轴、凸轮轴、连杆、拨叉、气门、齿轮、汽车前轴、转向节等零件。

2.2.1 模型锻造工艺

1. 模型锻造工艺过程

模型锻造，简称模锻，是指将加热到一定温度的金属坯料放到锻模模膛内，经过一次或多次冲击力或压力作用，使其被迫流动，从而形成与模膛形状正好相反的锻件的一种塑性成形工艺。模锻在汽车生产中应用很广，如连杆、转向节、摇臂、万向节及大多数齿轮等，都以模锻获得锻造毛坯件。汽车各种典型模锻件毛坯参见图 2－9。

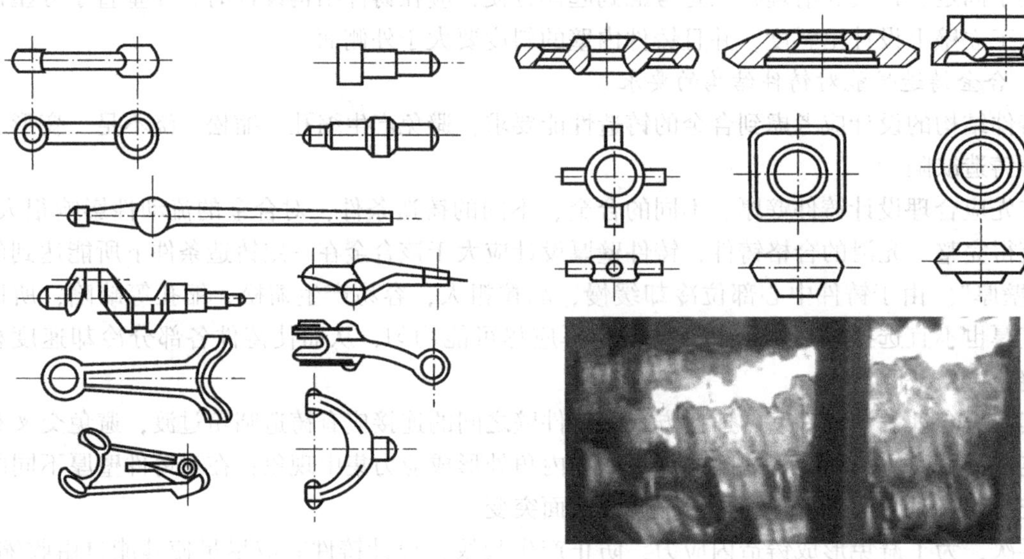

图 2－9 汽车各种典型模锻件毛坯

按使用设备不同，模锻可分为锤上模锻和压力机上模锻等。东风汽车公司等多家企业已采用基于 1 200 MN 的热模锻压力机的锻造自动生产线，用来生产质量为 75 kg 左右的前梁与军工要求的汽车曲轴等大型模锻件。

以热模锻压力机上模锻为例，其成形过程如图 2－10 所示。

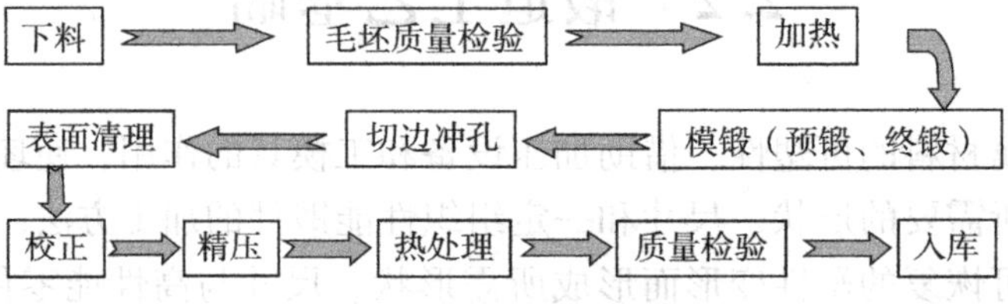

图 2－10 模锻成形过程

2. 模锻成形工艺的优点

模锻是成批或大批量生产汽车锻件毛坯的主要制造工艺方法。由于锻模本身的制造成本很高，所以适合于中小型盘类和轴类锻件的大批量生产。相对于自由锻造工艺，其优点是：

（1）生产效率高，劳动条件得到改善。

（2）可锻制形状较复杂的锻件，形状、尺寸精度和表面质量高。

（3）锻件内金属流线分布合理，力学性能好。

（4）锻件的机械加工余量小，材料利用率较高。

（5）操作简单，易于组织机械化、自动化生产。

3. 精密模锻的应用

精密模锻可直接锻制形状复杂、表面光洁、锻后不必切削加工或少量切削加工的高精度锻件，是精化毛坯或直接获得成品零件的一种先进模锻工艺。如精锻汽车差速器行星锥齿轮零件，锻件尺寸公差可达到 ±0.02 mm 以下。

1）汽车差速器行星锥齿轮的精密模锻

汽车差速器行星锥齿轮结构与形状参见图 2－11。其精密模锻工艺是要求将锥齿轮齿形直接锻造出来。通过精密模锻所得到的行星锥齿轮精锻件如图 2－12 所示。

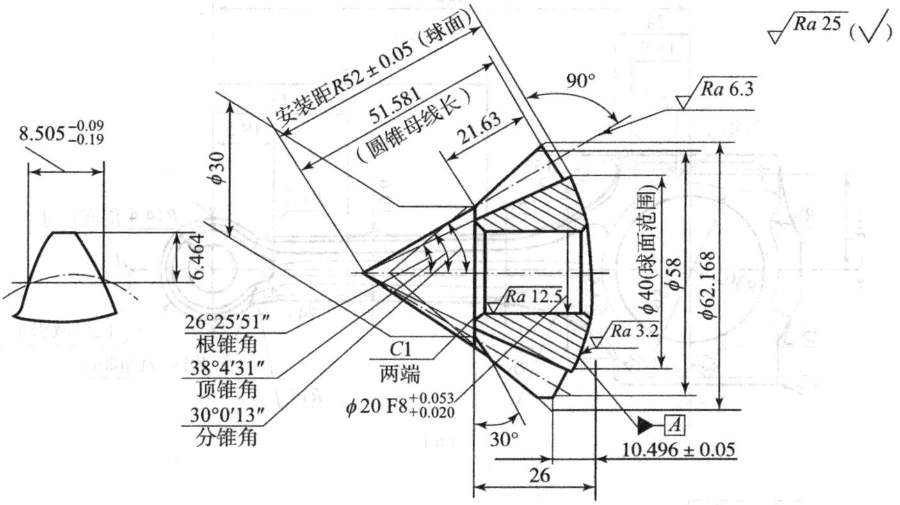

图 2－11　行星锥齿轮零件图

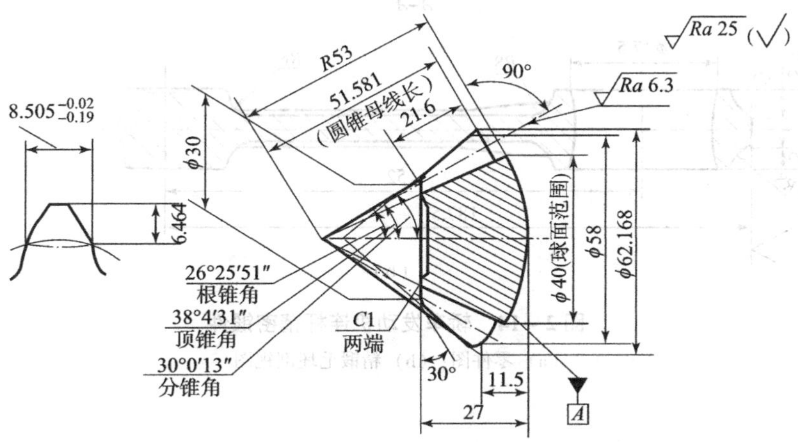

图 2－12　行星锥齿轮精锻件图

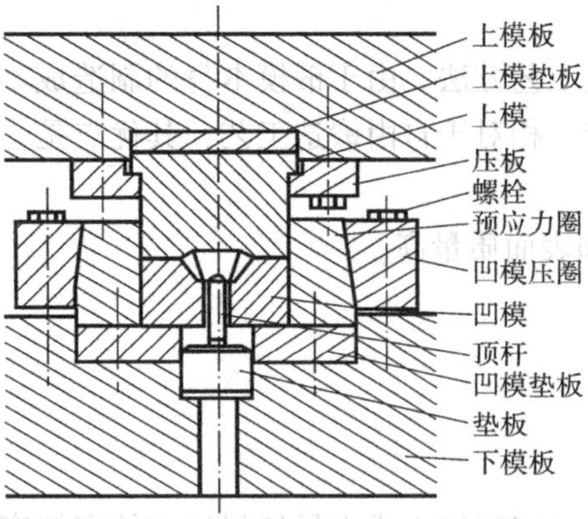

图2-13　行星锥齿轮精锻锻模结构

精锻工艺流程为：下料→车（或磨）削外圆以除去表面缺陷层→加热→精密模锻→冷切边→酸洗→加热→精压→冷切边→检验。

汽车差速器行星锥齿轮精锻模具如图2-13所示。这是典型的开式精密锻模。为便于放置毛坯和顶出锻件，凹模安放在下模板上，且采用双层组合凹模，并用预应力圈加强，而凹模压圈只起紧固凹模的作用。顶杆可将锻件从凹模中顶出。

2）轿车连杆的精密模锻

为保证连杆锻件的精度和质量公差（≤±5 g），汽车发动机连杆常采用精密模锻成形。

某发动机连杆结构如图2-14所示，其精锻工艺流程为：精密下料→电加热→辊锻制坯→精密模锻（预锻、终锻）→热切边→热校正→热处理→喷丸→金相组织检验→力学性能检验→探伤→精压→外观检查→称重→弯检。

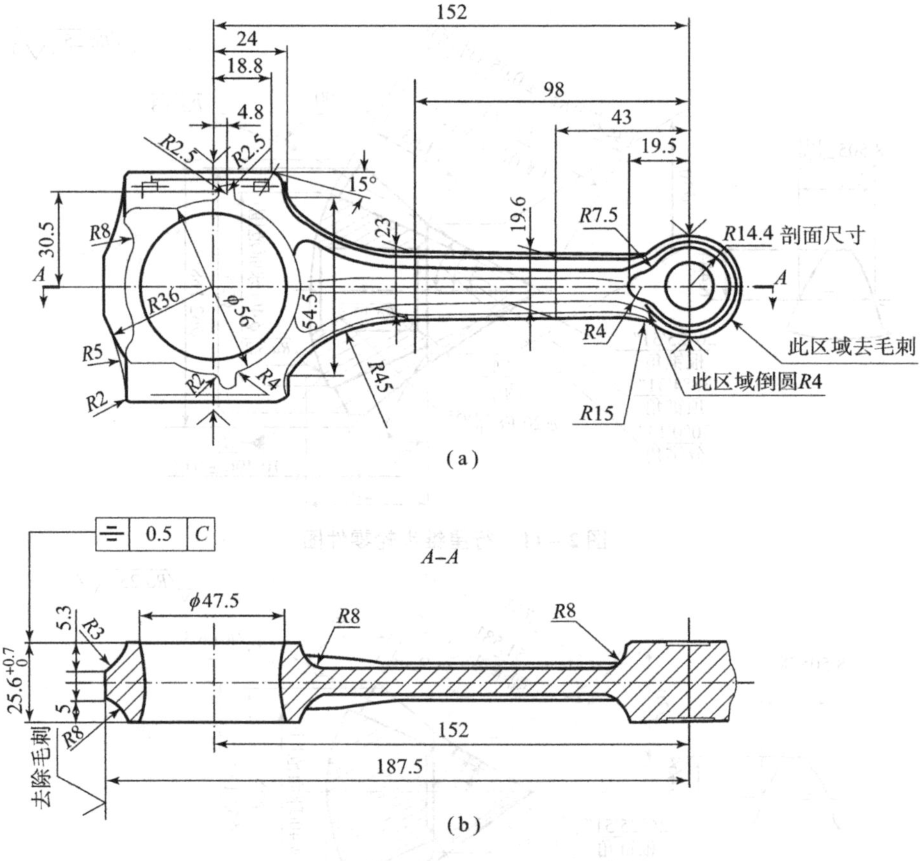

图2-14　轿车发动机连杆精密锻件

（a）零件图；（b）精锻毛坯剖视图

2.2.2　金属辊压回转加工

1. 工艺原理

金属辊压回转加工是指利用成形轧辊与轧件（金属毛坯）作相对转动（轧件回转或轧辊回转或两者都回转）的塑性加工方法，如图 2－15 所示。如辊锻制坯、特种轧制、辗压、辗环和旋压等。其特点是在回转过程中使毛坯发生连续局部塑性变形，使得难以成形的环形或截面积保持不变的异形零件能够在相对回转过程中渐次变形而成形。

金属辊压回转加工可分别在加热或室温条件下进行。如辊锻制坯和特种轧制等，一般控制在锻造温度范围内成形。如钢制车轮辗压或旋压等，一般在室温下成形。

图 2－15　连杆辊锻制坯现场操作情景

金属辊压回转加工在汽车制造中可用于加工齿轮、半轴套管、车轮等，以获得少、无切屑加工的精密锻件。辊压与轧制成形工艺技术已在 CA1040 轻型车、CA67800 轻型车及 BJ2310、BJ2815 农用车上成功应用。该新工艺比模锻工艺的材料利用率提高 20%，减少机械加工量 33%，提高生产效率 1～3 倍。

2. 工艺应用

1）后桥半轴套管的正挤与横轧成形工艺

后桥半轴套管是变径变截面的中空管形件。不少国家采用整体模锻工艺生产，其致命弱点是材料利用率很低（＜35%），后续机加工工作量大，生产率低，制造成本高。我国自主开发的正挤与横轧中空半轴套管成形新工艺，实现了该类锻件的精化特种成形。

如图 2－16 所示。局部加热的管坯由芯模推进到由 3 个成形轧辊组成的回转型腔中。半轴套管的外形由轧辊成形面形成，内腔则由芯模保证。

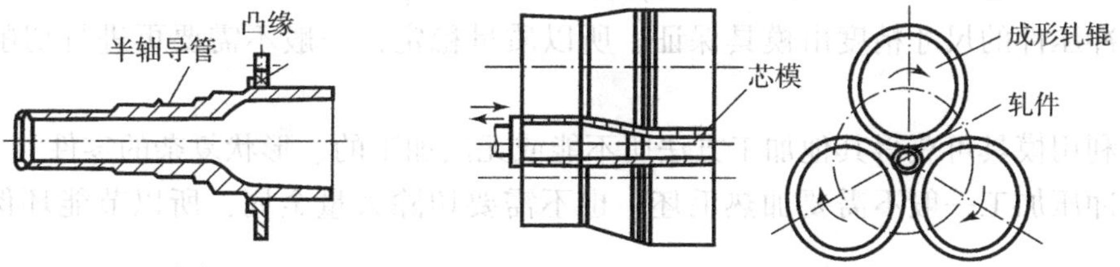

图 2－16　半轴套管正挤与横轧工艺原理图

（a）产品结构；（b）正挤与横轧原理

2）汽车从动锥齿轮辗环成形

环形毛坯是在旋转的轧辊间进行辗扩的成形方法，如图 2－17 所示。此工艺可用于生产轴承内外圈、凸缘、齿轮等环形锻件。

辗环成形工艺可取代模锻工艺生产汽车从动锥齿轮坯，其工艺流程为：下料→加热→镦

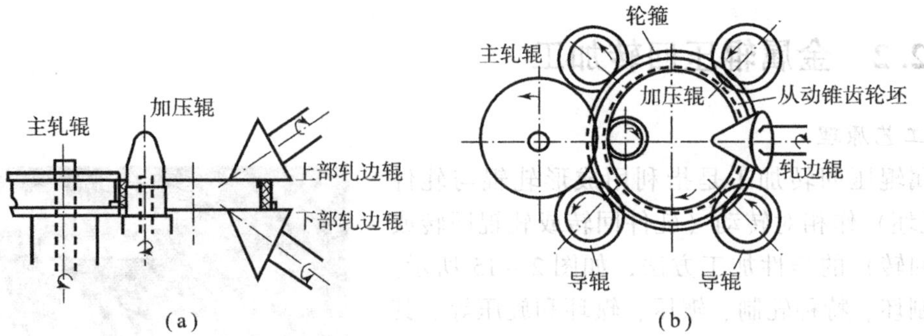

图2-17 辗环成形工艺原理图

(a) 主视图；(b) 俯视图

粗、规圆→冲孔→卡压→辗环→热处理→喷丸。

该工艺已在东风EQ1090型与解放CA150P商用车的从动锥齿轮生产中得到成功应用，不仅使材料利用率提高了15%，而且使锻件精化，机械加工量减少25%。

2.3 冲压工艺基础

冲压工艺是建立在金属塑性成形基础上，一般于室温条件下利用模具和冲压设备对一定厚度的板料施加压力，使其产生塑性变形或分离，从而得到具有各式形状、尺寸和性能零件的一种先进金属加工方法。冲压工艺加工出来的零件，统称为冲压件。冲压工艺在汽车工业中有着广泛的应用。据统计，汽车冲压件占其零件总数的60%~70%，特别是构成汽车（特别是轿车）车身的绝大部分骨架零件和薄板覆盖件都是冲压件，如顶盖、挡泥板、车身侧板、地板、发动机罩、车门内外板、行李箱盖板、中门柱、前门柱、保险杠等。因此，冲压工艺对汽车的产品质量、生产效率和生产成本都有重要的影响。

相比于其他金属加工方法，冲压工艺具有如下特点：

（1）冲压工艺操作简便，生产率高，易于实现机械化和自动化。

（2）冲压件的尺寸精度由模具保证，所以质量稳定，一般不需要再进行切削加工便可使用。

（3）利用模具可获得其他加工方法所不能或无法加工的、形状复杂的零件。

（4）冲压加工一般不需要加热毛坯，也不需要切除大量金属，所以节能环保，而且节约材料。

（5）所用原料是轧制板料或带料，在冲压过程中材料表面一般不受破坏，故冲压零件表面质量较好。

2.3.1 冲压工序的分类

冲压工序按加工性质的不同，可以分为两大类型：分离工序和成形工序。分离工序是冲压过程中使冲压零件与板料沿一定的轮廓线相互分离，使其满足一定的断面质量要求。成形工序是板料在不破坏的情况下产生塑性变形，从而获得所需形状和尺寸精度零件的工艺过程。

根据加工方式不同，分离工序和成形工序还可进一步细分，如图 2－18 所示。分离工序也称为冲裁工序，可分为冲孔、落料、切断、切口、切边、剖切和整修工序。成形工序可分为压弯、卷边、扭弯、拉深、起伏成形、翻边、整形和校平工序，其中，前三种统称为弯曲工序，后四种统称为局部成形工序。表 2－1 和表 2－2 分别列出了几类常见的分离工序和成形工序。

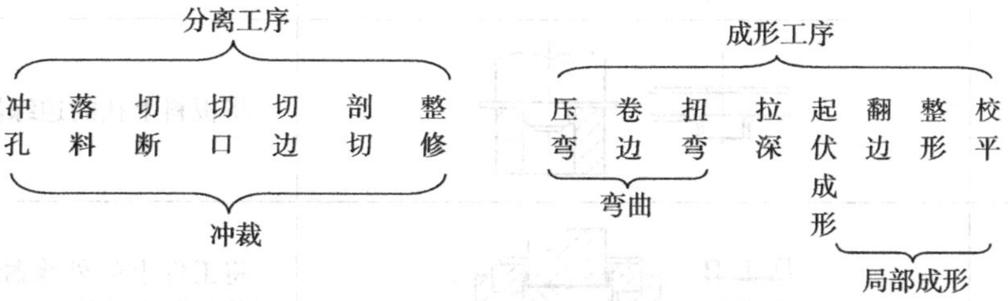

图 2－18　冲压工序分类

表 2－1　常用的分离工序

工序	图　例	工序简图	工序性质
落料	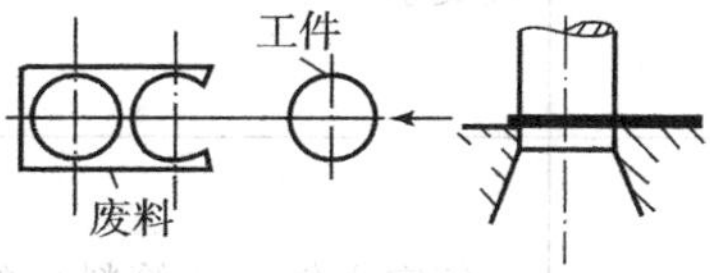	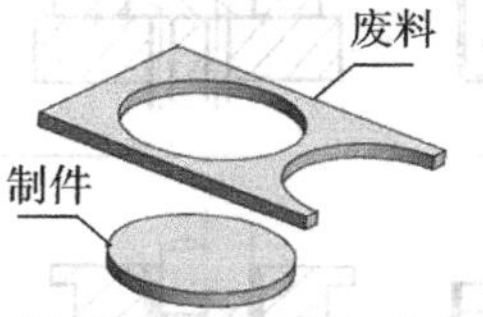	用落料模沿封闭轮廓曲线冲切，冲下部分是零件，剩余的部分是废料
冲孔	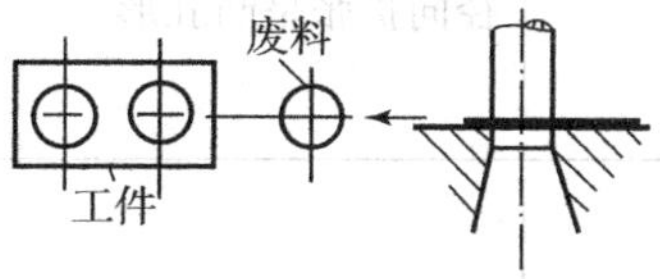	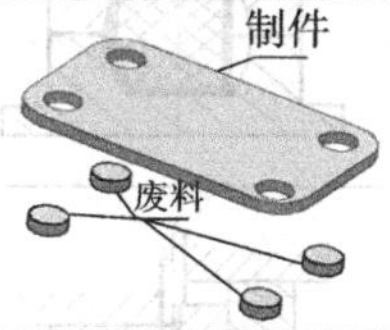	用冲孔模沿封闭轮廓曲线冲切，冲下部分是废料，剩余的部分是制件
切断	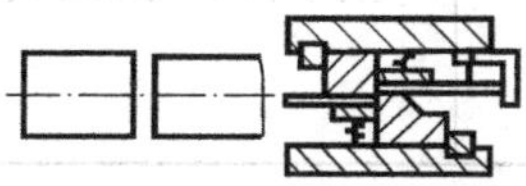		用剪刀或模具切断板料，切断线不封闭
切口	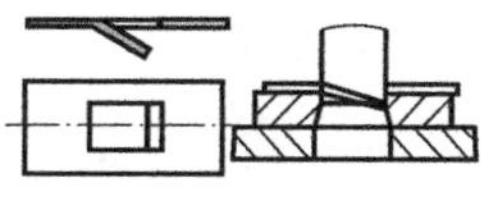	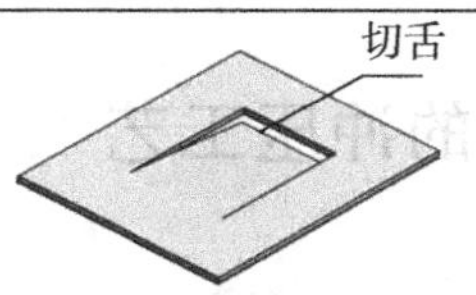	在坯料上将板材部分切开，切口部分发生弯曲
切边	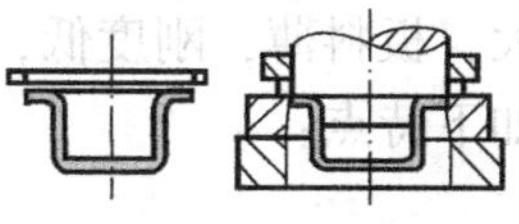		将拉深或成形后的半成品边缘部分的多余材料切掉
剖切	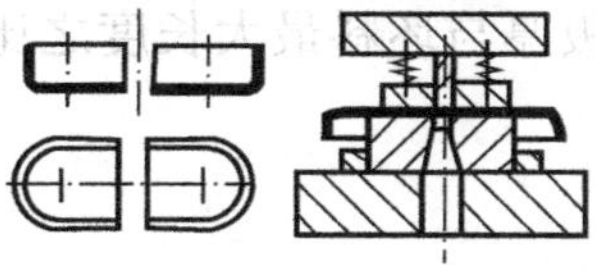		将对称形状的半成品沿着对称面切成两个或几个工件，常用于成双冲压

表 2-2 常用的成形工序

工序	图　　例	功用性质
弯曲	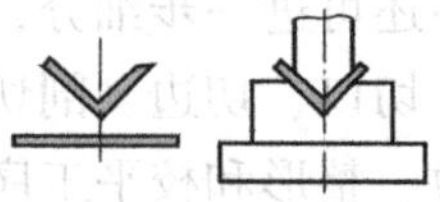	把板料沿直线弯成各种形状
拉深	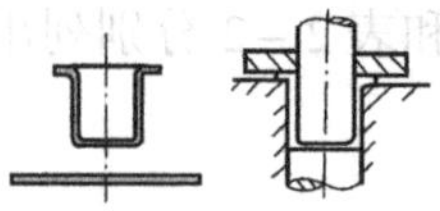	将板料毛坯压制成空心件，壁厚基本不变
内孔翻边	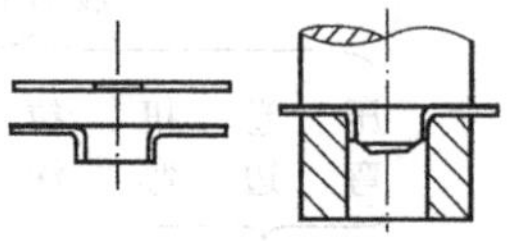	将板料上孔的边缘翻成竖立边缘
外缘翻边	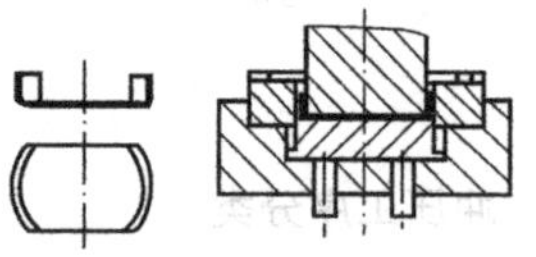	将工件上的外缘翻成圆弧或曲线形状的竖立边缘
起伏	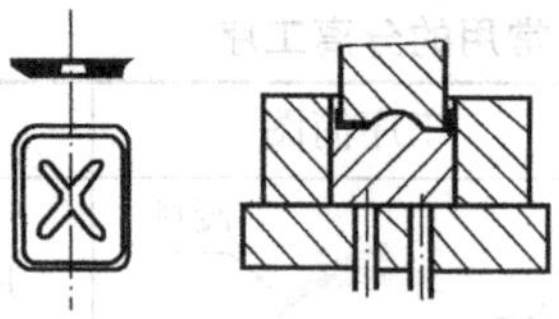	在板料或工件上压出筋条、花纹或文字
胀形	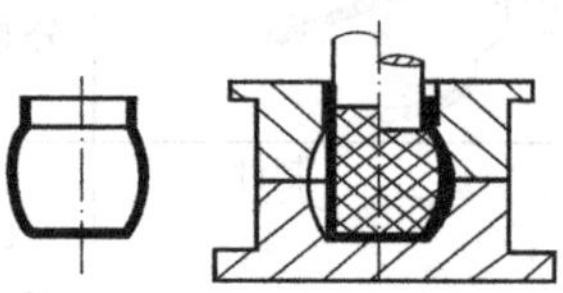	使空心件（或管料）的一部分沿径向扩张呈凸肚形
整形	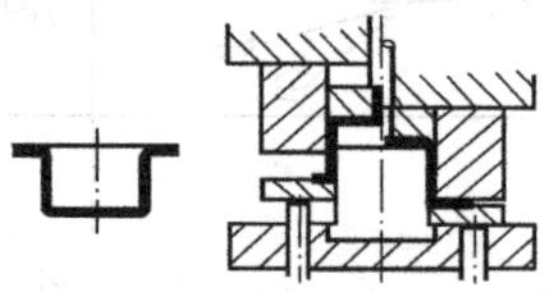	把形状不太准确的工件校正成形

2.3.2 车身覆盖件的冲压工艺

1. 车身覆盖件的结构特点

汽车车身覆盖件具有不规则的空间曲面，轮廓尺寸大，板料薄，刚度低，精度高，使得冲压成形困难。具体来说，车身覆盖件形状及尺寸具有如下特点：

1）材料薄，相对厚度小

板料厚度一般为 0.3 ~ 1.0 mm，相对厚度 t/L（板厚与坯料最大长度之比）最小值可达 0.000 3。

2）轮廓尺寸大

如驾驶室顶盖的坯料尺寸可达 2 800 mm × 2 500 mm。

3）形状复杂

车身覆盖件大多数为三维空间曲面，且形状和轮廓不规则，难以建立起比较简单的数学模型或几何方程来描述。

4）轮廓内部常带有局部孔洞、弯曲等不规则形状

如图2－19所示，车身覆盖件一般带有窗口、局部凸起或凹陷等形状。这些形状特征会给整个冲压件的成形带来较大影响。

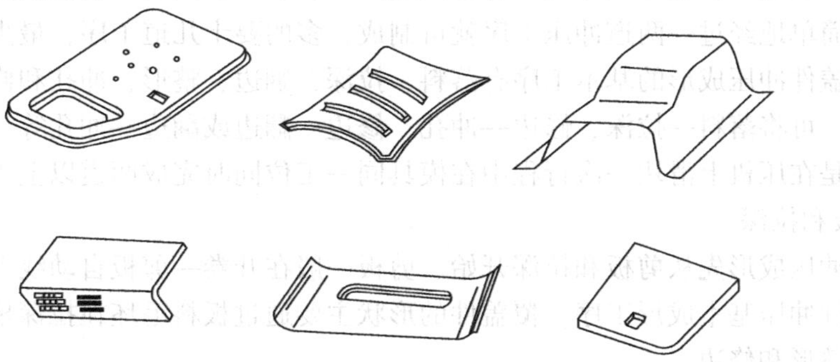

图2－19　汽车覆盖件内部局部形状示例

另外，根据汽车车身外形特点（主要是覆盖件本体的对称性）和拉深复杂程度，可以将各类覆盖件分为：

（1）对称型覆盖件，如水箱罩、前围板、发动机罩、行李箱罩等。

（2）不对称型覆盖件，如车门外板、车门内板、前后翼子板等。

（3）可对称成形覆盖件，如左、右前围侧板和左、右顶盖边梁等，可安排一模两件。

（4）带凸缘面的覆盖件，如车门外板。

（5）压弯覆盖件，如带风窗玻璃框的轿车顶盖、后行李箱盖板等。

需要指出，对于对称型或不对称型覆盖件，还可以按其拉深变形复杂程度与拉深高度分为均匀拉深与不均匀拉深，或浅拉深和深拉深等。

2. 车身覆盖件的质量要求

1）优异的表面质量

对于车身覆盖件，尤其是外覆盖件的可见表面，一般都有严格的外观装饰性要求：不允许有任何波纹、皱纹、凹痕、擦伤、边缘拉痕等有损表面完美的缺陷；覆盖件上的装饰棱线、装饰肋条，要求清晰、平整、光滑、左右对称并过渡均匀；两个覆盖件的衔接处要求吻合一致，不允许参差不齐。

2）较高的尺寸精度和形状精度

车身覆盖件具有较高的轮廓尺寸、孔位尺寸、局部形状尺寸等精度要求，以保证焊装或组装时的准确性和互换性，便于实现车身冲压与焊接的自动化，保证车身外观形状的一致性和观赏性。

3）良好的结构工艺性

良好的结构工艺性主要指车身覆盖件在零件形状与结构上，要求具有良好的冲压成形性、焊接装配性、操作安全性和材料利用率等。覆盖件的冲压工艺性能关键是拉深成形性能

的好坏。

4）足够的刚度

覆盖件刚度往往不够，导致汽车行驶时车身产生振动与噪声，使覆盖件提前损坏，缩短车身使用寿命。因此，必须通过塑性变形后的加工硬化和合理的结构设计予以保证车身的足够刚度。

3. 车身覆盖件的冲压工序

覆盖件形状复杂，轮廓尺寸大，容易出现回弹、起皱、拉裂、表面缺陷和平直度低等问题，不可能简单地经过一两道冲压工序就可制成，多的要十几道工序，最少也要三道工序才能完成。覆盖件冲压成形的基本工序有落料、拉深、翻边、整形、冲孔和修边等。根据实际需要和可能，可将落料—拉深、修边—冲孔、修边—翻边或翻边—冲孔等工序复合进行。所谓工序复合是在压机上滑块一次行程中在模具同一工位同时完成两道以上工序。

1）剪板和拉深

覆盖件冲压成形先从剪板和拉深开始。剪板一般在开卷—剪板自动线上完成。拉深工序是汽车覆盖件冲压基本成形工序。覆盖件的形状主要通过板料毛坯在拉深模中拉深成形。拉深件需经过整形和修边。

2）落料

落料工序一般安排在拉深、翻边前进行，要通过落料才知后续拉深工序所需要的坯料形状和尺寸。但在生产技术准备时，由于覆盖件形状复杂，不可能事先计算出其准确的坯料尺寸，所以应当在拉深工艺试冲成功后，才能通过落料确定坯料的形状和尺寸。

3）整形

整形工序主要是将拉深工序中尚未完全成形的覆盖件形状成形出来。其变形性质一般是胀形或局部成形，通常和修边或翻边工序复合完成。胀形或局部成形保持覆盖件整体形状与尺寸不变，只通过局部面积增大，壁厚减薄而成形局部，如压制加强筋和标牌字样等。

4）修边

修边主要是切除拉深件上的工艺补充部分和四周边角余料。工艺补充部分仅为拉深工序所需要而增加的板料补充部位。凡是非拉深件结构本体部分，包括工艺补充面，应在拉深成形后于修边模中将其切除。

5）翻边

翻边主要是根据需要将覆盖件的边缘进行翻边，一般安排在修边之后。

6）冲孔

冲孔用以加工覆盖件上的各种孔，一般安排在拉深或翻边之后进行。若先冲孔，会造成在拉深或翻边时孔的位置、尺寸、形状发生精度变化，影响以后覆盖件的安装与连接。

4. 车身覆盖件冲压工艺实例

轿车车身外覆盖件主要由门（左/右前、后门）、盖（发动机罩盖、顶盖、行李箱盖）、两翼（左/右前、后翼子板）及两侧（左/右侧围外板）等组成。这些覆盖件形状结构各有特点，其冲压成形工艺也各有不同。下面举例分述。

1）发动机罩内板冲压

如图 2－20 所示的发动机罩内板，实际上是一个整体方形加强件，四面梁与中间两斜弯梁都具有深度不高的曲折截面，靠中部三个三角形孔形成两斜弯梁，四面梁上分布有不少小孔。该工件将与发动机罩外板通过点焊而成发动机罩整体。所以，其冲压工艺流程可考虑为：下料（剪板或落料）→一次拉深→切边→分步冲孔→弯曲→整形。

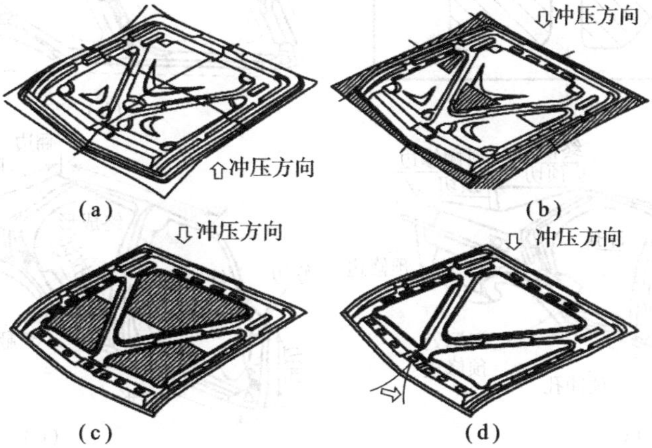

图 2－20　发动机罩内板冲压加工工艺流程

(a) 拉深；(b) 切边；(c) 冲孔；(d) 弯曲整形

2）轿车顶盖冲压

轿车顶盖是带一头弯曲并需要冲制安装玻璃孔的浅拉深件，四周需要翻边，面积比较大，形状较简单，为典型的覆盖件。轿车顶盖的冲压工艺过程如图 2－21 所示，即：落料→拉深、两侧切边→修边、冲孔→整形、翻边→翻边、冲孔、整形。

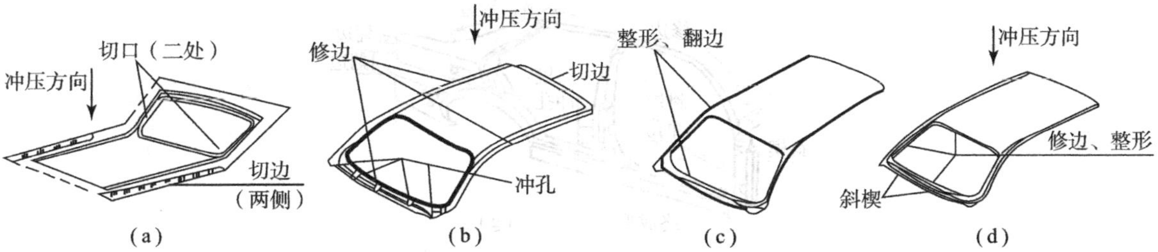

图 2－21　轿车顶盖冲压工艺过程

(a) 拉深、两侧切边（2 000 t 双动压机）；(b) 修边、冲孔（1 000 t 单动压机）；(c) 整形、翻边（1 000 t 单动压机）；(d) 翻边、冲孔、整形（1 000 t 单动压机）

3）轿车左/右侧围外板冲压

轿车左/右侧围外板是轿车车身上尺寸最大的两个覆盖件。其工艺过程如图 2－22 所示，为：下料并落料（1 340 mm×3 175 mm）→拉深→修边、冲孔→翻边、整形、冲孔→翻边、整形、冲孔→修边、冲孔→修边、冲孔、整形。

5. *车身覆盖件冲压模具*

冲压模具的设计、制造和调整是汽车覆盖件冲压生产中最重要的环节之一。汽车覆盖件冲压模具与一般薄板冲压模具相比，具有如下特点：

1）模具形状和结构更复杂，质量大

一副轿车左、右侧围外板的拉深或翻边模具，其重量将超过 20 t。图 2－23 为多套汽车模具的外观图。

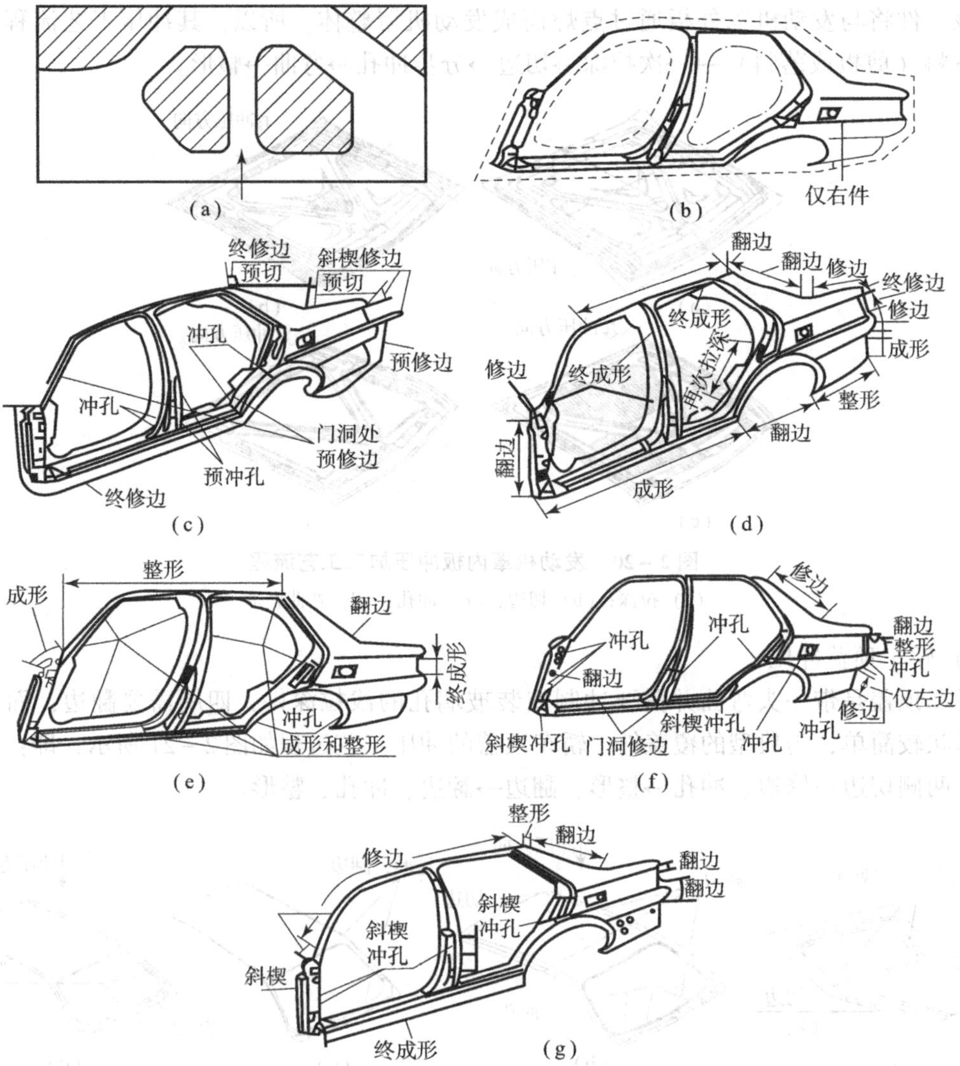

图 2－22　轿车右侧围外板冲压工艺过程

(a) 下料及落料；(b) 拉深；(c) 修边、冲孔；(d) 翻边、整形、冲孔；(e) 翻边、整形、冲孔；(f) 修边、冲孔；(g) 修边、冲孔、整形

图 2－23　汽车模具外观图

2）模具制造难度更大，精度和表面粗糙度要求更高

模具型面要求光整，棱线清晰。表面粗糙度不大于0.40 μm。

3）一个汽车覆盖件需要数套模具配套，而且各模具间的依赖关系大

特别是成套模具投入制造时，既不能同时加工，也不能按工序顺序加工验收，而必须综合考虑，合理制订整套模具的加工路线并采取统一的合理检测方法。

4）模具调试更加重要和复杂

汽车制造厂对大型车身覆盖件成形模具的调试，一般至少需要1~2个月的时间。要使模具达到最佳工作状态，必须制订出合适的工艺参数（如压边时的最大与最小压边力），直至获得完全合格制件才能正式投入生产。

车身覆盖件冲压模具主要有三种，即拉深模、修边模和翻边模。其中拉深模是直接影响汽车覆盖件成形质量和生产效率的关键。覆盖件拉深模具与使用的压力机有密切关系。因目前拉深使用的压力机有单动和双动两类，所以拉深模也相应有单动和双动之分。双动拉深模因压边力大、拉深深度深、卸料板为刚性等优点而应用较多。

拉深模主要由凸模、凹模、压边圈组成。凹模有两种结构：闭口式凹模和通口式凹模，绝大多数采用闭口式凹模。闭口式凹模的凹模底部是整体封闭结构（铸有下通出气口），将在凹模型腔上直接加工出型面（加强肋与凹槽等），或做成局部独立的凹模结构兼作顶出器。这种结构称为带有活动顶出器的闭口式凹模结构。图2-24为车身顶盖成形闭口式拉深凹模结构。拉深模工作零件主要包括凸模、凹模和局部成形的凸、凹模镶块等。由于车身覆盖件拉深凸模、凹模轮廓尺寸大，采用高强度模具合金铸铁，用实型铸造方法铸造毛坯。型面加工后进行表面火焰淬火处理。

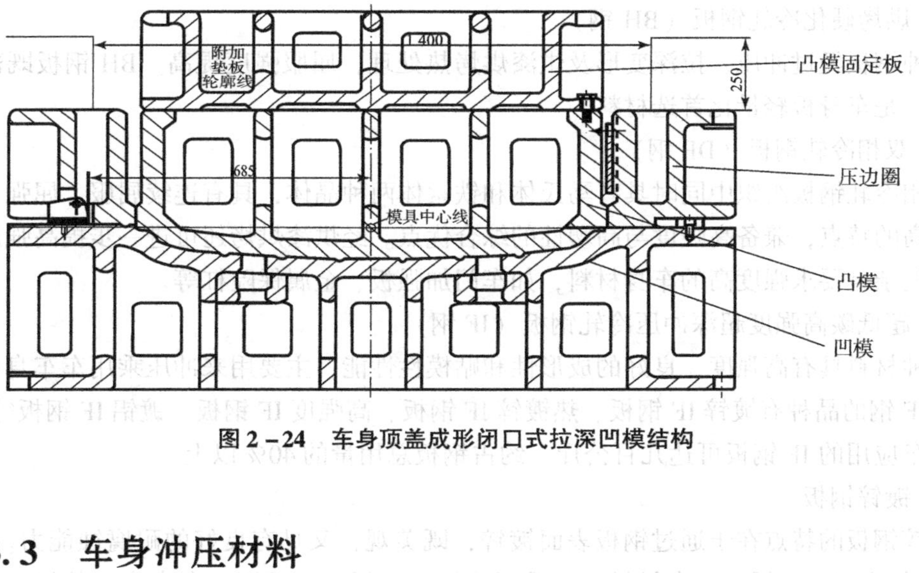

图2-24　车身顶盖成形闭口式拉深凹模结构

2.3.3　车身冲压材料

汽车车身零件主要依靠冲压成形。为满足车身设计性能及加工工艺性，要求冲压零件材料强度高、塑性好、屈强比（材料屈服强度与抗拉强度之比）低，并具有良好的冲压成形性能。车身冲压件的主体材料是钢板，特别是普遍应用的薄钢板卷料（参见图2-25）。

在适宜于冲压的钢板与薄钢板卷料中，一般采用低合金高强度钢，如16Mn、08Al等，

(a)　　(b)　　(c)

图 2 -25　钢板与薄钢板卷料

(a) 带料；(b) 卷料；(c) 板料

其焊接性能好，又系大批量生产，价格不高。08 Al 钢板为微量合金化的低碳高强度钢板，平均含碳量 0.08%，加入少量 Al 是为了细化晶粒，抑制三次渗碳体的析出，提高抗拉强度和塑性，其抗拉强度是普通低碳钢的 2～3 倍。08 Al 钢板拉深性能极好，可轧制成很薄的钢板，适宜于车身覆盖件冲压，呈薄钢板卷料供货，是车身轻量化的重要材料。16Mn 钢板是一种应用非常广泛的低合金高强度钢板，主要用于冲制各种车身加强件与骨架件。Q 235 等普通碳素钢板，一般只适用于冲压形状简单的浅拉深或弯曲件。

在汽车车身制造中，高强度钢板和薄钢板卷料主要有冷轧钢板或超低碳高强度超深冲压冷轧钢板、镀锌钢板、轻量化迭层钢板等产品类型。各类钢板根据其性能特点，具有不同的应用场合，以满足车身构件的不同作用与使用要求，详细叙述如下。

1）含磷高强度冷轧钢板

其特点是强度较高，比普通冷轧钢板高 15%～25%，且冲压中其塑性与应变硬化指数下降甚微，同时具有良好的耐蚀性与焊接性能。它主要用于轿车蒙皮、车门、顶盖和行李箱外盖板，也用于货车驾驶室的冲压件。

2）烘烤硬化冷轧钢板（BH 钢）

这种钢板经过冲压、拉深变形及烘漆烘烤热处理，屈服强度提高。BH 钢板既薄又有足够强度，是车身板轻量化首选材料。

3）双相冷轧钢板（DP 钢）

双相冷轧钢板组织中同时具有马氏体和铁素体两种晶体，具有连续屈服、屈强比低和加工硬化高的特点，兼备高强度与高塑性的综合优点。经烘漆烘烤还可进一步提高强度，适用于形状复杂且要求强度高的车身材料，如车门加强板、金属保险杠等。

4）超低碳高强度超深冲压冷轧钢板（IF 钢）

这种材料具有高强度、良好的成形性和贴模性性能，主要用来冲压乘用车车身内、外覆盖件。IF 钢的品种有镀锌 IF 钢板、热镀锌 IF 钢板、高强度 IF 钢板、镀铝 IF 钢板等。目前，每辆轿车应用的 IF 钢板可达几百公斤，约占钢板总用量的 40% 以上。

5）镀锌钢板

镀锌钢板的特点在于通过钢板表面镀锌，既美观，又具有良好的耐腐蚀能力。从 20 世纪 70 年代到现在，轿车车身材料广泛采用镀锌薄钢板，主要用于车身内、外板，使车身的防腐蚀保质期长达十几年。奥迪轿车的车身部件绝大部分采用镀锌钢板（部分用铝合金板）；上海帕萨特车身的外覆盖件采用电镀锌工艺，内覆盖件内部采用热镀锌工艺。

6）轻量化迭层钢板

迭层钢板是在两层薄钢板之间压入一层塑料的复合材料。表层钢板厚为 0.2～0.3 mm，塑料层的厚度占总厚度的25% ~65%。与单层等厚钢板相比，迭层钢板只有其质量的57%，而且隔热防振性能良好。这种复合钢板主要用于发动机罩、行李箱盖和车身底板等部件。

2.4　焊接工艺基础

焊接是指通过加热或加压，或两者并用，并且用或不用填充材料，使金属构件之间结合的一种连接方法。焊接工艺与其他连接方法有本质的区别，被连接的焊件不仅在宏观上建立了永久性的外在联系，而且在微观上建立了内部组织之间的内在联系。焊接工艺在汽车制造中应用广泛，尤其在车身制造过程中，大部分由钣金冲压件焊接而成，只有少量采用铆接、螺纹连接与粘接工艺。

2.4.1　常见焊接方法

焊接方法种类繁多。按其焊接过程不同，一般将焊接分为熔焊、压焊和钎焊三大类，如图2-26所示。熔焊是在有效隔离空气的措施下，通过热源将焊处的母材金属熔化后形成焊缝的焊接方法；压焊是在加热或不加热的条件下，对焊件施加压力完成焊接的方法；钎焊是通过熔化熔点比母材低的钎料，并将其填充到母材接头间隙，使其与母材相互扩散实现连接的焊接方法。

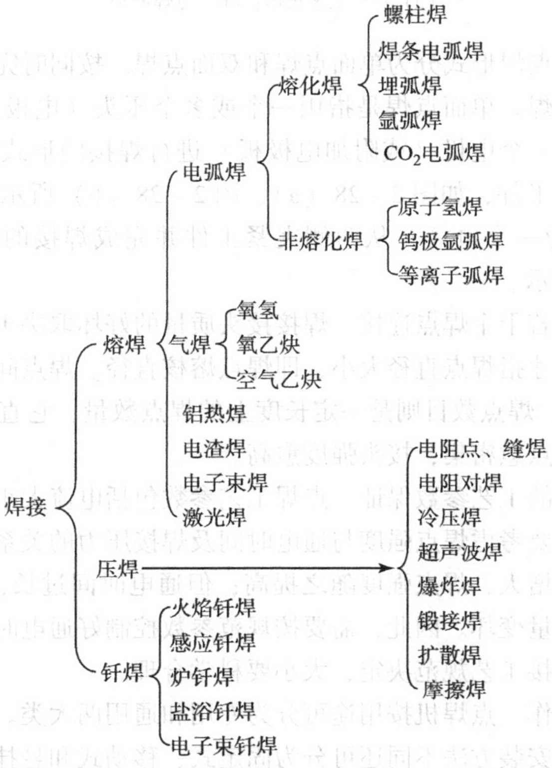

图2-26　焊接方法分类

1. 电阻焊

电阻焊又称接触焊，属于压焊的一种，是利用电流通过焊件接触面所产生的电阻热，将焊件局部加热到高塑性或半熔化状态，并在压力作用下结晶凝固形成焊接接头的方法。它是所有焊接方法中效率最高、最适合大批量汽车薄板件生产的一种焊接方法。电阻焊包括点焊、缝焊和凸焊等。

1）点焊

点焊操作过程与原理如图 2－27 所示，被焊工件在电极之间加压并通电加热后，在受压接触中心形成熔核，并借助压力产生塑性变形，断电冷却形成连接点。点焊是一种最具代表性的电阻焊，具有焊接过程简单、不产生弧光、易实现机械化和自动化等优点，广泛应用于“白车身”的装焊。

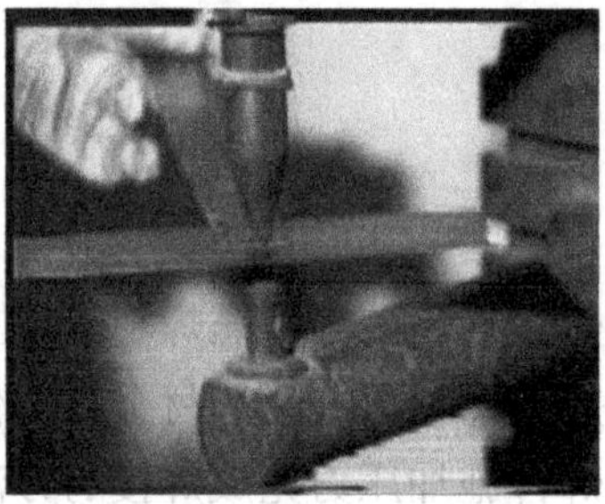

(a)

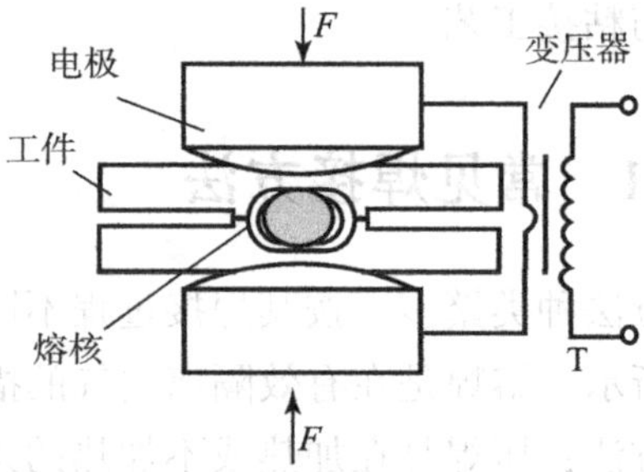

(b)

图 2－27　点焊工艺操作与原理

(a) 点焊工艺操作；(b) 点焊原理

按供电方向不同，点焊形式分为单面点焊和双面点焊。按同时完成焊点数量多少，分为单点焊、双点焊和多点焊。单面点焊是指用一个或多个压头（电极）压紧 2 块工件的某一侧面，而另一侧面接另一个电极（或附加电极板）进行焊接的形式，适用于厚薄不等或不能两面夹紧进行点焊的工件，如图 2－28（a）、图 2－28（b）所示。双面点焊是指用一对或多对压头（每对各为一个电极）从两侧夹紧工件并完成焊接的点焊形式，如图 2－28（c）、图 2－28（d）所示。

点焊结构由单个或若干个焊点连接。焊接接头质量的好坏取决于焊点尺寸、焊点间距大小及焊点数目。焊点尺寸指焊点直径大小，即焊点熔核直径。焊点间距指相邻两焊点的中心距（一般 50～60 mm）。焊点数目则是一定长度上的焊点数量，它直接影响点焊结构件接头的强度。间距愈小，焊点愈密集，接头强度愈高。

焊点的质量由点焊的工艺参数保证。点焊工艺参数包括电流大小、压力大小、通电时间长短等，参数确定时主要考虑焊点强度与通电时间及焊接压力的关系。一般情况下，通电时间延长，熔核尺寸不断增大，焊点强度随之提高；但通电时间过长，反而使焊点压坑加深，接头强度降低，表面质量变坏。因此，需要按规范参数控制好通电时间。焊接压力要根据被焊材料种类、厚度和焊接工艺规范决定，大小要科学合理。

点焊使用点焊机操作。点焊机按用途可分为专用和通用两大类。专用点焊机主要是多点点焊机。通用点焊机按安装方法不同还可分为固定式、移动式和悬挂式三类。固定式点焊机在车身焊接中主要用来点焊接合件、分总成和一些较小的总成。焊接时焊机不动，焊完一个

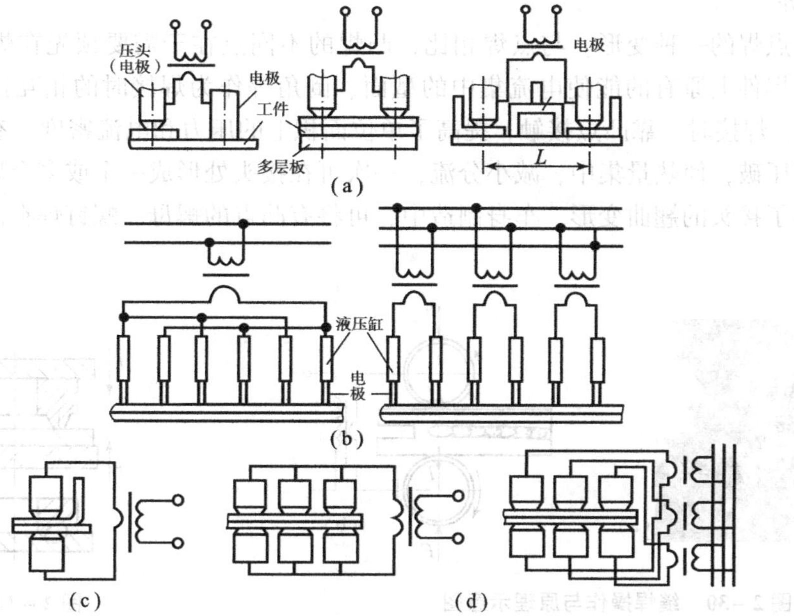

图 2－28　不同形式的单面点焊和双面点焊图

(a)，(b) 单面点焊；(c)，(d) 双面点焊

点后，由板件移动一个点距再焊下一个焊点。车身覆盖件一般外形尺寸大，刚度较差、易变形，移动不便，故在车身装焊中广泛采用悬挂移动式点焊机，其结构如图 2－29 所示。

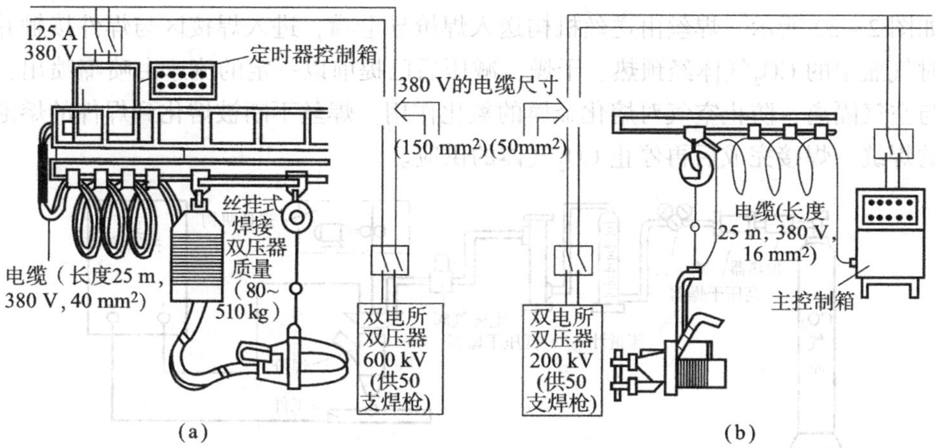

图 2－29　悬挂移动式点焊机

(a) 有缆式点焊机；(b) 无缆式点焊机

2）缝焊

缝焊原理与点焊基本相同，只是以旋转的滚盘状电极替代了点焊的柱状电极，焊件置于两滚盘电极之间，靠滚盘转动带动焊件移动，通以焊接电流，就会形成类似连续点焊的焊缝，如图 2－30 所示为缝焊操作与原理示意图。

缝焊的焊接过程与点焊一样，也存在加压、通电加热焊接和冷却结晶三个阶段。

3）凸焊

凸焊是点焊的一种变形。与点焊相比，凸焊的不同点在于需要预先在焊件上加工出凸点，或利用焊件上原有的能使电流集中的型面、倒角等作为焊接时的相互接触部位，如图2－31所示。焊接时，靠凸点接触，提高了单位面积上的压力和电流密度，有利于将板件表面的氧化膜压破，使热量集中，减小分流，一次可在接头处形成一个或多个熔核，提高了生产率，减小了接头的翘曲变形。车身制造中，可将有凸点的螺母、螺钉焊在薄板上，亦称螺柱焊。

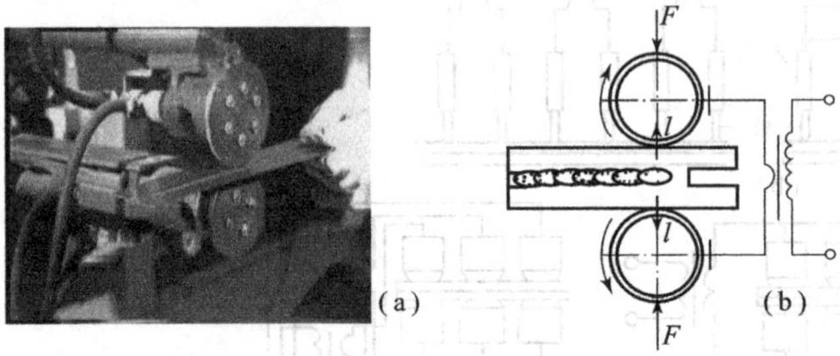

图2－30　缝焊操作与原理示意图

（a）缝焊操作；（b）原理示意图

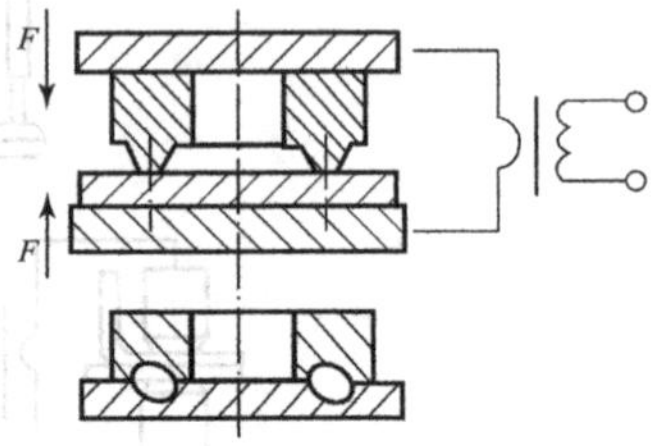

图2－31　凸焊示意图

2. CO_2 气体保护焊

CO_2 气体保护焊是以 CO_2 作为保护气体，焊丝作为填充金属，并利用焊丝与工件间产生的电弧熔化金属的一种电弧焊接方法。

CO_2 气体保护焊设备主要由焊接电源、焊枪、送丝机构、供气（CO_2）系统和控制电路组成，如图2－32所示。焊丝由送丝机构送入焊枪导电嘴，进入焊接区与焊件接触并引燃电弧。此时气瓶中的 CO_2 气体经预热、干燥、减压后已提前以一定的流速由喷嘴喷出，使电弧及熔池与空气隔离，防止空气对熔化金属的氧化作用。焊丝不断被熔化到焊件的熔池里，形成连续的焊缝。焊接完成后再停止 CO_2 气体的供应。

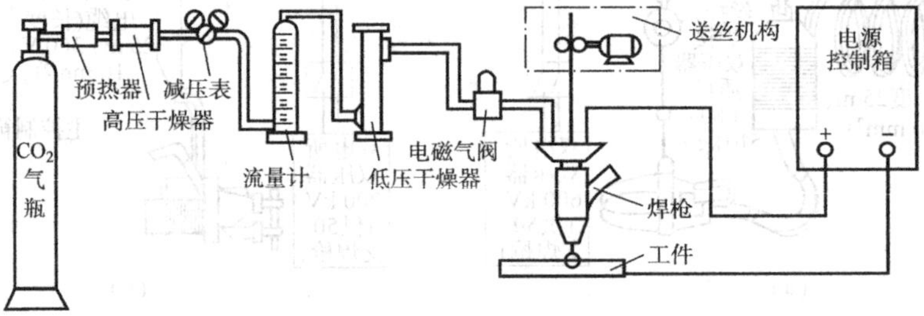

图2－32　CO_2 气体保护焊焊接设备示意图

CO_2 气体保护焊具有焊接质量高、适用范围广、生产率高、成本低、操作性能好、抗锈能力强、易于实现机械化和自动化等优点，在汽车车身尤其是客车车身的制造中得以广泛应用。其不足之处在于受风力影响大，露天作业受到一定限制；弧光和热辐射较强；不能采用交流电。

3. 激光焊

激光焊属于特种焊范畴，是以聚焦的激光束作为能源轰击焊件所产生的热量进行焊接的方法。焊接时无机械接触，具有输入热量少，焊接速度高，接头热变形和热影响区小，熔池形状深宽比大，组织细、韧性好等优点，有利于实现自动化生产，经济效益显著。因其可以达到两块钢板之间的分子结合，使焊接后的钢板硬度相当于一整块钢板，焊件的结构强度提升了 30%，同时也大大提升了焊件的结合精度。激光焊设备的关键是大功率激光器，主要有两大类：一类是固体激光器；另一类是气体激光器或称 CO_2激光器。

近年来，激光焊发展迅速，尤其在轿车车身制造中的应用越来越广泛。汽车工业中，激光焊主要用于车身框架结构（如顶盖与侧面车身）焊接和零件焊接，如前挡风玻璃框架、车门内板、车身底板、中立柱、顶盖、侧围等。激光焊减少了零件和模具的数量，减少了点焊的数目，优化了材料用量，降低了零件重量和成本，并提高了尺寸精度，所以传统的电阻点焊方法已经逐渐被激光焊接所替代。

2.4.2　白车身的装焊工艺

1. 白车身常用焊接方法

白车身是一个复杂的结构件，它是由百余种、甚至数百种薄板冲压件经焊接、铆接、机械连接及粘接等方法连接而成的。由于车身冲压件的材料大都是具有良好焊接性能的低碳钢，所以焊接是现代车身制造中应用最广泛的连接方式。表 2－3 列举了白车身制造中常用的焊接方法，主要有：电阻焊、CO_2气体保护焊、激光焊。其中，电阻焊应用最多，一般占整个焊接工作量的 60% 以上，有的车身几乎全部采用电阻焊。除此之外，就是 CO_2 气体保护焊，它主要用于车身骨架和车身总成的焊接中。激光焊近年来发展迅速。

表 2－3　车身制造中常用的焊接方法及典型应用实例

焊接方法				典型应用实例
电阻焊	点焊	单点焊	悬挂式点焊机	车身总成、车身侧围等分总成
			固定式点焊机	小型板类零件
		多点焊	压床式多点焊机	车身底板总成
			C 形多点焊接机	车门、发动机盖总成
	缝焊		悬挂式缝焊机	车身顶盖流水槽
			固定式缝焊机	油箱总成
	凸焊			螺母、小支架
电弧焊	CO_2气体保护焊			车身总成
	氩弧焊			车身顶盖后两侧接缝
	手工电弧焊			厚料零部件
气焊	氧—乙炔焊			车身总成补焊
钎焊	锡钎焊			水箱
特种焊	微弧等离子焊			车身顶盖后角板
	激光焊			车身底板

2. 白车身焊装流程

为便于制造，车身设计时，通常将车身划分为若干个分总成，各分总成又划分为若干个合件，合件由若干个零件组成。以轿车为例，白车身由底板、前围、后围、左右侧围、顶盖、车门等分总成组成，而各分总成又由许多冲压零件、合件、组件组成，如图 2－33 所示。

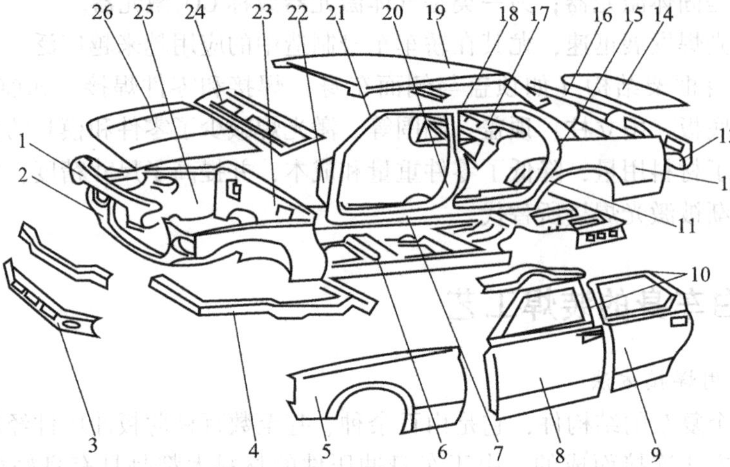

图 2－33　轿车白车身本体结构及覆盖件

1—发动机罩前支承板；2—散热器固定框架；3—前裙板；4—前框架；5—前翼子板；6—地板总成；7—门槛；8—前门；9—后门；10—门窗框；11—车轮挡泥板；12—后翼子板；13—后围板；14—行李箱盖；15—后立柱（C 柱）；16—后围上盖板；17—后窗台板；18—上边梁；19—顶盖；20—中立柱（B 柱）；21—前立柱（A 柱）；22—前围侧板；23—前围板；24—前围上盖板；25—前挡泥板；26—发动机罩

车身焊装的顺序则是上述过程的逆过程，即先将若干个零件焊装成合件，再将若干个合件和零件焊装成分总成，最后将分总成和合件、零件焊装成车身总成。轿车白车身装焊大致的程序图如图 2－34 所示，先将复杂形状的冲压零件焊接形成分总成，分总成又成为下一层

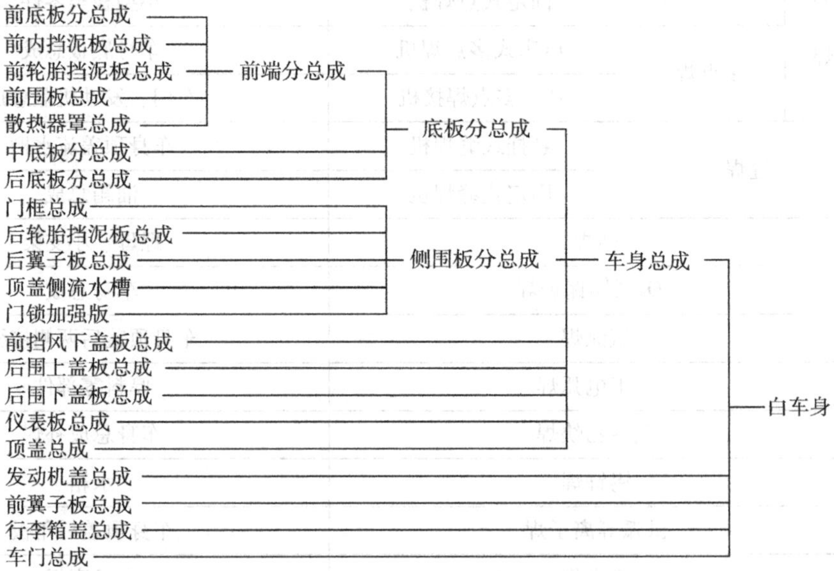

图 2－34　轿车白车身装焊程序图

装配中的零件，逐步焊接成地板总成、侧围总成、顶篷总成、仪表台总成、后隔板总成等六大部件拼焊成白车身。

车身装焊的方式与生产率密切相关。在单件小批量生产中，大都是采用手工装焊的方式，只有少量的装焊夹具，全部装焊工作都在一个或几个工位上完成。随着批量的增大，装焊工作转为流水线式，特别是车身总装常常是在有多个工位的流水装焊线上完成的，每个工位都有保证装焊质量的夹具。若是大批大量生产，装焊工作则是在具有定位迅速准确的装焊夹具和完善的质量控制手段的自动化生产线上完成的。有的自动线上还大量的使用了焊接机器人，以适应快的生产节奏和保证稳定的焊接质量，如图 2－35 所示。

图 2－35　自动化生产线上用焊接机器人焊接白车身情景

3. 车身装焊夹具

由于车身零件大都是薄壁板件或薄壁杆件，其刚性很差，所以在汽车车身的装配焊接生产过程中，为了保证车身的装配质量、提高劳动生产率和减小工人劳动强度，必须使用一些夹持并确定工件位置的工具和装置来完成装配和焊接工作。这些工具和装置统称为装焊夹具。使用多点定位夹紧的专用装焊夹具，以保证各零件或合件在焊接处的贴合和相互位置，特别是孔洞的尺寸等，是车身装焊工艺的特点之一。

装焊夹具的种类繁多。按用途可分为装配夹具、焊接夹具和装焊夹具。装配夹具的任务是按照车身图样与工艺要求，实现零件或部件的正确定位与夹紧，实施点固焊接（即点定焊），它不必完成所有焊接工作。焊接夹具的作用是使已点固好的零部件能够顺利完成所有缝焊或点焊，具有防止焊接变形的效果，并使各种方位的焊缝或焊点能够尽可能地调整到最有利于施焊的位置。装焊夹具的作用是能够满足完成整个焊件的全部装配与焊接，兼备装配夹具和焊接夹具两者的功能。如图2－36 所示为 EQ1090 门框装焊夹具。

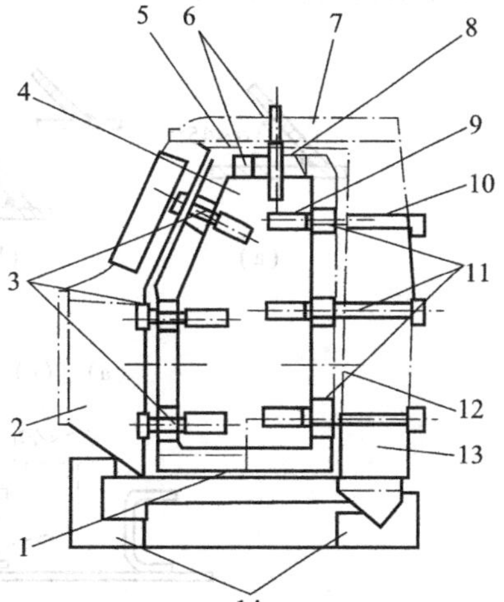

图 2－36　EQ1090 门框装焊夹具

1—底板；2—前围；3—前围定位块；4—方箱本体；5—门上梁；6—定位块；7—顶盖；8—手动夹紧钳；9—气缸；10—气动夹紧钳；11—后围定位块；12—活动定位销；13—后围；14—导轨

在夹具上进行装配焊接时，一般分三步进行：第一步定位，就是准确确定被装焊的零件或部件相对于夹具的位置；第二步夹紧，就是把定好位置的零部件压紧夹牢，以免产生位移；第三步点固，就是对已确定好相互位置关系的各个零部件以一定间隔实施点焊或缝焊，把这些零部件的相互位置固定。如果焊点很少或焊缝很短，也可不进行点固，直接焊接即可；如果装配好的零部件不需卸下，就在夹具上焊接，也可省去点固。

2.4.3 装焊工艺性

设计焊接结构件时，除了要考虑焊件结构的使用性能和冲压工艺性外，还要考虑焊件结构的装焊工艺性，使焊件生产简便、质量优良、成本低廉。影响装焊工艺性的主要因素包括焊接材料、结构开敞性、接头形式、焊点布置等。

1. 焊接结构材料的选择

在满足焊接结构件使用性能的前提下，应尽量选用焊接性良好的材料。低碳钢和普通低合金钢的焊接性能良好、价格低廉、焊接工艺简单、易于保证焊接质量，应优先选用。在对两种不同材料的工件进行焊接时，应注意它们的焊接性能的差异。

2. 结构的开敞性

焊件的结构开敞性是指所设计的结构在装配焊接过程中，无须特殊的夹具和其他专用设备，采用经济的焊接装配加工方法，就能方便地接近工件，完成焊接装配工作，并保证焊接装配的质量要求。结构开敞性的好坏直接影响焊接及装配工作的可达性，关系到能否顺利进行焊接质量的检验。

焊接结构的开敞性与结构的形式和尺寸大小、焊接接头的形式和焊缝的分布有关。在设计结构时，应着重考虑结构的开敞性，一些焊缝结构将因夹角处的开敞性差而导致焊接质量难以保证。如图 2-37（a）、图 2-37（c）中所示的结构开敞性差，不合理，所以最好采用 2-37（b）、图 2-37（d）中所示的结构形式；如图 2-38（a）中所示，在采用电阻点焊时，因结构开敞性不合理，必须采用特殊形式的电极来进行焊接，生产不方便，也不易保证焊接质量，所以应采用 2-38（b）所示的结构形式。

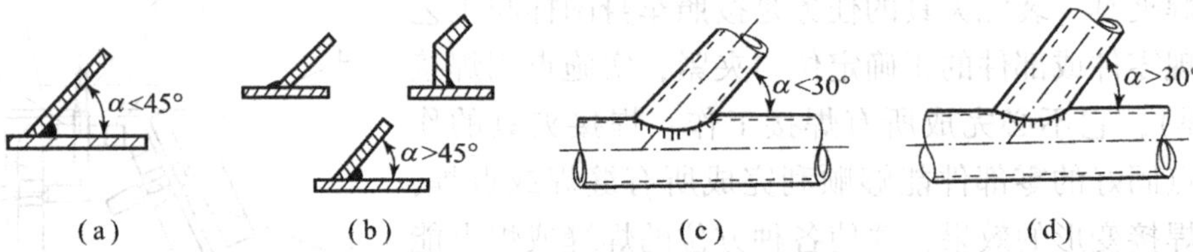

图 2-37　夹角处焊缝设计

（a）、（c）开敞性差，不合理；（b）、（d）开敞性好，合理

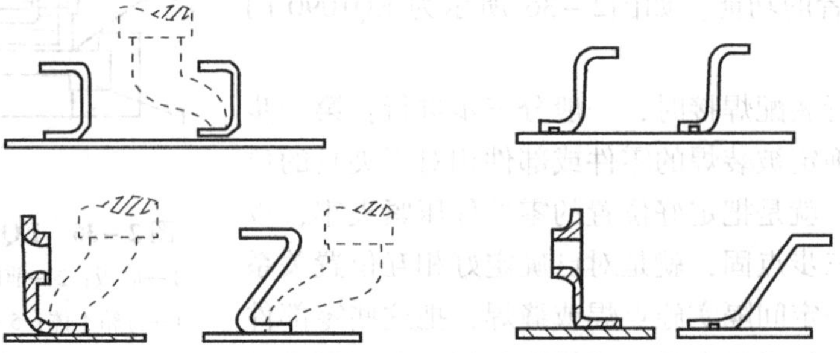

图 2-38　电阻焊结构的开敞性

（a）结构开敞性不合理；（b）结构开敞性合理

另外，结构焊接时，采用的焊接方法不同，对结构的开敞性有着不同的要求。电阻点焊因要求工件允许尺寸较大的电极自由地接近焊点处，所以要求结构的开敞性比熔化焊要高。

3. 焊接接头形式

结合车身结构的特点，常见的点焊接头形式分为两种：搭接接头，见图2－39（a）、图2－39（b）；弯边（翻边）接头，见图2－39（c）、图2－39（d）、图2－39（e）、图2－39（f）。

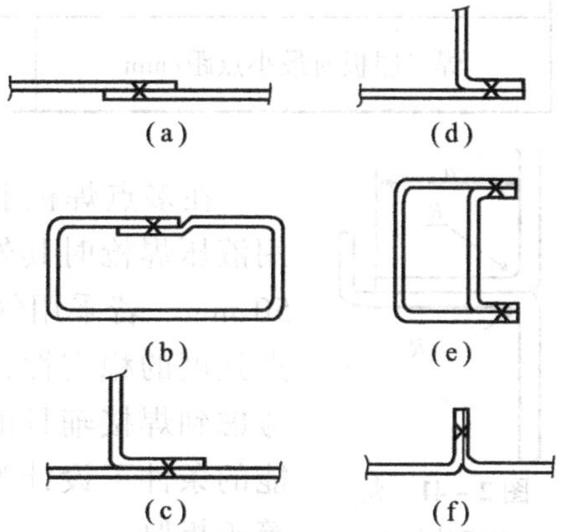

图2－39　焊接接头形式

(a)、(b) 搭接接头；
(c)、(d)、(e)、(f) 弯边接头

1）搭接接头

当组成搭铁接头的零件比较小，焊点又布置在靠近零件的边缘时，可以在固定式点焊机上进行焊接。当搭铁接头的零件比较大，其焊点位置又处于零件、合件中间时，就不便于在固定式点焊机上进行焊接。若其焊点数多且排列整齐，若有条件则在多点焊机上进行焊接，见图2－40（a）。若焊点数少，则适宜采用带焊枪的悬挂式点焊机进行焊接，见图2－40（b）、图2－40（c）。

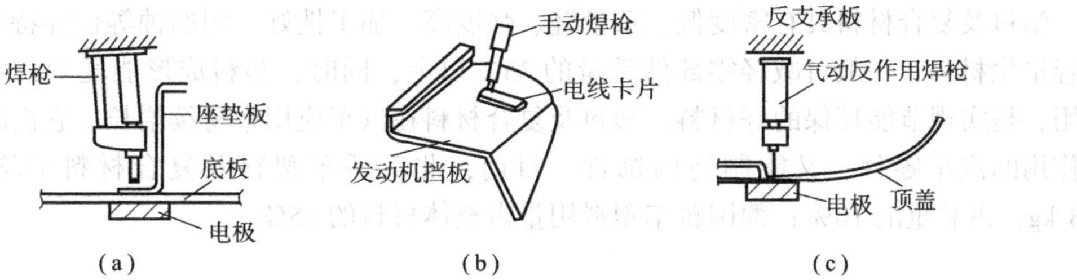

图2－40　在大零件上焊点位于中间位置的焊接情况

(a) 多点焊机焊接；(b)、(c) 带焊枪的点焊机焊接

2）弯边（翻边）接头

小合件的弯边接头一般在固定式点焊机上进行焊接，但大合件或分总成的弯边接头，一般均在悬挂式点焊机上使用焊钳完成焊接。

接头形式的选择主要根据结构形状、使用要求和焊接生产工艺而定。在车身设计中应尽量避免封闭式搭接接头。因为车身本身的刚性差，零件形状稍有偏差，就会导致装配焊接质量难以控制。另外，搭接接头装配时易上下错位，装配质量需要靠操作工人的熟练程度来保证；若改成弯边接头，则装配位置比较稳定。所以，从装配精度看，弯边接头要比搭接接头更易于保证装配质量。

4. 焊点布置

点焊时焊点间距（点距）的布置设计对焊接结构工艺性有着非常重要的意义。焊点数量越多，焊点之间的距离就越近，但并非焊接强度就越高。当焊点数量多且焊点距离近时，焊接质量会因分流的影响而越不易保证，给焊件的强度带来不利影响。因此，必须在合理设计产品结构的基础上，考虑焊点布置的合理性，必须为焊点选择一个适当的点距。表2－4给出了二层板焊接时的最小点距。

表 2-4 焊接结构钢的最小点距

一个焊件的厚度/mm	0.3	1	2	3	4	6
焊二层板时最小点距/mm	12	15	25	30	40	60

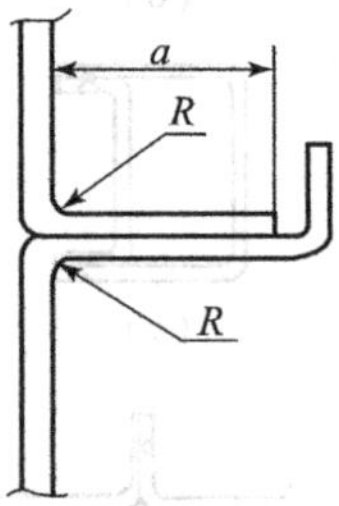

图 2-41 焊接弯边接头

在多点焊机上焊接时，因多点焊机的焊枪压力一般为 2 940 N，采用液压焊枪时其外形直径大于 45 mm，所以焊点之间的距离要求不小于 50 mm。若采用气动焊枪，则点距还要加大。在实际生产中，考虑到焊点强度的稳定性，应尽可能少采用三层板的焊接结构；对于弯边接头，考虑到焊接辅具的要求，车身的薄板零件弯边宽度 a（图 2-41）在可能的条件下设计为 20～25 mm，其根部的尺寸 R 应尽可能减小，一般应等于板厚。

2.5 塑料成形工艺基础

塑料及复合材料具有密度低、重量轻、强度高、加工性好、耐腐蚀等优异特性，是重要的轻量化材料，一般可减轻零部件重量的35%以上；同时，塑料成形能耗少，可以回收再利用，是实现节能环保的好材料。塑料及复合材料在汽车应用中持续增长，它们既能制造受力作用的汽车零件，又能制造内饰件。目前，北美轿车塑料及复合材料平均用量达到 118 kg，占总重的10%；德国轿车塑料用量占整体材料的15%。

2.5.1 汽车中常用的塑料

汽车车身所用非金属材料主要是通用塑料、工程塑料和以玻璃纤维增强树脂基或碳纤维增强树脂基的高强度纤维复合材料。与通用塑料相比，工程塑料具有优良的力学性能、电性能、耐化学稳定性、耐热性、耐磨性和尺寸稳定性等。工程塑料通常用于车身覆盖件、前围、后围、内外装饰件、散热器面罩、保险杠和车轮保护罩等。

高强度纤维复合材料是一种多相成分材料，它由有机高分子、无机非金属或树脂等原材料复合而成。因为玻璃纤维增强树脂复合材料和碳纤维增强树脂复合材料耐腐蚀能力强，具有良好的绝缘性和成形性，加工工艺简单，生产周期短，成本低，因此，这种复合材料已在汽车上获得成功应用，主要用于制造轿车车身覆盖件、客车前后围和货车驾驶室等零部件。

在塑料品种的选用中，热塑性塑料的使用比例达到塑料总用量的70%，其中聚丙烯（PP）的用量占热塑性塑料总用量的40%左右。表 2-5 所示为塑料在汽车中的应用情况。

表 2－5　塑料在汽车中的应用情况

塑料代号	汽车中的产品应用对象
ABS （三物共聚）	车内仪表板、车身外板、内装饰板、方向盘、隔音板、门锁、保险杠、通风管、保险杠、发动机罩、蓄电池壳等
PA（尼龙，聚酰胺）	散热器水室、燃料滤网、皮带轮、油箱、油管、进气管、插头、各种齿轮、安全带
PC （聚碳酸酯）	车灯、保险杠、车门把手、仪表板、散热器格栅、车载音响和 DVD 系统、挡泥板、防弹玻璃等
PE （聚乙烯）	内护板、地板、油箱、行李箱、雨刮器、水箱、挡泥板、刮水器、耐磨机械零件
PMMA （有机玻璃）	风挡、车窗、灯罩、后挡板及其他装饰品
POM （聚甲醛）	燃油系统、电气设备系统、车身体系的零部件、杆塞连接件、支承元件、线夹
PVC （聚氯乙烯）	驾驶室内饰、嵌材、地板、涂料、电线电缆包衬
PU （聚氨酯）	坐垫、挡泥板、车内地板、车顶篷、遮阳板、减振器、护板、防撞条、保险杠、仪表板垫及盖罩
PP （聚丙烯）	分电器盖、仪表灯表、加速踏板、后灯壳、冷却风扇、暖风壳、刮水器电动机套、转向盘、杂物箱、杂物箱盖与空气滤清器壳等

2.5.2　塑料成形工艺

常用的塑料成形工艺主要有注射成形、压缩成形和压注成形等。

1. 注射成形

注射成形又称注塑成形，是热塑性塑料制件的一种主要成形方法，某些热固性塑料也可采用注射方法成形。注射成形所用的设备是注射机。螺杆式注射机的结构示意图如图 2－42 所示，其工作原理如下：

（1）颗粒状或粉状塑料从注射机的料斗送入高温料筒中，在受到料筒高温和螺杆的剪切摩擦热作用下逐渐熔融塑化，并不断被转动螺杆压实推向料筒前端，产生一定压力。

（2）螺杆在转动的同时，缓慢地向后移动，当螺杆退到预定位置触及限位开关时，螺杆立即停止转动。

（3）然后注射活塞带动螺杆按一定的压力和速度，将积存于料筒端部的塑料黏流态熔体经喷嘴注入模具型腔。

（4）充满型腔的熔料经一定时间的保压冷却定型后，开模、分型、脱模后取出塑件，从而获得具有一定形状和尺寸的塑料制件。

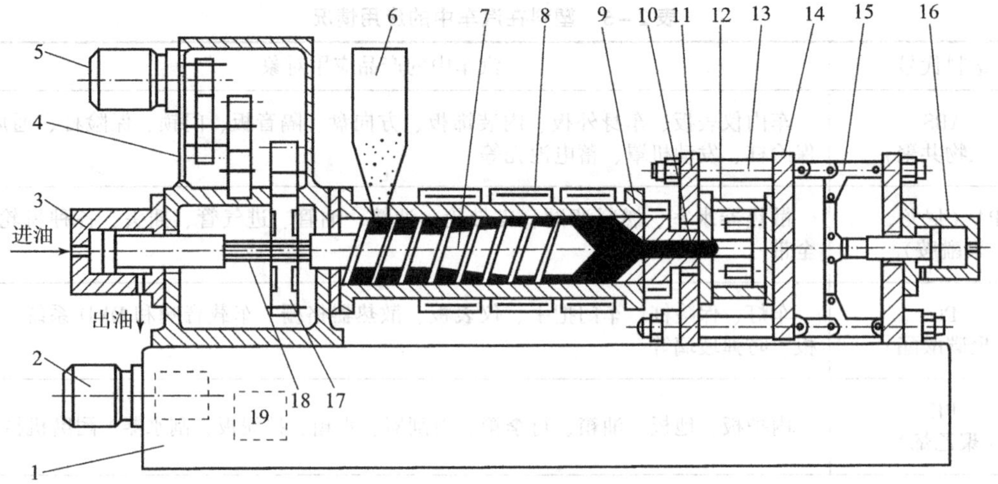

图 2-42 螺杆式注射机结构示意图

1—机身；2—电动机及液压泵；3—注射液压缸；4—齿轮箱；5—齿轮传动电动机；6—料斗；7—螺杆；8—加热器；9—料筒；10—喷嘴；11—定模固定板；12—模具；13—拉杆；14—动模固定板；15—合模机构；16—合模液压缸；17—螺杆传动齿轮；18—螺杆花键；19—油箱

（5）塑件经注射成形后，除去浇口凝料、余料和飞边毛刺。有些制件还需要进行消除应力或稳定性能的后处理。

注射成形在汽车塑料制品生产中所占的比例很大，如保险杠、通风格栅、仪表板、座椅靠背、护风圈、空调机壳等大型零件，及各种开关、把手、结构件、装饰件、减摩耐磨件、轮罩、护条等小型件。

2. 压缩成形

压缩成形主要用于热固性塑料零件的生产。压缩成形的工作原理如图 2-43 所示。它首先将粉末状、粒状或纤维状的热固性塑料放入模具加料腔内，如图 2-43（a）所示；然后合模加热使其熔融，并在压力作用下使塑料流动而充满模腔，如图 2-43（b）所示；同时，塑料高分子发生交联固化而定型；最后脱模得到所需制品，如图 2-43（c）所示。

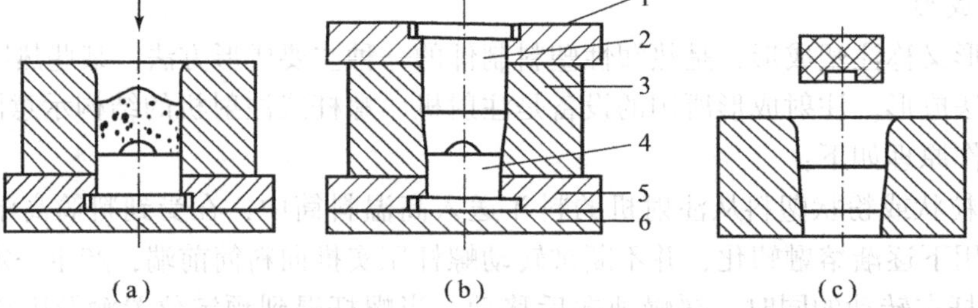

图 2-43 压缩成形原理

（a）塑料放入模具加料腔；（b）合模加热定型；（c）脱模

1—凸模；2—上凸模；3—凹模；4—下凸模；5—凸模固定板；6—下模座

热塑性塑料也可采用压缩成形，其前半部分的成形过程与热固性塑料相同。但由于没有交联反应，必须冷却固化才能脱模。因此，热塑性塑料压缩成形时，需要对模具交替加热与冷却，生产周期长。所以，热塑性塑料压缩成形只在模压较大平面的热塑性塑料零件时才采用。压缩成形适用于汽车大型零件的生产，如导流板、车门、门梁柱、顶盖等。

3. 压注成形

压注成形是在改进压缩成形基础上发展起来的一种热固性塑料的成形方法，其成形原理如图 2－44 所示。模具闭合后，将塑料加入已加热到一定温度的模具加料室中，使其受热熔融，如图 2－44（a）所示；在柱塞压力的作用下，塑料熔融体经过模具浇注系统注入并填满闭合的型腔，如图 2－44（b）所示；塑料在型腔内继续受热受压而固化成形，最后打开模具取出塑件，如图 2－44（c）所示。

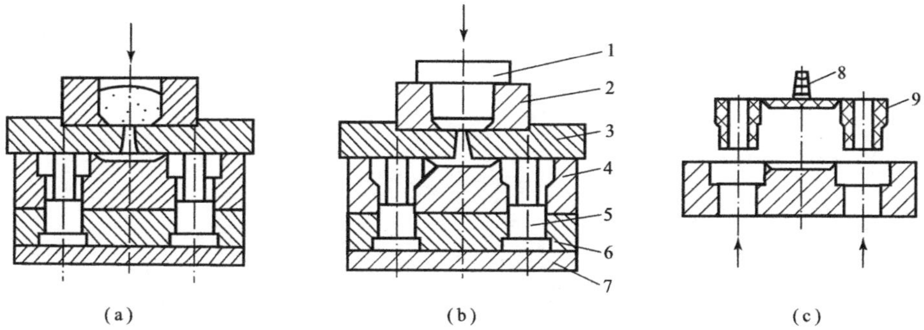

图 2－44　压注成形原理

（a）加入塑料熔融；（b）注入型腔；（c）加热加压成形，脱模

1—柱塞；2—加料腔；3—上模板；4—凹模；5—型芯；6—型芯固定板；7—下模板；8—浇注系统；9—塑件

压注成形中，塑料需要预先受热达到熔融状态，并在压力作用下注入型腔，因此，能制作带有深孔或形状复杂的塑料零件，也可制作带有精细嵌件的塑料零件。由于在塑料成形前模具已经完全闭合，因而易保证塑件的精度，表面粗糙度值也较小。压注成形的塑料零件上只有少许模具分型面造成的很薄的塑料飞边，其密度和强度也较高。

本章小结

本章介绍了汽车零件毛坯的主要制造工艺，包括铸造、锻造、冲压、焊接和塑性成形工艺。重点介绍了铸造工艺类型及其特点、汽车零件铸件类型、锻造工艺类型及其特点、冲压工艺分类及其特点、汽车冲压件加工工艺、焊接工艺分类及其特点、汽车装焊工艺及工艺性要求、塑性成形工艺及其特点等。通过本章的学习，需要了解汽车零件毛坯的类型、主要制造方法及其特点，为汽车零件结构设计及制订汽车零件制造工艺规程奠定良好的基础。

思考与习题

1. 铸造工艺的分类、特点及其工艺过程。
2. 汽车铸件的分类及其工艺过程。
3. 铸件结构工艺性包括哪些方面？
4. 锻造工艺过程及其特点。
5. 冲压工艺的类型。

6. 车身覆盖件的特点。
7. 车身覆盖件的冲压工艺过程。
8. 车身冲压材料特点及应用。
9. 焊接方法分类。
10. 车身的焊接工艺过程。
11. 焊接工艺性包括哪些方面？
12. 塑料类型及其在汽车中的应用。
13. 塑料成形工艺及其特点。

第 3 章　汽车零件机械加工工艺及设备基础

【本章知识点】

1. 零件表面形成及机械加工成形原理、机床的表面成形运动、切削加工基本概念、机床分类。
2. 车削加工基本工艺及设备。
3. 铣削加工基本工艺及设备。
4. 钻削加工基本工艺及设备。
5. 镗削加工基本工艺及设备。
6. 磨削加工基本工艺及设备。
7. 齿轮轮齿齿面加工基本工艺及设备。
8. 汽车典型零部件加工工艺及设备选用。

3.1 概　述

3.1.1 零件表面形成及机械加工成形原理

任何零件都是若干个表面包裹的实体，零件的表面一般包括平面、曲面、圆柱面、圆锥面、螺旋面等，见图 3 – 1。

从几何学角度看，机械零件的每一个表面都可以看作是一条线（称为母线）沿着另一条线（称为导线）运动的轨迹，母线和导线统称为形成表面的发生线，几种典型零件的表面形成如图 3 – 2 所示。

图 3 – 2（a）中，圆柱面可以看成是由一条直线母线沿一条圆导线运动的轨迹（也可以看成是圆母线沿直线导线运动的轨迹）；图 3 – 2（b）圆锥表面也可以看成是由一条直线母线沿圆导线运动的轨迹，与圆柱面的形成不同，圆锥面的直线母线与过圆导线圆心且垂直圆导线所在平面的轴线斜交；图 3 – 2（c）中平面是一条直线母线沿另一条直线导线运动的轨迹；图 3 – 2（d）、图 3 – 2（e）所示的成形表面为一条曲线母线沿一条圆导线和直线导线运动的轨迹。

从圆柱面和圆锥面的形成可以看出，两个表面的两条发生线完全相同，都是直线和圆，但由于母线的原始位置不同，形成的表面也不同。

切削加工作为零件毛坯的后续加工方法，其基本原理是将工件和切削刀具安装在相应的切削机床上，通过机床使刀具和工件根据加工表面的形成要求，按一定规律做相对运动，刀

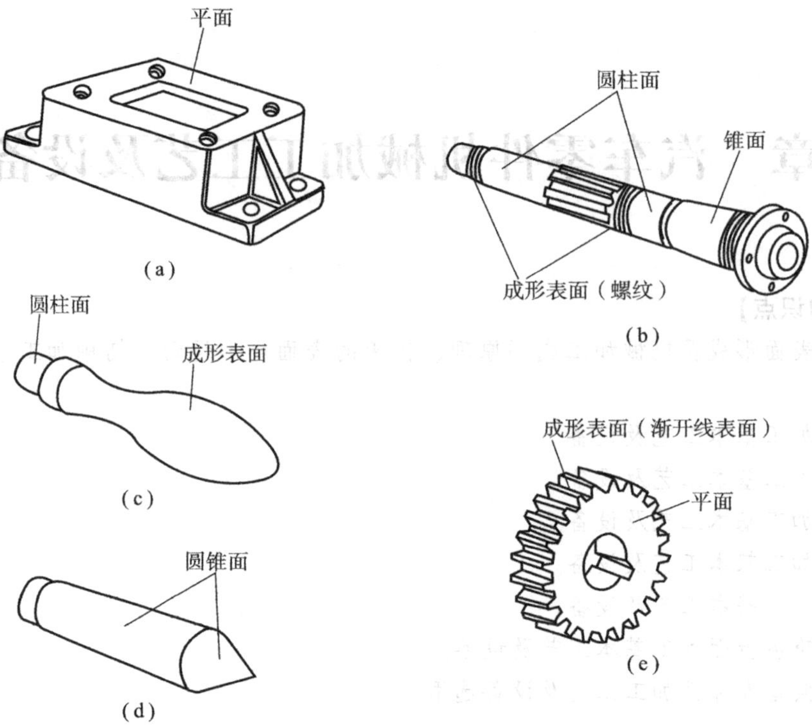

图 3-1　机械零件上常见的各种表面

(a) 平面；(b) 曲面；(c) 圆柱面和成形表面；(d) 圆锥面；(e) 渐开线表面

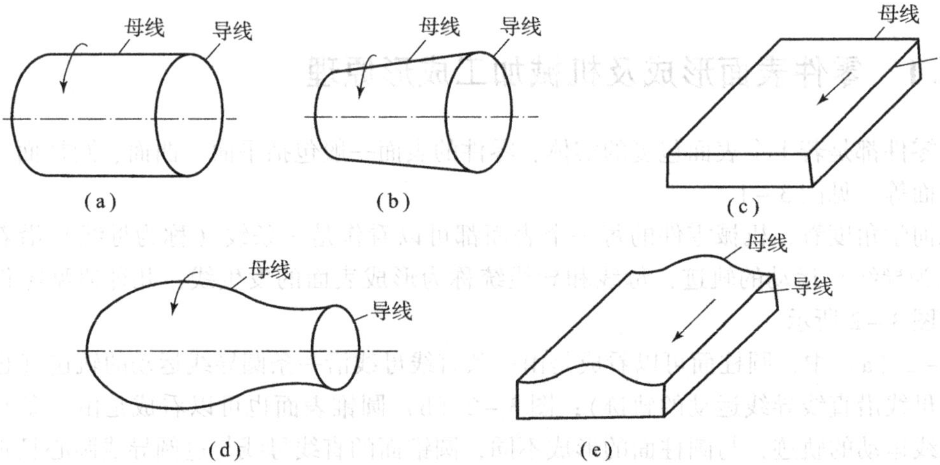

图 3-2　零件表面的形成

(a) 圆柱面；(b) 圆锥面；(c) 平面；(d) 成形面；(e) 成形面

具上的切削刃切除工件上多余的（或预留的）金属，从而使工件的形状、尺寸精度及表面质量符合预定要求。实质上，从表面形成的角度看，切削加工就是通过刀具以及刀具相对工件的运动，来实现发生线（母线和导线）的形成及母线沿导线的运动。

根据使用的刀具切削刃形状和采取的加工方法不同，形成发生线的方法可归纳为四种：

轨迹法、成形法、相切法、展成法。见图 3-3。

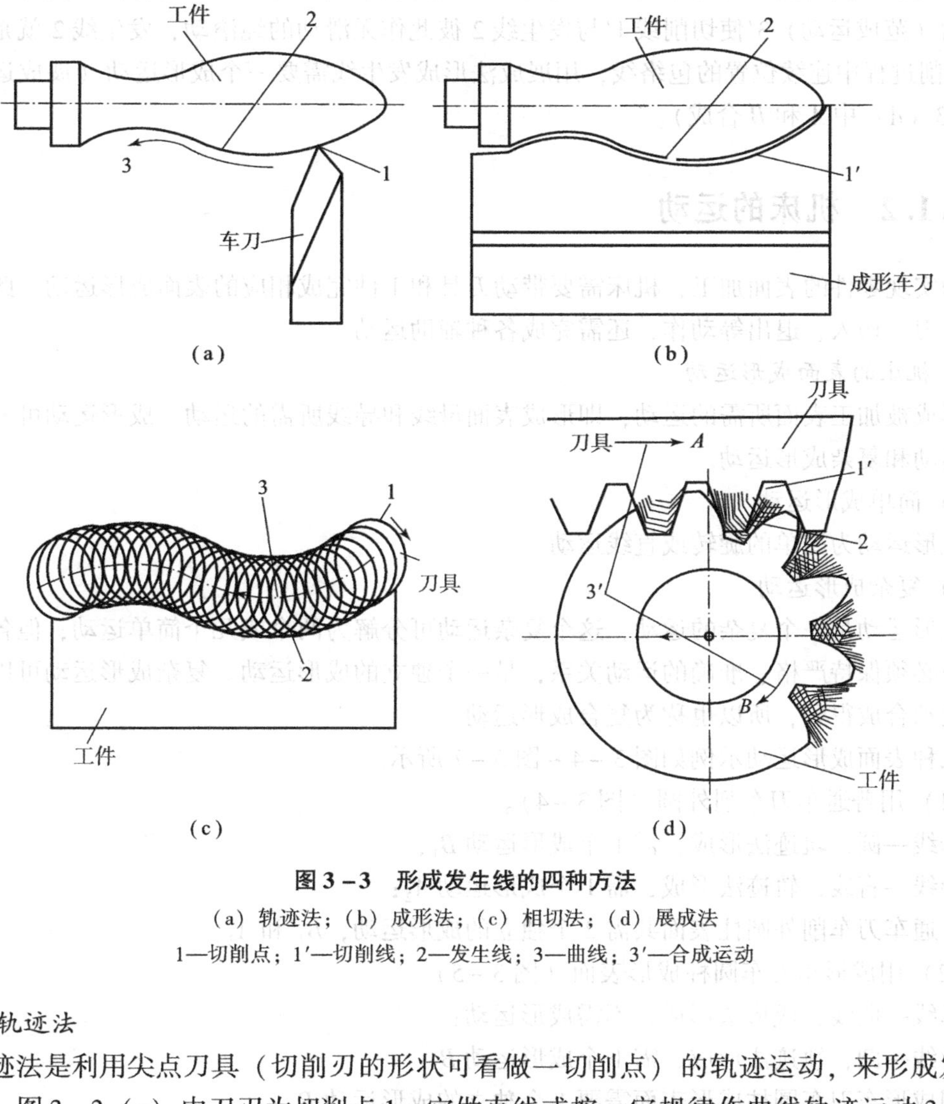

图 3-3　形成发生线的四种方法

(a) 轨迹法；(b) 成形法；(c) 相切法；(d) 展成法

1—切削点；1′—切削线；2—发生线；3—曲线；3′—合成运动

1. 轨迹法

轨迹法是利用尖点刀具（切削刃的形状可看做一切削点）的轨迹运动，来形成发生线的方法。图 3-3（a）中刀刃为切削点 1，它做直线或按一定规律作曲线轨迹运动 3，从而形成所需的发生线 2。因此，采用轨迹法形成发生线需要一个成形运动。

2. 成形法

成形法是利用成形刀具的刀刃形状形成发生线的方法。成形法切削刃的形状是一条切削线 1′，它与要成形的发生线 2 的形状完全吻合。在切削加工时，刀刃与被成形的表面作线接触，刀具无须任何运动就可得到所需的发生线形状，如各类成形刀具的加工。

3. 相切法

相切法是利用刀具边旋转边作轨迹运动来对工件进行加工的方法，如轮廓铣削加工。相切法刀刃为旋转刀具上的切削点 1，刀具做旋转运动并按一定规律作直线或曲线运动，刀具旋转中心的运动轨迹是曲线 3。切削点的运动轨迹与工件相切，形成了发生线 2。用相切法得到发生线，需要两个成形运动，即刀具的旋转运动和刀具旋转中心按一定规律的运动。

4. 展成法

展成法刀具切削刃为切削线 1′，与需要形成的发生线 2 的形状不吻合。刀具与工件的合成运动（范成运动）3′使切削线 1′与发生线 2 彼此作无滑动的纯滚动，发生线 2 就是切削线 1′在切削过程中连续位置的包络线，用展成法形成发生线需要一个成形运动（展成运动，由图 3－3（d）中 A 和 B 合成）。

3.1.2 机床的运动

为实现零件的表面加工，机床需要带动刀具和工件完成相应的表面成形运动，此外，为实现对刀、切入、退出等动作，还需完成各种辅助运动。

1. 机床的表面成形运动

形成被加工表面所需的运动，即形成表面母线和导线所需的运动。成形运动可分为简单成形运动和复杂成形运动。

1）简单成形运动

成形运动为简单的旋转或直线运动。

2）复杂成形运动

成形运动是一个复杂的运动，这个复杂运动可分解为两个或几个简单运动，但各简单运动之间必须保持严格、准确的运动关系，是一个独立的成形运动。复杂成形运动可以由几个简单运动合成得到，所以也称为复合成形运动。

几种表面成形运动示例如图 3－4～图 3－7 所示。

（1）用普通车刀车削外圆（图 3－4）。

母线—圆，轨迹法形成，需 1 个成形运动 B_1；

导线—直线，轨迹法形成，需 1 个成形运动 A_2；

普通车刀车削外圆柱表面共需 2 个独立的成形运动，B_1 和 A_2。

（2）用成形车刀车圆柱成形表面（图 3－5）。

母线—曲线，成形法形成，不需成形运动；

导线—圆，轨迹法形成，需 1 个成形运动 B_1。

用成形车刀车圆柱成形表面需要 1 个独立的成形运动 B_1。

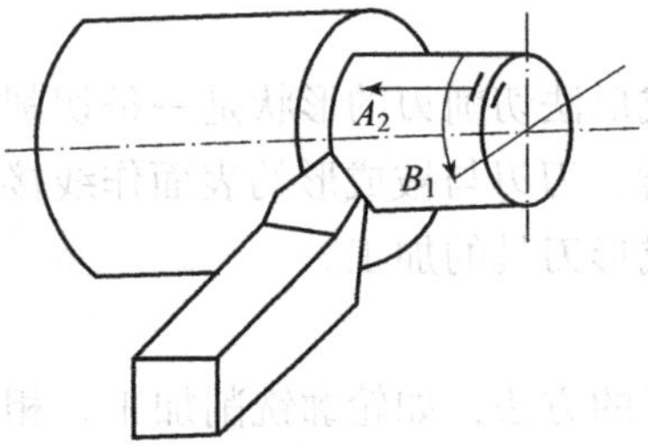

图 3－4　用普通车刀车削外圆

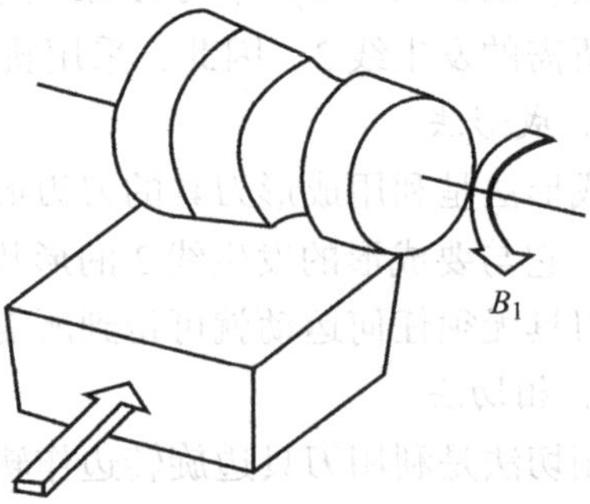

图 3－5　用成形车刀车圆柱成形表面

（3）螺纹车刀切削螺纹（图 3－6）。

母线—“∧”，螺纹车刀是成形刀具，成形法形成母线，不需成形运动。

导线—螺旋线，用轨迹法形成，需1个成形运动，螺纹车刀绕不动的工件作空间螺旋轨迹运动，是1个复杂运动，可分解为工件的旋转运动 B_{11} 和刀具直线运动 A_{12}，也就是说车螺纹所需的1个独立成形运动由2个简单运动 $B_{11}+A_{12}$ 合成完成。

(4) 用滚刀加工直齿圆柱齿轮（图3-7）。

母线—渐开线，展成法形成，需1个复合的成形运动，即范成运动，由滚刀旋转运动 B_{11} 和工件旋转运动 B_{12} 合成完成。

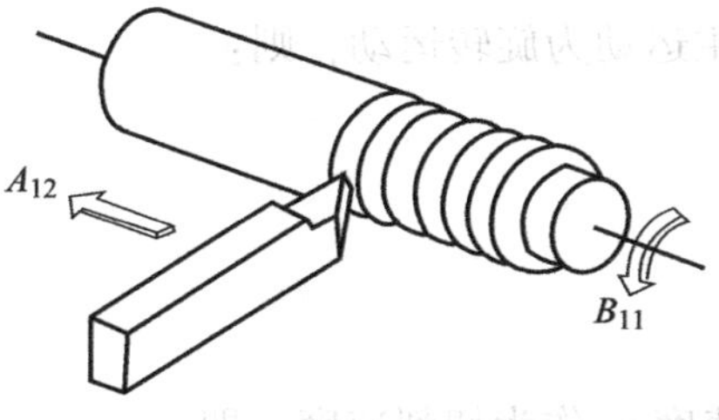

图3-6　用螺纹车刀切削螺纹

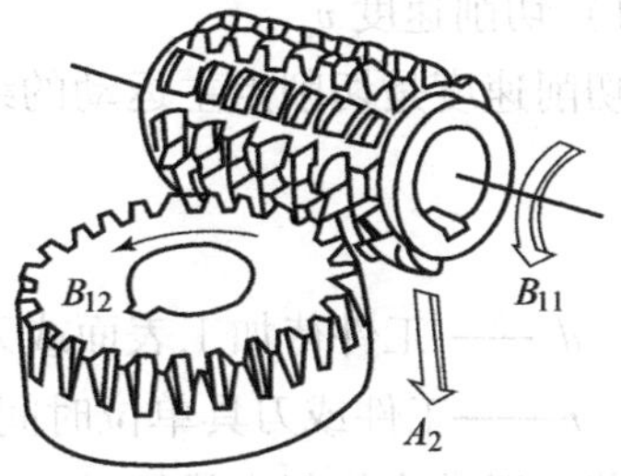

图3-7　用滚刀加工直齿圆柱齿轮

导线—直线，相切法形成，需2个独立的成形运动。即滚刀旋转运动 B_{11}、滚刀沿工件轴向移动 A_2。

所以用滚刀加工直齿圆柱齿轮需要3个独立的成形运动。

一般在普通机床上可实现由2个简单运动合成的复杂成形运动。近年来，随着多轴数控机床的发展，由多个简单运动复合的复杂成形运动可方便地在数控机床上实现，从而也可方便地完成更复杂的表面加工。

2. 机床的辅助运动

机床的辅助运动种类很多，主要包括：

(1) 各种空行程运动。指进给前后的快速运动和各种调位运动。

(2) 分度运动。加工若干个完全相同的均匀分布表面时，使表面成形运动得以周期地连续进行的运动，称为分度运动。

(3) 切入运动。使刀具切入工件毛坯的运动，称为切入运动（进刀、吃刀）。

(4) 操纵及控制运动。如工件的夹紧、松开、转位、自动换刀等。

3. 主运动和进给运动

成形运动按其在切削加工中所起的作用，又可分为主运动和进给运动。

1) 主运动

主运动是刀具和工件间主要的相对运动，使刀具切削刃切入工件材料，切削工件切削层，形成新表面的运动，是机床消耗功率最大的运动。主运动只有一个，可以是简单的成形运动，也可以是复杂的成形运动。

例如，车床的主运动是主轴带动工件的旋转运动；钻、镗、铣的主运动是刀具的旋转运动；磨床的主运动是砂轮的旋转运动；牛头刨床和插床的主运动是滑枕带动刨刀的往复直线运动；龙门刨床的主运动是工作台带动工件的往复直线运动。

2) 进给运动

进给运动是维持切削得以继续的运动。进给运动可以是多个，可以是简单运动，也可以是复合运动。

例如，车床的进给运动是刀架的连续纵向运动；牛头刨床的进给运动是刨刀每往复一次，工作台带工件横向间歇移动一次。

4. 切削用量

切削用量包括切削速度、进给量、背吃刀量（切削深度），是制订机械加工工艺必须选择的三个参数，也是设计机床的依据。

1）切削速度 v_c

切削速度是切削点主运动的线速度，单位为 m/s，若主运动为旋转运动，则：

$$v_c = \frac{\pi d_\omega n}{1\ 000 \times 60}$$

式中 d_ω——工件待加工表面或刀具的最大直径（mm）；

n——工件或刀具单位时间内转数（r/min）；

若主运动为往复直线运动（如刨削），则常用其平均速度 v_c 作为切削速度，即：

$$v_c = \frac{2Ln_r}{1\ 000 \times 60}$$

式中 L——往复直线运动的行程长度（mm）；

n_r——主运动每分钟往复次数（次/min）。

2）进给量 f

进给量是指在主运动每转一转或每一行程时（或单位时间内），刀具与工件在进给运动方向上的相对位移。对于车削、镗削等，单位是 mm/r。对于刨削、磨削等用 mm/行程表示。对于铣削等加工进给量还可以用进给速度 v_f（单位是 mm/s）或每齿进给量 f_z（单位是 mm/齿）表示。一般情况下：

$$v_f = nf = nzf_z$$

式中 n——主运动单位时间内转数（r/s）；

z——刀具齿数。

3）背吃刀量（切削深度）a_p

背吃刀量是指待加工表面与已加工表面之间的垂直距离（mm）。车削外圆时为：

$$a_p = \frac{d_\omega - d_m}{2}$$

式中 d_ω——工件待加工表面的直径（mm）。

d_m——工件已加工表面的直径（mm）。

3.1.3 金属切削机床概述

1. 金属切削机床分类

金属切削机床是实现零件表面成形加工的工作母机。为适应不同零件加工的要求，金属切削机床分为不同的类别。

(1) 按机床的加工性能分类。机床的类别用大写汉语拼音字母表示，机床的分类按加工性质和所用刀具分为 12 类，如表 3－1 所示。

表 3－1　机床的分类和代号

类别	车床	钻床	镗床	磨床			齿轮加工机床	铣床	刨插床	拉床	螺纹加工机床	电加工机床	切断机床	其他机床
代号	C	Z	T	M	2M	3M	Y	X	B	L	S	D	G	Q
读音	车	钻	镗	磨	2 磨	3 磨	牙	铣	刨	拉	丝	电	割	其

为满足应用要求，每类机床又分为 10 个组，用数字 0～9 表示；每组下又分为若干系别，用数字 0～9 表示。

（2）按机床的通用性分类。可分为通用机床、专门化机床、专用机床。

（3）按机床的工作精度分类。可分为普通精度机床、精密机床、高精度机床。

（4）按机床加工过程的控制方式分类。一般可分为普通机床、数控机床。

2. 金属切削机床型号编制

金属切削机床型号是机床的代号，可以表明机床的类型、特性、性能和主要技术参数等。我国的机床型号编制现在按国家标准 GB/T 15375—2008《金属切削机床型号编制方法》编制。机床型号由汉语拼音字母和阿拉伯数字按一定规律组合而成，适用于各类通用机床和专用机床、自动线，不包括组合机床、特种加工机床。型号由基本部分和辅助部分组成，中间用“/”隔开，读作“之”。基本部分需统一管理，辅助部分纳入型号与否由企业自定。通用机床型号表示方法如图 3－8 所示。

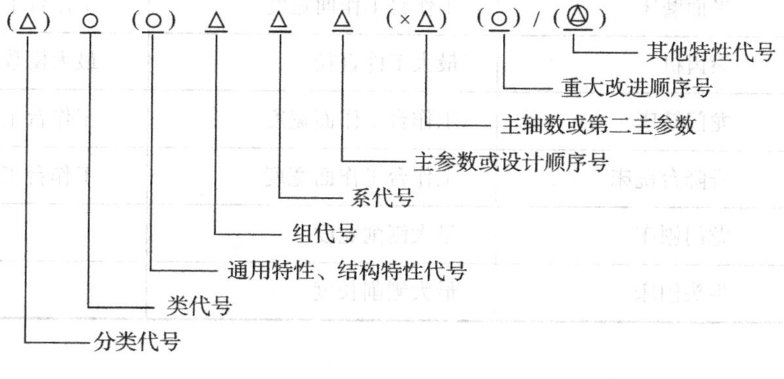

图 3－8　通用机床型号表示方法

注：1. 有“（　）”的代号或数字，当无内容时，则不表示；若有内容，则不带括号。

2. 有“○”符号的，为大写的汉语拼音字母。

3. 有“△”符号的，为阿拉伯数字。

4. 有“◎”符号的，为大写的汉语拼音字母或阿拉伯数字，或两者兼有之。

某类型机床，除有普通型外，还具有表 3－2 所列的各种通用特性时，则在类别代号后加相应的特性代号。

机床的通用特性用大写汉语拼音字母表示，如表 3－2 所示。

表 3-2 机床的通用特性

通用特性	高精度	精密	自动	半自动	数控	加工中心（自动换刀）	仿型	轻型	加重型	简式或经济型	柔性加工单元	数显	高速
代号	G	M	Z	B	K	H	F	Q	C	J	R	X	S
读音	高	密	自	半	控	换	仿	轻	重	简	柔	显	速

机床的主参数代表机床规格的大小，用折算值（主参数乘以折算系数）表示。不同机床的主参数如表 3-3 所示。

表 3-3 机床的主参数

序 号	机床名称	主 参 数	第 2 主参数
1	卧式车床	床身上工件最大回转直径	工件最大长度
2	立式车床	最大车削直径	
3	摇臂钻床	最大钻孔直径	最大跨距
4	卧式镗床	主轴直径	
5	坐标镗床	工作台工作面宽度	工作台工作面长度
6	外圆磨床	最大磨削直径	最大磨削长度
7	平面磨床	工作台工作面宽度	工作台工作面长度
8	滚齿机	最大工件直径	最大模数
9	龙门铣床	工作台工作面宽度	工作台工作面长度
10	升降台铣床	工作台工作面宽度	工作台工作面长度
11	龙门刨床	最大刨削宽度	
12	牛头刨床	最大刨削长度	

3.2 车削加工

3.2.1 车削加工及车床的典型加工工艺

车削加工是以工件的旋转作为主运动，刀具（车刀）的连续移动为进给运动的一种回转体表面的加工方法，是切削加工最基本的加工方法。车削加工主要用于加工轴、盘、套等回转体工件的内外圆柱面、内外圆锥面、螺纹、回转沟槽、单头或多头蜗杆、各类回转成形表面、回转表面滚花等，也可完成回转体端平面的加工。典型的车削加工工艺如图 3－9 所示。

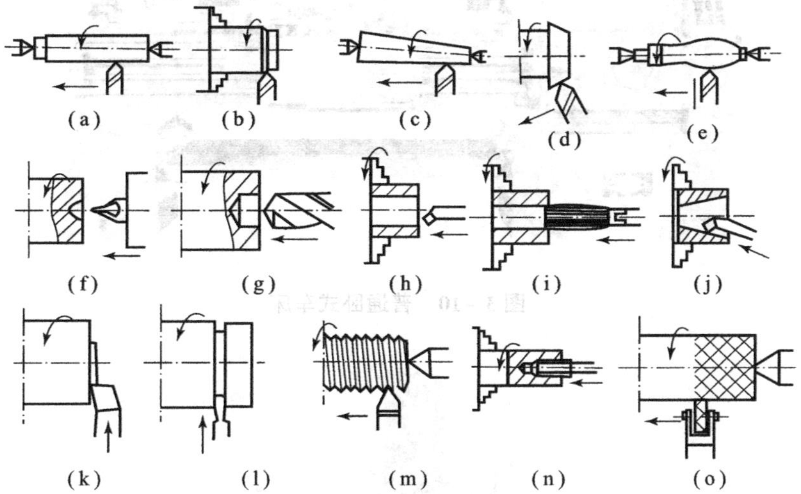

图 3－9　典型的车削加工

(a) 车外圆柱面；(b) 倒角；(c) 车外圆锥面；(d) 车短圆锥面；(e) 车曲面；(f) 打中心孔；(g) 钻孔；(h) 镗内圆柱面；(i) 铰孔；(j) 镗内圆锥面；(k) 切端面；(l) 切沟槽；(m) 车螺纹；(n) 攻螺纹；(o) 滚花

3.2.2　车削加工常用设备

1. 车床分类

车床是实现车削加工的机床，根据不同特点车床可作如下分类：

(1) 按用途和结构分类。可分为卧式车床、落地车床、立式车床、六角车床、单轴自动车床、多轴自动和半自动车床、仿形车床、专门化车床（如凸轮轴车床、曲轴车床、车轮车床、铲齿车床）。

(2) 按精度分类。可分为普通车床、精密车床、高精度车床。

(3) 按控制方式分类。可分为普通车床和数控车床。

2. 普通车床

普通车床能对轴、盘、环等多种回转体类工件进行加工，还可以加工端面和各种内外螺纹，采用相应的刀具和附件，还可进行钻孔、扩孔、攻丝和滚花等。普通车床主轴转速和进给量的调整范围较大，加工前的工艺准备和调整工作量较少，但自动化程度较低，工件的加工精度取决于工人的操作水平。所以，普通车床适用于单件、小批生产和修配车间。

几种典型的普通车床如图 3－10～图 3－12 所示。

3. 数控车床

数控车床除能够完成普通车床所有的切削加工任务外，具有加工精度高、高效率、高柔性化、能作直线和圆弧插补及在加工过程中能自动变速等特点。因此，其工艺范围较普通机

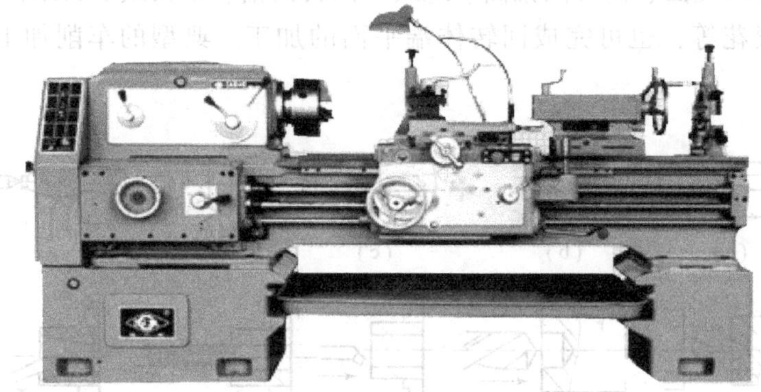

图 3-10　普通卧式车床

图 3-11　立式车床

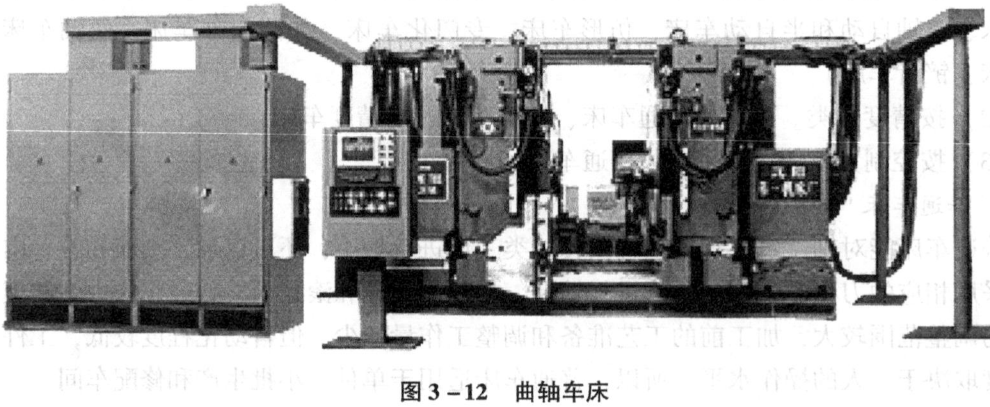

图 3-12　曲轴车床

床宽得多，一些复杂回转曲面的加工也可以方便地完成。

几种典型的数控车床如图 3-13 ~ 图 3-17 所示。

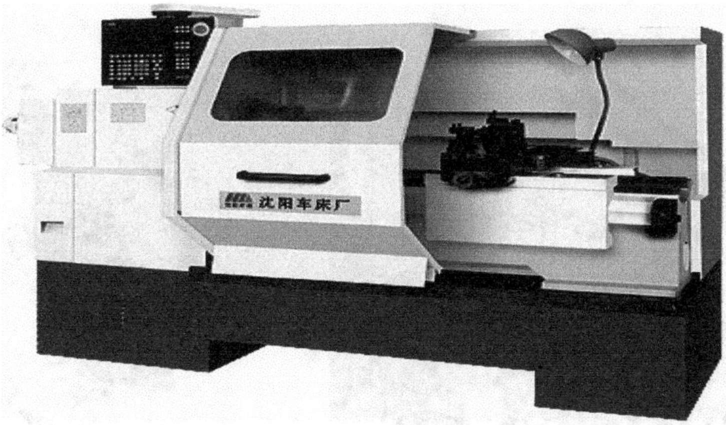

图 3－13　简易数控车床

图 3－14　数控车床

图 3－15　数控立式车床

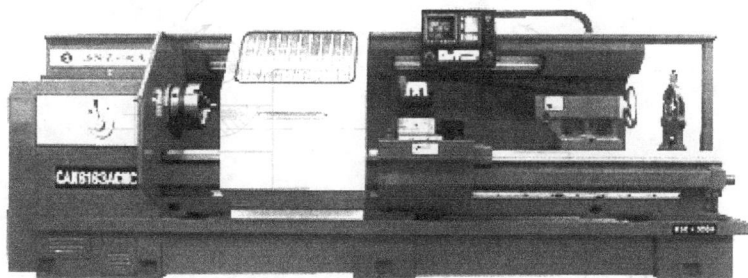

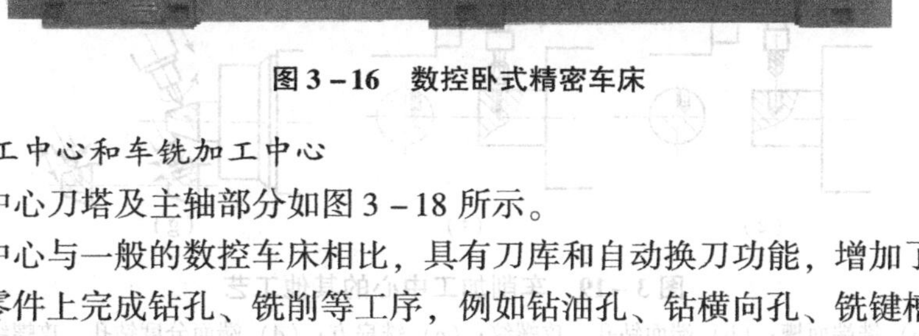

图 3－16　数控卧式精密车床

4. 车削加工中心和车铣加工中心

车削加工中心刀塔及主轴部分如图 3－18 所示。

车削加工中心与一般的数控车床相比，具有刀库和自动换刀功能，增加了动力刀具，从而可在回转体零件上完成钻孔、铣削等工序，例如钻油孔、钻横向孔、铣键槽、铣扁方以及铣油槽等，并且具有 C 轴功能，即可实现绕主轴的坐标回转运动，其加工工艺范围较一般的数控车床得到了很大扩展。图 3－19 为车削加工中心的一些特殊功能。

图 3－17　数控曲轴车床

图 3－18　车削加工中心刀塔及主轴部分

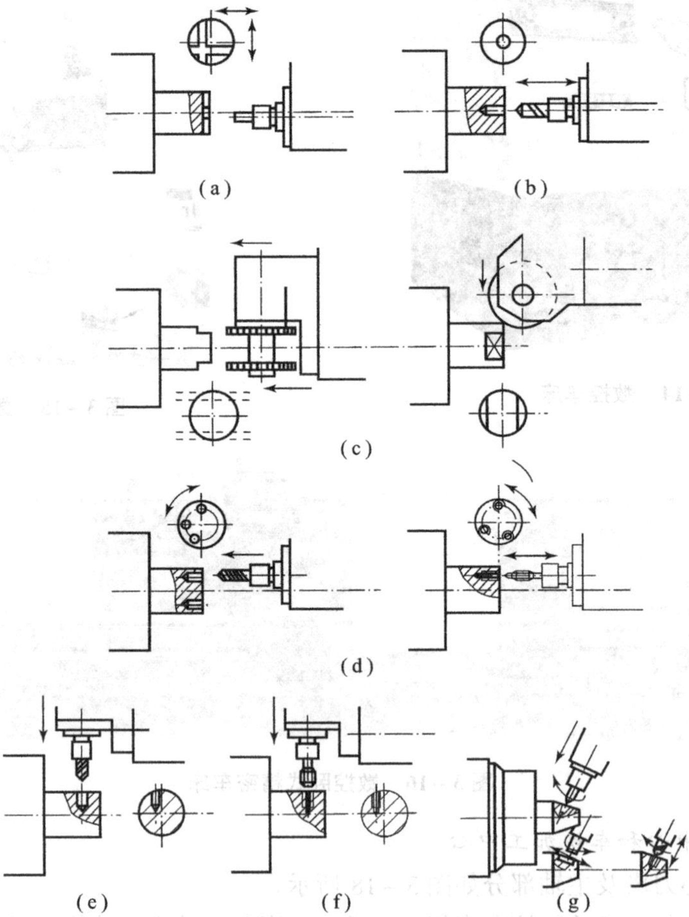

图 3－19　车削加工中心的其他工艺

(a) 铣端面槽；(b) 端面钻孔、攻螺纹；(c) 铣扁方；(d) 端面分度钻孔、攻螺纹；
(e) 横向钻孔；(f) 横向攻螺纹；(g) 斜面上钻孔、铣槽、攻螺纹车铣加工中心是近年来发展起来的将车削、铣削功能复合在一起的一种新型数控机床，是一种复合加工中心。一方面在车铣加工中心上可以完成各种回转体的车削加工工艺，另一方面可完成铣削、钻削、镗削、攻螺纹等加工工艺，特别是可以利用铣刀和工件旋转的合成运动，完成回转表面的高速铣削加工。由于在一台机床上可以完成的工艺范围更广，所以，车铣加工中心的加工工序更加集中，工件在一次装夹中，可完成全部或大部分加工，减少了工件安装次数，避免由于基准转换带来的安装误差，加工精度更容易保证。同时，减少了辅助时间，提高了加工效率。车铣加工中心如图3－20所示。

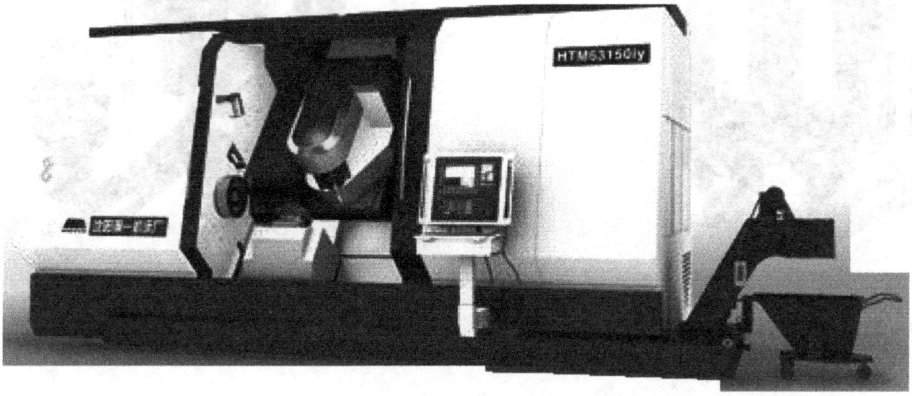

图3－20　车铣加工中心机床

3.2.3　车削加工的主要刀具及其在数控车床上的安装

车削加工的主要刀具及其在数控车床上的安装分别如图3－21～图3－25所示。

图3－21　外圆与端面车削车刀

图3－22　内孔车削车刀

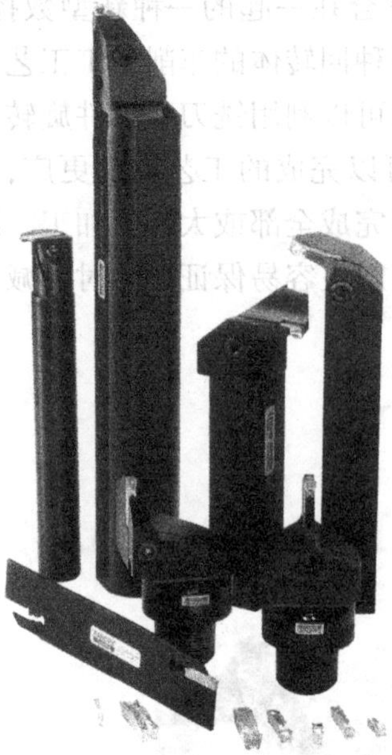

图 3－23　切断与切槽车刀

图 3－24　螺纹车刀

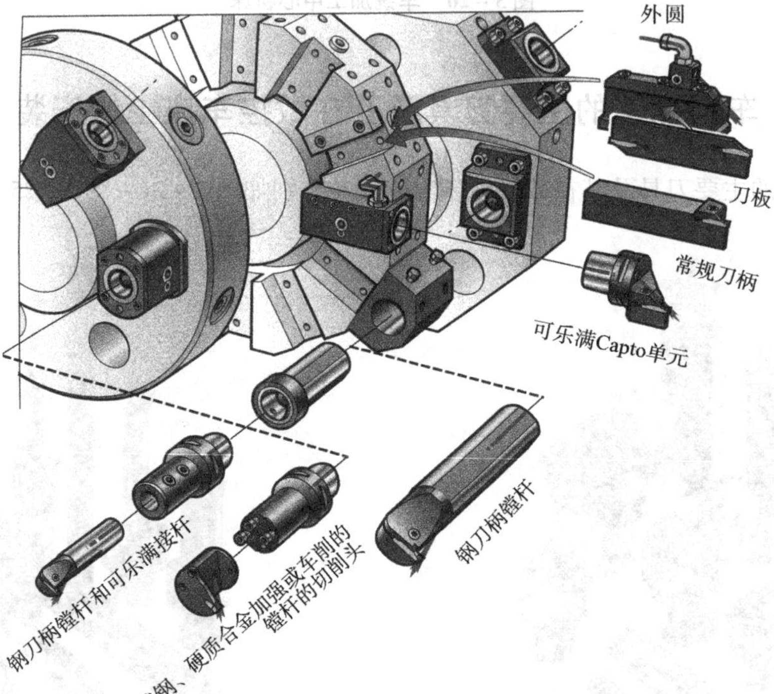

图 3－25　刀具在数控车床转塔上的安装

3.3　铣削加工

3.3.1　铣削加工及典型加工工艺

铣削加工是以铣刀旋转作为主运动，工件或铣刀做进给运动的一种切削加工方法。

汽车零件的机械加工中铣削加工占有很大比重。铣削加工可以加工平面、沟槽，切断，加工分齿零件、花键轴、链轮槽、螺旋形表面及各种曲面。此外，在车铣机床上还可用于回转体表面、内孔等的加工。典型的铣削加工工艺如图3－26所示。

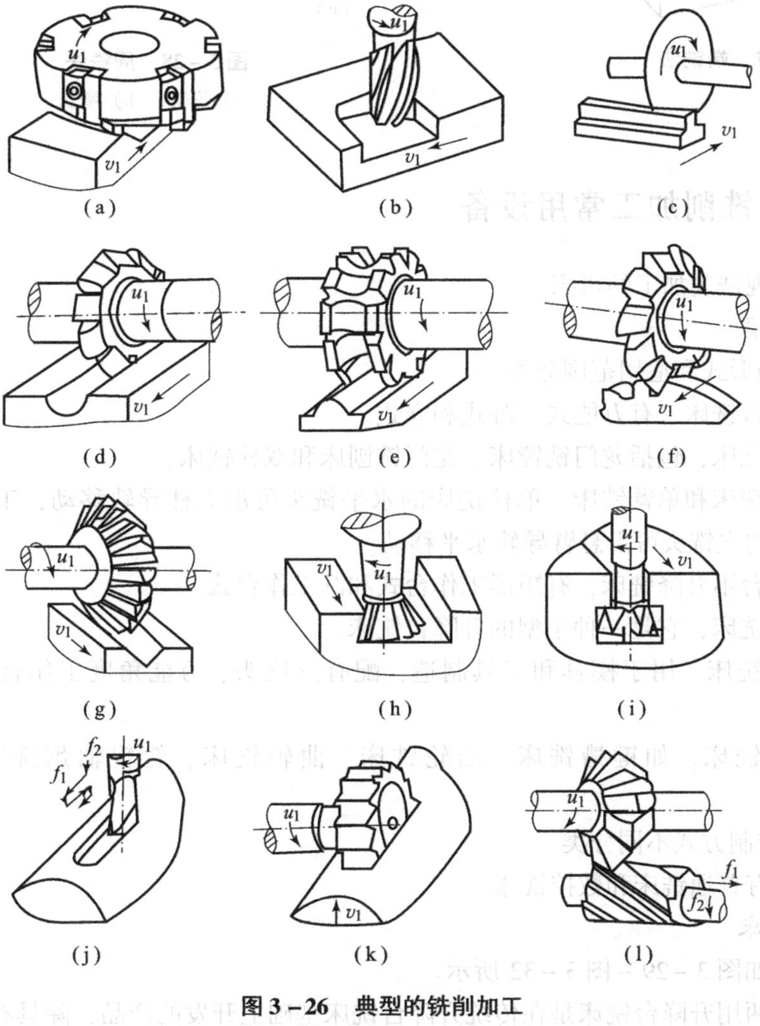

图3－26　典型的铣削加工

(a) 面铣刀铣平面；(b) 立铣刀铣凹平面；(c) 锯片铣刀切断；(d) 凸半圆铣刀铣凹圆弧面；(e) 凹半圆铣刀铣凸圆弧面；(f) 齿轮铣刀铣齿轮；(g) 角度铣刀铣V形槽；(h) 燕尾槽铣刀铣燕尾槽；(i) T形槽铣刀铣T形槽；(j) 键槽铣刀铣键槽；(k) 半圆键槽铣刀铣半圆键槽；(l) 角度铣刀铣螺旋槽

铣削加工的方式有端铣和周铣。端铣法是采用端铣刀加工工件表面的铣削方法，见图 3－27。周铣法是采用圆柱或圆盘铣刀加工平面铣削方法，分为逆铣和顺铣两种，如图 3－28 所示。

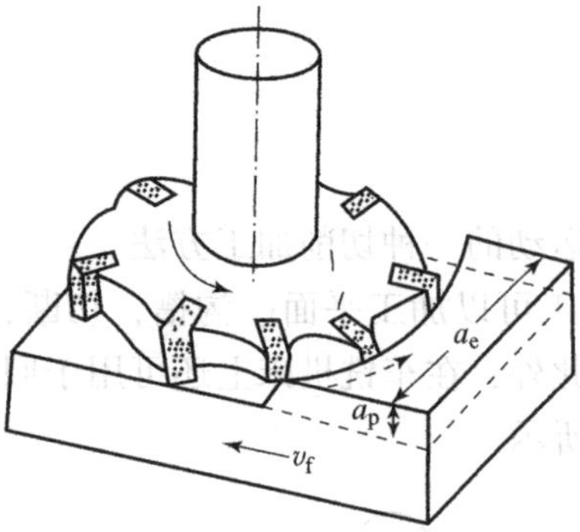

图 3－27　端铣法

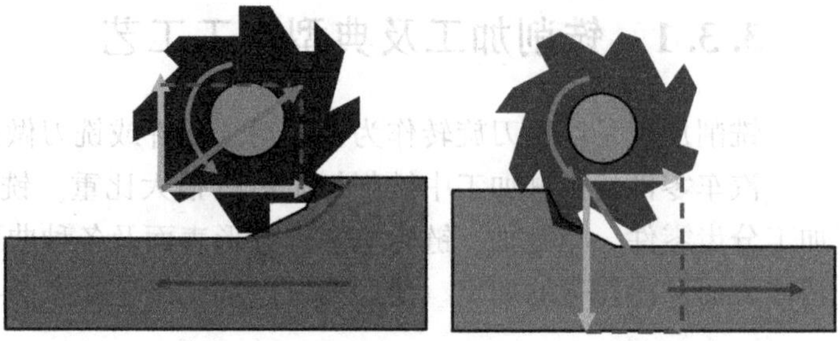

图 3－28　周铣法

（a）逆铣；（b）顺铣

3.3.2　铣削加工常用设备

铣床是实现铣削加工的机床。

1. 铣床分类

1）按布局形式和适用范围分类

（1）升降台铣床，有万能式、卧式和立式。

（2）龙门铣床，包括龙门铣镗床、龙门铣刨床和双柱铣床。

（3）单柱铣床和单臂铣床。单柱铣床的水平铣头可沿立柱导轨移动，工作台作纵向进给；单臂铣床的立铣头可沿悬臂导轨水平移动。

（4）工作台不升降铣床，有矩形工作台式和圆工作台式。

（5）仪表铣床，它是一种小型的升降台铣床。

（6）工具铣床。用于模具和工具制造，配有立铣头、万能角度工作台和插头等多种附件。

（7）其他铣床，如键槽铣床、凸轮铣床、曲轴铣床、轧辊轴颈铣床和方钢锭铣床等。

2）根据控制方式不同分类

目前主要有普通铣床和数控铣床。

2. 普通铣床

普通铣床如图 3－29～图 3－32 所示。

普通立卧两用升降台铣床是在传统升降台铣床基础上开发的产品，除具有普通立式升降台铣床的一般性能外，还可转动铣头角度，铣削空间前半球任意角度、斜面，也可作为卧式铣床使用。

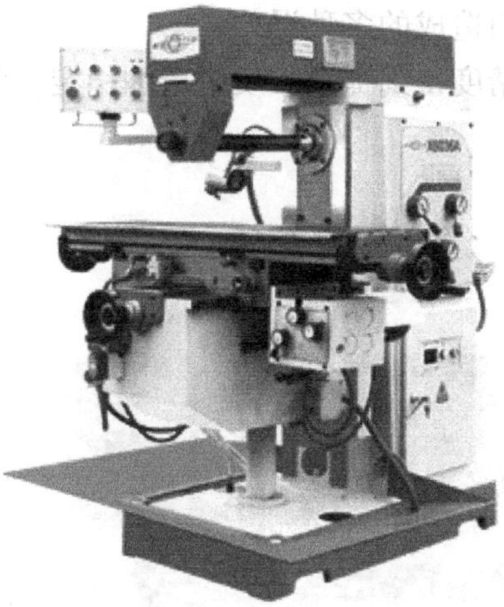

图3－29 普通卧式万能升降台铣床

图3－30 普通立式升降台铣床

图3－31 普通立卧两用升降台铣床

图3－32 龙门立式铣床

3. 数控铣床

数控铣床与普通铣床相比，具有加工精度高、可加工复杂形状的零件、加工范围广等特点。但是数控铣床加工成本相对较高。适合数控铣床加工的零件主要有以下几种：

（1）曲线轮廓类零件，指要求有内、外复杂曲线轮廓的零件，特别是由数学表达式等给出其轮廓为非圆曲线或列表曲线的零件。

（2）空间曲面类零件，由数学模型设计出的，并具有三维空间曲面的零件。

（3）复杂零件，指形状复杂、尺寸繁多、划线与检测均较困难，在普通铣床上加工又难以观察和控制的零件。

（4）高精度零件。尺寸精度、形位精度和表面粗糙度等要求较高的零件。如发动机缸体上的多组高精度孔或型面。

(5) 一致性要求好的零件。在批量生产中，由于数控铣床本身的定位精度和重复定位精度都较高，能够避免在普通铣床加工中因人为因素而造成的多种误差。

数控铣床容易保证成批零件的一致性，使其加工精度得到提高，质量更加稳定。常见的数控铣床如图 3－33 所示。

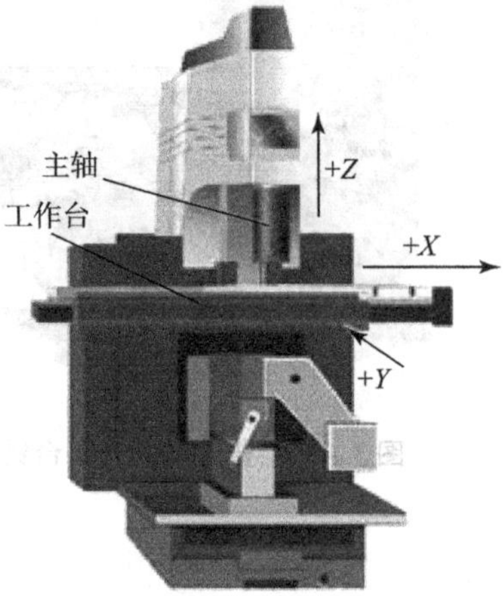

(a)

(b)

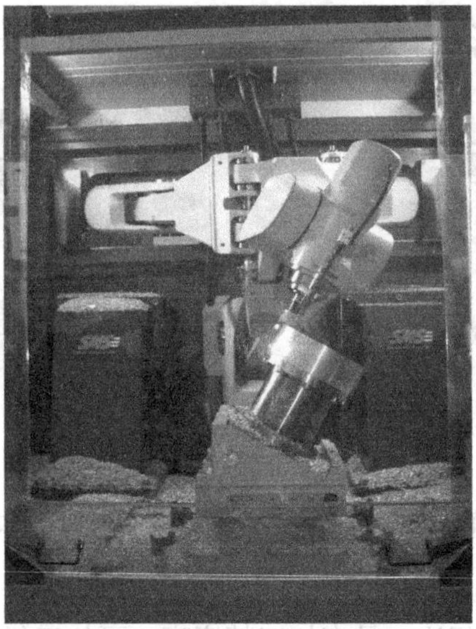

(c)

图 3－33　常见的数控铣床

(a) 数控立式升降台铣床；(b) 数控圆形工作台不升降铣床；(c) 数控并联铣床

镗铣类加工中心与一般数控铣床相比，带有刀库，具有自动换刀功能，除铣削加工外，还可完成镗削、钻削等加工，在一次装夹中可完成零件大部分工序的加工，从而减小由于多次装夹造成的加工误差。镗铣类加工中心如图 3－34 所示。

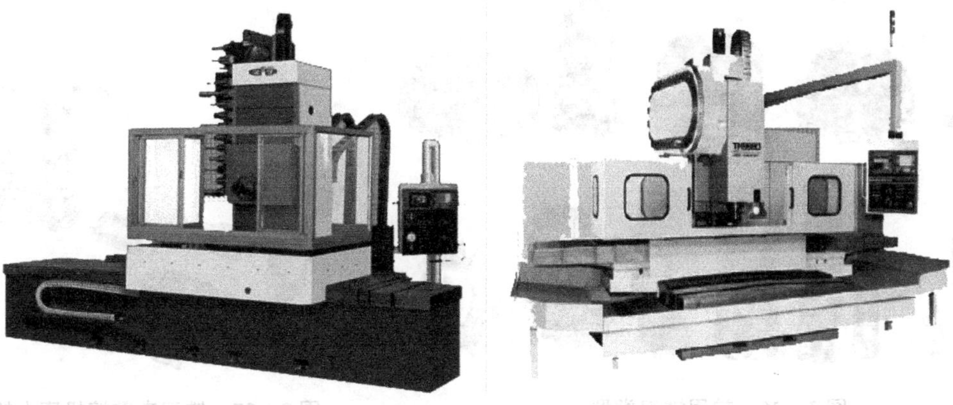

(a)　　　　　　　　　　(b)

图 3-34　镗铣类加工中心

(a) 数控卧式镗铣加工中心；(b) 数控立式镗铣加工中心

4. *五轴联动铣削加工中心*

五轴联动铣削加工中心可实现 X、Y、Z 三个直角坐标轴与两个转动坐标轴相互联动数控加工，主要用于复杂曲面的加工。其结构布局如图 3-35 所示。

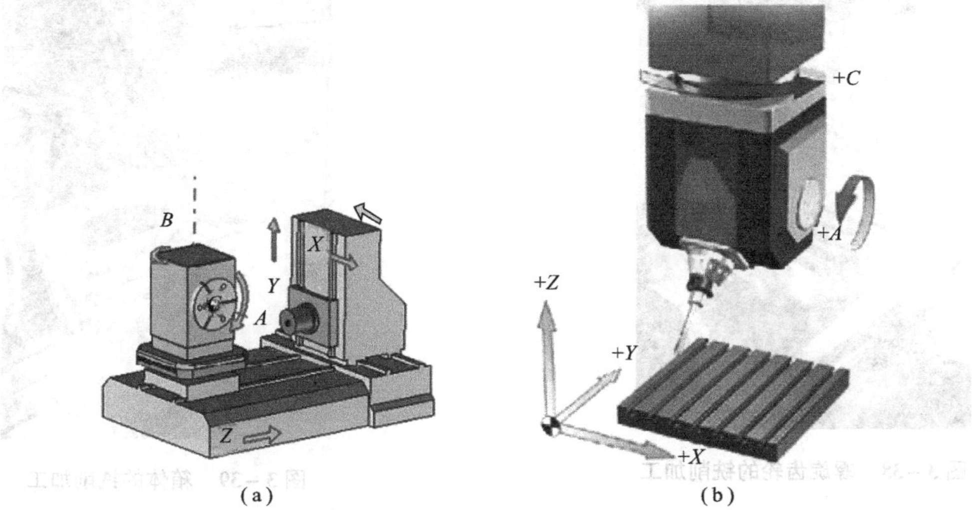

(a)　　　　　　　　　　(b)

图 3-35　五轴联动铣削加工中心的布局形式

(a) 卧式布局；(b) 立式布局

3.3.3　铣削加工的主要刀具

铣削加工常用的刀具类型如图 3-36 所示。

铣刀在数控机床上的安装如图 3-37 所示。

图 3-36　常用铣刀类型

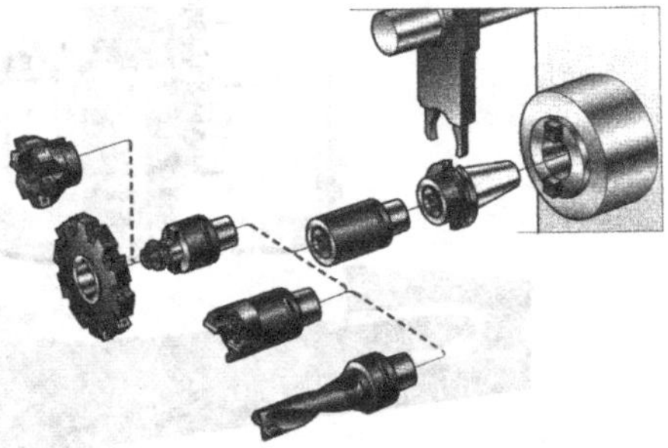

图 3-37　铣刀在数控机床上的安装

3.3.4　典型零件的数控铣削加工

螺旋齿轮和箱体数控铣削如图 3-38、图 3-39 所示。

图 3-38　螺旋齿轮的铣削加工

图 3-39　箱体的铣削加工

3.4　钻削加工

3.4.1　钻削加工及钻床的典型加工工艺

钻削加工是以钻削刀具的旋转作为主运动，同时钻削刀具还作进给运动的一种孔加工方法。所用的主要加工设备为钻床，主要用于钻通孔、盲孔、扩孔、铰孔、锪孔和攻丝等加工。加工方法见图 3－40。随着加工中心的发展和广泛应用，一次装夹，在镗铣类加工中心上可完成铣削、钻削、镗削等加工。

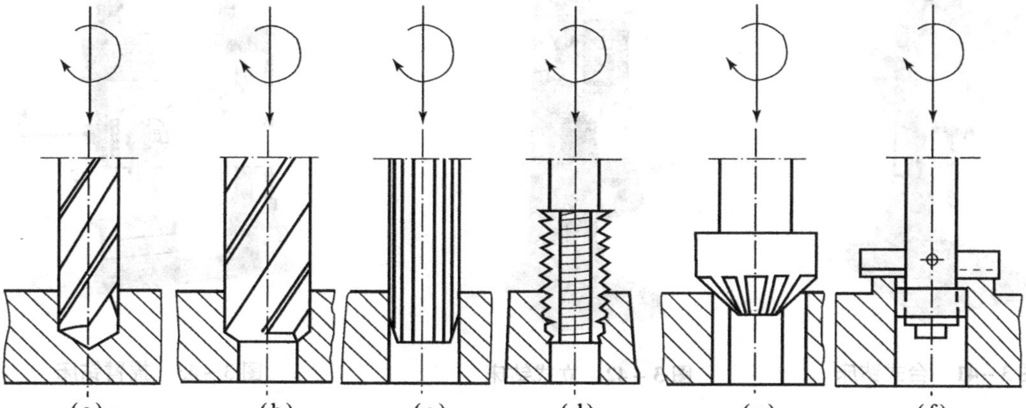

图 3－40　钻床的典型加工

(a) 钻孔；(b) 扩孔；(c) 铰孔；(d) 攻螺纹；(e) 钻埋头孔；(f) 刮平面

3.4.2　钻削加工常用设备

1. 钻床分类

1) 根据用途和结构分类

(1) 台式钻床。

简称台钻。一种小型立式钻床，最大钻孔直径为 12～15 mm，安装在钳工台上使用，多为手动进钻，常用来加工小型工件的小孔等。

(2) 立式钻床。

工作台和主轴箱可以在立柱上垂直移动，用于加工中小型工件。

(3) 摇臂钻床。

主轴箱能在摇臂上移动，摇臂能回转和升降，工件固定不动，适用于加工大而重和多孔的工件，广泛应用于机械制造中。

(4) 深孔钻床。

用深孔钻钻削深度比直径大得多的孔（如枪管、炮筒和机床主轴等零件的深孔）的专门化机床，为便于除切屑及避免机床过高，一般为卧式布局，常备有冷却液输送装置（由刀具内部输入冷却液至切削部位）及周期退刀排屑装置等。

2) 按控制方式分类

目前主要有普通钻床和数控钻床。

2. 普通钻床

普通钻床如图 3－41～图 3－44 所示。

3. 数控钻床

在普通钻床上加工零件上的孔，其孔的中心位置调整由操作者人为进行，孔的位置精度较差。

图 3－41　台式钻床

图 3－42　立式钻床

图 3－43　摇臂钻床

图 3－44　深孔钻床

与普通钻床相比，数控钻床一般都具有 *X*、*Y* 坐标控制功能，操作更方便，定位更精确，主要用来加工位置精度要求较高的孔和孔系。常见的数控钻床如图 3－45 ~ 图 3－48 所示。

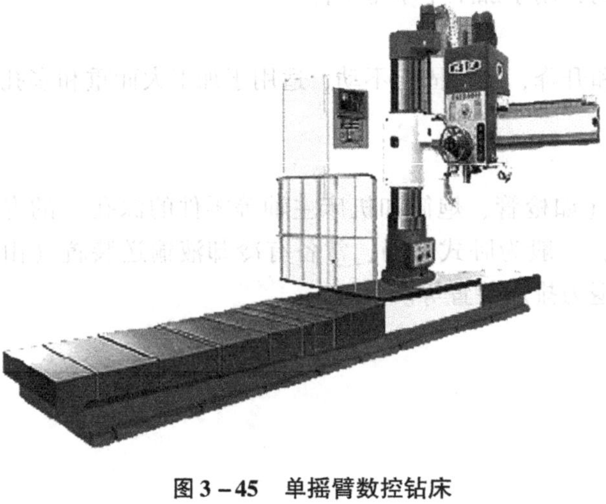

图 3－45　单摇臂数控钻床

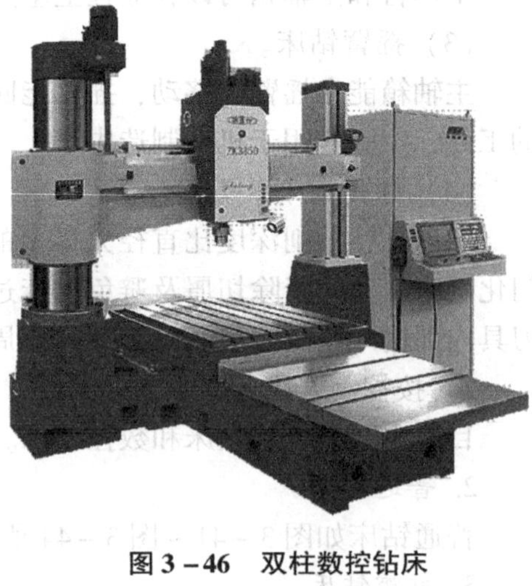

图 3－46　双柱数控钻床

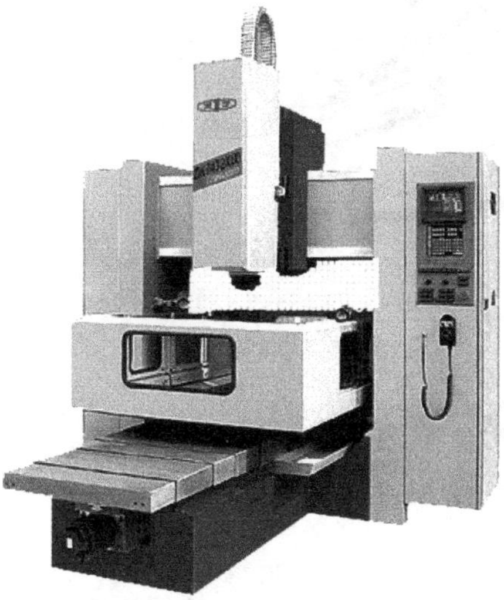

图 3 -47　龙门式数控钻床

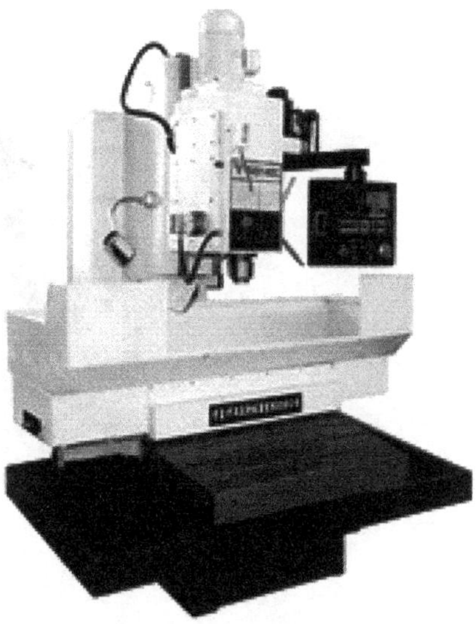

图 3 -48　立式数控钻床

4. 钻削加工中心

与一般的数控钻床相比，钻削加工中心更适用于以孔系为主的零件的加工，典型的钻削加工中心如图 3 -49、图 3 -50 所示。

图 3 -49　立式钻削加工中心

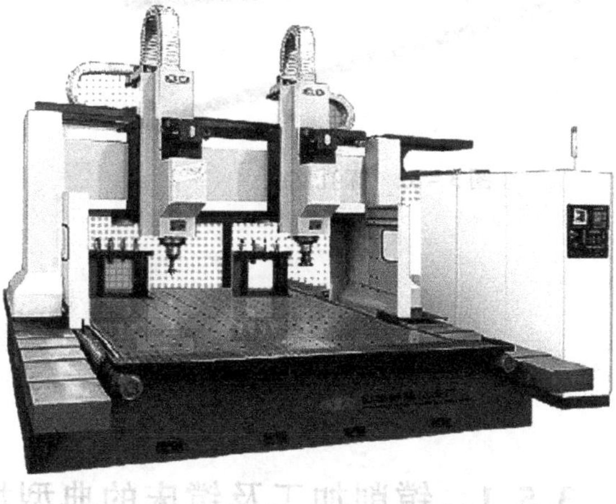

图 3 -50　龙门式双主轴立式钻削加工中心

3.4.3　钻削加工的主要刀具

钻削加工常用的刀具如图 3 -51 ~ 图 3 -53 所示。

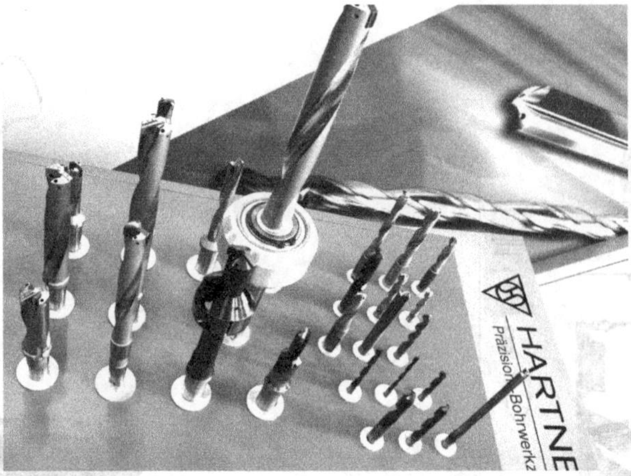

图 3-51　内冷式钻头

图 3-52　深孔钻头

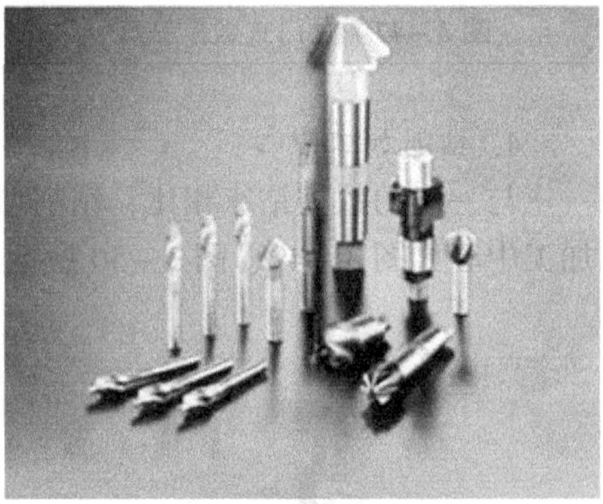

图 3-53　锪孔刀具

3.5　镗削加工

3.5.1　镗削加工及镗床的典型加工工艺

镗削加工是以镗刀旋转为主运动，工件或镗刀主轴做进给运动的一种切削加工方法。

镗床是用镗刀在工件上镗孔的机床，主要用于加工高精度孔或一次定位完成多个孔的精加工。镗床可以对各种大、中型零件的孔或孔系进行镗削加工，也可进行钻孔、扩孔和铰孔等加工。还可以利用镗床主轴，安装铣刀盘或其他铣刀，对工件进行铣削加工。其中卧式镗床还可以利用平旋盘和其他机床附件，镗削大孔、大端面、槽及进行螺纹等一些特殊的镗削加工。在镗床上可保证加工的平面，各孔、槽的垂直度、平行度及同轴孔的同轴度。镗床的典型加工工艺见图 3-54。

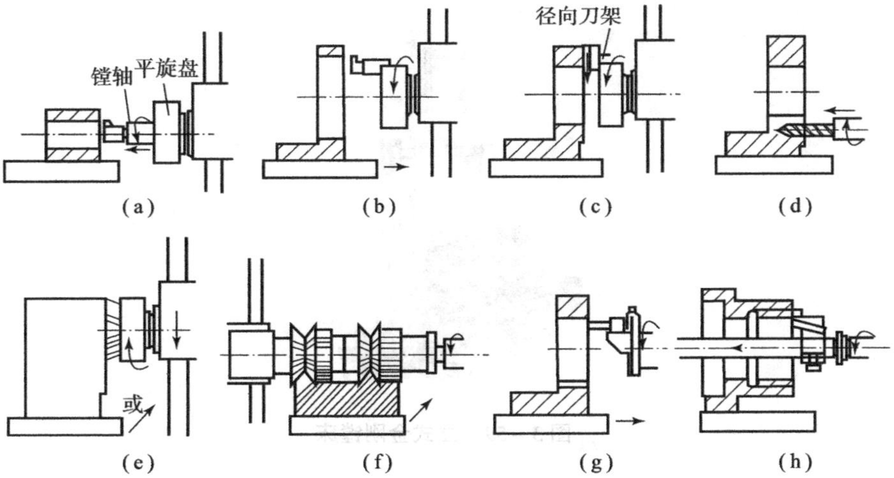

图 3－54　镗床的典型加工工艺

(a) 用镗轴镗孔；(b) 用平旋盘镗孔；(c) 用平旋盘及径向刀架车端面；(d) 用镗轴钻端面孔；
(e) 铣端面；(f) 成形铣削导轨面；(g) 用平旋盘加工内螺纹；(h) 用镗轴加工内螺纹

3.5.2　镗削加工常用设备

镗床按结构和被加工对象可分为：卧式镗床、坐标镗床、金刚镗床、深孔镗床、落地镗床、铣镗床和钻镗床。按控制过程目前可分为：普通镗床和数控镗床。

1. 普通镗床

常见的普通镗床如图 3－55～图 3－60 所示。

图 3－55　普通卧式镗床

图 3－56　普通落地镗床

图 3－57　单柱立式坐标镗床

图 3－58　双柱立式坐标镗床

图 3－59　立式金刚镗床

图 3－60　双面卧式金刚镗床

2. 数控镗床及镗铣加工中心

数控镗床除了具有普通镗削加工工艺特点之外，还可以自动调节孔系的相互位置的精度，保证孔系间的相互位置的精度。一般的数控镗床如图 3－61 所示，由于数控机床的迅速发展，带刀库和自动换刀功能的镗铣加工中心得到了普遍应用，镗铣加工中心见铣削加工部分。

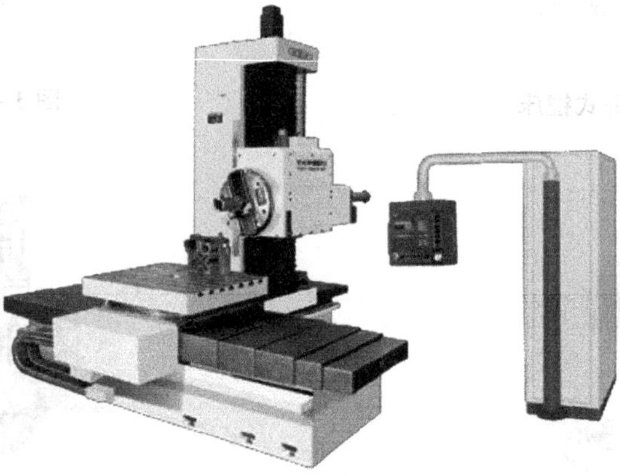

图 3－61　数控卧式镗床

3.5.3 镗削加工的主要刀具

镗削加工常用刀具如图3-62所示。

图3-62 常用镗刀

3.6 磨削加工

3.6.1 普通磨削加工工艺特点

磨削加工是以磨具（砂轮、砂带）的旋转作为主运动，工件做进给运动，实现磨具对工件表面加工的方法。

磨削加工属于精密加工工艺，其加工工艺范围很广，可以划分为粗磨、精磨、细磨及镜面磨削。由于磨削加工所采用的磨具（磨料）具有颗粒细小、硬度高、耐热性好等特点，因而能加工一般金属切削刀具难以加工的零件表面，如淬硬表面。从被加工表面的几何特征看，磨削加工不仅可以加工内外圆柱面、内外圆锥面和平面，还可加工螺纹、花键轴、曲轴、齿轮、叶片等特殊的成形表面。磨削加工的典型零件如图3-63所示。

由于砂轮上每一磨粒相当于一个微小切削刃，所以磨削加工也是一种切削加工，但和通常的车削、铣削、刨削等相比却有以下几个特点：

（1）磨削属多刃、微刃切削，而且由于磨粒的形状及分布处于随机状态，每个磨粒的切削角度、切削条件均不相同。

（2）磨削属于微刃切削，切削厚度极薄，每一磨粒切削厚度可小到数微米，故可获得很高的加工精度和很低的表面粗糙度值。

图 3-63　磨削加工的典型零件

3.6.2　磨削加工常用设备

根据用途和结构磨床可以分为：外圆磨床、万能磨床、内圆磨床、平面磨床、无心磨床、工刃具磨床、导轨磨床、螺纹磨床、专用磨床等。

按控制方式，目前磨床也分为普通磨床和数控磨床。

1. 外圆磨床及其加工方法

普通外圆磨床可以完成外圆柱面、外圆锥面等的磨削加工，采用成形砂轮也可磨削外回转成形表面。外圆磨削分为纵磨法和横磨法。

(1) 纵磨法以砂轮的旋转运动为主运动，进给运动包括工件的圆周进给运动和工件的纵向往复进给运动，此外还有砂轮的横向间歇切入运动，如图 3-64 (a)、图 3-64 (b)、图 3-64 (d) 所示。

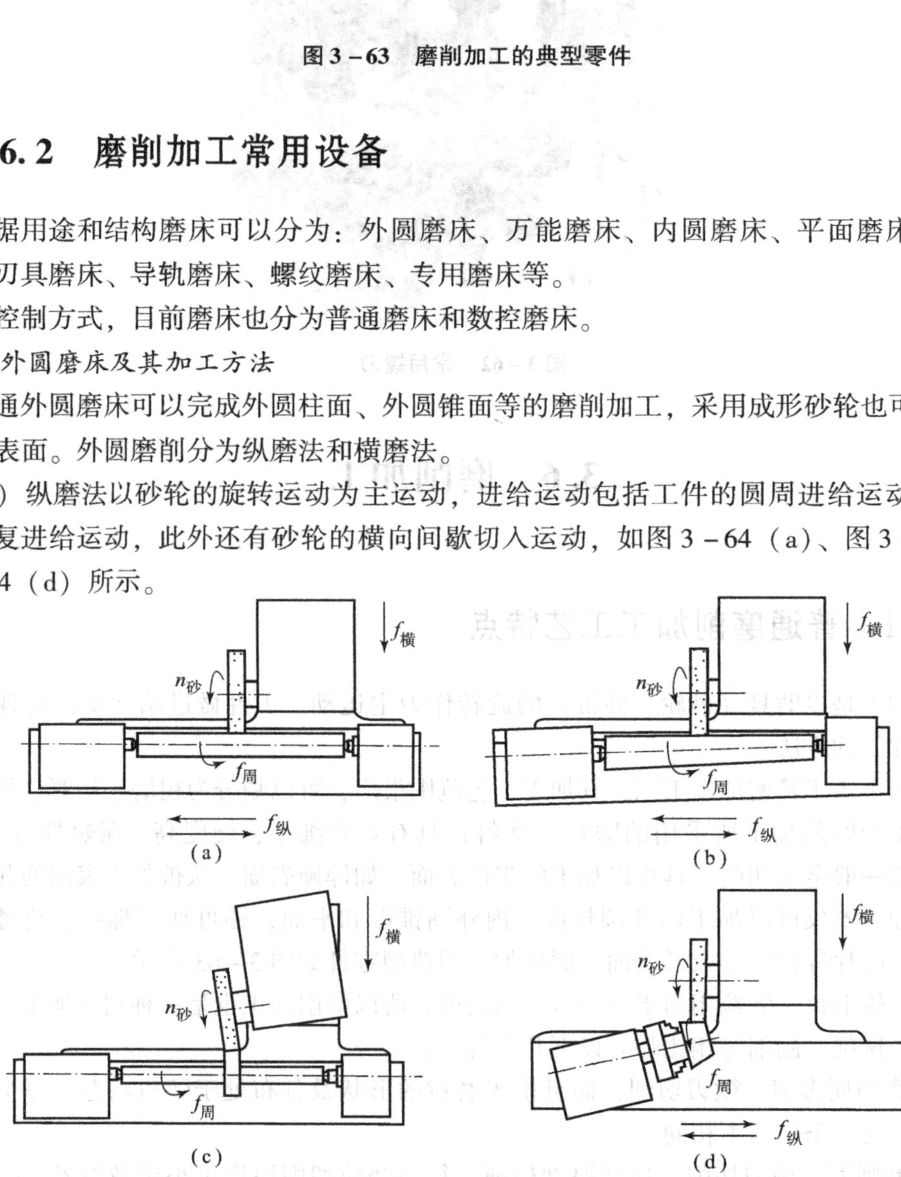

图 3-64　外圆磨床的加工方法

(a) 磨削外圆柱面；(b) 磨削锥度不大的长圆锥面；(c) 横磨法磨削锥度大的圆锥面；(d) 纵磨法磨削锥度大的圆锥面

（2）横磨法除砂轮的旋转主运动外，工件只做旋转圆周进给运动，无纵向往复运动；砂轮做连续的横向进给运动。主要用于磨削宽度小于砂轮宽度的工件或采用成形砂轮进行成形磨削，磨削效率较高，但磨削力大，散热条件不好，磨削精度和表面质量较差，横磨法如图3－64（c）所示。

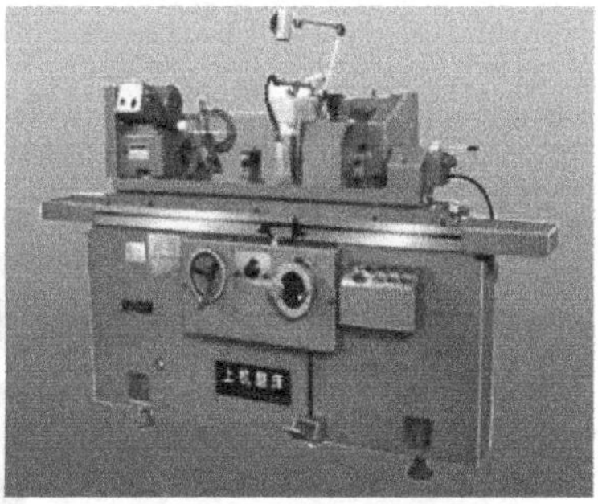

图3－65　普通外圆磨床

普通外圆磨床如图3－65、图3－66所示。

2. *内圆磨床及其加工方法*

内圆磨床主要有普通内圆磨床、无心内圆磨床和行星运动内圆磨床，用于磨削圆柱形或圆锥形的通孔、盲孔、阶梯孔等，其中普通内圆磨床应用最广。

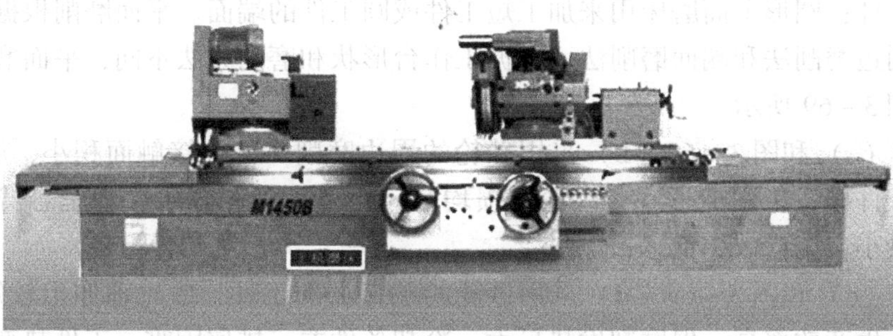

图3－66　长床身普通外圆磨床

普通内圆磨床的磨削方法如图3－67所示。图3－67（a）是纵磨法磨孔，图3－67（b）是横磨法磨孔，图3－67（c）和图3－67（d）采用专用的端面磨削装置，用砂轮端面或圆周面磨削工件的端面，易于保证孔和端面的垂直度。

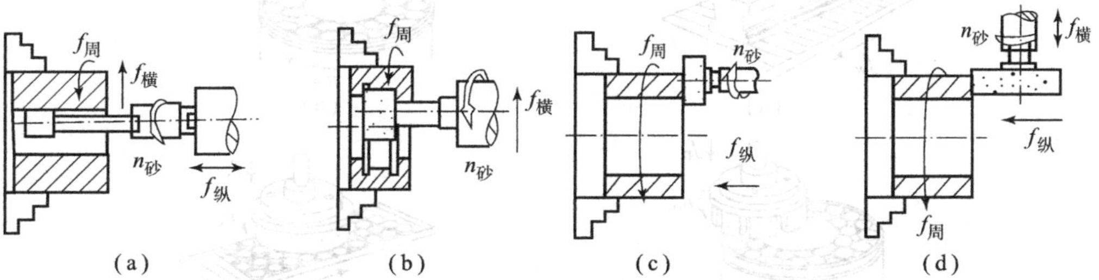

图3－67　普通内圆磨床的磨削方法

（a）纵磨法磨孔；（b）横磨法磨孔；（c）用砂轮端面磨削工件端面；（d）用砂轮圆周面磨削工件端面

内圆磨削的运动与外圆磨削相同，砂轮高速旋转运动 $n_砂$ 为主运动，工件旋转运动 $f_周$ 为圆周进给运动，根据磨削方法不同，砂轮相对工件分别作纵向进给运动 $f_纵$，或横向进给 $f_横$。普通内圆磨床如图3－68所示。

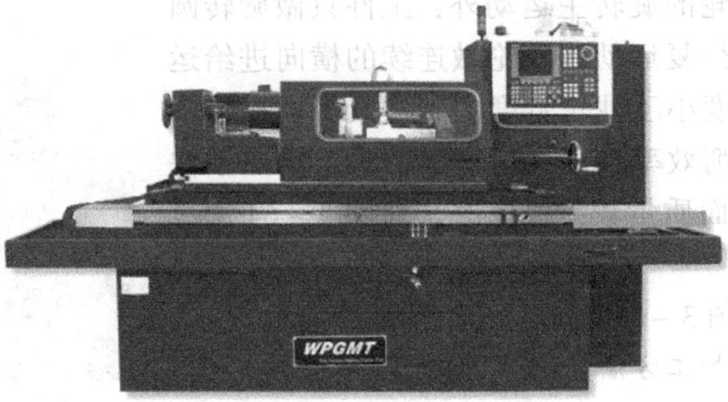

图 3－68　普通内圆磨床

3. 平面磨床及其加工方法

平面磨床主要用于磨削各种平面。平面磨床的工作台有矩形和圆形两种。矩形平面磨床用来加工长工件；圆形平面磨床用来加工短工件或圆工件的端面。平面磨削根据砂轮工作面的不同分为周边磨削法和端面磨削法。根据工作台形状和磨削方法不同，平面磨床的类型及工作原理如图 3－69 所示。

图 3－69（a）和图 3－69（b）采用砂轮的周边磨削工件，接触面积小，磨削发热少，排屑及冷却条件好，工件变形小，砂轮磨损均匀。但由于砂轮轴水平，呈悬臂状态，刚性差，磨削用量小，生产效率低。

图 3－69（c）和图 3－69（d）采用砂轮的端面磨削工件，砂轮轴伸出较短，刚性好，磨削用量大，生产效率高。但磨削发热量大，冷却条件差，排屑困难，工件热变形大，表面易烧伤。

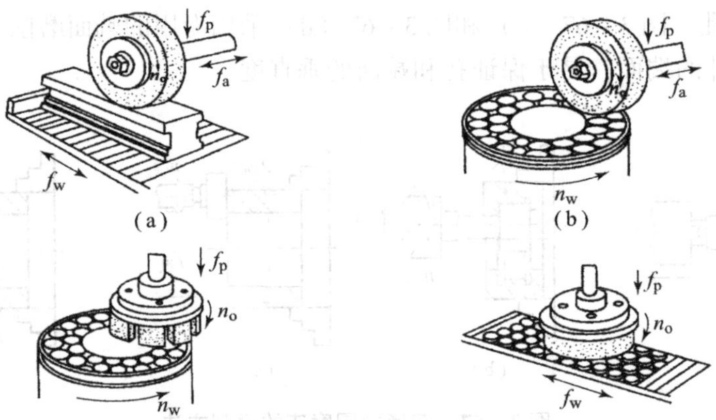

图 3－69　平面磨床的类型及磨削方法

（a）卧轴矩台平面磨床磨削；（b）卧轴圆台平面磨床磨削；（c）立轴圆台平面磨床磨削；（d）立轴矩台平面磨床磨削

普通卧轴矩台平面磨床如图 3－70 所示。

4. 无心磨床及其加工方法

无心磨床主要用来加工外圆和内圆，其加工原理与定心外圆磨床、内圆磨床不同，磨削

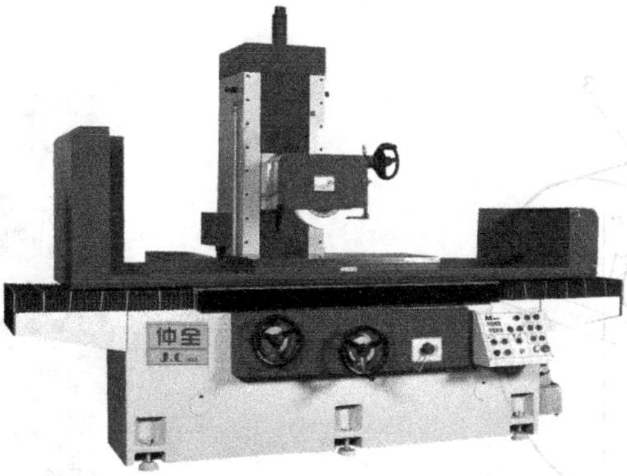

图 3－70　普通卧轴矩台平面磨床

时工件不用顶尖或卡盘来定心和支承，而是直接将工件放在砂轮、导轮之间，用托板支承，由工件外圆面作定位面。无心外圆磨削和无心内圆磨削的原理分别如图 3－71、图 3－72 所示。无心磨削方法有贯穿磨削（纵磨）和切入磨削（横磨）。无心外圆磨削具有较高的生产效率，在成批大量生产中应用广泛。无心内圆磨削适合不宜用卡盘夹紧、内外圆同轴度要求又较高的薄壁件加工。普通无心外圆磨床如图 3－73 所示。

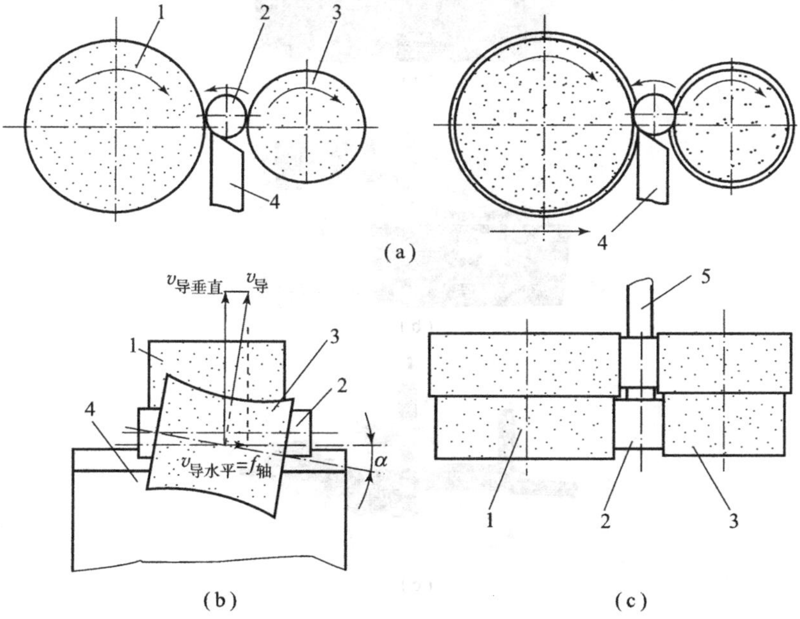

图 3－71　无心外圆磨削的工作原理

（a）工作原理；（b）贯穿磨削法；（c）切入磨削法

1—磨削砂轮；2—工件；3—导轮；4—托板；5—挡块

5. 数控磨床

数控磨床除具有普通磨床的一般功能外，由于其具有两轴或多轴联动功能，因此还可以实现非圆曲面等的加工。图 3－74 是一些常见的数控磨床。

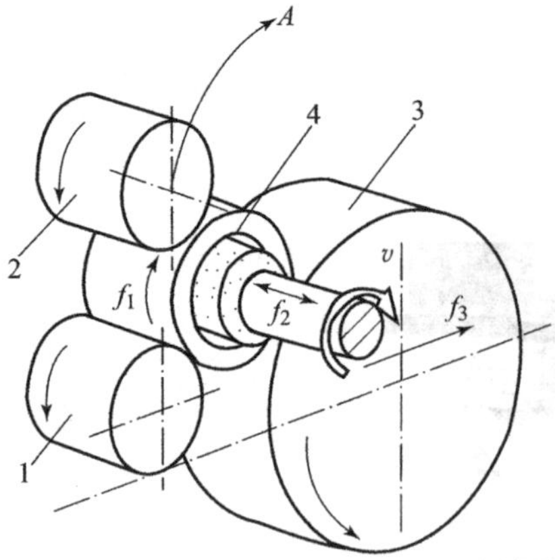

图 3－72　无心内圆磨削的工作原理

1—滚轮；2—压紧轮；3—导轮；4—工件

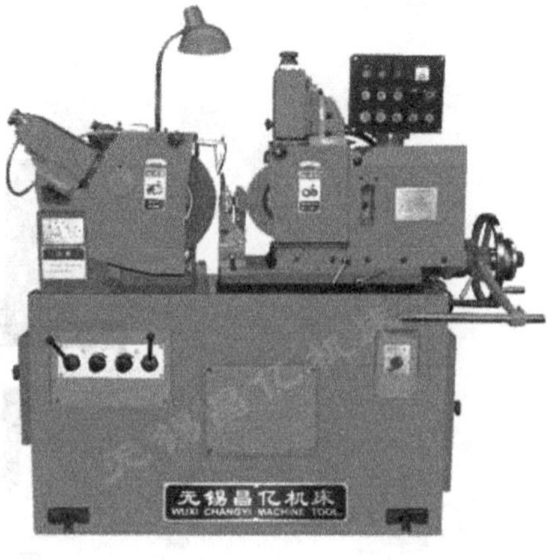

图 3－73　普通无心外圆磨床

(a)

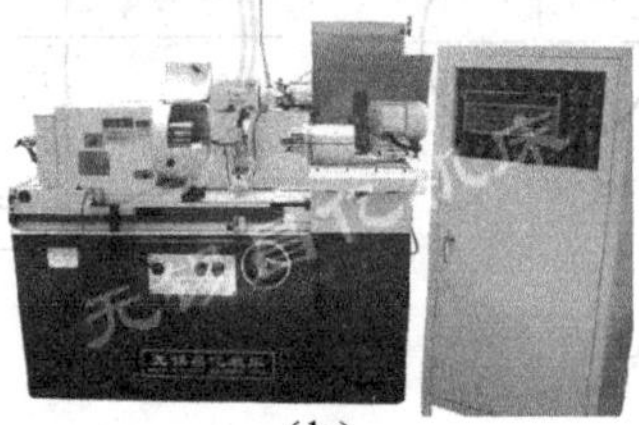

(b)

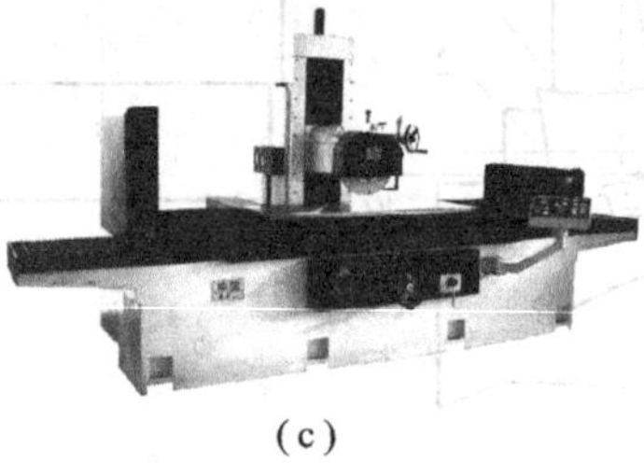

(c)

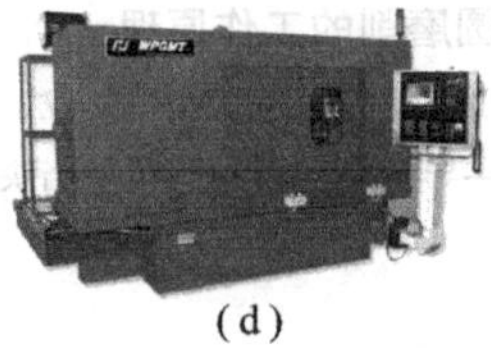

(d)

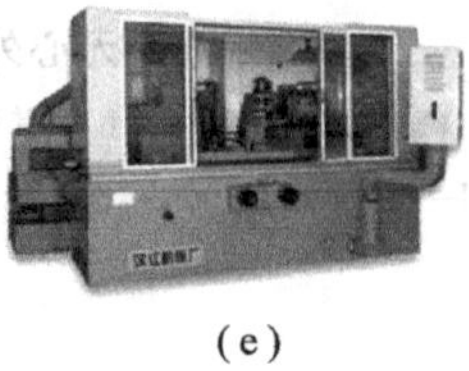

(e)

图 3－74　常见的数控磨床

(a) 数控外圆磨床；(b) 数控内圆磨床；(c) 数控平面磨床；

(d) 数控曲轴磨床；(e) 数控螺纹磨床

3.6.3　磨削加工的主要工具——砂轮

砂轮是磨削加工的主要工具，一些常见的砂轮类型如图3－75所示。

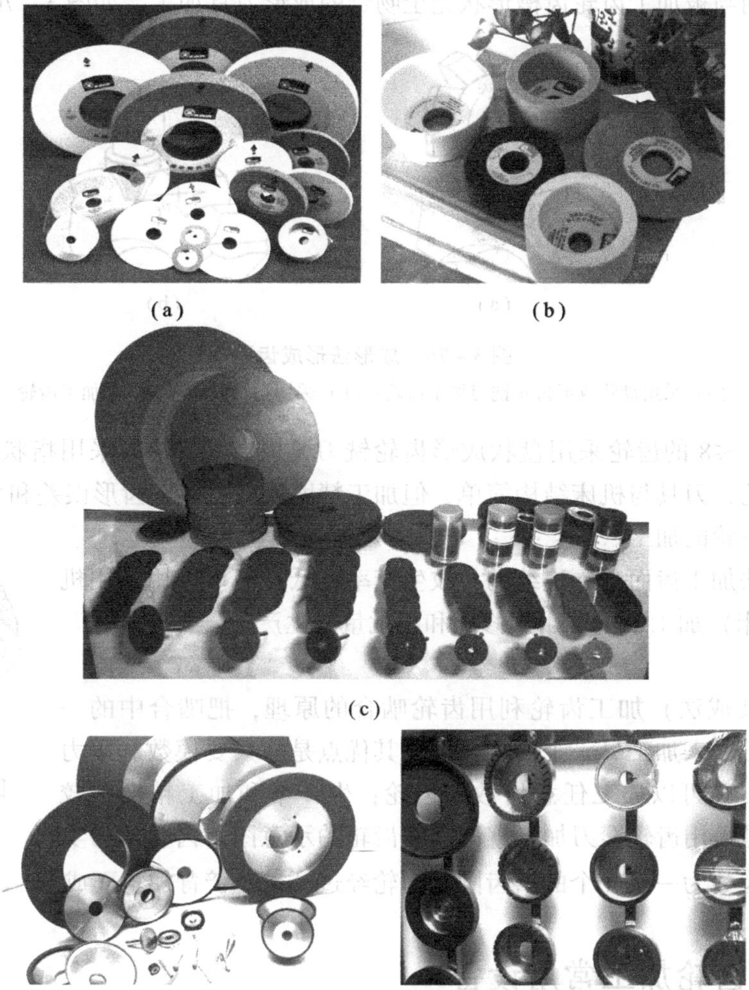

(a)　(b)　(c)　(d)

图3－75　常见砂轮

(a) 外圆砂轮；(b) 碗形砂轮；(c) 锯片砂轮；(d) 金刚石砂轮

3.7　齿轮轮齿齿面加工

3.7.1　齿轮轮齿齿面的加工方法

齿轮类型很多，如直齿圆柱齿轮、斜齿圆柱齿轮、螺旋齿圆柱齿轮、直齿圆锥齿轮、斜齿圆锥齿轮、弧齿圆锥齿轮，以及一些特殊齿轮（间歇齿轮、非圆齿轮）等。

齿轮轮齿齿面的加工以齿轮刀具的旋转作为主运动，同时齿轮刀具相对工件做轴向进给运动，齿轮的加工方法有成形法和范成法（展成法）。

1. 成形法

成形法采用与被加工齿轮齿槽形状完全吻合的成形刀具加工，如图 3－76 所示。

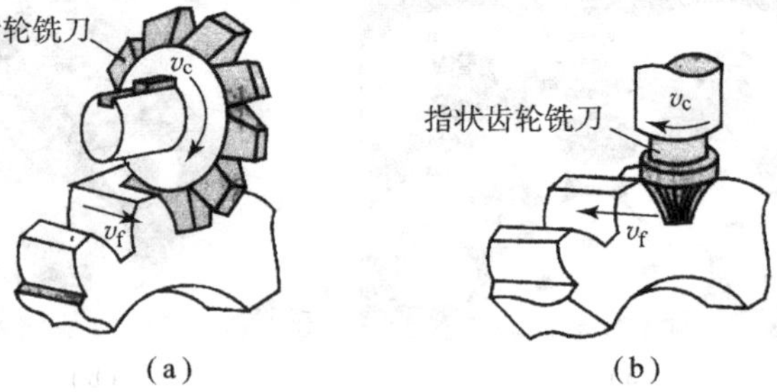

图 3－76　成形法形成齿面

（a）采用盘状成形齿轮铣刀加工齿轮；（b）采用指状成形齿轮铣刀加工齿轮

通常模数 $m \leq 8$ 的齿轮采用盘状成形齿轮铣刀，模数 $m > 8$ 的采用指状成形齿轮铣刀。成形法加工齿轮，刀具与机床结构简单，但加工精度较低，存在齿形误差和分度误差，主要用于 9 级以下齿轮的加工。

由于成形法加工齿面是不连续的，故生产率较低，但可以用通用机床（如普通铣床）加工，主要用于修配和小批量的生产。

2. 范成法

范成法（展成法）加工齿轮利用齿轮啮合的原理，把啮合中的一个齿轮加工成刀具来加工另一个齿轮毛坯，其优点是，只要模数和压力角相同，一把刀具可以加工任意齿数的齿轮；生产率和加工精度也较高。图 3－77 是采用齿轮滚刀加工直齿圆柱齿轮的示意图。齿轮滚刀实质上就是一个齿数为一或几个的斜齿圆柱齿轮经过开槽、铲背加工而成。

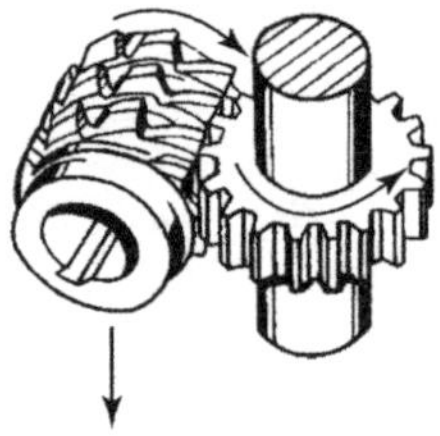

图 3－77　范成法加工齿面示意图

3.7.2　齿轮加工常用设备

1. 齿轮机床的分类

齿轮加工机床按加工的齿轮种类可分为：圆柱齿轮加工机床和圆锥齿轮加工机床。

圆柱齿轮加工机床按加工精度又分为普通精度切齿机床和精加工切齿机床。普通精度切齿机床包括滚齿机、插齿机、花键滚床和车齿机等。精加工切齿机床包括剃齿机、珩齿机、磨齿机和研齿机等。

圆锥齿轮加工机床分为直齿锥齿轮加工机床和弧齿锥齿轮加工机床。

按控制方式，齿轮加工机床目前主要有普通齿轮加工机床和数控齿轮加工机床。

2. 普通齿轮加工机床

滚齿机和插齿机是最常见的齿轮加工机床，根据范成原理来加工齿轮渐开线齿廓，其机械结构复杂，传动路线长，因此加工精度和分度精度都较差，一般用于加工精度要求不高的直齿和斜齿圆柱齿轮。对于精度要求较高的齿轮，一般还需进行磨齿或剃齿修正。滚齿机和插齿机如图3－78、图3－79所示。

图3－78　普通滚齿机

图3－79　普通插齿机

3. 数控齿轮加工机床

数控齿轮加工机床，其进给运动都是通过伺服电机、直线滚动导轨和滚珠丝杠来实现的，较普通齿轮加工机床具有更高的传动精度和定位精度，因此，数控齿轮加工机床加工出的齿轮的各项精度较普通齿轮加工机床要高。几种常见的数控齿轮加工机床如图3－80所示。

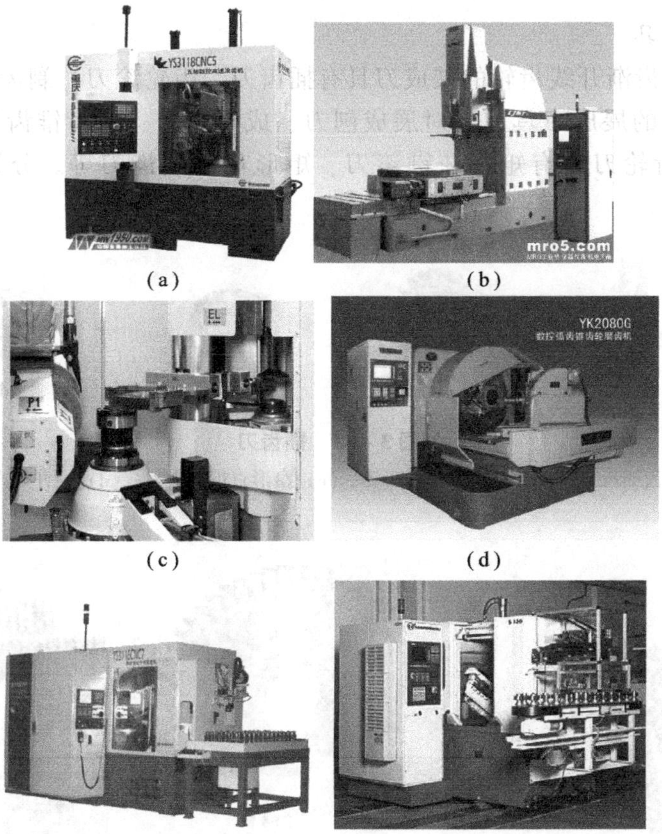

（a）　（b）　（c）　（d）　（e）　（f）

图3－80　几种常见的数控齿轮加工机床

（a）数控滚齿机；（b）数控插齿机；（c）数控磨齿机；（d）数控弧齿磨齿机；（e）数控剃齿机；（f）数控刨齿机

3.7.3　齿轮加工的主要刀具

齿轮刀具是用于加工齿轮齿形的刀具。按齿轮齿形的成形方法，可将齿轮刀具分为成形齿轮刀具和展成齿轮刀具两大类。

1. 成形齿轮刀具（如图 3－81、图 3－82 所示）

图 3－81　盘状成形铣刀

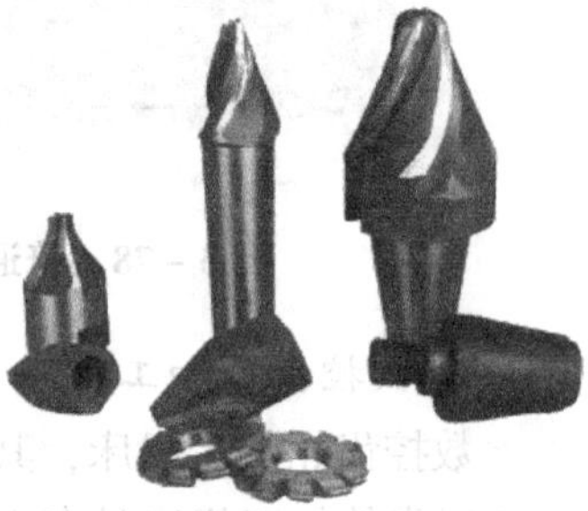

图 3－82　指状铣刀

2. 展成齿轮刀具

加工直齿或斜齿渐开线齿轮的展成刀具有插齿刀、齿轮滚刀、剃齿刀；加工直齿锥齿轮和圆弧齿锥齿轮的展成刀具有成对展成刨刀、成对铣刀、弧齿锥齿轮刀盘；加工非渐开线齿形的展成齿轮刀具有矩形花键滚刀、矩形花键插齿刀等。分别如图 3－83～图 3－87 所示。

(a)　(b)　(c)　(d)

图 3－83　插齿刀

（a）锥柄直齿插齿刀；（b）碗形直齿插齿刀；（c）盘形直齿插齿刀；（d）渐开线内花键插齿刀

图 3－84　齿轮滚刀

图 3－85　剃齿刀

图 3－86　螺旋花键滚刀

图 3－87　矩形花键滚刀

3.8　汽车典型零件机械加工工艺及设备选择示例

由于企业加工设备条件不同，同一零件其加工工艺设计也有所不同。以普通机床为主要加工设备时，一般所需设备较多，加工工艺分散；而采用数控机床加工时，所需设备较少，工艺较为集中。特别是随着加工中心和复合机床的发展及广泛应用，加工工艺更为集中，有些零件在一台加工中心就可完成全部的加工。

下面以汽车连轴节为例介绍其机械加工工艺及设备的选择。由于具体的工艺知识将在后面章节介绍，本节仅初步概略地介绍其机械加工工艺及设备的选择，不多涉及具体的技术和数据细节。

汽车连轴节，是汽车传动的主要部件，因为部件比较重要，所以零件硬度和精度要求很高。图 3－88 是拟加工汽车连轴节的示意图。该连轴节由两个零件组成，用于汽车的前后连轴传动。一个最大外形尺寸为 $\phi33$ mm × 319 mm，为前件；另一个最大外形尺寸为 $\phi33$ mm × 70 mm，为后件。零件材料为 34Cr4V。

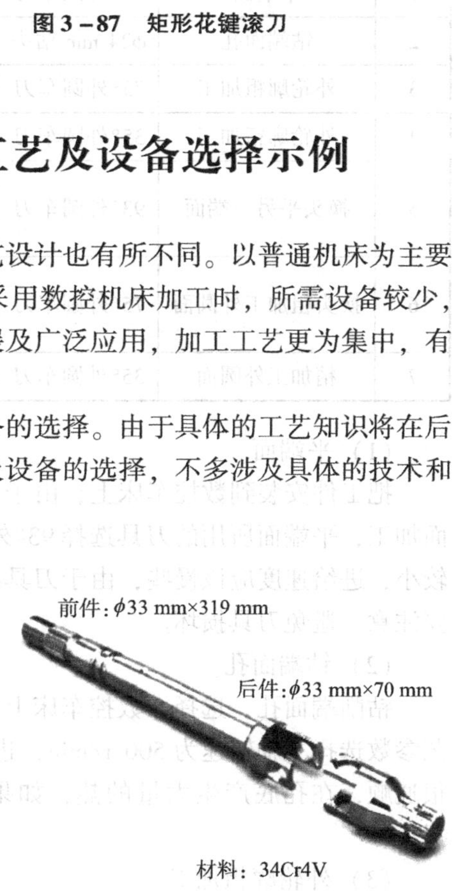

图 3－88　汽车的前后连轴节

根据工件零件最大外形尺寸，选择直径 $\phi40$ mm 的毛坯料，为加工留出加工余量。用锯床加工成大小合适的毛坯零件，初始毛坯零件的大小分别为 $\phi40$ mm × 325 mm 和 $\phi40$ mm × 75 mm。

下面分别介绍其应用一般数控机床的加工工艺和应用双主轴高速车铣加工中心的加工工艺。

3.8.1　应用一般数控机床的加工工艺

1. 连轴节前件的加工

采用一般数控机床加工，将汽车连轴节前件加工分成 3 道工序，分别在数控车床、数控铣床和滚齿机上完成。

1）工序一：数控车床加工

在数控车床上完成的加工内容及工步如表3－4所示。

表3－4　汽车连轴节前件数控车床加工工序

工序一：数控车床加工						
工步编号	工步内容	刀具型号	主轴转速/（r·min⁻¹）	进给速度/（mm·min⁻¹）	吃刀量/mm	备　注
1	平端面	93°外圆车刀	700	100	0.5	
2	钻端面孔	ϕ24 mm钻头	500	50		
3	外轮廓粗加工	75°外圆车刀	900	100	2	
4	外轮廓精加工	35°外圆车刀	1 500	80		
5	换头平另一端面	93°外圆车刀	700	100	0.5	换头加工时，要保证同轴度小于0.02 mm
6	换头粗加工外圆面	75°外圆车刀	900	100	2	换头加工时，要保证同轴度小于0.02 mm
7	精加工外圆面	35°外圆车刀	1 500	80		

（1）平端面。

把工件安装到数控车床上，由于零件的端面并不能达到加工的要求，需要刀具进行平端面加工，平端面所用的刀具选择93°外圆车刀，所使用的主轴转速选择700 r/min，吃刀量比较小，进给速度应该慢些，由于刀具在切端面时，越接近工件中心线速度越小，所以加工时要注意，避免刀具损坏。

（2）钻端面孔。

钻削端面孔，选择在数控车床上进行，利用车床的尾座，使用ϕ24 mm的钻头钻孔。工艺参数选择主轴转速为500 r/min，进给速度为50 mm/min。因为加工孔为盲孔，排屑不是很通顺，在孔底产生大量的热，如果参数选取过高，会使热量越来越高，使钻头的刀尖损坏。

（3）外轮廓粗加工。

加工工件外表面，选用75°外圆车刀，进行粗加工，75°外圆车刀在加工中效率最高。粗加工的主要任务是去除大量的材料，所以加工过程中，采用大进给、低转速、大切深，工艺参数选择主轴转速900 r/min，单边切深2 mm，进给速度100 mm/min。加工后工件如图3－89所示。

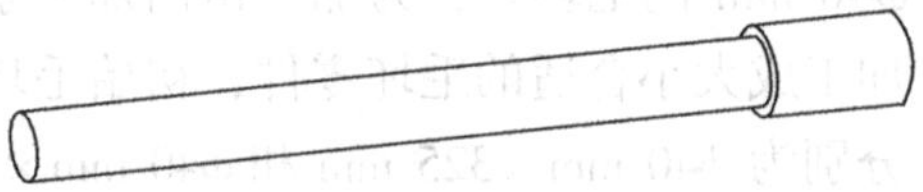

图3－89　外轮廓粗加工后零件示意图

（4）外轮廓精加工。

加工工件外表面，选用35°外圆车刀，其加工精度和加工表面质量较高。为保证加工精度和表面质量，切削用量采用小进给、小切深、高转速，具体参数选择转速1 500 r/min，单边切深0.1 mm，进给速度80 mm/min。

（5）换头平另一端面。

保证工件轴向尺寸精度。

（6）粗加工外圆。

工件的另一端也有特征，一次装夹，无法完成，所以需要把工件换头装夹加工。换头加工的要点是，必须保证2次装夹后的同轴度要求。

（7）精加工外圆面。

和掉头前没有区别，采用高转速、低进给、小切深来保证加工质量。加工后工件如图3－90所示。

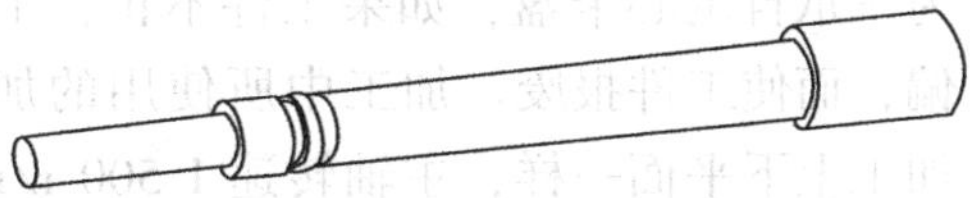

图3－90　精加工后外圆面示意图

2）工序二：数控铣床加工

数控车床加工后，进行第二道数控铣床工序的加工。该加工工序的内容和工步如表3－5所示。

表3－5　汽车连轴节前件数控铣床加工工序

工序二：数控铣床加工							
工步编号	工步内容	刀具材料	刀具规格/mm	主轴转速/（$r \cdot min^{-1}$）	进给速度/（$mm \cdot min^{-1}$）	吃刀量/mm	备　注
1	钻孔	普通钻头	ϕ9.8	700	50		装夹到分度盘上
2	铰孔	普通铰刀	ϕ10	120	10	0.2	
3	铣上平面	硬质合金	ϕ10	1 500	200	2	
4	旋转180°铣下平面	硬质合金	ϕ10	1 500	200	2	
5	加工倒角	硬质合金	ϕ20	500	50	2	
6	加工槽	硬质合金	ϕ10	1 500	200	2	2次装夹，装夹到三爪卡盘上
7	精加工轮廓	硬质合金	ϕ10	2 200	150		

（1）钻孔。

首先将工件装夹到机床分度盘上，通过精确旋转工件，达到加工所需要的角度。钻孔采用普通钻头，钻削参数选择主轴转速700 r/min，进给速度50 mm/min。

（2）铰孔。

铰孔的作用是精加工孔，使孔达到要求的尺寸和表面质量。钻孔后双边铰削余量为0.2 mm。铰削加工切削参数不能太大，选择主轴转速120 r/min，进给速度10 mm/min。

（3）铣上平面。

铣上平面，选用的刀具为ϕ10 mm整体键槽铣刀。键槽铣刀的特点是可以垂直下刀，吃刀量大。切削加工参数选择主轴转速1 500 r/min，进给速度200 mm/min。

（4）旋转180°铣下平面。

利用分度盘使工件旋转180°后铣削下平面，保证上下两个面的平行度。切削加工参数选择和铣削上平面相同，主轴转速1 500 r/min，进给速度200 mm/min。

（5）采用倒角刀加工倒角。

（6）加工槽。

在槽加工前，一定要找正工件，所使用的夹具为三爪自定心卡盘，如果工件不正，工件槽被加工偏，而使工件报废。加工中所使用的加工参数，和加工上下平面一样，主轴转速1 500 r/min，进给速度200 r/min。加工槽如图3－91所示。

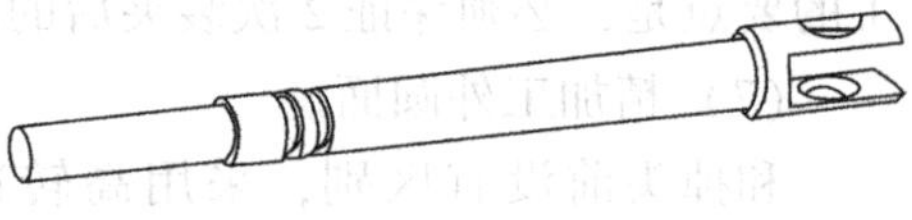
图3－91 加工槽示意图

（7）精加工轮廓。

精加工的目的是进行精度的保证，所以精加工所选择的主轴转速一定要比粗加工高一些，这样才能达到精加工的效果。精加工所选用的刀具为 ϕ10 mm键槽铣刀，主轴速度为2 200 r/min，进给速度为150 mm/min。

3）工序三：滚齿机滚齿

滚齿机滚齿，在汽车连轴节中间部分加工花键，由于花键起到连接作用，所以加工出来的花键，一定要齿间均匀，这样传动过程中才不能出现振动，加工采用滚齿机滚齿，主轴转速选定为200 mm/min，见表3－6。

表3－6 汽车连轴节前件滚齿机工序

工序三：滚齿机滚齿			
工步编号	工步内容	主轴转速/（r·min^{-1}）	备　注
1	滚齿	200	装夹工件时，一定要找正工件

2. 连轴节后件的加工

汽车连轴节后件加工也分成3道工序，分别在数控车床、数控铣床和滚齿机上完成。表3－7为汽车连轴节后件数控车床加工工序。

表3－7 汽车连轴节后件数控车床加工工序

工序一：数控车床加工						
工步编号	工步内容	刀具型号	主轴转速/（r·min^{-1}）	进给速度/（mm·min^{-1}）	吃刀量/mm	备　注
1	平端面	93°外圆车刀	700	100	0.5	
2	钻端面孔	ϕ24 mm钻头	500	50		
3	外轮廓粗加工	75°外圆车刀	900	100	2	
4	外轮廓精加工	35°外圆车刀	1 500	80		
5	换头平另一端面	93°外圆车刀	700	100	0.5	换头加工时，要保证同轴度小于0.02 mm
6	粗加工外圆面	75°外圆车刀	900	100	2	
7	精加工外圆面	35°外圆车刀	1 500	80		

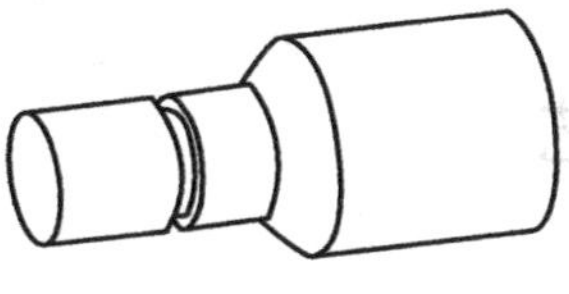
图3－92　数控车床加工工序完成后的工件外形

1）工序一：数控车床加工

各加工工序的说明参考前件。数控车床加工工序完成后的工件外形如图3－92所示。

2）工序二：数控铣床加工工序

数控车床加工后，进行第二道数控铣床工序的加工，表3－8为加工工序表。

表3－8　汽车连轴节后件数控铣床加工工序

工序二：数控铣床加工工序							
工步编号	工步内容	刀具材料	刀具规格/mm	主轴转速/（$r\cdot min^{-1}$）	进给速度/（$mm\cdot min^{-1}$）	吃刀量/mm	备　注
1	钻孔	普通钻头	ϕ9.8	700	50		装夹到分度盘上
2	铰孔	普通铰刀	ϕ10	120	10	0.2	
3	铣上平面	硬质合金	ϕ10	1 500	200	2	
4	旋转180°铣下平面	硬质合金	ϕ10	1 500	200	2	
5	加工倒角	硬质合金	ϕ20	500	50	2	
6	加工槽	硬质合金	ϕ10	1 500	200	2	2次装夹，装夹到三爪卡盘上
7	精加工轮廓	硬质合金	ϕ10	2 200	150		

各加工工序的说明参考前件。

3）工序三：滚齿，加工花键

最后为工序三，在滚齿机滚齿，加工花键，如表3－9所示。滚齿后的汽车连轴节后件外形如图3－93所示。

表3－9　汽车连轴节后件滚齿机加工工序

工步编号	工步内容	主轴转速/（$r\cdot min^{-1}$）	备　注
1	滚齿	200	装夹工件时，一定要找正工件

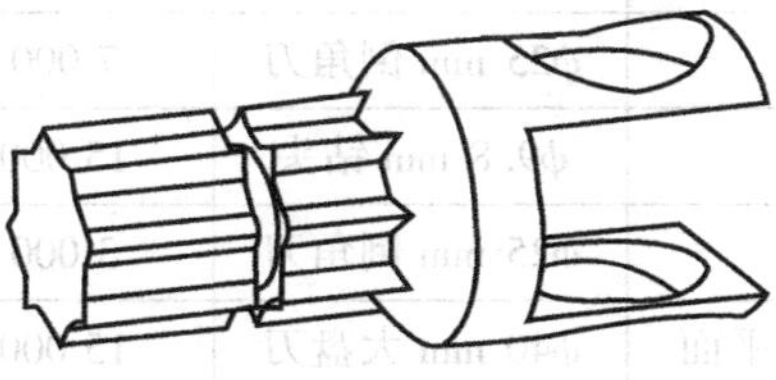
图3－93　滚齿后的汽车连轴节后件外形

3.8.2 应用双主轴高速车铣加工中心的加工工艺

1. 双主轴高速车铣加工中心

双主轴高速车铣中心如图 3－94 所示，具有较一般数控机床更多的功能，汽车连轴节件采用双主轴车铣中心进行加工，可一次完成前后两个工件的全部加工，从而大大减少装夹次数，减少工件的同轴度误差。其加工工序更为集中，极大地减少了工序分散所带来的误差。

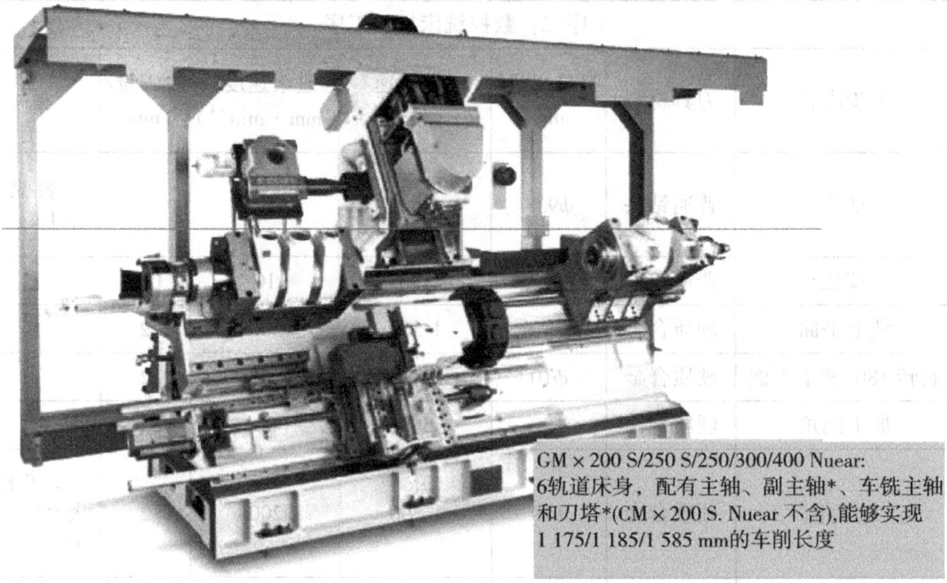

GM × 200 S/250 S/250/300/400 Nuear:
6轨道床身，配有主轴、副主轴*、车铣主轴和刀塔*(CM × 200 S. Nuear 不含),能够实现1 175/1 185/1 585 mm的车削长度

图 3－94 双主轴高速车铣加工中心

2. 汽车连轴节在双主轴车铣加工中心上的加工工艺

汽车连轴节后零件尺寸比前零件小，加工时，先加工后零件，由于前后零件的最大直径相同，均为 ϕ33 mm，选择 ϕ40 mm 棒料作为毛坯。在双主轴车铣加工中心上一次将前后两个零件全部加工完，其加工内容和工序如表 3－10 所示。

表 3－10 双主轴车铣加工中心加工汽车连轴节的工序

工步编号	加工工件	工步内容	刀具规格	主轴转速/(r · min^{-1})	进给速度/(mm · min^{-1})	吃刀量/mm	备注
1	加工短联轴节（后件）	平端面	93°外圆车刀	7 000	1 000		
2		钻端面孔	ϕ24 mm 钻头	7 000	200		
3		倒角	ϕ25 mm 倒角刀	7 000	200		
4		钻两侧孔	ϕ9.8 mm 钻头	15 000	200		
5		倒角	ϕ25 mm 倒角刀	3 000	100		
6		同时加工上下平面	ϕ40 mm 大盘刀	15 000	300		
7		铣中间槽	ϕ10 mm 键槽铣刀	15 000	1 000		

续表

工步编号	加工工件	工步内容	刀具规格	主轴转速/(r·min⁻¹)	进给速度/(mm·min⁻¹)	吃刀量/mm	备注
8	加工短联轴节(后件)	铰孔	ϕ10 mm 铰刀	1 000	1 000		
9		双主轴拉出工件					
10		车外圆面	93°外圆车刀	5 000	1 500		
11		精加工工件	35°外圆车刀	7 000	1 000		
12		滚铣花键	滚齿刀	300			
13		切断完成后件	3.5 切断刀	3 000	1 000		
14	加工长联轴节(前件)	平端面	93°外圆车刀	7 000	1 000		
15		钻端面孔	ϕ24 mm 钻头	7 000	1 000		
16		倒角	ϕ25 mm 倒角刀	5 000	1 000		
17		钻两侧孔	ϕ9.8 mm 钻头	15 000	2 000		
18		倒角	ϕ25 mm 倒角刀	5 000	1 000		
19		同时铣上下两平面	ϕ40 mm 大盘刀	15 000	2 000		
20		铣中间槽	ϕ10 mm 键槽铣刀	15 000	2 000		
21		铰孔	ϕ10 mm 铰刀	1 000	1 000		
22		双主轴调整工件长度					
23		车外圆面	外圆车刀	7 000	1 000		
24		滚铣花键	滚齿刀	300			
25		切断	3.5 切断刀	3 000	500		

1）短联轴节的加工

（1）平端面。

平端面所用的刀具选择 93°外圆车刀，工件主轴转速选择 7 000 r/min（图 3－95）。

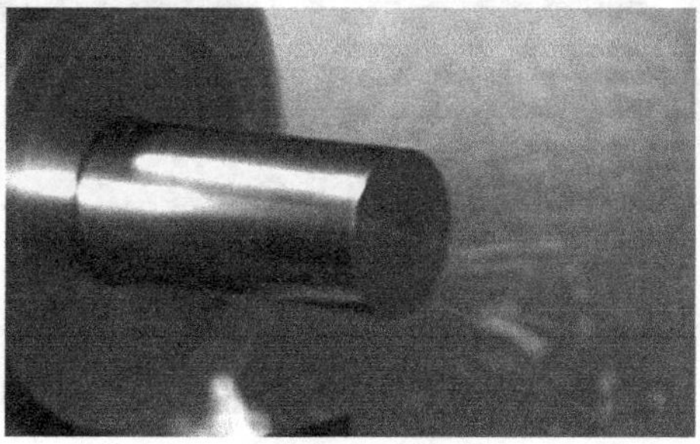

图 3－95　平端面

（2）钻端面孔。

钻端面孔利用动力刀架，加工端面孔，刀具主轴转速可以选择 7 000 r/min，达到高速加工，零件表面光亮，效果好（图 3－96）。

图 3－96　钻端面孔

（3）倒角。

倒角利用专用倒角刀，直接加工倒角（图 3－97），刀具主轴转速选择 7 000 r/min，加工后效果好，无毛刺等现象，加工效果强于普通工艺加工。

图 3－97　倒角

（4）钻两侧孔。

采用同时钻孔工艺（图 3－98），刀具主轴转速选择 15 000 r/min。

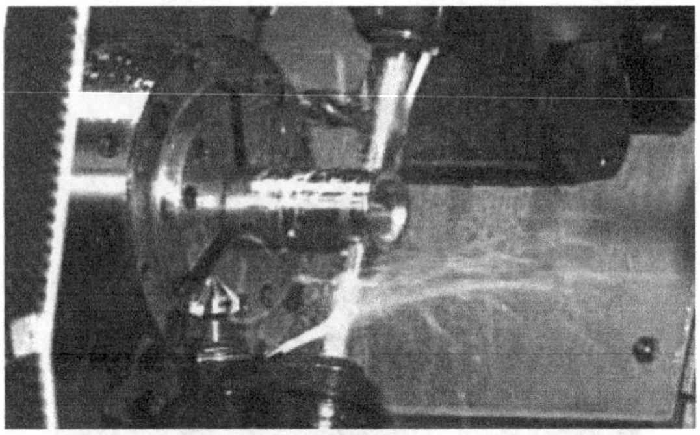

图 3－98　钻两侧孔

（5）倒角。

倒角采用专用倒角刀具（图 3－99），比起普通加工工艺，采用这种工艺加工，上下倒角加工大小相同，无不均匀现象，零件的表面质量好，装配过程中，不会出现虚连接的现象。

图 3－99　倒角

（6）同时铣上下两平面。

如图 3－100 所示，上下两把刀具同时切削，这样的工艺好处是，能保证上下两个平面的平行度，不会出现倾斜角度的问题，同时这样的工艺也会使上下两平面的大小相等，不会出现大小面积的误差。所采用的切削用量为高速加工参数，刀具主轴转速为 15 000 r/min，进给速度为 1 000 mm/min，加工效果好，表面质量好。

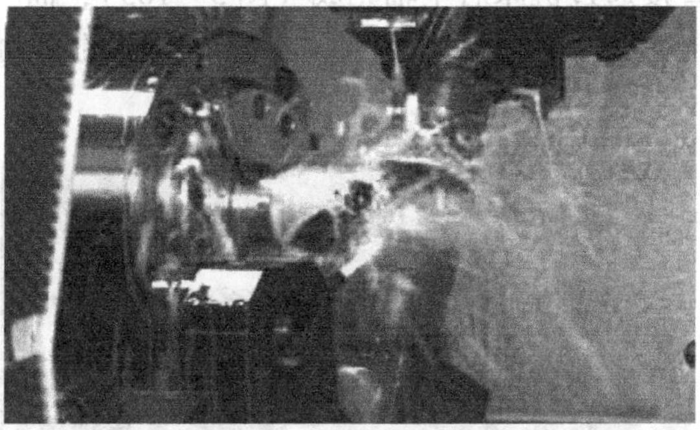

图 3－100　同时铣上下两平面

（7）铣中间槽。

铣完上下两个平面后，铣中间槽（图 3－101），相比传统工艺，一次性加工，工件槽的

图 3－101　铣中间槽

对称性好，不会出现上下"耳"、一大一小的现象，零件合格率高，所选用刀具主轴转速为15 000 r/min。

（8）铰孔。

铰孔这道工序，是在加工槽之后，对孔进行精加工，和上面的钻孔连续下来，工件并没有转动，所以定位好（图 3 - 102）。由于铰孔工艺为低速加工工艺，刀具主轴转速选择1 000 r/min。

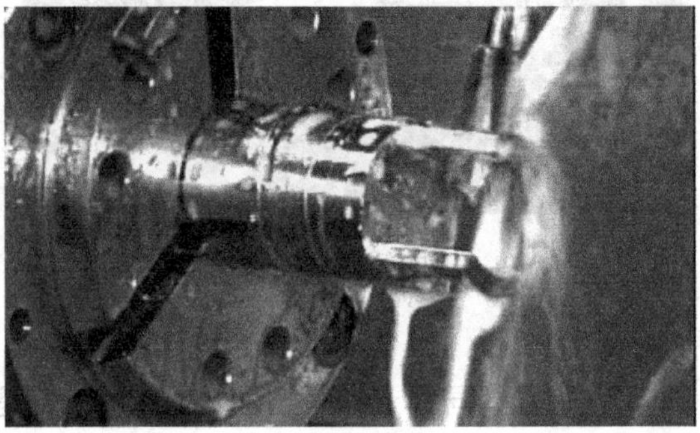

图 3 - 102　铰孔

（9）第二主轴拉出工件。

调整工件的长度，直接通过机床后主轴完成（图 3 - 103），而一般加工工艺，只能是把工件拆卸下来后，再装上去，工件需 2 次装夹，将产生一定的同轴度误差，使工件精度下降，零件报废。

图 3 - 103　第二主轴拉出工件

（10）车外圆面。

车外圆，采用上下两把刀同时进行车削（图 3 - 104），这样的工艺和一般工艺比较起来，两把刀具一起加工，不会出现工件变弯的现象，加工效率提高，零件在实际应用中传递动能的效率增加。本道工序所采用工件主轴转速为 7 000 r/min。

在粗车外圆结束后，选用 35°外圆车刀进行精加工。

（11）滚切铣花键。

外圆加工后，滚切铣花键（图 3 - 105）。

（12）切断。

切断工件（图 3 - 106），所有的工序都结束后，工件在母件上直接切断。短联轴节（后

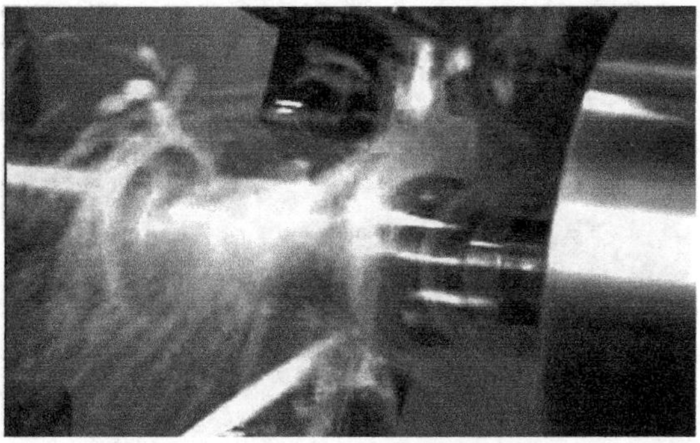

图3-104 车外圆面

图3-105 滚切铣花键

件）加工完成，接着进行长联轴节（前件）的加工。

图3-106 切断

2）长联轴节的加工

（1）平端面。

由于经过上面加工切断后，工件的端面会留下一个小圆柱，所以需要用刀具平一下端面，使端面平整，有利于下一步加工的进行。

（2）钻端面孔（图3-107）。

（3）倒角。

和短联轴节一样，作用是给零件去毛边，给零件起到导向的作用。

（4）钻两侧孔。

和短联轴节工艺一样，同时加工两侧的孔，使得两侧孔的同轴度好，因为汽车连轴节零

图 3－107　钻端面孔

件重形位公差，所以同轴度对于这个工件十分重要。

（5）倒角。

零件倒角起到导向作用，利于装配。

（6）同时铣上下两平面。

同时铣上下两平面，零件的平行度好，和传统工艺比，这样加工省去了找正的时间，既节省时间又提高了产品的精度。

（7）铣中间槽。

铣中间槽，和铣上下两平面，是一次工艺下来的，不用两次装卡工件，使得工件没有定位误差，生产的零件精度更高。

（8）铰孔。

加工完孔后，直接进行铰孔工作，工序集中，加工效果好。

（9）双主轴拉出工件。

在传统工艺中，装夹工件，是通过人工来进行控制的，为了准确，需要大量的装夹，并用百分表找正工件，这个过程中，将耗费大量的时间及操作者的精力。

（10）车外圆面。

车外圆面与上一件短连轴节基本相同，但是这个零件较短联轴节长，所以加工时，要特别注意，要使用顶尖辅助加工（图 3－108）。

图 3－108　车外圆面

（11）滚铣花键。

滚铣花键直接在一道工序中完成，简单，并且精度高（图 3－109）。

图3－109 滚铣花键

(12) 切断、机械手卸工件。

切断完成，直接利用机械手卸工件（图3－110），并放到零件箱。

图3－110 机械手卸工件

3）汽车联轴节在双主轴高速车铣加工中心上的加工特点

由上可见，汽车连轴节前后两个零件在带有动力刀架的双主轴车铣加工中心一台机床上就完成了全部加工，其特点体现在以下几点：

(1) 精度高。

工件在一次装夹过程中完成，位置准确，工件的同轴度高。而一般的加工工艺，零件需要多次装夹，虽然零件每次装夹都要保证定位精度，但由于装夹次数多，累计误差较高，也容易造成较高的零件废品率。其次采用高速加工技术，加工精度和表面质量都较传统的加工技术要高，因此该生产工艺合格率非常高。

(2) 生产时间短。

由于减少了装夹次数，所以辅助时间大幅度减少，而高速加工又提高了切削效率，因此零件的生产时间大幅度缩短。

(3) 经济效益好。

双主轴高速车铣加工中心的零件合格率和生产效率极高，而且所需的人员也明显减少，因此其经济性明显优于一般的加工工艺。

本章小结

本章主要内容包括：机械零件的表面形成方法；机床的运动及切削用量的概念；机床的

分类及代号；车削、铣削、钻削、镗削、磨削的基本加工工艺及主要设备和工具；齿轮的加工方法和设备；通过实例初步介绍了不同设备条件对零件加工工艺制订的影响。通过本章内容的学习，学生要掌握金属切削加工的主要方法及工艺特点；了解掌握普通机床、数控机床、加工中心及复合机床的设备及工艺特点；清楚理解设备条件不同，即使是同一工件，所采用的加工工艺路线也不同，为后续章节的学习及灵活应用所学专业知识进行机械零件加工工艺设计奠定设备和工艺知识基础。

思考与习题

1. 以圆柱面、圆锥面、平面为例，说明机械零件的表面是如何形成的。
2. 说明表面发生线的形成方法。
3. 何为简单成形运动？何为复杂成形运动？叙述复杂成形运动在机床上的实现方法。
4. 为完成一个零件的加工，机床需要进行什么运动？具体说明其意义。
5. 切削用量三要素包含什么内容？
6. 机床的分类方法有哪些？按加工性质和所用刀具类型可分为几类？相应的代号是什么？说明 CA6140、M1432 机床代号的意义。
7. 说明车削加工可以完成的典型加工工艺。
8. 车削加工中心与一般数控车床相比，在功能上有什么特点？
9. 说明铣削加工可以完成的典型加工工艺。
10. 说明镗削加工可以完成的典型加工工艺。
11. 说明一般钻床可以完成的典型加工工艺。
12. 镗铣类加工中心与一般数控铣床相比，在功能上有什么特点？
13. 磨床的种类及磨削加工的特点。
14. 说明齿轮的加工方法和齿轮加工机床的主要类型。

第 4 章　工件装夹与机床夹具

【本章知识点】

1. 工件装夹要求与夹具功能。
2. 机床夹具的机构组成。
3. 基准的概念与分类。
4. 工件的六点定位原理及应用。
5. 几种常见定位方式的精度分析。
6. 工件定位方式及定位元件。
7. 夹紧装置组成、夹紧力计算与典型夹紧机构。
8. 车、铣、钻、镗四类机床夹具的结构与应用。

4.1　夹具与工件装夹

4.1.1　工件的装夹

汽车零部件产品机械加工主要采用轨迹法和包络线法，这两种方法的工作原理基本相同，既设备上由导轨、丝杠等传动机构构成的加工坐标系，工件和刀具在加工坐标系内按既定的方式相对运动，从而完成对工件的相关切削动作或加工工艺过程。刀具在加工坐标系内的运动轨迹由机床保证，一般具有较高的精度。因此，工件能否获得正确的形状和制造精度，取决于工件定位几何元素与夹具定位元件的贴合程度，使工件在机床加工坐标系内能够占据正确的位置。

加工过程中，实现工件坐标系与加工机床坐标系“贴合”的工艺装置称为夹具；每次工件通过夹具与机床坐标系贴合，保证工件在设备坐标系内占据正确的位置称为定位。在整个加工过程中，为了保证工件能够始终保持正确的定位，避免正确定位状态被重力、切削力等外力破坏，必须依靠相应装置将工件固定在夹具上，这一操作称为夹紧。每次加工零件之前，在设备上将工件定位、夹紧的过程称为装夹。

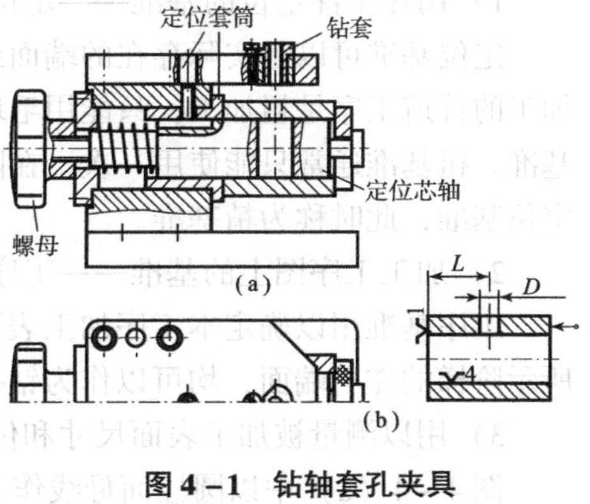

图 4－1　钻轴套孔夹具

(a) 无槽；(b) 有槽

图 4－1 显示了一种钻孔夹具，钻头穿过钻套对

工件钻孔。加工时，工件套装在心轴上，保证与其同心，同时工件端面被套筒端面定位，拧紧心轴螺母后，零件被夹牢。工件定位基准1到钻头导向孔中心线的距离依据工件的加工要求尺寸 L 确定。只要工件每次加工时，能够正确的与心轴和定位套端面正确“贴合”，就能够保证钻孔的要求尺寸 L 满足设计要求。加工过程无须额外的调整（工件定位误差及磨损带来的误差在后续章节详细介绍），因此加工效率非常高。

4.1.2 工件定位基准

零件是由点、线、面等几何元素构成的实体。工件形状是依照加工过程顺序获得的，其形状、位置与尺寸存在多种相互依赖的关系。工件上用来确定几何要素间的几何关系所依据的点、线、面称为基准。

根据应用场合和作用，基准可划分为设计基准和工艺基准两大类。

1. 设计基准

根据产品的功能要求，出现在设计图样上的基准称为设计基准。设计基准可能是抽象的几何元素，如图4-2（a）中的球心 O、图4-2（b）中的轴线，也可能是工件上的具体几何元素，如图4-2（b）中的平面 A、C，都是设计基准。

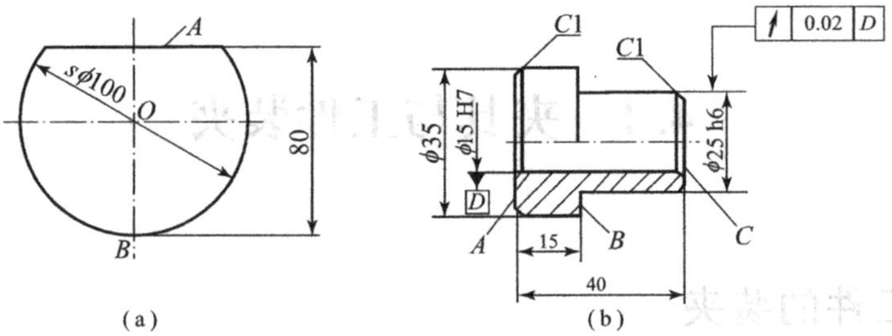

图4-2 工件的设计基准

（a）以球心 O 为元素的设计基准；（b）以轴线及平面 A、C 为元素的设计基准

2. 工艺基准及其分类

机械加工工艺过程中所采用的基准称为工艺基准。加工工艺包括装夹、工序、测量、装配等基本过程，对应的工艺基准又细分为定位基准、工序基准、测量基准和装配基准四种。

1）用作工件定位的基准——定位基准

定位基准可以是实际存在的端面或内外圆柱面，如图4-2（b）中所示 C、D 面。机械加工的首道工序是粗加工，只能用毛坯上未经加工的表面作定位基准，这种定位基准称为粗基准。粗基准通常只能使用一次。在随后的工序中，可以采用加工过的、精度较高的表面作定位基准，此时称为精基准。

2）加工工序图上的基准——工序基准

工序基准用以确定本工序加工表面在加工后必须保证的尺寸、形状与位置。如图4-3所示阶梯的左右端面，均可以作为钻孔工序的工序基准。

3）用以测量被加工表面尺寸和位置的基准——测量基准

图4-4（a）中以圆柱面母线作为测量基准；图4-4（b）是在V形铁上测量轴段2的径向跳动，轴颈1和2的轴线3是测量基准，本质上是以存在的外圆面1作为2的测量基

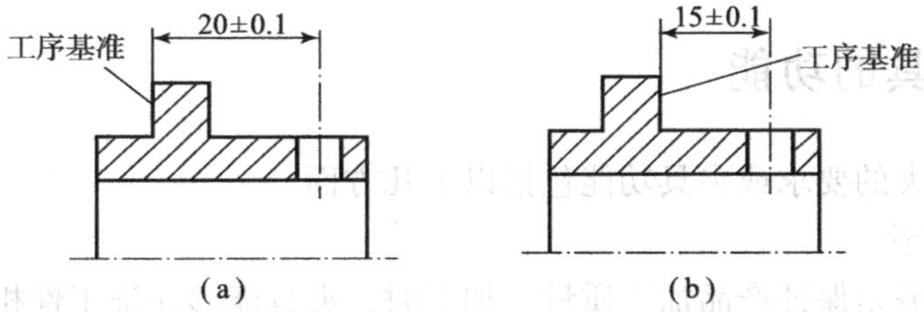

图 4－3　工件加工中的工序基准

（a）左端面为工序基准；（b）右端面为工序基准

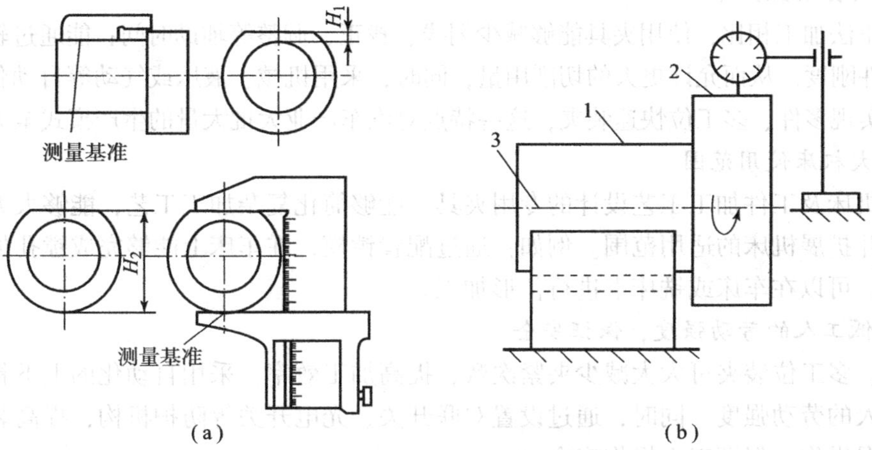

图 4－4　测量基准与测量基准面实例图

（a）以圆柱面母线作为测量基准；（b）以轴线作为测量基准

1—轴颈 1；2—轴颈 2；3—轴线

准面。

4）装配时用以确定零部件相对位置所采用的基准——装配基准

图 4－5（a）是以 *A* 端面和轴颈圆柱面确定齿轮装配时的空间位置；图 4－5（b）倒挡齿轮 2 以壳体 1 右方内端面 B 确定端面位置、以内孔表面 K 确定径向位置。这些零部件上的几何元素都是装配基准。

有关工艺基准的选择原则和实例，本书将在第 5 章中进行介绍。

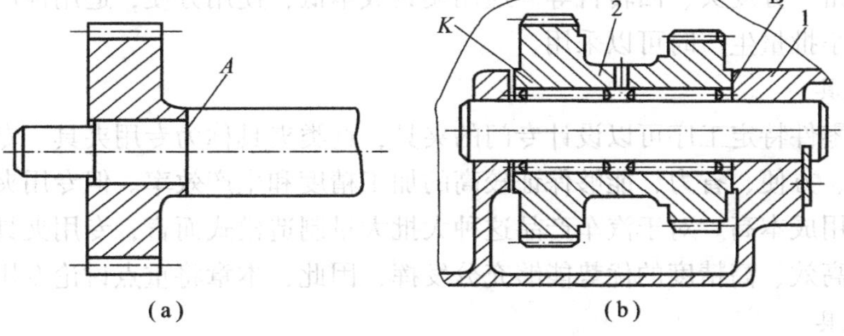

图 4－5　装配基准与装配基准面实例

（a）以 *A* 端面和轴颈圆柱面作为装配基准；（b）以壳体 1 内端面、内孔表面等作为装配基准

4.1.3 夹具的功能

通常，工件装夹的要求或夹具功能包括以下几方面。

1. 保证加工质量

装夹的首要任务是保证产品加工质量。加工时，夹具能够保证工件相对于刀具及机床的位置精度不受工人技术水平的影响，从而使整批工件（夹具一次调整生产的所有工件）的加工精度趋于一致。

2. 提高劳动生产率

与找正法加工相比，使用夹具能够减少划线、找正、调整等辅助时间；能通过辅助支承元件提高工件刚度，从而允许更大的切削用量；同时，采用机械、液压或气动等自动化的夹紧装置，能够实现多件、多工位快速装夹，这些特点对汽车产业大批大量的生产模式至关重要。

3. 扩大机床使用范围

针对机床及工件加工工艺设计的专用夹具，能够简化复杂加工工艺，能够大大提高产品加工效率并扩展机床的适用范围。例如：通过配置镗模，在车床上能够完成镗孔加工；通过使用靠模，可以在车床或铣床上进行仿形加工。

4. 降低工人的劳动强度，保证安全

多件、多工位装夹可大大减少夹紧次数，提高加工效率。采用自动化的上下料装置，能够降低工人的劳动强度。同时，通过设置双联开关、光电开关等防护机构，提高装夹的可靠性，减少误操作，保证工人操作安全。

4.1.4 夹具的分类

机床夹具种类繁多，按使用的机床不同可分为车床夹具、铣床夹具、钻床夹具、镗床夹具、磨床夹具、齿轮机床夹具等。根据夹紧动力源不同可分为手动夹具、气动夹具、液压夹具、电动夹具、磁力夹具等。通常，按照使用范围可以划分为通用夹具、专用夹具、组合夹具、随行夹具等四种基本类型。

1. 通用夹具

通用夹具一般已标准化，在市场可以购买到。例如车床上的三爪卡盘、四爪单动卡盘，铣床上的平口钳、分度头、回转台等。通用夹具成本低，使用方便，适用性广，但效率相对较低，单件、小批量生产时可以采用。

2. 专用夹具

针对特定零件特定工序可以设计专门的夹具，这类夹具称为专用夹具。专用夹具结构紧凑，操作迅速、方便、省力，能够保证较高的加工精度和生产效率。但专用夹具设计和制造周期较长，使用成本高。对于汽车产品这种大批大量制造模式而言，专用夹具的成本可以忽略不计，而其高效、高精度的优势能够充分发挥，因此，本章将重点讨论专用夹具。

3. 组合夹具

对于特定的一组相似零件，为了避免专用夹具无法通用的缺点，通过一系列标准化的夹具组件组合后，既能满足通用的目的，又能发挥专用夹具高精度、高效的特点，同时在一定程度上降低夹具的制造成本，这类通过标准化夹具原件组合成专用夹具的形式称为组合夹具。其特点是灵活多变，通用性强，设计制造周期短，可以重复使用，适合于多品种中小批量和新产品试制生产。

4. 随行夹具

在自动加工线上，为了避免多次装夹，所使用的夹具可与装载工件一同移动到不同工位，这类夹具称为随行夹具。

4.1.5　夹具的构成

机床夹具通常包括如下主要机构。

1. 定位元件

定位元件上的定位面直接与工件基准面接触，用来确定工件在机床夹具中的正确位置。常见定位元件有支承钉、支承板、V 形块、芯轴和圆柱销等。支承钉、支承板、V 形块采用平面定位，圆柱销、心轴采用圆弧面定位。定位元件通常采用较好的材料制造，从而保证具有良好的耐磨性和使用寿命。

2. 夹紧装置

夹紧装置是将工件压紧夹牢，确保其在加工过程中不因受外力作用而破坏定位的装置。它由夹紧元件、夹紧机构和动力装置组成，如图 4－6 中的“压板”和“手柄”。

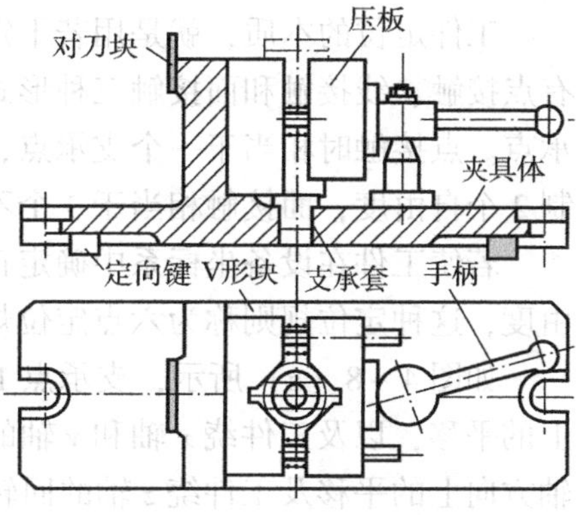

图 4－6　轴端铣槽夹具

3. 对刀装置

对刀装置是确定或引导刀具与工件被加工面之间位置的元件，如图 4－6 中的“对刀块”。

4. 连接元件

连接元件是能够确保夹具在机床上有正确位置的元件，如图 4－6 中的“定向键”。

5. 夹具体

夹具体是将夹具所有零部件连接成为一个整体的基础构件，如图 4－6 中的“夹具体”。

6. 其他装置

其他装置是指根据工件的某些特殊加工要求而设置的装置，如分度装置、靠模装置和上下料装置等。

4.2　工件定位原理

4.2.1　工件的自由度

理论上将刚体运动的可能性称为自由度。自由刚体在直角坐标系中有六个运动的可能，

即沿 x、y、z 轴方向的平移自由度和绕 x、y、z 轴的回转自由度，如图 4 - 7 所示。工件在机床坐标系中同样具有六个自由度。

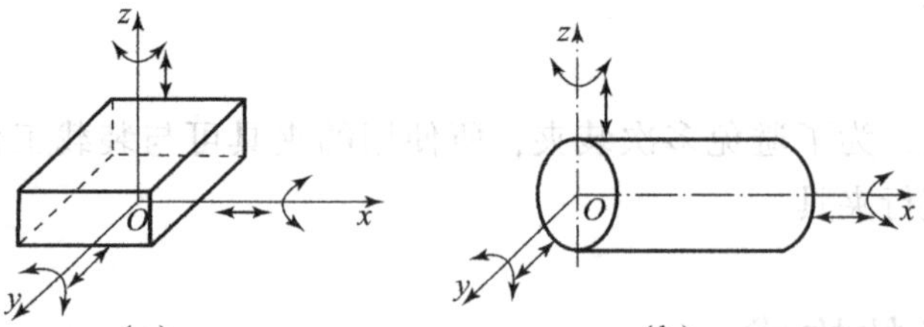

图 4 - 7　工件在机床坐标系中的自由度

(a) 矩形工件；(b) 圆柱体工件

为了分析方便，工件平移自由度用符号 $\vec{x}$、$\vec{y}$、$\vec{z}$ 表示，工件的回转自由度用符号 $\widehat{x}$、$\widehat{y}$、$\widehat{z}$ 表示。

4.2.2　六点定位规则

工件定位的本质，就是用若干定位元件限制工件自由度。定位元件与工件接触定位方式有点接触、线接触和面接触三种形式。因此，无论定位元件结构如何，都可以抽象成若干支承点。点接触时相当于一个支承点，能够限制 1 个自由度；线接触相当于 2 个支承点，能限制 2 个自由度；面接触相当于 3 个不共线的支承点，能够限制 3 个自由度。

若使工件在设备坐标系中确定正确的位置，需要合理布置六个支承点限制工件的六个自由度，这种定位规则称为六点定位规则。

如图 4 - 8 (a) 所示，支承点 1、2、3 构成一个面接触定位，能够限制工件在 z 轴方向上的平移，以及工件绕 x 轴和 y 轴的回转；支承点 4、5 构成线接触定位，能够限制工件沿 x 轴方向上的平移及工件绕 z 轴的回转；支承点 6 限制工件沿 y 轴方向上的平移。

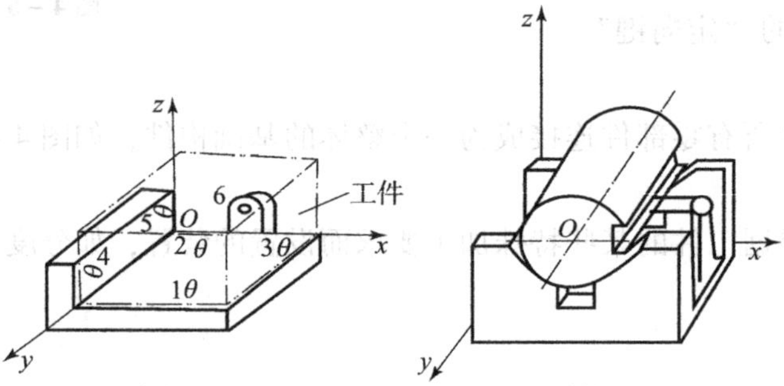

图 4 - 8　工件的六点定位分析

(a) 矩形工件；(b) 圆柱体工件

1 ~ 6—支承点

以上分析过程通常可以按表 4 - 1 方式整理：

表 4－1　六点定位分析

定位元件	限制的自由度					
	$\vec{x}$	$\vec{y}$	$\vec{z}$	$\widehat{x}$	$\widehat{y}$	$\widehat{z}$
支承点 1、2、3			√	√	√	
支承点 4、5	√					√
支承点 6		√				
合计	1	1	1	1	1	1

通过分析可以看出一个支承点只能限制 1 个自由度；2 个支承点构成一条定位线，能够限制 2 个自由度；3 个支承点可以构成一个支承面，能够限制 3 个自由度。支承点经过合理布置，限制工件的六个自由度一共需要 6 个支承点。

需要注意的是，所谓支承点只是一个抽象的概念。在实际的夹具中，定位元件可以抽象成若干个支承点。例如图 4－8（b）中，V 形槽的两个面可以抽象成 4 个支承点。按照前述分析方法：3 个点构成了一个定位面，能够限制工件在 z 轴上的平移和绕 x、z 轴的回转；第 4 个支承点能够限制 x 轴方向上的平移，该零件一共被限制了 4 个自由度（表 4－2），即工件仍然可以绕 y 轴做回转运动及沿 y 轴轴向平移。

表 4－2　常见加工工件所应限制的自由度

定位元件	限制的自由度					
	$\vec{x}$	$\vec{y}$	$\vec{z}$	$\widehat{x}$	$\widehat{y}$	$\widehat{z}$
支承点 1、2、3			√	√		√
支承点 4	√					
合计	1		1	1		1

应用六点定位原理的注意事项：夹具中的实际定位支承并非几何学中的点、线、面，可用窄长平面（条形）替代直线，用小平面替代点，如图 4－9 所示。定位时，要求支承点与工件定位基准面始终保持接触，这样才能限制自由度，起到定位约束作用。一般说来，支承点的定位作用不受力的影响，外力作用将通过夹紧装置对工件实施夹紧。

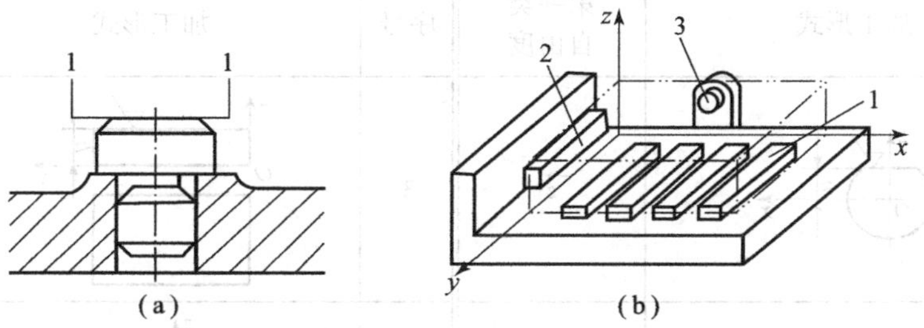

图 4－9　夹具中的实际定位支承

（a）用小平面替代支承点；（b）用窄长平面（条形）替代直线

1～3—小平面

4.2.3 工件加工时应限制的自由度

工件加工时，并不是所有的自由度都会影响工件的加工质量。因此，定位只需限制对加工精度有影响的自由度，并非六个自由度都必须全部被限制。如图 4-10 所示，要在长方体工件上铣削加工通槽。分析加工图纸，通槽有两个位置精度和一个形状精度要求。槽宽尺寸 20 mm±0.05 mm 通过铣刀形状保证，不必分析工件自由度的影响。槽底面与定位基准 *A* 的位置精度，及槽侧壁与定位基准 *B* 的位置精度需要依靠夹具定位实现。在图 4-10（b）的机床坐标系中，基准面 *A* 布置 3 个定位支承，能够限制沿 *z* 轴平移及绕 *x*、*y* 轴的回转自由度，能够保证槽底面的形状和位置精度。在基准面 *B* 布置 2 个定位支承，能够限制 *x* 平移和绕 *z* 轴的回转，能够保证槽侧壁的形状和位置精度。总结一下需要限制的自由度为 5 个，分别是：$\overset{\frown}{x}$、$\overset{\frown}{y}$、$\overset{\frown}{z}$ 及 $\vec{x}$、$\vec{z}$。而工件沿 *y* 轴的平移 $\vec{y}$ 无须限制，因为槽的长度与长方体毛坯长度相同，毛坯加工完成后已经达到要求。

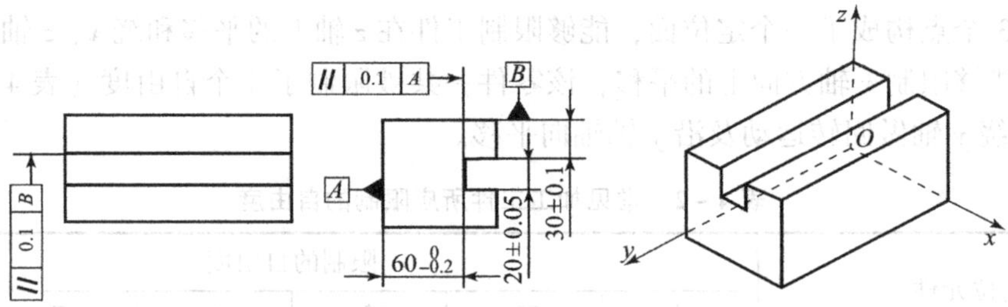

（a）　　　　　　　　（b）

图 4-10　工件上铣通槽应限制的自由度

（a）加工要求；（b）工件定位坐标系

分析结果表明，工件加工时并非所有的自由度都要限制。工件的自由度可以被分为两大类：为保证加工要求而必须限制的自由度称为第一类自由度；对加工精度要求无关紧要的自由度称为第二类自由度。第二类自由度是否限制，将根据工件承受切削力、夹紧力和刀具在工件加工表面运行工作行程范围来考虑。表 4-3 中列出了常见工件定位形式所应限制的自由度。

表 4-3　常见加工工件所应限制的自由度

序号	加工形式	第一类自由度	序号	加工形式	第一类自由度
1	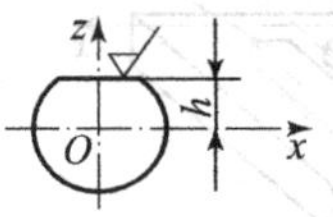	$\vec{z}$	3	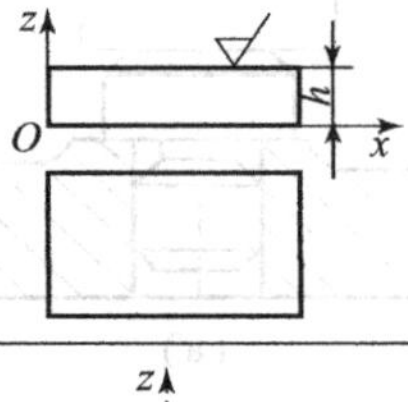	$\vec{z}$　$\overset{\frown}{x}$　$\overset{\frown}{y}$
2	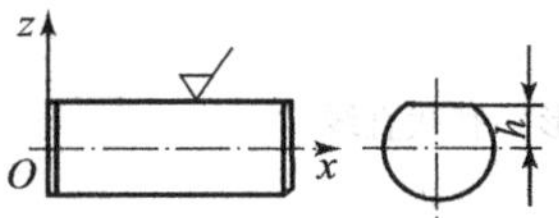	$\vec{z}$ $\overset{\frown}{y}$	4	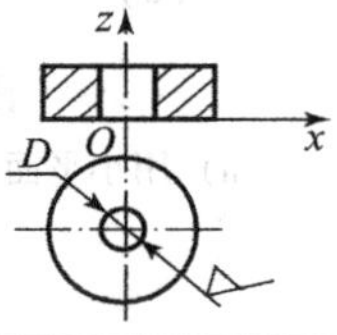	$\vec{x}$　$\vec{y}$ $\overset{\frown}{x}$　$\overset{\frown}{y}$

续表

序号	加工形式	第一类自由度	序号	加工形式	第一类自由度
5	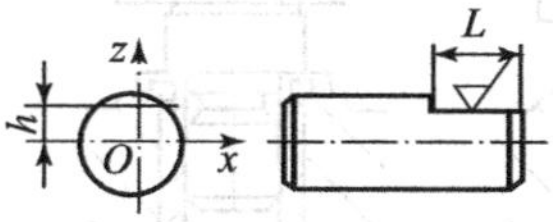	$\vec{y}$ $\vec{z}$ $\overset{\frown}{x}$ $\overset{\frown}{z}$	9	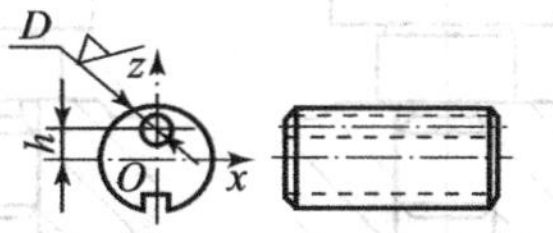	$\vec{x}$ $\vec{z}$ $\overset{\frown}{x}$ $\overset{\frown}{y}$ $\overset{\frown}{z}$
6	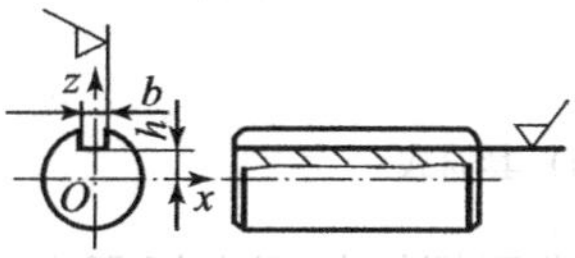	$\vec{x}$ $\vec{z}$ $\overset{\frown}{x}$ $\overset{\frown}{z}$	10	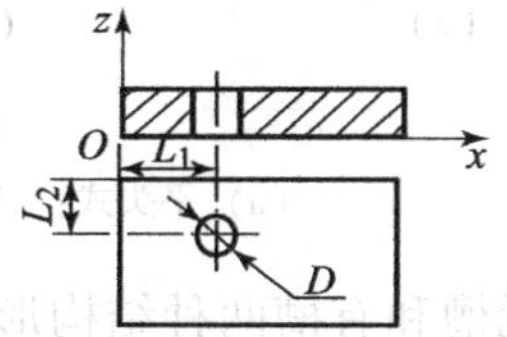	$\vec{x}$ $\vec{y}$ $\overset{\frown}{x}$ $\overset{\frown}{y}$ $\overset{\frown}{z}$
7	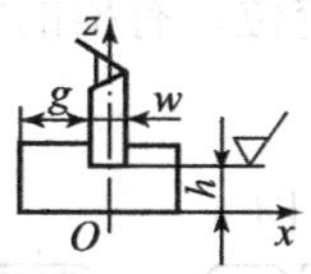	$\vec{x}$ $\vec{z}$ $\overset{\frown}{x}$ $\overset{\frown}{y}$ $\overset{\frown}{z}$	11	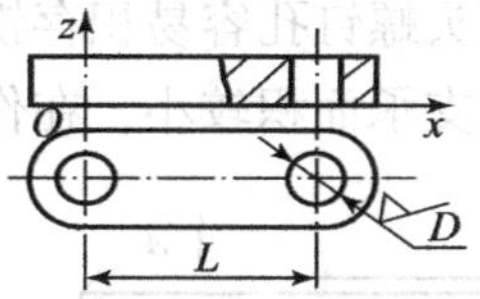	$\vec{x}$ $\vec{y}$ $\overset{\frown}{x}$ $\overset{\frown}{y}$ $\overset{\frown}{z}$
8	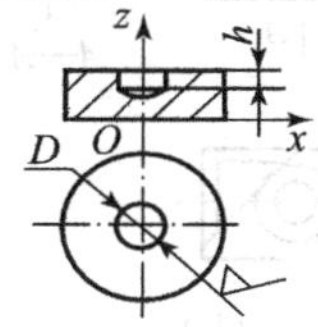	$\vec{x}$ $\vec{y}$ $\vec{z}$ $\overset{\frown}{x}$ $\overset{\frown}{y}$	12	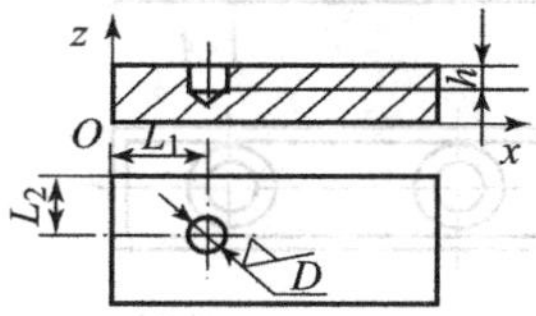	$\vec{x}$ $\vec{y}$ $\vec{z}$ $\overset{\frown}{x}$ $\overset{\frown}{y}$ $\overset{\frown}{z}$

4.3　定位元件

机械夹具中常用的定位方式，有平面、外圆、内孔、V 形块定位等，而这些定位方式则由定位元件来实现。定位元件的结构不仅要保证工件定位要求，也要适应定位元件自身的制造和装配等。一般来说，对于夹具定位元件的设计，需要满足下列要求：

（1）定位元件的精度要与工件加工精度相匹配；

（2）要有足够的刚度；

（3）具有良好耐磨性。

4.3.1　平面定位元件

平面定位是夹具中最常见的定位方式，它由支承钉和支承板实现。支承元件通常有固定式、可调式和浮动式三类。

1. 固定支承

固定支承一般用于已加工平面的定位。支承钉有平头、球头、锯齿头、套筒式四种形式，见图 4－11。平头式支承钉用于精基准，并要求在安装后磨削一次，要求精度较高。球头式用于粗基准。锯齿头式由于易积存铁屑而影响定位，故通常用于侧面定位。套筒式便于支承钉磨损后更换，同时保护了底板零件不被磨损，多用于大量生产。支承钉与底板连接根部，采用退刀槽结构是为了保证自身定位牢靠。

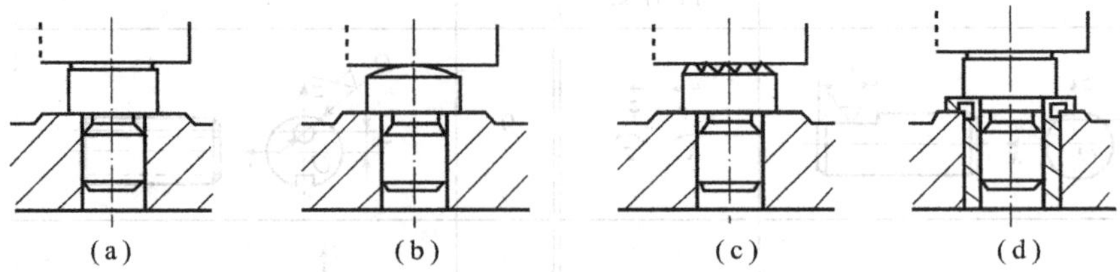

图 4-11　定位支承钉

（a）平头式；（b）球头式；（c）锯齿头式；（d）套筒式

支承板有无槽和有槽两种结构形式，如图 4-12 所示，常用螺钉与下底板固定，由于无槽的支承板内沉头螺钉孔容易积存铁屑，因此常用于侧面或顶面定位。有槽的定位板可以避免积存铁屑，且支承面积较小，在作为定位表面时精度较高。

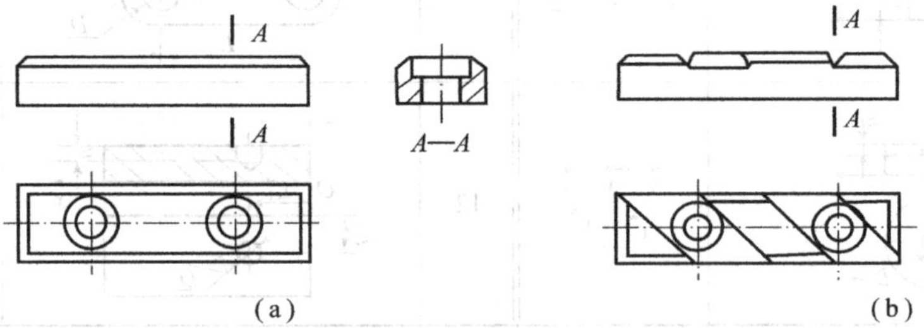

图 4-12　定位支承板

（a）无槽式；（b）有槽式

固定支承钉与夹具底座一般采用 H7/m6 配合。带套筒者与套筒采用 H7/js6 配合。其使用材料与制造工艺要求如下：直径 $d \leqslant 12$ mm 的支承钉或支承板，可采用 T7A 钢 + 淬火处理；对于 $d > 12$ mm 的支承板，则采用 20 钢 + 渗碳淬火处理，渗碳层深度要求达到 0.8 ~ 2.2 mm，表面硬度60 ~ 64 HRC。当同时使用两个以上支承钉或支承板时，为了保证其工作面在同一个平面上，装配后应将其顶面增加一次终磨。

支承钉与支承板的结构、尺寸均已标准化，设计时可查阅有关国家标准。

2. 可调支承

如图 4-13 所示，可调支承以调节和补偿毛坯尺寸误差，因此多用于未加工平面的定

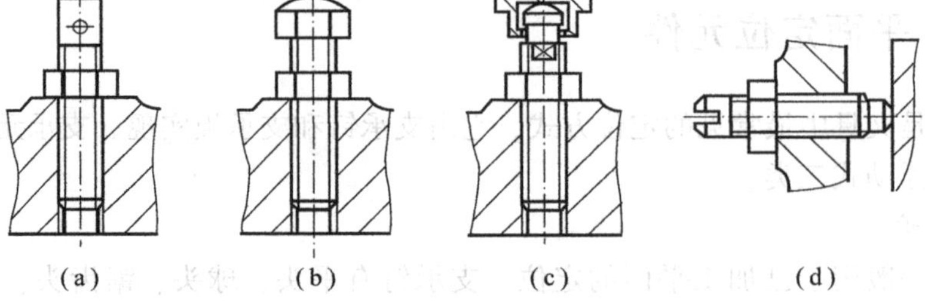

图 4-13　可调定位支承

（a）平头；（b）球头；（c）可调球头；（d）水平式

位。一般每加工一批毛坯需要调整一次。图4－13所示的4种可调支承均为螺钉及螺母组成，支承高度调整后，用螺母锁紧。平头式适用于表面质量较好的毛坯；球头、可调球头式支承能自动适应工件定位基准面位置变化但结构复杂的工件；水平式支承适用于侧面支承。

3. 浮动支承

参见图4－14，浮动支承通常有多个支承点，能在定位过程中适应工件定位基准面位置的变化。通过增加与工件定位面的接触点数目减少接触应力，能够用于刚性不足与毛坯表面、断续平面、阶梯表面、带有角度误差的平面定位，但只能限制一个自由度。

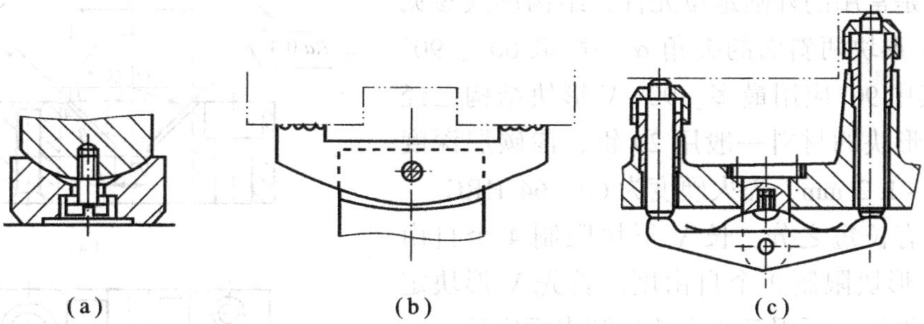

图4－14　浮动式定位支承

(a) 毛坯表面；(b) 断续平面；(c) 阶梯表面

4. 辅助支承

为了提高工件的刚度和定位稳定性，常采用辅助支承。辅助支承是在工件定位后参与支承的元件，因而不起定位作用。如图4－15所示，工件被加工面距定位基准和夹紧点比较远，且加工部位刚性差，加工时容易振动和变形，因此必须在加工面附近设置辅助支承。

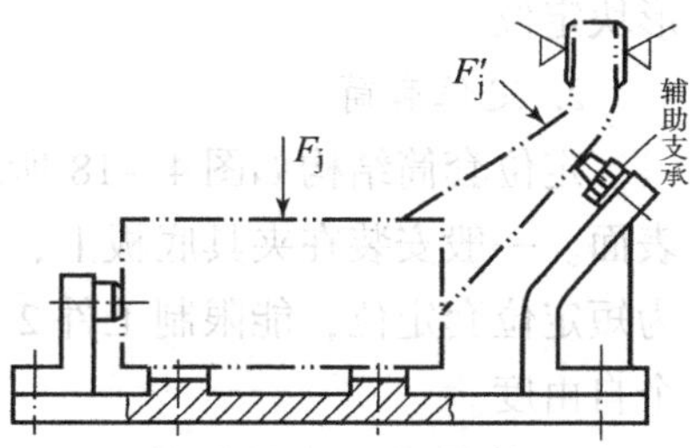

图4－15　辅助支承

如图4－16所示为三种辅助支承。图4－16(a)类形式的结构最简单，依靠旋转支承的摩擦力推动工件。图4－16(b)类形式具有较高的支承稳定性。图4－16(a)、图4－16(b)两类辅助支承均用于小批量生产。图4－16(c)类增加的推力机构能够提高操作的效率，适用于大批量生产。

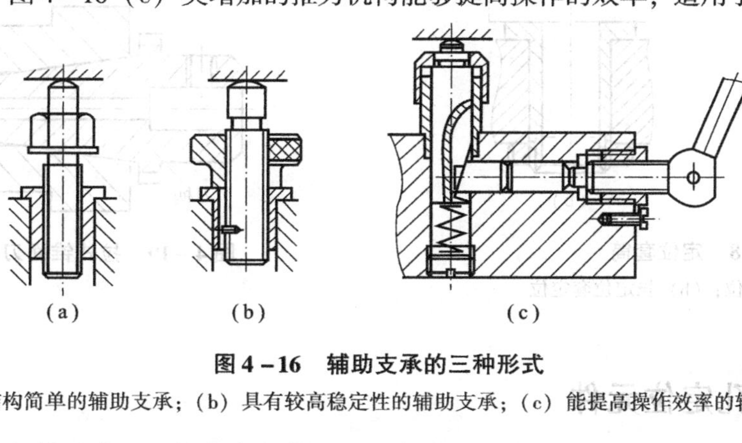

图4－16　辅助支承的三种形式

(a) 结构简单的辅助支承；(b) 具有较高稳定性的辅助支承；(c) 能提高操作效率的辅助支承

需要指出的是辅助支承不能起定位作用，只能用于增加工件的刚性。辅助支承受力较小，要求便于快捷或手动调节；同时还要考虑其使用频繁而易磨损的情况；螺母宜采用套筒式结构。

汽车车身制造过程中，薄壁覆盖件在焊接、装配过程中大量使用辅助支承来保证加工质量。

4.3.2 外圆定位元件

工件以外圆柱面作定位基准时，根据其外圆柱面的完整程度、加工要求和安装方式，可以采用诸如V形块、定位套、半圆套及圆锥套的定位方式。其中以V形块最为常见。

1. V形块

V形块是常用的外圆定位元件，结构形式参见图4－17。V形块两斜面的夹角 α 一般取60°、90°或120°，其中90°应用最多。90° V形块结构已经标准化。V形块的材料一般用20钢，渗碳层深度要达到0.8～1.2 mm，淬火硬度为60～64 HRC。

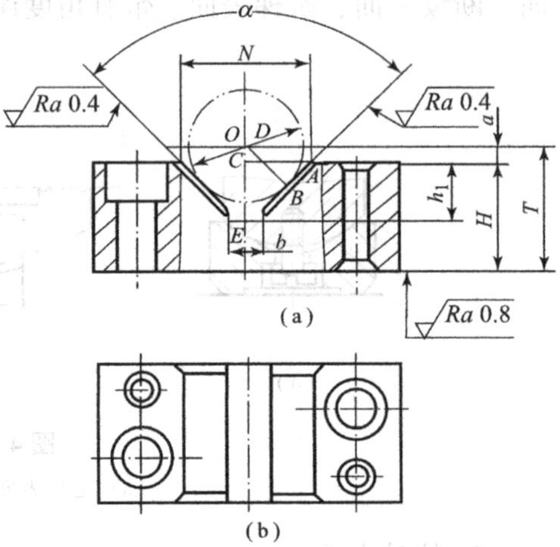

图4－17　V形块结构

V形块有长短之分，长V形块限制4个自由度，而短V形块限制2个自由度。首先V形块定位时的对中性好，可用于非完整外圆表面定位，应用范围较广；其次是不论定位基准是否经过加工，不论是完整的圆柱面还是局部圆弧面，均可采用V形块定位。

2. 定位套筒

定位套筒结构如图4－18所示，用以支承外圆表面。一般安装在夹具底板上，被磨损后可以进行更换，适用于精基准定位。图4－18（a）为短定位套定位，能限制工件2个自由度；图4－18（b）为长定位套定位，能限制工件4个自由度。

3. 外圆定心夹紧机构

如图4－19所示为拉式锥面刀柄定心夹紧结构，这种机构既能定心又能夹紧，能限定5个自由度。

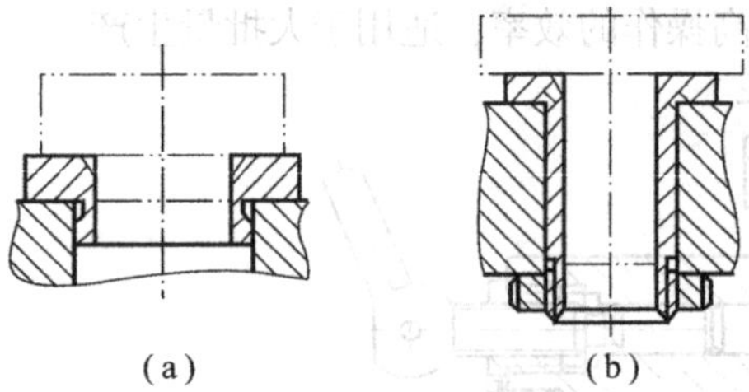

图4－18　定位套筒

（a）短定位套定位；（b）长定位套定位

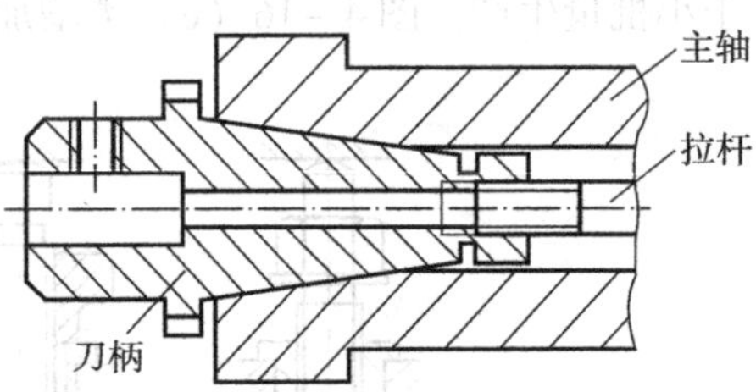

图4－19　拉式锥面刀柄定心夹紧结构

4.3.3 孔定位元件

工件以圆孔定位的常用定位元件有定位销、圆柱心轴、圆锥销、圆锥心轴等。

1. 定位销

圆柱销工作部分直径 d 按 g5、g6、f6 或 f7 的精度等级制造。为便于工件顺利装入，定位销的头部设置有 15°倒角。

短圆柱销限制工件 2 个自由度。长圆柱销限制工件 4 个自由度。几种常用的圆柱定位销见图 4－20。图 4－20（a）、图 4－20（b）、图 4－20（c）所示定位销与夹具体的连接将采用过盈配合。图 4－20（d）为带衬套的可换式圆柱销结构，定位销与衬套的配合则采用间隙配合，位置精度较固定式定位销低，一般用于大批量生产。

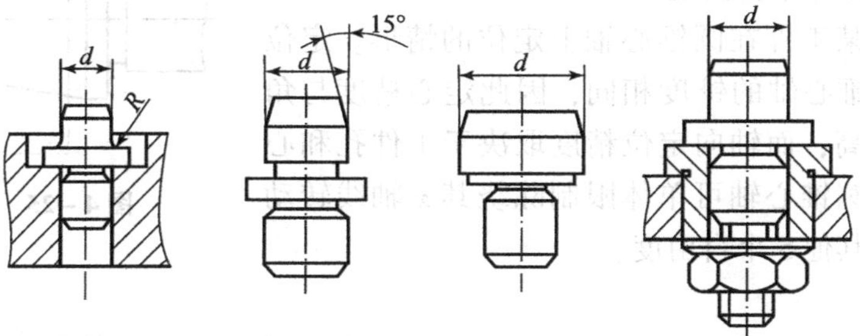

图 4－20　常用的圆柱（销）定位

（a）、（b）、（c）常用圆柱定位销；（d）可换式圆柱定位销

2. 圆锥销

在加工套筒、空心轴等类工件时，也经常用到圆锥销，如图 4－21 所示。图 4－21（a）用于粗基准，图 4－21（b）用于精基准。圆锥销限制了工件 3 个自由度。工件在单个圆锥销上定位容易倾斜，所以圆锥销一般与其他定位元件组合定位。如图 4－22 所示，工件以底面作为主要定位基面，采用活动圆锥销，只限制 $\hat{x}$、$\hat{y}$ 两个转动自由度，即使工件的孔径变化较大，也能保证准确定位。

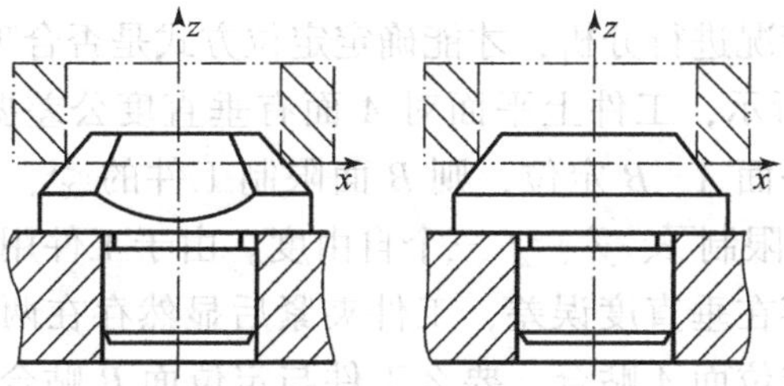

图 4－21　圆锥销定位

（a）用于粗基准；（b）用于精基准

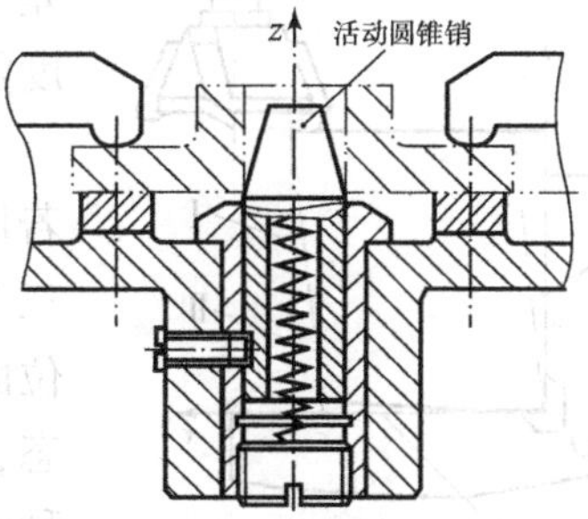

图 4－22　圆锥销组合定位

3. 定位心轴

定位心轴主要用于套筒类和空心盘类工件的车、铣、磨及齿轮加工，常见有圆柱心轴和圆锥心轴等结构形式。

圆柱心轴图 4－23 为间隙配合圆柱心轴，其定位精度不高，但装卸工件方便。

图 4－24 为过盈配合圆柱心轴，常用于对定心精度要求高的场合。当工件孔的长径比

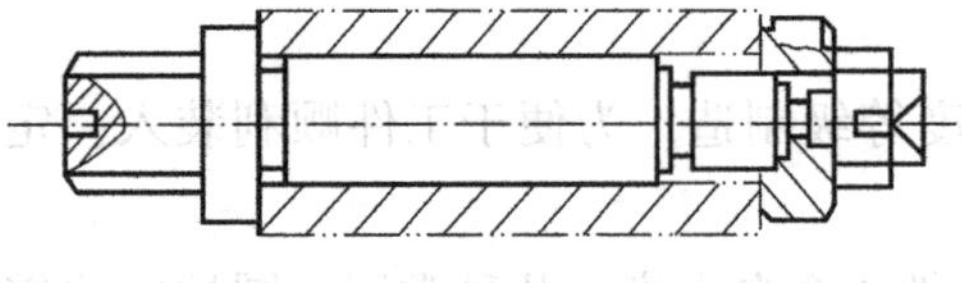

图 4－23　间隙配合圆柱定位心轴

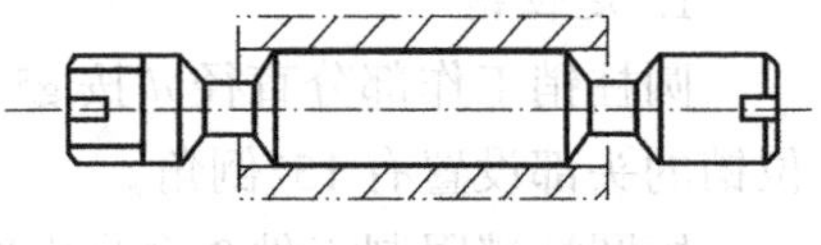

图 4－24　过盈配合圆柱定位心轴

$L/D>1$ 时，工作部分可允许略带锥度。

由前可知，短圆柱心轴只限制工件 2 个自由度，长圆柱心轴限制工件 4 个自由度。

图 4－25 是某工件在圆锥心轴上定位的情形。定位时，圆锥孔和圆锥心轴的锥度相同，因此定心精度与角向定位精度均较高，而轴向定位精度取决于工件孔和心轴的尺寸精度。圆锥心轴可单体限制除绕其 x 轴线转动的自由度之外的其他 5 个自由度。

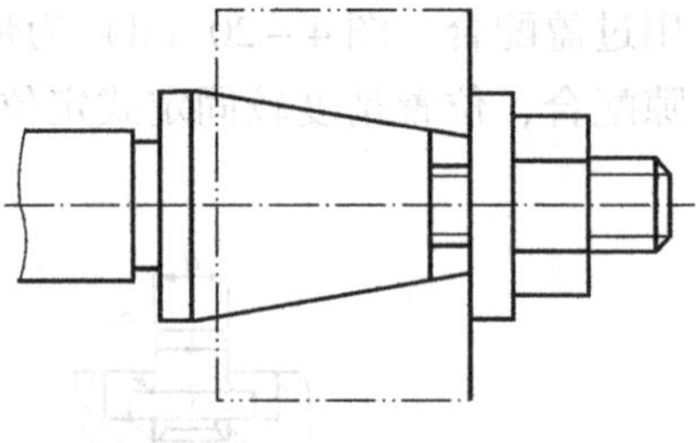

图 4－25　圆锥心轴定位

4.4　组合定位

4.4.1　工件定位状态分析

在实际加工过程中，工件往往不是采用单一表面的定位，而是采取组合表面定位的形式。常见有平面与平面组合、平面与孔组合、平面与外圆柱面组合、平面与其他表面组合、锥面与锥面组合等多种形式。由表 4－1 可知，各种工件加工时第一类自由度的数量有多有少，在不同设备上加工时，夹具能够限制的自由度数量也会有差异。由表 4－2 可知，各种定位元件及其组合能够限制的自由度需要根据具体情况进行分析，才能确定定位方式是否合理。

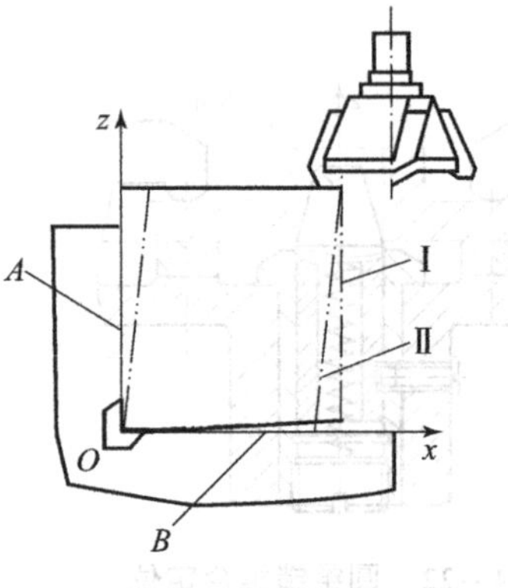

图 4－26　过定位

如图 4－26 所示，工件上平面对 A 面有垂直度公差要求，若用夹具两个大平面 A、B 定位，则 B 面限制工件的 $\widehat{x}$、$\widehat{y}$、$\vec{z}$ 三个自由度，A 面限制 $\vec{x}$、$\widehat{y}$、$\widehat{z}$ 三个自由度。由于工件用于定位的两个基准面存在垂直度误差，工件夹紧后显然存在两种状态，要么工件与定位面 A 贴合，要么工件与定位面 B 贴合，这种定位显然存在问题，这种现象称为过定位。下面通过一些典型组合定位实例介绍夹具采用组合定位时，工件定位状态的分析方法和步骤。

4.4.2　双顶尖轴组合定位分析

双顶尖定位方案如图 4－27 所示，这种方案常见于车床加工轴时。顶尖的定位作用与短销相同，故两个短销都能限制 x、y、z 方向的平移。查表 4－3，双顶尖定位方案限制的自由度见表 4－4。

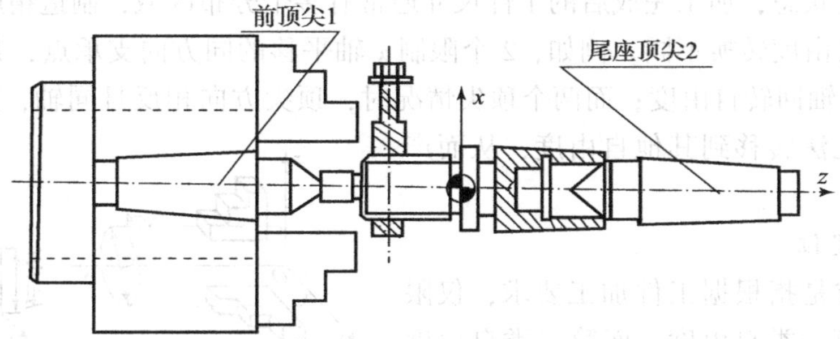

图 4－27　双顶尖定位

表 4－4　双顶尖能够限制的自由度

定位元件	限制的自由度					
	$\vec{x}$	$\vec{y}$	$\vec{z}$	$\widehat{x}$	$\widehat{y}$	$\widehat{z}$
顶尖 1	√	√	√			
顶尖 2	√	√	√			
合计	2	2	2	0	0	0

1. 自由度转化

表 4－4 所示的分析结果明显是错误的。问题出现在：顶尖 2 对工件的限制是相对于自身坐标系的。而机床坐标系以顶尖 1 为原点，顶尖 2 对工件沿 y、z 轴平移的限制转化为绕顶尖 1 的 y 和 z 轴的回转了。这种定位元件限制自由度转化的现象经常在组合定位时出现，故分析组合定位时一定要小心对待。经自由度转化后的分析结果见表 4－5。

表 4－5　自由度转化分析

定位元件	限制的自由度					
	$\vec{x}$	$\vec{y}$	$\vec{z}$	$\widehat{x}$	$\widehat{y}$	$\widehat{z}$
顶尖 1	√	√	√			
顶尖 2	√				√	√
合计	2	1	1	0	1	1

可以发现，工件绕 x 轴回转并未限制，但该自由度对车削加工的工件来说，属于第二类自由度，无须限制。而工件沿 x 轴方向的平移却被限制了两次。实际上，若顶尖 2 能够限制沿 x 方向的平移，那样工件便无法装夹。因此，顶尖 2 在沿 x 轴方向必须做调整（例如采用滑动尾座、弹簧顶尖、可调顶尖等）才能保证工件安装时不会与顶尖 2 干涉。这样顶尖 2 就丧失了对工件 x 平移的限制能力。若要解决工件装夹的问题，必须将顶尖 2 对沿 x 轴平移的自由度限制取消。

2. 过定位

当工件的某个自由度被不同的定位元件限制了 2 次以上的时候，这种现象称为过定位现象。

存在过定位时，工件的一个自由度受到2个以上的定位元件限制。这样，工件在夹紧后通常有多种夹紧状态，加工完成后的工件尺寸通常有多个分布区域，制造精度严重下降。

过定位与自由度转换不同。例如，2个限制 x 轴平移的同方向支承点，其中一个支承点会转移成限制 z 轴回转自由度；而两个顶尖情况时，顶尖方向相反且同轴，第二个顶尖的 x 轴平移自由度无法转移到其他自由度，从而产生干涉。

3. 不完全定位

不完全定位是指根据工件加工要求，仅限制工件加工的第一类自由度，而第二类自由度并未限制的状态。如图4-28所示车削加工时绕主轴回转的自由度，平面磨削加工时工件在平面 x、y 方向平移自由度无须限制，工件的定位状态均为不完全定位。不完全定位不影响加工质量。

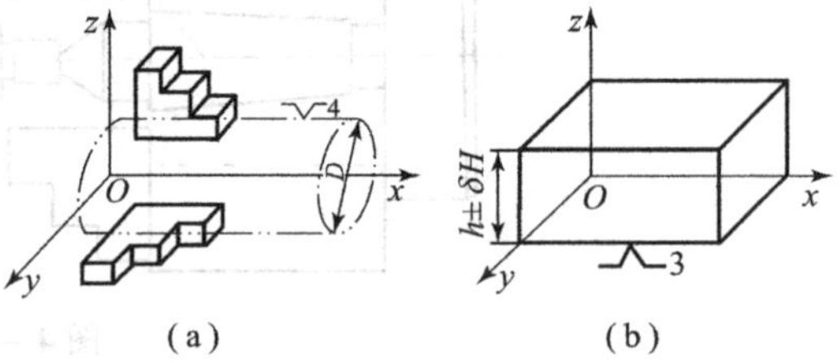

图4-28　不完全定位

(a) 车（镗）床上加工通孔；(b) 磨削平板的上平面

4.4.3　双V形块定位状态分析

铣削连杆时，最常采用的是销与V形块组合定位，如图4-29所示。查表4-6分析夹具限制自由度的情况。

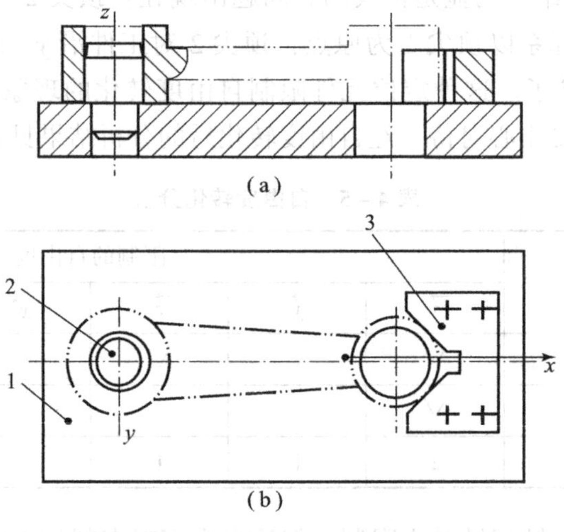

图4-29　销与V形块定位铣削连杆

(a) 剖视图；(b) 主视图

1—支承平面；2—短圆柱销；3—固定短V形块

可以看到沿 x 平移这个自由度被限制了2次。解决方案是将V形块3对 x 平移自由度限制取消，具体方法是将V形块3转变成能沿 x 轴运动的浮动支承。

完全定位：即不重复地限制工件六个自由度的定位状态。当工件在 x、y、z 三个坐标方向均有尺寸要求或位置精度要求时，一般采用完全定位，如长方体上铣不通槽。

表 4 - 6　双 V 形块定位自由度分析

定位元件	限制的自由度					
	$\vec{x}$	$\vec{y}$	$\vec{z}$	$\widehat{x}$	$\widehat{y}$	$\widehat{z}$
支承平面 1			√	√	√	
短圆柱销 2	√	√				
V 形块 3	√	√				√
合计	2	2	1	1	1	1

4.4.4　一面两销

"一面两销"是另外一种常见的定位方式，在工件定位基准面上存在定位孔的时候，可以采用定位心轴或定位销与定位面组合定位。

如图 4 - 30 所示，如果菱形销不存在，仅使用一个定位孔作为定位基准，分析结果如表 4 - 7 所示。

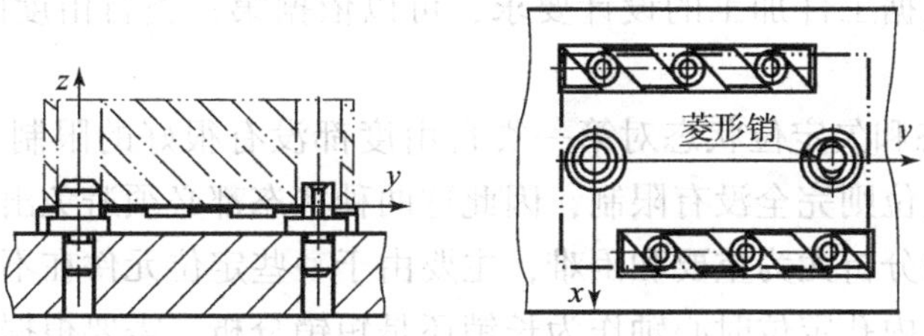

图 4 - 30　菱形销消除过定位

(a) 剖视图；(b) 主视图

表 4 - 7　一面一销定位分析

定位元件	限制的自由度					
	$\vec{x}$	$\vec{y}$	$\vec{z}$	$\widehat{x}$	$\widehat{y}$	$\widehat{z}$
底面			√	√	√	
短定位销 1	√	√				
合计限制自由度 = 5	1	1	1	1	1	

可以看到工件仅有 5 个自由度被限制了。

欠定位：第一类自由度未被完全限制的工件定位状态称为欠定位。欠定位无法保证加工精度，因此零件加工中应避免欠定位现象发生。通常这种定位方式必须采用 2 个定位销，如图 4 - 30 所示，其定位状态分析结果如表 4 - 8 所示。

定位销 2 对 y 轴平移通过与定位销 1 组合而转换成对 z 轴回转的限制；而对 x 轴平移的限制产生了过定位，常见的方法是将定位销 2 加工成菱形，使其不对 x 轴的平移自由度产生限制。

表 4-8 一面二销定位分析

定位元件	限制的自由度					
	$\vec{x}$	$\vec{y}$	$\vec{z}$	$\widehat{x}$	$\widehat{y}$	$\widehat{z}$
底面			√	√	√	
短定位销 1	√	√				
短定位销 2	√	√				√
合计限制自由度 =7	2	1	1	1	1	1

这种"一面两销"的定位方式被普遍的应用于各种加工设备中，设计时要根据工件上定位孔的公差计算出菱形销的形状。由于菱形销尺寸没有互换性，故从某种意义上说，这种夹具属于一种专用夹具。

4.4.5 组合定位状态

通过前面的分析，组合定位共有四种状态：完全定位状态、不完全定位状态、过定位状态和欠定位状态。根据工件加工的设计要求，可以依据第一类自由度的定位状态得到以下结论。

（1）过定位状态和欠定位状态对第一类自由度都没有很好的限制。过定位对第一类自由度重复限制，欠定位则完全没有限制，因此这两种状态都必须避免出现。

其中对过定位的分析尤为重要和困难，主要由于一些定位元件在不同场合可能限制的自由度可能发生转变。内孔定位时心轴作为长销还是短销分析，需要根据定位面尺寸和销的长度具体分析。大平面和多个 V 形块、定位板限制的自由度，也要根据工件定位面尺寸与定位元件的尺寸关系具体分析。

另外，为了消除过定位现象，通常需要对特定的定位元件进行再加工，这个时候该元件已经不是通用元件了，相应的夹具也变成了专用夹具。

（2）完全定位是理想的定位状态，但加工过程中第一类自由度的数量较少的时候，完全定位必然形成不必要的浪费。合理设计夹具，使工件处于不完全定位的状态时也能达到制造精度要求，这不仅能够降低制造成本，而且在减少工件安装时间、降低维修难度等方面能获得额外的益处。

4.5 定位误差分析

在机床夹具设计中，夹具制造误差以及工件定位面制造公差会影响定位基准与定位元件的相对位置关系。这部分误差也会降低工件的制造精度，将前工序加工误差带到本次加工环节。因此应当分析与计算定位误差。

所谓定位误差，是指工件定位中所造成的加工面相对工序基准的位置误差。造成定位误差的主要因素来自基准不重合误差和定位副制造误差。

定位基准与工序基准不一致所引起的定位误差称为基准不重合误差，即工序基准相对定位基准在加工尺寸方向上的最大变动量。定位副制造误差及其配合间隙所引起的定位误差，又称之为基准位移误差，即定位基准的相对位置在加工尺寸方向上的最大变动量。

1. 基准不重合误差

定位基准与设计基准不一致所引起的定位误差，称基准不重合误差，即工序基准相对定位基准在加工尺寸方向上的最大变动量，以 Δ 来表示。

如图 4－31 所示零件，设 *e* 为已加工面，*f* 和 *g* 为待加工面。在加工 *f* 面时若选 *e* 面为定位基准，则 *f* 面的设计基准和定位基准都是 *e* 面，基准重合，没有基准不重合误差，尺寸 *A* 的制造公差为 T_A。

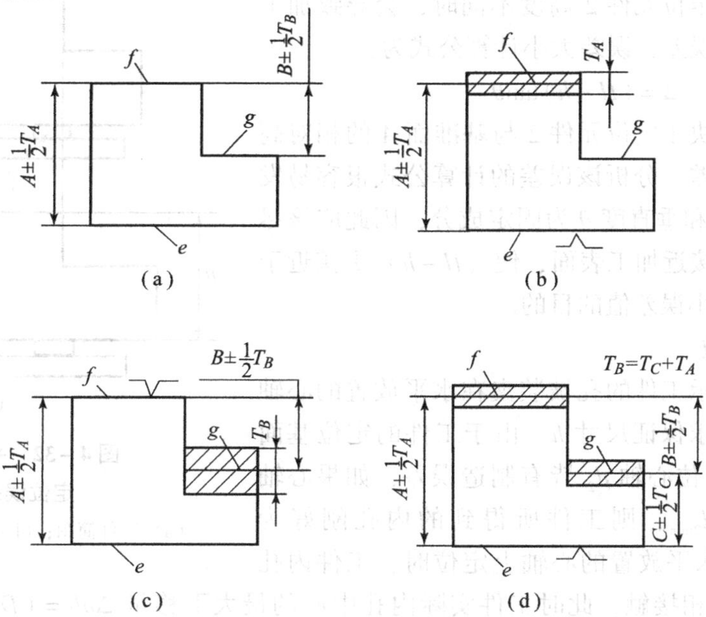

图 4－31　基准不重合误差分析

(a) 加工要求；(b)、(c) 基准重合；(d) 基准不重合

为获得尺寸 *B* 而加工 *g* 面时，可有两种方案：

一种方案是，加工时选用 *f* 面作为定位基准，定位基准与设计基准重合，没有基准不重合误差，尺寸 *B* 的制造公差为 T_B。

另一种方案是选用 *e* 面作为定位基准来加工 *g* 面，将带来基准不重合误差。也就是说，工序尺寸 *C* 是直接得到的，尺寸 *B* 是间接得到的。由于定位基准 *e* 与设计基准 *f* 不重合，尺寸 *B* 的两个基准均存在加工误差，其值为 T_A。由此出现基准不重合误差：

$$T_B = T_C + T_A$$

显然，T_B 相对 T_C、T_A 而言是一个增量，这充分说明基准不重合将增加定位误差。

需要指出，如果零件中某一个尺寸有两个设计基准，并按两个设计基准分别加工，那么，该尺寸必然存在两个误差。若以其中一个基准作为定位来加工另一个基准，则该尺寸只有一个误差。因此，应尽量采用基准重合。

2. 基准位置误差

定位基准面和定位元件本身的制造误差所引起的定位误差，称基准位置误差，即定位基准的相对位置在加工尺寸方向上的最大变动量。基准位置误差需根据具体定位方式具体分析。下面就以平面、内孔和外圆定位时定位误差进行举例分析。

1）平面定位

加工如图4－32（a）所示工件时，需要依据基准面 A、B 保证槽的位置精度。常用的定位方案如图4－32（b）所示，定位元件1支承基准面 A，保证加工尺寸 a 的精度；定位元件2支承基准面 B，用于保证尺寸 b 的加工精度。由于基准面 A、B 之间存在垂直度误差，支承定位元件2高度不同时，会导致加工尺寸 b 产生定位误差，误差大小计算公式为：

$$\Delta=(H-h)\tan\theta$$

这个偏差取决于定位元件2与基准面 A 的相对高度，属于定位误差。分析该误差的计算公式很容易发现，工件厚度 H 和垂直度 θ 为固定成分，因此应该尽量使定位元件2接近加工表面，使（$H-h$）更接近于零，从而达到减小误差值的目的。

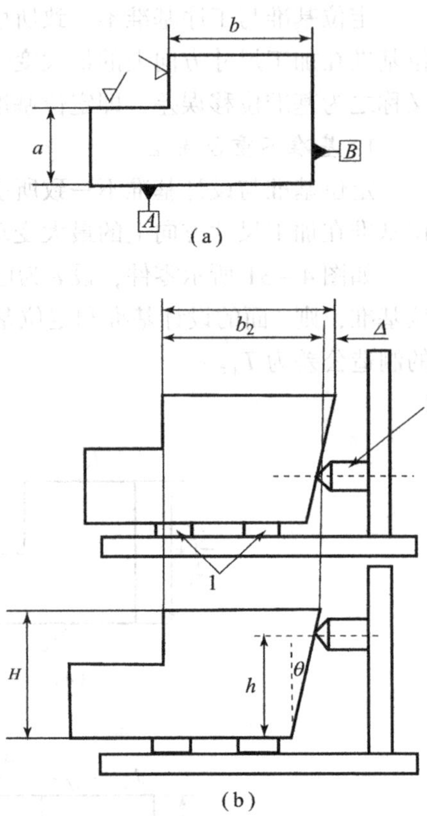

图4－32　平面垂直度定位误差分析

（a）工件简图；（b）定位误差分析

2）内孔定位

图4－33所示工件的孔被装夹在水平放置的心轴上铣削平面，要求保证尺寸 h。由于工件的定位基面内孔 D 和夹具定位心轴 d_2 皆有制造误差，如果心轴制造得刚好为 $d_{2\min}$，则工件所得到的内孔刚好为 $D_{\max}$。当工件在水平放置的心轴上定位时，工件内孔与心轴将在 P 点相接触，此时工件实际内孔中心的最大下移量 $\Delta ab=(D_{\max}-d_{2\min})/2$。显然，该 Δab 就是定位副制造不准确而引起的误差。

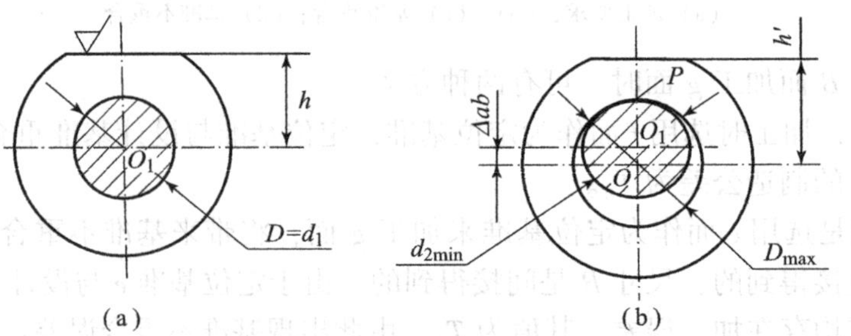

图4－33　基准位置误差

（a）设计基准；（b）基准位置误差

3）外圆定位

采用工件外圆定位的夹具通常有两种：一种是三爪卡盘，另外一种是V形块。三爪卡盘通常有自定心功能，只要工件外圆精度足够高，工件的设计基准与定位基准就能保持一致。因此，工件外圆直径的加工偏差不会影响定位精度。而在采用V形块定位时，情况就不同了。V 形块的自定心功能仅出现在水平方向上，而垂直方向上定位精度受到外圆尺寸的影响，会产生上下偏移。

图 4－34 所示用 V 形块定位铣键槽的工序示意图，V 形块夹角为 α，T_D 为工件定位外圆的公差。当工件外圆直径尺寸为极大和极小时，其工件外圆中心线分别出于点 O' 和点 O''。工序基准的最大位置变动量 $O'O''$ 就是在加工尺寸 H 上产生的定位误差：

$$O'O'' = H_1'' - H_1' = EO' - EO''$$

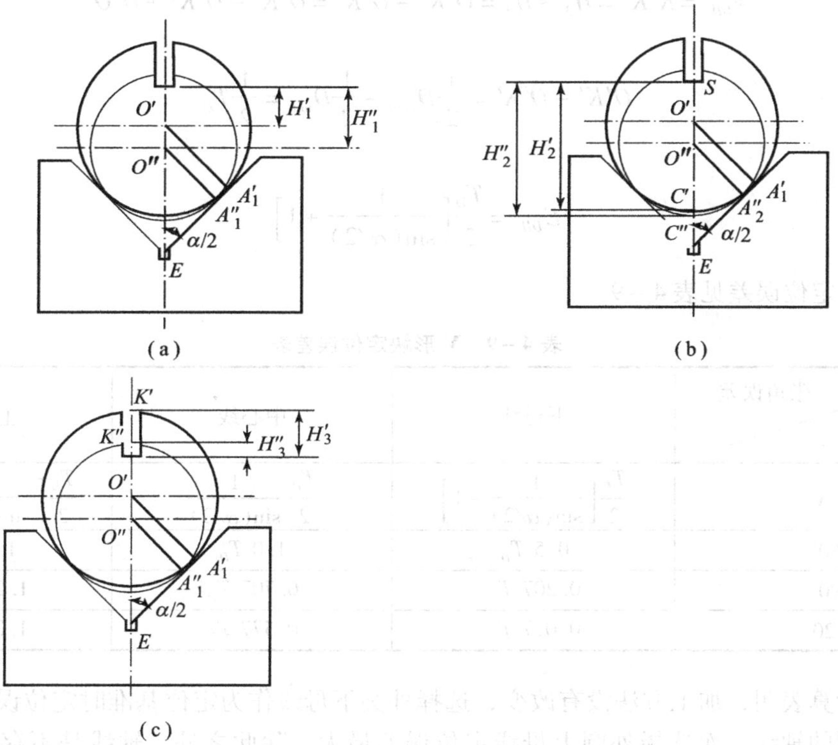

图 4－34　V 形块定位状态分析

(a) 回转中心 O 作为工序基准；(b) 外圆下母线 C 作为工序基准；(c) 外圆上母线 K 作为工序基准

图 4－34 示（a）选择工件回转中心作为工序基准时，$\triangle EA_1'O'$ 中：

$$O'A_1' = O'E \cdot \sin(\alpha/2) = D_{\max}/2$$

$\triangle EA_1''O''$ 中：

$$O''A_1'' = O''E \cdot \sin(\alpha/2) = D_{\min}/2$$

所以：

$$\varepsilon_{DH_1} = O'O'' = (O'A_1' - O''A_1'')\frac{1}{\sin(\alpha/2)} = \left(\frac{D_{\max}}{2} - \frac{D_{\min}}{2}\right)\frac{1}{\sin(\alpha/2)} = \frac{T_D}{2} \cdot \frac{1}{\sin(\alpha/2)}$$

图 4－34（b）所示选择外圆的下母线作为工序基准：

$$\begin{aligned}\varepsilon_{DH_2} &= H_2'' - H_2' = O'C'' - O'C' = SC'' - SC' \\ &= (SO' + O'C'') - (SO' + O'C') \\ &= O'O'' + O''C'' - O'C'\end{aligned}$$

由于：

$$O''C''-O'C'=\frac{D_{\min}}{2}-\frac{D_{\max}}{2}=-\frac{1}{2}T_D$$

所以：

$$\varepsilon_{DH_2}=\frac{T_D}{2}\left[\frac{1}{\sin(\alpha/2)}-1\right]$$

图 4－34（c）所示选择外圆的上母线作为工序基准：

$$\varepsilon_{DH_3}=K'K''=H_3'-H_3''=O'K'-O''K''=O'K'-O''K''+O'O''$$

由于：

$$O'K'-O''K''=\frac{1}{2}D_{\max}-\frac{1}{2}D_{\min}=\frac{1}{2}T_D$$

所以：

$$E_{DH_3}=\frac{T_D}{2}\left[\frac{1}{\sin(\alpha/2)}+1\right]$$

V 形块定位误差见表 4－9。

表 4－9　V 形块定位误差表

工序基准 \ 张角误差	下母线	中心线	上母线
α	$\frac{T_D}{2}\left[\frac{1}{\sin(\alpha/2)}-1\right]$	$\frac{T_D}{2}\frac{1}{\sin(\alpha/2)}$	$\frac{T_D}{2}\left[\frac{1}{\sin(\alpha/2)}+1\right]$
60°	$0.5\ T_D$	$1.0\ T_D$	$1.5\ T_D$
90°	$0.207\ T_D$	$0.707\ T_D$	$1.207\ T_D$
120°	$0.077\ T_D$	$0.577\ T_D$	$1.077\ T_D$

通过计算表明，加工方法没有改变，选择外圆下母线作为定位基准时定位误差最小，其次选择外圆的轴线，而选择外圆上母线定位误差最大。除此之外，轴线是不存在的几何元素，不宜测量，而上母线在键槽加工完成后消失，无法测量。因此，在设计时就选择下母线作为定位基准会大大降低工艺设计阶段的工作难度，这种为“满足制造而完成零件设计”的原则是指导产品设计的重要思想。

4.6　夹具夹紧装置

工件在夹具上仅完成定位还不能保证机械加工的正常进行，因为它们在加工过程中会受到切削力、重力、惯性力或离心力的作用而发生位移，因此，在工件定位后必须对其夹紧并要求牢靠。这种压紧夹牢工件的机构称为夹紧装置。

4.6.1　夹紧装置组成

1. 力源装置

力源装置是产生夹紧力的装置。常用力源装置有气压、液压、手动、磁力、电动等。图

4－35 所示夹具采用气缸作为力源装置。气压驱动由于环境清洁、机构简单，因此应用广泛，但气缸产生的夹紧力较小。当需要较大的夹紧力时通常采用液压驱动，但液压驱动存在液压油泄露、装置复杂等缺点。常规小批量加工时多采用手动夹紧。

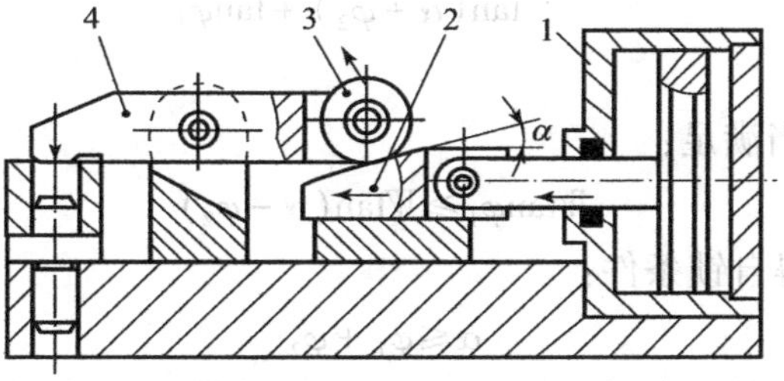

图 4－35　气动夹具

1—气缸；2—楔块；3—滚轮；4—杠杆

2. 传力机构

传力机构位于力源装置和夹紧元件之间，如图 4－35 所示杠杆 4、楔块 2，用于改变力的大小和方向，将原动力传递给夹紧元件。为了提高夹紧的安全性，传力机构通常具有自锁性能。

3. 夹紧元件

图 4－35 中所示杠杆 4，夹紧元件直接将夹紧力作用于工件从而完成夹紧工作。

4.6.2　典型夹紧机构

常用夹紧机构有斜楔、螺旋、偏心夹紧机构等形式，它们都是利用斜面对力的放大效应实现对工件的加紧。

1. 斜楔夹紧机构

运用斜楔机构增力的历史非常久远，是夹紧机构中最为基本的一种形式。如图 4－36 所示，斜楔利用斜面将夹紧力改变方向，获取小的夹紧行程和较大的夹紧力。为了保证工作的可靠性，斜楔的夹角必须满足自锁的要求。

斜楔夹紧机构结构简单，工作可靠，但由于其机械效率较低，夹紧行程小且操作不方便，因而很少直接应用于手动夹紧，一般多用于机动夹紧和工件质量较高场合。

夹紧时斜楔受力分析如图 4－37 所示，斜楔在工件反力 R_1，夹具体反力 R_2，斜楔驱动

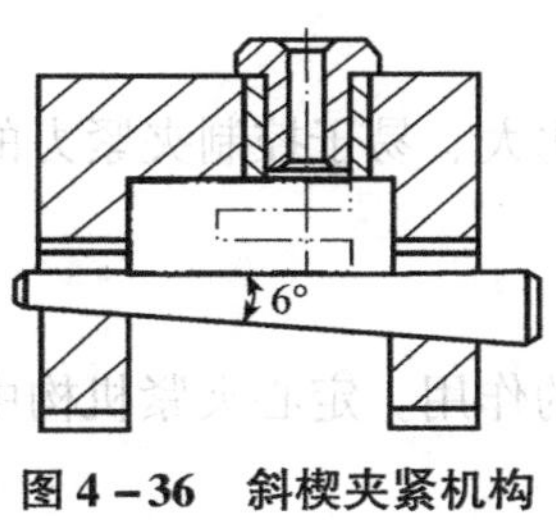

图 4－36　斜楔夹紧机构

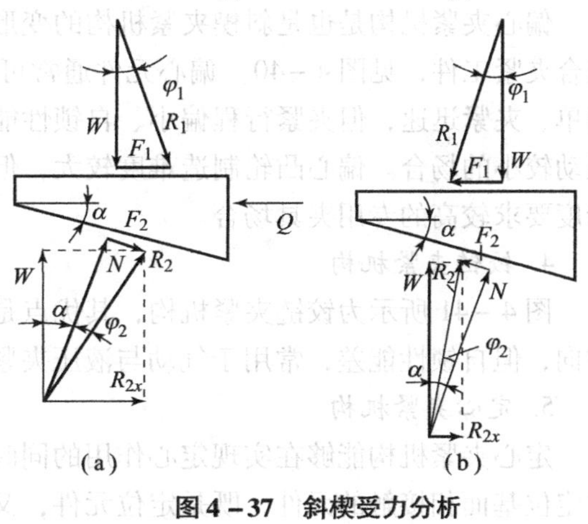

图 4－37　斜楔受力分析

力 Q 以及接触面上的摩擦力 F_1、F_2 作用下处于平衡状态。工件反力 R_1、夹具体反力 R_2 的垂直分量 W 相等。可得：

$$W=\frac{Q}{\tan(\alpha+\varphi_2)+\tan\varphi_1}$$

式中　W——夹紧力。

驱动力 Q 消失时，当满足：

$$W\tan\varphi_1 \geqslant W\tan(\alpha-\varphi_2)$$

斜楔才能自锁，可得自锁条件：

$$\alpha \leqslant \varphi_1+\varphi_2$$

钢铁表面间的摩擦系数一般为 $f=0.1\sim0.15$，计算可得摩擦角 φ_1 和 φ_2 值为 $5.75°\sim8.5°$。因此，斜楔自锁角为 $\alpha \leqslant 11.5°\sim17°$。为了保证自锁可靠，通常取 $\alpha=10°\sim15°$或更小些。

2. 螺旋夹紧机构

螺旋本质仍可以当作斜面处理。螺旋机构的运用与斜面机构一样历史悠久。图 4－38 所示为最简单的螺旋夹紧机构，图 4－39 为螺旋—压板组合夹紧机构。相比斜面夹紧机构，螺旋夹紧机构结构夹紧行程大、扩力比宽，且与斜面一样具有自锁功能，因此在手动夹具上应用较多。但由于夹紧动作缓慢，在自动化夹紧装置上运用较少。螺旋夹紧机构与斜楔夹紧机构自锁条件相同，但螺旋升角 α 一般为 $2°\sim4°$，故自锁性能更好。

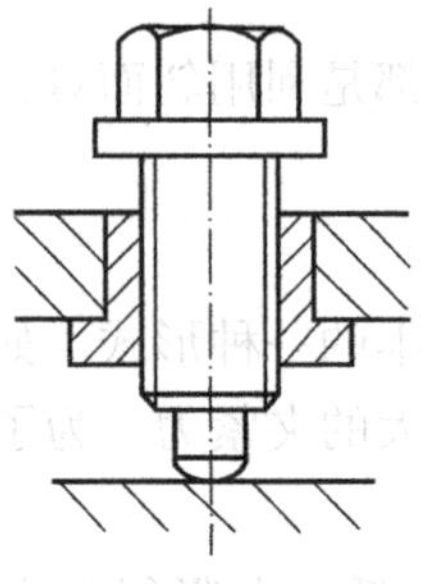

图 4－38　螺旋夹紧机构

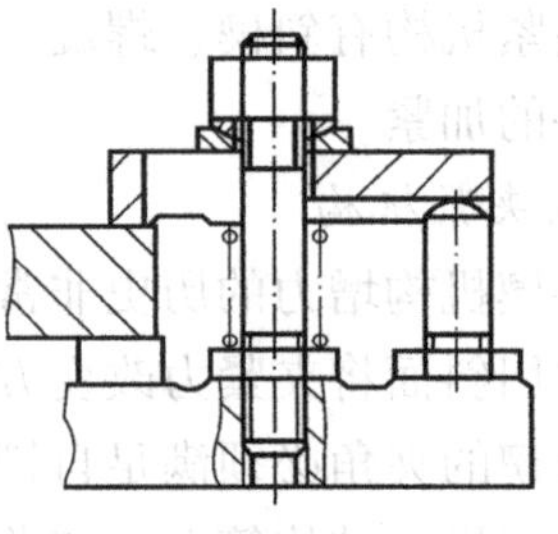

图 4－39　螺旋—压板组合夹紧机构

3. 偏心夹紧机构

偏心夹紧机构是也是斜楔夹紧机构的变形，可通过偏心轮直接夹紧工件或与其他元件来组合夹紧工件，见图 4－40。偏心元件通常可以是偏心圆或偏心凸轮。偏心圆夹紧机构结构简单、夹紧迅速，但夹紧行程偏小、自锁性能差、增力倍数小，适用于尺寸变动不大及切削振动较小的场合。偏心凸轮制造难度较大，但对夹紧力和加紧行程的控制精度较高，适用于精度要求较高的专用夹具场合。

4. 铰链夹紧机构

图 4－41 所示为铰链夹紧机构，其优点是动作迅速、增力比大、易于控制夹紧力的作用方向，但自锁性能差，常用于气动与液压夹紧装置中。

5. 定心夹紧机构

定心夹紧机构能够在实现定心作用的同时，起到夹紧工件的作用。定心夹紧机构中与工件定位基面相接触的元件，既是定位元件，又是夹紧元件。

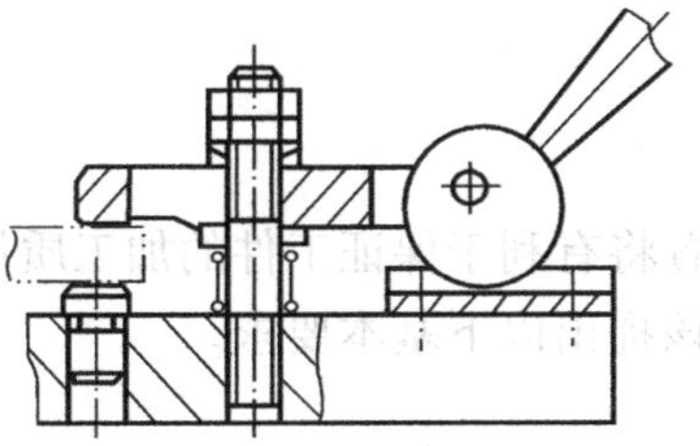

图 4－40　偏心夹紧机构

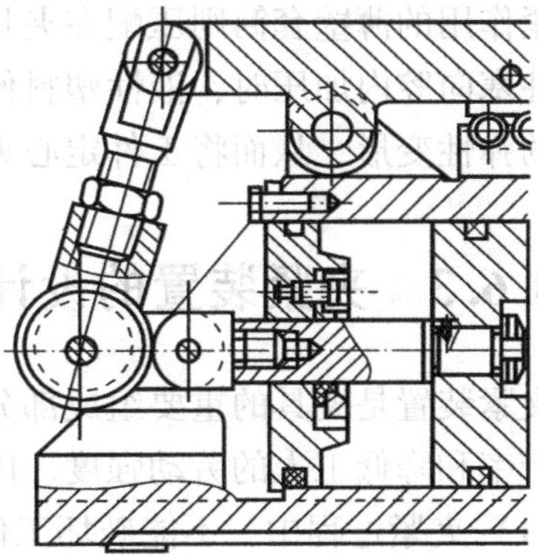

图 4－41　铰链夹紧机构图

定心夹紧机构是一种同时实现对工件定心定位和夹紧的定位夹紧机构。工件在夹紧过程中，利用定位夹紧元件的等速移动或均匀弹性变形来消除定位副制造不准确或定位尺寸偏差对定心或对中的影响，使得这些误差或偏差能够均匀而对称地分配在工件的定位基准面上。

定心夹紧机构按工作原理可分为两大类：

一是按等速移动原理工作的定心夹紧机构。如图 4－42 所示是一种螺旋定心夹紧机构。螺杆两端的螺纹旋向相反，螺距相同。当其旋转时，通过左右螺旋带动两 V 形左右钳口对向移向中心，从而对工件同时起着定位和夹紧作用。这类定心夹紧机构的特点是制造方便，夹紧力和夹紧行程较大。但由于制造误差和组成元件间的间隙较大，故定心精度不高，常用于粗加工和半精加工中。

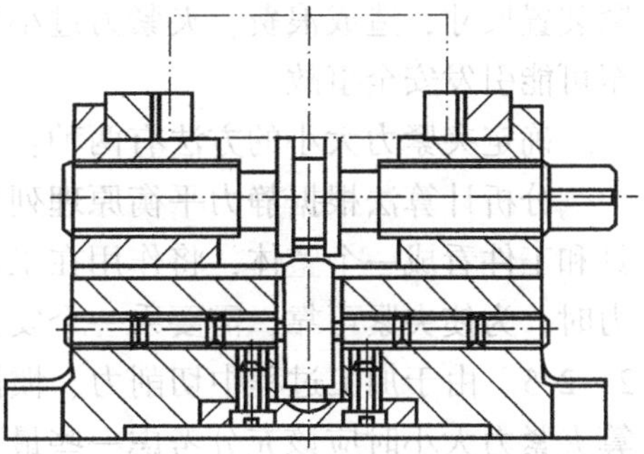

图 4－42　螺旋定心夹紧机构

图 4－43 所示为一种定心式车床夹具。它以均匀弹性变形原理进行工作。当定心精度要求较高时，一般都利用这类定心夹紧机构，其结构主要包括弹簧夹头、弹性薄膜卡盘、液塑定心夹紧机构和碟形弹簧定心夹紧机构等。

图 4－44 为液性塑料定心夹紧机构。工件以内孔作为定位基面，装在薄壁套筒上而起直

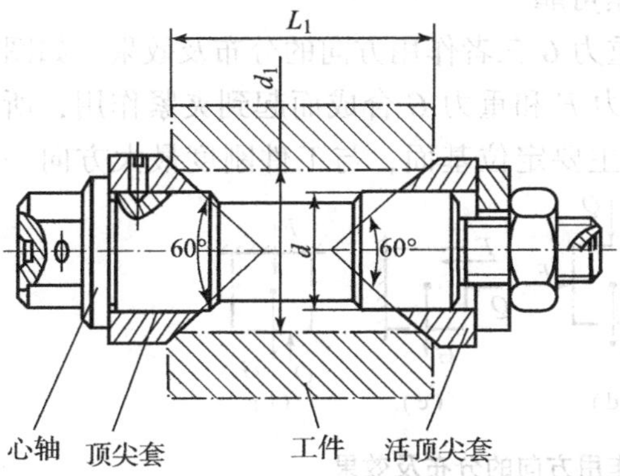

图 4－43　定心式车床夹具

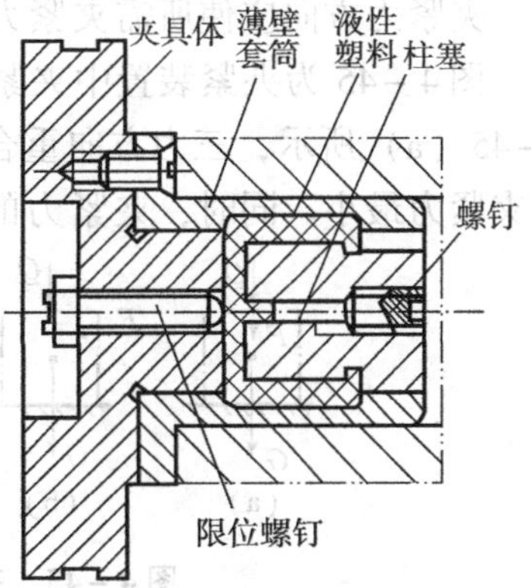

图 4－44　液性塑料定心夹紧机构

接夹紧作用的薄壁套筒则压配在夹具体上，并在所构成的环槽中注满液性塑料。当旋转螺钉通过柱塞向腔内加压时，液性塑料便向各个方向传递压力，在压力作用下薄壁套筒产生径向均匀的弹性变形，从而将工件定心夹紧。

4.6.3 夹紧装置的设计要求

夹紧装置是夹具的重要组成部分。合理设计夹紧装置将有利于保证工件的加工质量、提高生产率和降低工人的劳动强度。因此，对夹紧装置应该提出以下基本要求。

（1）夹紧过程中，不能破坏工件定位位置。

（2）夹紧力的大小适当，不能使工件产生过大变形和表面损伤。

（3）夹紧动作准确迅速，操作简便高效。

（4）省力、安全，降低劳动强度，改善劳动条件。

（5）结构简单，便于制造与维修。

1. 夹紧力的大小

实践证明，夹紧力大小应当适当。因为夹紧力过大会增大工件的夹紧变形，还会加大夹紧装置尺寸，造成浪费。夹紧力过小使得工件夹不紧，加工中工件的定位位置将被破坏，甚至可能引发安全事故。

确定夹紧力大小的方法有两种：分析计算法和经验类比法。

分析计算法根据静力平衡原理列出静力平衡方程式求得夹紧力。确定夹紧力时，可将夹具和工件看成一个整体，将作用在工件上的切削力、重力和惯性力等视为外力。在考虑夹紧力时，为使夹紧可靠，需要乘一个安全系数 K。粗加工时可取 $K=2.5\sim3$，精加工时取 $K=2\sim2.5$。由于加工过程中切削力、惯性力的作用点、方向和大小都有可能随时改变，故在计算夹紧力大小时应该充分考虑一些最不利的情况。

实际生产中一般很少通过计算法求得夹紧力，而是采用类比的方法估算夹紧力的大小。加工中由于刀具的磨钝、工件材料性质和加工余量的不均匀等因素的影响和变化，导致切削力很难精确计算，只是提供一个参考。因此，生产中常常采用类比的方法来估算夹紧力的大小。当夹紧装置被正式使用时，可以通过应用试验并根据实际加工情况给予修正和调整。

2. 夹紧力的方向

夹紧力方向应使所需夹紧力尽可能小并保证夹紧可靠。

图 4-45 为夹紧装置中夹紧力 Q、切削力 F 和重力 G 三者作用方向的分布及效果。如图 4-45（a）所示，三力方向重合，能充分利用切削力 F 和重力 G 合成而起到夹紧作用，所需夹紧力最小。同时，夹紧力的方向垂直于工件的主要定位基面，与工件刚度最大方向一

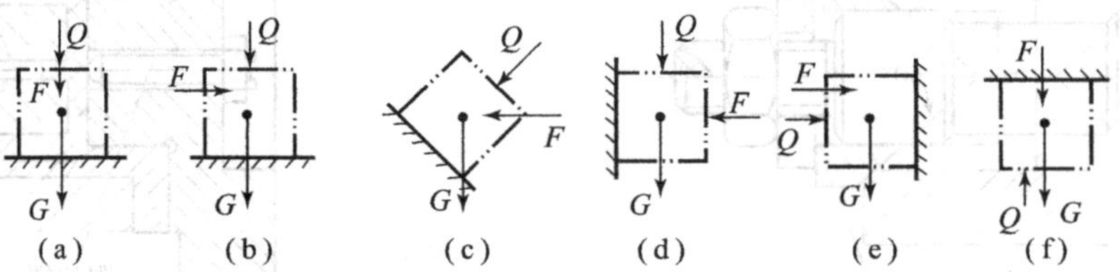

图 4-45 夹紧力、切削力和重力作用方向的分布及效果

(a) 最合理；(b) 较合理；(c) 可行；(d) 不合理；(e) 不合理；(f) 最不合理

致，工件夹紧变形小，故最为合理。相反，图 4－45（f）所示恰恰是切削力 F 和重力 G 与夹紧力 Q 反向，需要在平衡切削力 F 和重力 G 后才能起到夹紧作用，显然，夹紧力将会很大且不安全，故最不合理。

通过前述分析可以看出，支承面在底部并处水平位置最好。支承面不宜倾斜或位于侧面、顶部。

图 4－46 所示直角支座以 A、B 面定位镗孔，要求保证孔中心线垂直于 A 面。为此，应选择设计基准 A 面为主要定位基准，要求夹紧力 F_{j1} 的方向垂直于 A 面。这样，无论 A 面与 B 面有多大的垂直度误差，都能保证孔中心线与 A 面垂直。相反，如果夹紧力 F_{j2} 方向垂直于 B 面，则因 A、B 面间有垂直度误差（$\alpha > 90°$ 或 $\alpha < 90°$），使得镗出的孔不垂直于 A 面而可能超差。

在选择夹紧力作用方向时，一个主要目标是使工件变形尽可能小，特别是对于薄壁零件加工，一般应该考虑设计专用夹具来改变夹紧力的作用方向，并以此来减小夹紧变形，如图 4－47 所示。

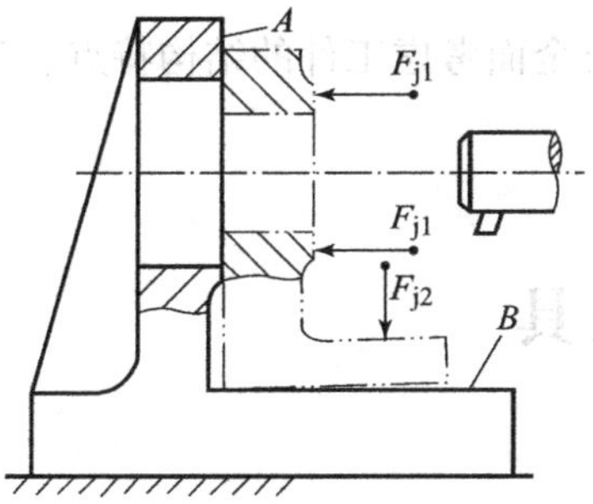

图 4－46　夹紧力垂直于主要定位面

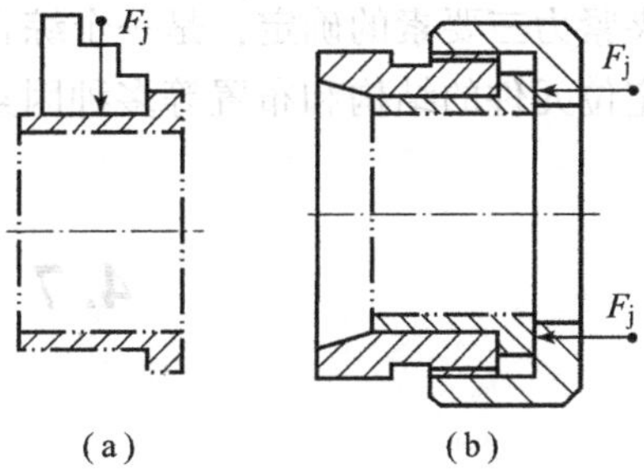

图 4－47　改变夹紧力方向

（a）改变前；（b）改变后

3. 夹紧力的作用点

夹具设计中，合理选择夹紧力的作用点应该遵循下列原则：

首先，夹紧力的作用点应对正定位元件或位于定位元件所形成的支承面内而保证定位。如图 4－48 所示，因作用点位于支承面范围之外，故造成工件倾斜或移动而破坏了定位。

其次是夹紧力的作用点选择位于工件刚性较好的部位，使得夹紧稳固可靠。如图 4－49（a）所示，将作用点由中间的单点改成两旁的两点施夹，其变形大为改善，且夹紧也较

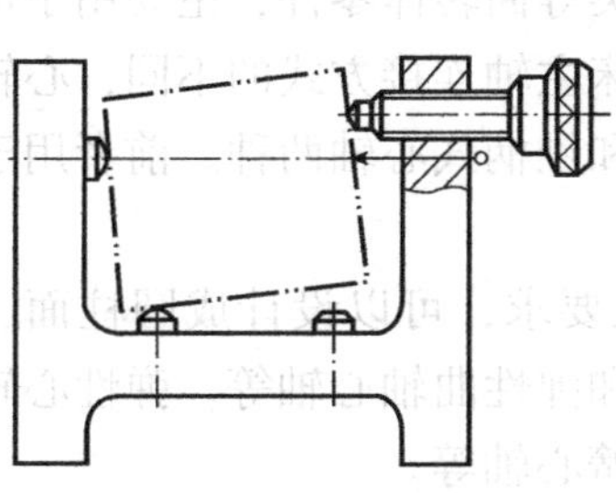

图 4－48　夹紧力不在支承面内

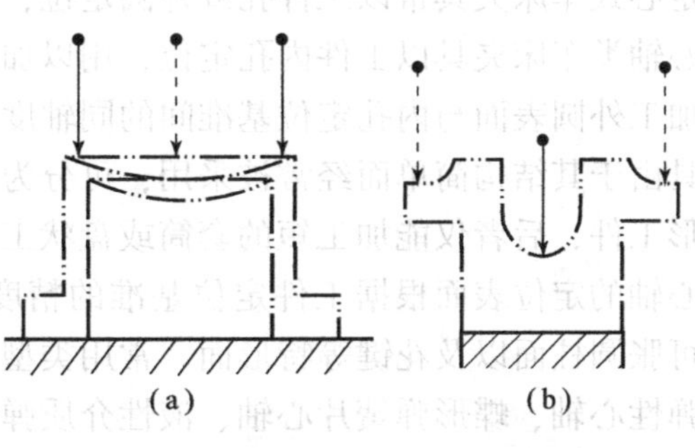

图 4－49　夹紧力位于刚性较好部位

（a）两点施夹；（b）单点施夹

可靠。

最后是夹紧力的作用点应尽可能靠近被加工表面，这样，可以减小切削力对工件形成的翻转力矩。必要时应在工件刚性差的部位增加辅助支承并施加附加夹紧力，以免产生振动和变形。图 4－50 中，辅助支承尽量靠近齿轮被加工表面，同时给予附加夹紧力。这样翻转力矩小，同时又增大了工件的刚性，既保证了定位夹紧的可靠性，又减小了振动变形。

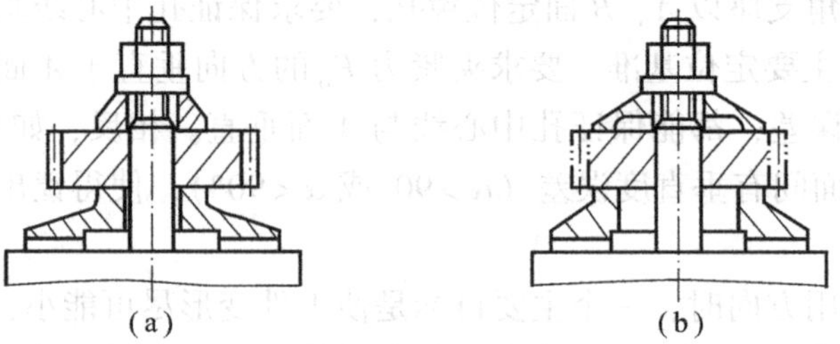

图 4－50　夹紧力靠近加工表面

（a）改前；（b）改后

夹紧力三要素的确定，是一个综合性技术问题，需要全面考虑工件的结构特点、工艺方法、定位元件的结构和布置等多种因素。

4.7　典型机床夹具

4.7.1　车床夹具

车床夹具采用工件内、外回转表面及端面作为定位面，多数安装在主轴上，如通用夹具有三爪自定心卡盘、四爪单动卡盘、花盘；部分安装在床身上，如顶尖加拨盘、鸡心夹头的组合车床夹具等。安装在车床主轴上的这些夹具已经标准化，并可作为机床附件独立配置。专用车床夹具按工件定位方式不同分为定心式、角铁式和花盘式等。

1. 车床夹具典型结构

1）定心式车床夹具

定心式车床夹具常以工件孔或外圆定位，采用定心夹紧机构。

心轴类车床夹具以工件内孔定位，用以加工套类、盘类等回转体零件，主要用于保证工件被加工外圆表面与内孔定位基准间的同轴度。按照与车床主轴连接方式的不同，心轴类车床夹具由于其结构简单而经常被采用，可分为顶尖式心轴和锥柄式心轴两种。前者用于加工长筒形工件，后者仅能加工短的套筒或盘状工件。

心轴的定位表面根据工件定位基准的精度和工序加工要求，可以设计成圆柱面、圆锥面、可胀圆柱面以及花键等特形面。常用类型有圆柱心轴和弹性曲轴心轴等。弹性心轴有波纹套弹性心轴、蝶形弹簧片心轴、液性介质弹性心轴和弹簧心轴等。

图 4－51 为手动弹簧心轴，工件以精加工过的内孔在弹性套筒和心轴端面上定位。旋紧螺母通过锥体和锥套使弹性套筒产生向外均匀的弹性变形，将工件胀紧，以实现对工件的定

心夹紧。手动弹簧心轴的弹性变形量较小，要求工件定位孔的精度高于 IT8，定心精度一般可达 0.02 ~0.05 mm。

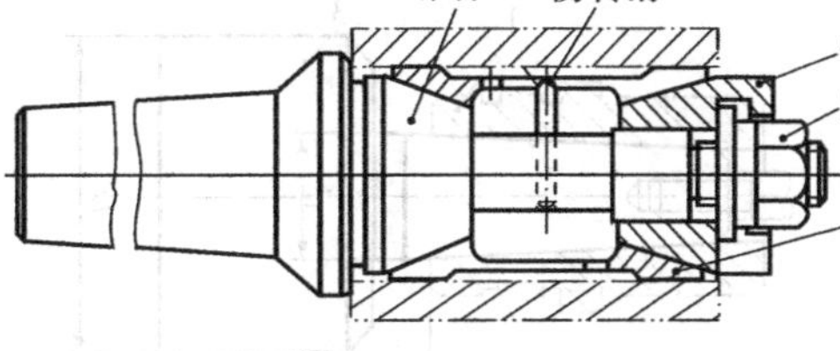

图 4 –51　手动弹簧心轴

2）角铁式车床夹具

在车床上加工曲轴、壳体、支座、杠杆、接头等零件的回转端面时，由于零件形状较复杂，难以装夹在通用卡盘上，因而需设计专用夹具。这种夹具的夹具体呈角铁状，故称其为角铁式车床夹具。采用带摆动 V 形块的回转式、螺旋式压板机构夹紧，用平衡块来保持夹具平衡。图 4 –52 所示为曲轴角铁式车床夹具。

3）花盘式车床夹具

这类夹具的夹具体称花盘，上面开有若干个 T 形槽，以安装定位元件、夹紧元件和分度元件等辅助元件，如图 4 –53 所示，用花盘可加工形状复杂工件的外圆和内孔。这类夹具不对称，要注意平衡。

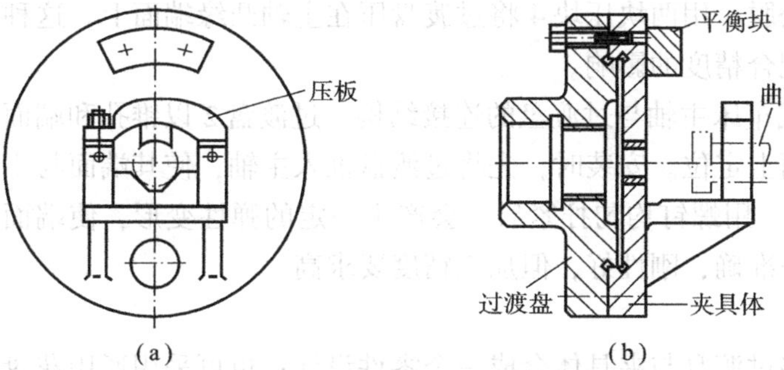

图 4 –52　曲轴角铁式车床夹具

（a）主视图；（b）剖视图

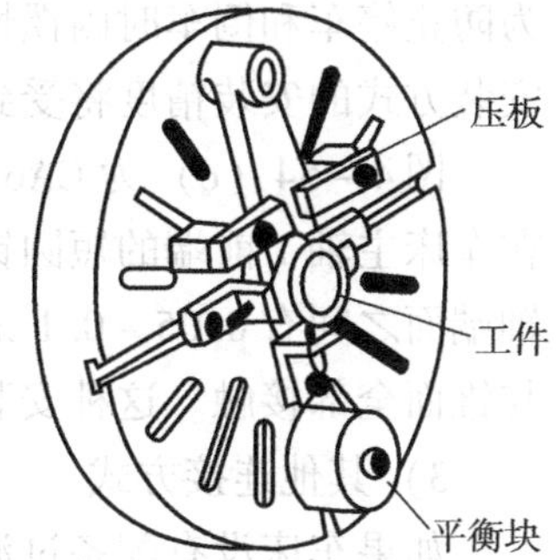

图 4 –53　花盘式车床夹具

2. 车床夹具设计要点

车床夹具与主轴的连接方式。由于加工中车床夹具随车床主轴一起回转，要求车床夹具与主轴二者轴线有较高的同轴度。通常连接方式有以下几种：夹具通过主轴锥孔与主轴连接，夹具通过过渡盘与机床主轴连接，见图 4 –54。

1）夹具安装在车床主轴锥孔中

如图 4 –54（a）所示，夹具安装在车床主轴锥孔中。这种连接方式的定心精度较高，适用于径向尺寸 D 小于 140 mm 或 $D \leqslant (2 \sim 3)d$ 的小型夹具。

2）夹具与机床主轴外圆连接

图 4 –54（b）、图 4 –54（c）所示为夹具与车床主轴外圆的连接方式，其特点是通过使用过渡盘来实施夹具与机床主轴外圆的连接。这种连接方式适用于径向尺寸较大的夹具。过渡盘的使用，使同一夹具可以用于不同型号和规格的车床上，增加了夹具的通用性。过渡盘与机床主轴配合处的形状结构设计取决于机床主轴的前端结构。常用车床主轴前端夹具的结构尺寸，可参阅夹具手册。夹具与过渡盘多采用平面及定位止口定位，按 H7/h6 或 H7/js6 配合，并用螺钉锁紧。过渡盘常为机床配件，但止口的凸缘与大端面将由用户按需自行

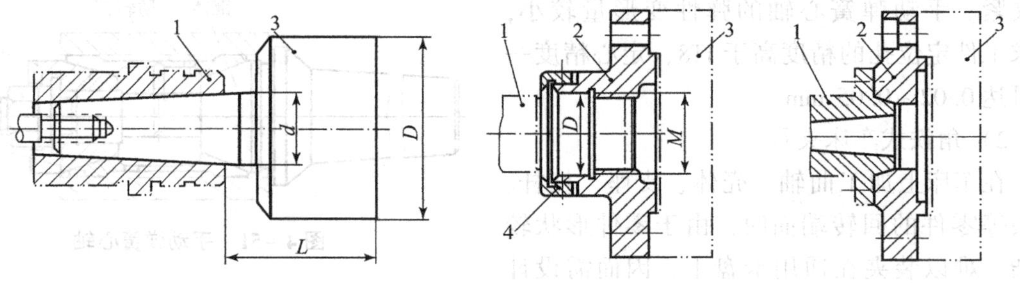

图 4－54　车床夹具与机床主轴的连接

（a）夹具安装在车床主轴锥孔中；（b）C620 车床主轴与过渡盘连接；（c）CA6140 型卧式车床主轴与过渡盘连接

1—车床主轴；2—过渡盘；3—专用夹具；4—压块

加工。

图 4－54（b）为 C620 车床主轴与过渡盘的连接结构。过渡盘 2 以内孔与主轴 1 前端的轴径按 H7/h6 或 H7/js6 配合定心，用螺纹紧固，使过渡盘端面与主轴前端的台阶面接触。为防止停车和倒车时因惯性作用而松脱，用两块压块 4 将过渡盘压在主轴凸缘端面上。这种安装方式的安装精度将受到其相互配合精度的影响。

图 4－54（c）为 CA6140 型卧式车床主轴与过渡盘的连接结构。过渡盘 2 以锥孔和端面在车床主轴 1 前端的短圆锥面和端面上定位。安装时，先将过渡盘推入主轴，使其端面与主轴端面之间有 0.05～0.1 mm 的间隙，用螺钉均匀拧紧后，会产生一定的弹性变形，使端面与锥面全部接触。这种安装方式定心准确，刚性好，但加工精度要求高。

3）其他连接方式

如果车床没有配备过渡盘，可将过渡盘与夹具体合成一个零件设计；也可采用通用花盘来连接夹具与主轴，但必须在夹具外圆上加工一段找正圆，用以保证夹具相对主轴的径向位置。

4）车床夹具的平衡及结构要求

对角铁式、花盘式等结构不对称的车床夹具，设计时应采用平衡装置以减小由离心力产生的振动和主轴轴承磨损。

由于车床夹具一般都在悬臂状态下工作，因而其结构必须力求简单紧凑、轻便且安全，要求悬伸长度尽量小，使其重心靠近主轴前支承。为保证安全，夹具体应制造成圆形，且夹具体上的各元件不允许伸出夹具体直径之外。此外，夹具的结构还应便于工件的安装、测量和切屑的顺利排出与清理。

4.7.2　铣床夹具

铣床夹具主要用于加工平面、凹槽及各种成形表面，一般由定位元件、夹紧机构、对刀装置对刀块与塞尺、定位键和夹具体组成。由于铣削加工切削用量及切削力较大，又是多刃断续切削，加工时易产生振动，因此在设计铣床夹具时应注意：夹紧力要足够大且能自锁；夹具安装准确可靠，即安装及加工时要求正确使用定向键与对刀装置；夹具体具有足够的刚度和稳定性。

1. 铣床夹具典型结构

1）直线进给式

图 4－55 所示为铣一种菱形连杆上直角凹槽的直线进给式夹具。夹具直接安装在按直线进给方式运动的铣床工作台上。工件以一面两孔在定位支承板、圆柱销和菱形销上定位。拧紧厚螺母将通过螺栓带动杠杆，使两副压板同时夹紧两个工件。夹具上一次可同时安装 6 根连杆，生产率高。

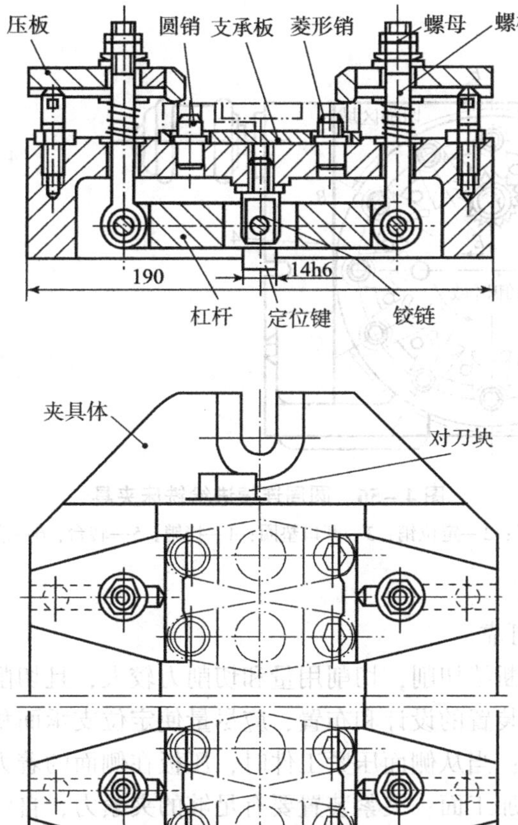

图 4－55　铣床铣槽夹具

2）圆周连续进给式

圆周连续进给铣床夹具多数安装在有回转工作台的铣床上，加工过程中随回转盘旋转作连续的圆周进给运动，这样可以在不停车的情况下装卸工件，使加工效率高，适用于大批量生产。

图 4－56 所示为铣拨叉用的圆周连续进给铣床夹具，回转工作台上一共备有 12 个工位。工件以内孔、端面及侧面通过定位销 2 和侧挡销 4 定位，并由液压缸 6 驱动拉杆 1 并通过开口垫圈 3 将工件夹紧。工作台由电动机连接蜗杆蜗轮机构带动回转，从而将工件依次送入切削区 *AB*。当工件被加工好而离开切削区后，在非切削区 *CD* 内，可将工件卸下，并装上待加工工件，使得辅助时间与铣削时间相重合，能够有效提高机床利用率。

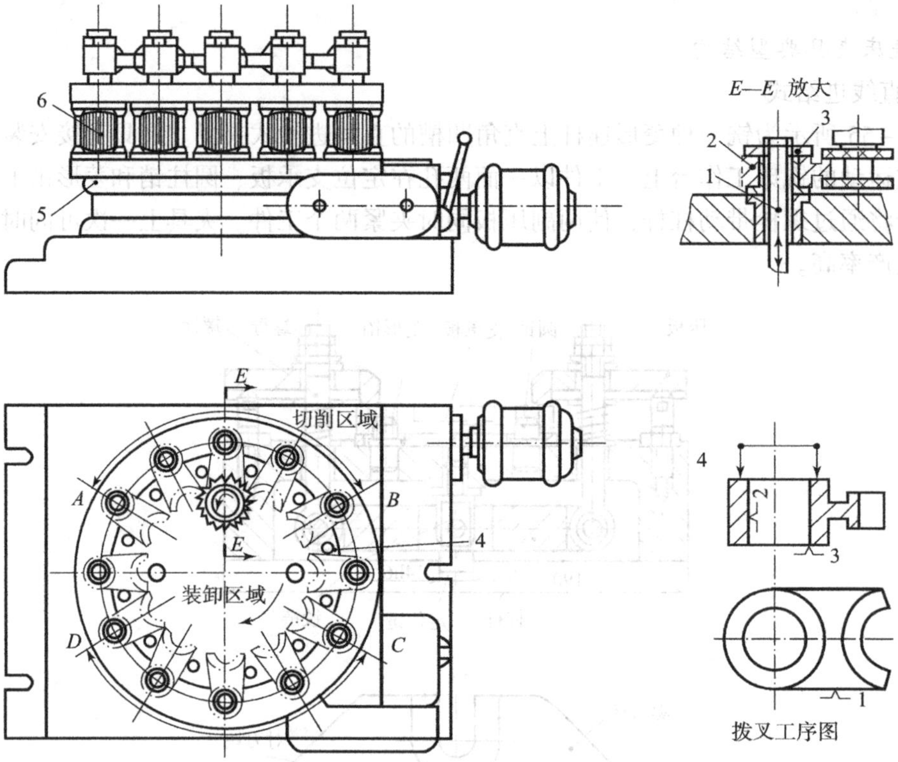

图 4－56　圆周连续进给铣床夹具

1—拉杆；2—定位销；3—开口垫圈；4—挡销；5—转台；6—液压缸

2. 铣床夹具设计要点

1）定位稳定，夹紧可靠

铣削加工是多刀多刃断续切削，切削用量和切削力较大，且切削力的方向不断改变，容易产生振动。因此，定位装置的设计和布置，应尽量使定位支承面积大一些；夹紧力应作用在工件刚度较大的部位上；当从侧面压紧工件时，压板在侧面的着力点必须低于工件侧面的支承点；夹紧力要求靠近加工面；夹紧装置要有足够的夹紧力，自锁性好，一般不宜采用偏心夹紧，特别是粗铣时应当特别注意。

2）提高生产率

铣削加工有空行程，加工辅助时间长，因此要求尽可能安排多件、多工位加工，尽量采用快速夹紧、联动夹紧和液压气动等高效夹紧装置。

3）定位键

定位键也称定向键。定位键通常安装在夹具底面的纵向槽中。一般用两个，安装在一条直线上。两键距离越远，导向精度越高，可以直接用螺钉紧固在夹具体上，参见图 4－57。

定位键通过与铣床工作台的 T 形槽配合确定夹具在机床上的正确位置，并能承受部分切削扭矩，以减小夹紧螺栓负荷，增加夹具的稳定性。

定位键具有有矩形和圆形两种。定向精度要求高或重型夹具不宜采用定位键，而是在夹具体上加工出一窄长面作为找正基面来校正夹具的安装位置，见图 4－58。

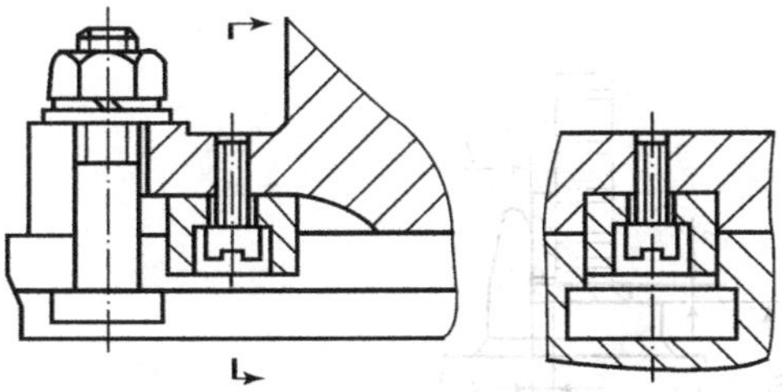

图4-57 定位键的装配关系

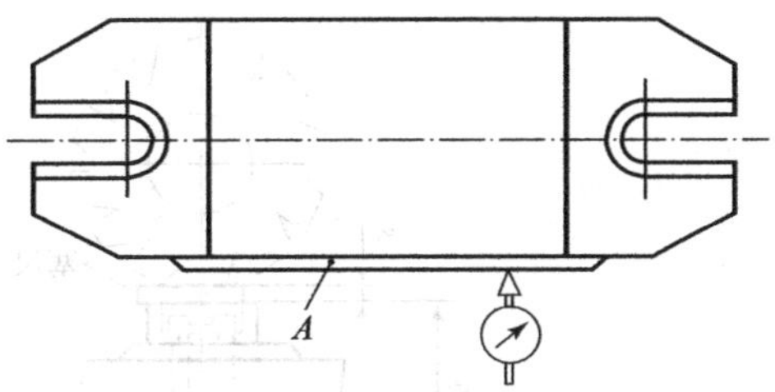

图4-58 铣床夹具的找正基面

4）对刀装置

对刀装置由对刀块和塞尺组成，用来确定刀具的位置。

图4-59所示即为铣床夹具中的对刀装置。对刀块常用销钉和螺钉紧固在夹具体上，其位置应便于使用塞尺对刀，不妨碍工件装卸。对刀时，在刀具与对刀块之间加一塞尺，避免刀具与对刀块直接接触而损坏刀刃或造成对刀块过早磨损。塞尺有平塞尺和圆柱形塞尺两种，其厚度和直径为3~5 mm，制造公差h6。

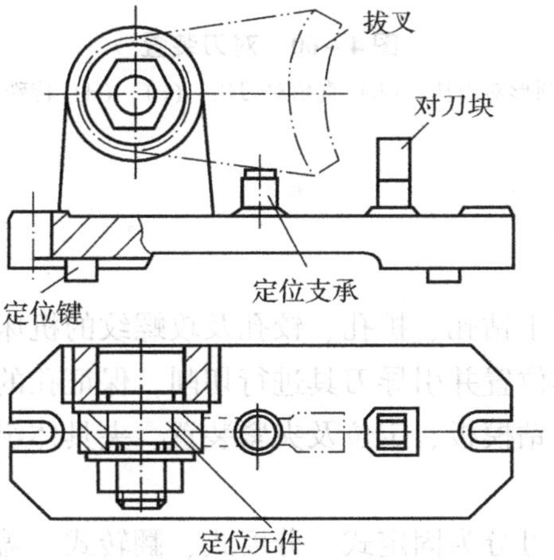

图4-59 铣床夹具对刀装置

图4-60（a）为圆形对刀块，用于铣单一平面时对刀；图4-60（b）为直角对刀块，用于铣槽或台阶面时对刀；图4-60（c）、图4-60（d）是用于铣成形面的特殊对刀块。

5）夹具体设计

为提高铣床夹具在机床上安装的稳固性，减小其断续切削等引起的振动，夹具体不仅要有足够的刚度和强度，其高度和宽度比也应恰当，其高宽比一般保持 $H/B \leqslant 2 \sim 2.25$，这样可以降低夹具重心，使工件加工表面尽量靠近工作台面。

若夹具体较宽，可在同一侧设置两个与铣床工作台T形槽间等距的耳座。对重型铣床夹具，夹具体两端还应设置吊装孔或吊环等，以便搬运与吊装。

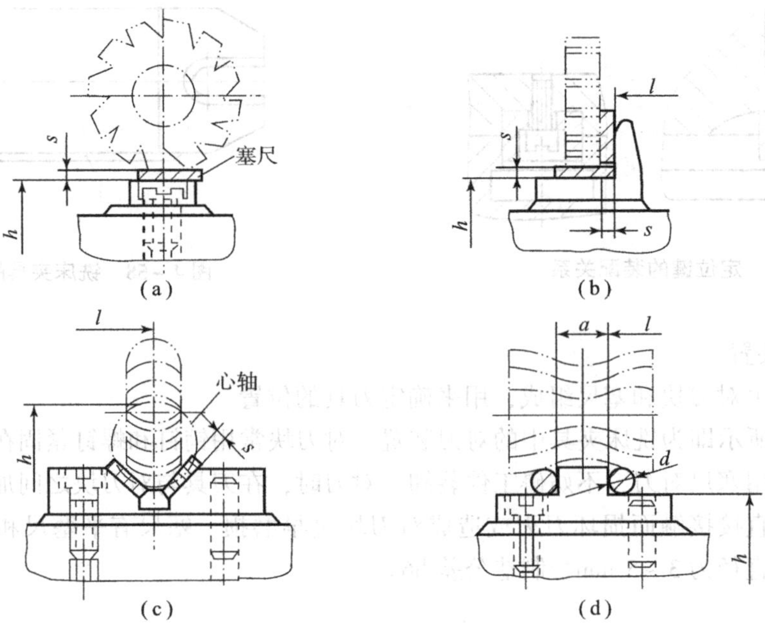

图4－60　对刀装置

(a) 圆形对刀块；(b) 直角对刀块；(c)、(d) 特殊对刀块

4.7.3　钻床夹具

钻床夹具是在钻床上用于钻孔、扩孔、铰孔及攻螺纹的机床夹具。钻模一般都设有安装钻套的钻模板，以确定刀具位置并引导刀具进行切削，保证孔的加工要求和大幅度提高生产率。钻床夹具主要由钻套、钻模板、定位及夹紧装置、夹具体组成。

1. 钻床夹具典型结构

钻模的结构形式很多，可分为固定式、分度式、翻转式、盖板式和滑柱式等主要类型。

1）固定式钻模

固定式钻模在钻床上的位置一般固定不动，要求加工精度较高，主要用于立式钻床上加工直径较大的单孔及同轴线上的孔，或在摇臂钻床上加工轴线平行的孔系。为了提高加工精度，在立式钻床上安装钻模时，要求先将安装在主轴上的钻头伸入钻套中，确定钻模的位置后再将夹具夹紧，参见图4－61。

2）分度式钻模

带有分度装置的钻模称为分度式钻模。分度式钻模的分度方式有两种，即回转式分度和直线式分度。回转式钻模应用较多，主要用于加工平面上呈圆周分布、轴线互相平行的孔系，或分布在圆柱面上的径向孔系。工件一次安装，经夹具分度机构转位可顺序加工各孔。

图4－62所示为卧式回转分度式钻模。这类钻模多用以加工工件圆柱面上3个径向均布孔。在分度盘的左端面上有呈圆周均布的3个轴向钻套孔，内设定位锥套。钻孔前，对定销在弹簧力的作用下插入分度锥孔，反转手柄，螺套通过锁紧螺母使分度盘锁紧在夹具体上。钻孔后，正转手柄，将分度盘松开，同时螺套上的端面凸轮将对定销拔出，将分度盘转动

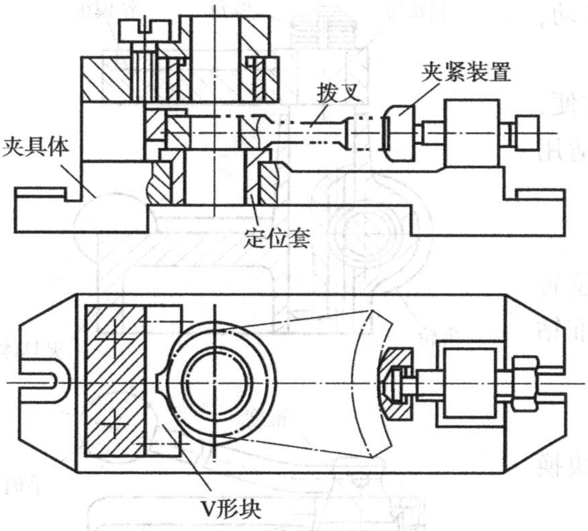

图 4－61　固定式钻模

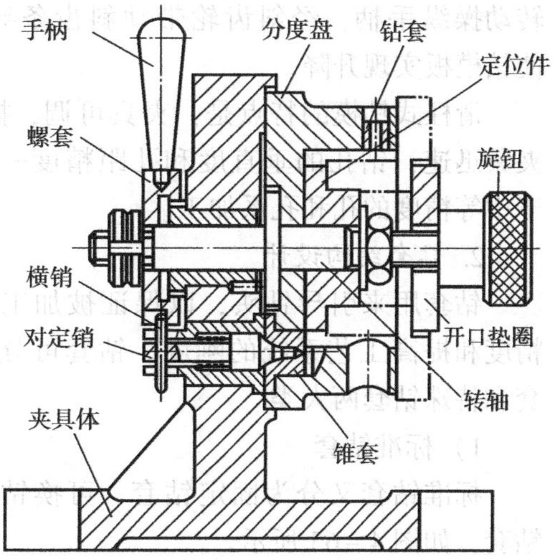

图 4－62　分度钻模

120°，直至对定销重新插入第二个锥孔，然后锁紧加工另一孔。

3）盖板式钻模

盖板式钻模没有夹具体，其定位元件和夹紧装置直接安装在钻模板上。钻模板在工件上定位，夹具结构简单轻便，切屑易于清除，常用于箱体等大型工件上的小孔加工，也可以用于中小批量生产中的中小工件孔加工。加工小孔时，可以不设夹紧装置。

图 4－63 为加工主轴箱 7 个螺纹孔的盖板式钻模。工件以端面及两大孔作为定位基面，在钻模板的 4 个支承钉组成的平面、圆柱销及菱形销上定位；旋转螺杆，推动钢球向下，钢球同时使 3 个柱塞外移，将钻模板夹紧在工件上。

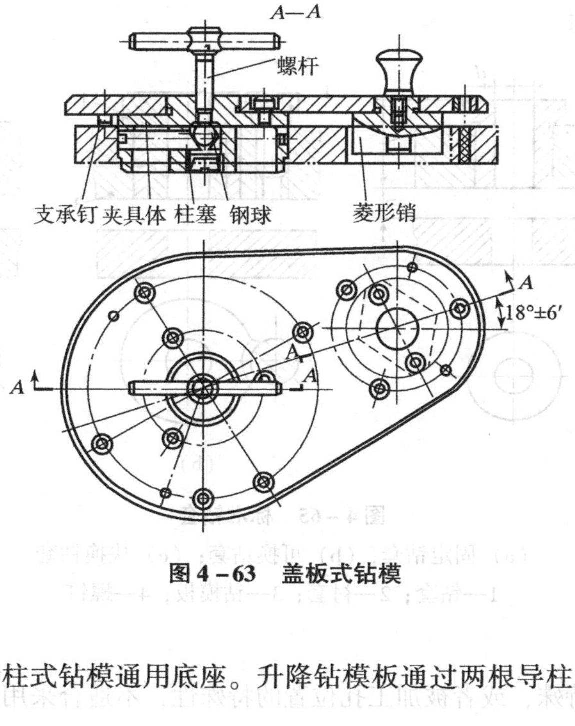

图 4－63　盖板式钻模

4）滑柱式钻模

图 4－64 是手动滑柱式钻模通用底座。升降钻模板通过两根导柱与夹具体的导孔相连。

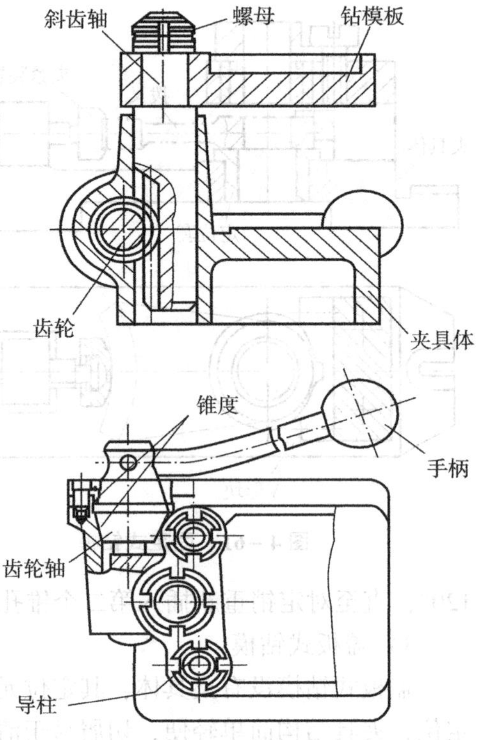

图 4-64 滑柱式钻模

转动操纵手柄，经斜齿轮带动斜齿条导杆移动，使钻模板实现升降。

滑柱式钻模的特点是：夹具可调，操作方便，夹紧迅速；钻孔的垂直度和孔距精度一般，适用于中等精度的孔和孔系加工。

2. 钻套结构设计

钻套用来引导钻头，以保证被加工孔的位置精度和提高工艺系统的刚度。钻套可分为标准钻套和特殊钻套两大类。

1）标准钻套

标准钻套又分为固定钻套、可换钻套和快换钻套，如图 4-65 所示。

（1）图 4-65（a）为固定钻套的两种形式。钻套 1 直接压入钻模板 3 或夹具体的孔中，位置精度高，但磨损后不易更换，在中小批生产中使用。

（2）图 4-65（b）为可换钻套的标准结构。钻套 1 以间隙配合安装在衬套 2 中，衬套压入钻模板 3 中，并用螺钉 4 固定，以防止钻套在衬套中转动。可换钻套磨损后，将螺钉松开便可迅速更换，多用于大批量生产。

（3）图 4-65（c）为快换钻套，适用于在同一道工序中，需要依次对同一组钻套安装在钻模板或夹具体上，用来确定工件上加工孔的位置，引导钻头进行加工，提高加工过程中工艺系统的刚性并防振。

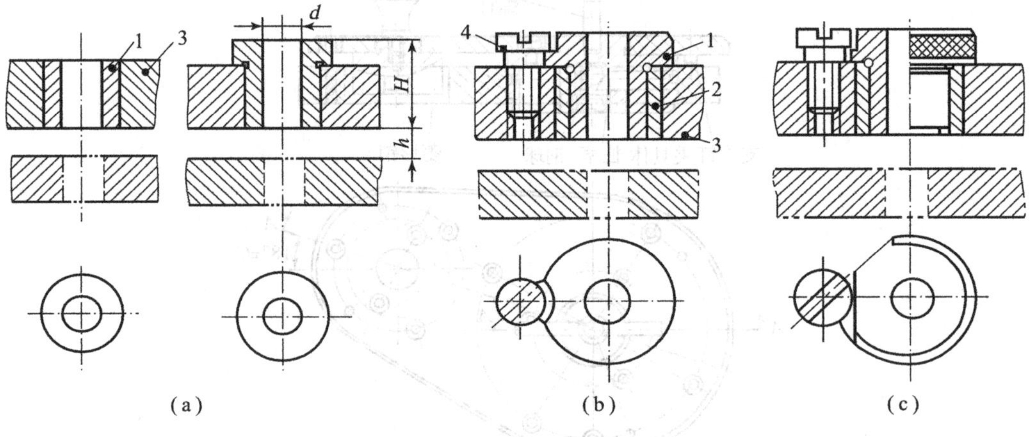

图 4-65 标准钻套

（a）固定钻套；（b）可换钻套；（c）快换钻套

1—钻套；2—衬套；3—钻模板；4—螺钉

2）特殊钻套

由于工件的形状特殊，或者被加工孔位置的特殊性，不适合采用标准钻套，就需要自行设计结构特殊的钻套。图 4 – 66 即为几种特殊钻套的例子。

图 4 – 66（a）为在凹形表面上钻孔的加长钻套。可将钻套做成阶梯形，引导高度 H 以上的孔径放大，减少刀具与钻套的摩擦。图 4 – 66（b）为在斜面或圆弧面钻孔钻套。排屑空间取 $h<0.5$ mm，可避免钻头引偏或折断。图 4 – 66（c）、图 4 – 66（d）为小孔距钻套。将两孔做在同一个钻套上时，要用定位销确定钻套位置。

3）钻套结构尺寸

（1）导向孔径 d。如图 4 – 67 所示，钻套基本尺寸取刀具的最大极限尺寸。对于钻头、扩孔钻、铰刀等定尺寸刀具，按基轴制选用间隙配合 F7 或 G6。

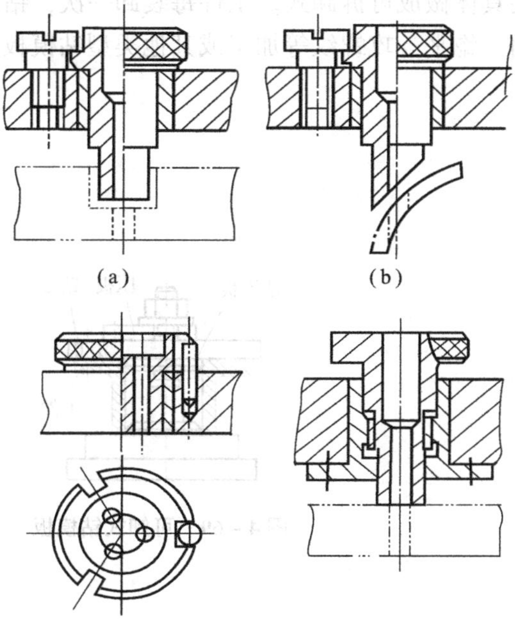

图 4 – 66 特殊钻套

（a）加长钻套；（b）斜面或圆弧面钻孔钻套；（c）、（d）小孔距钻套

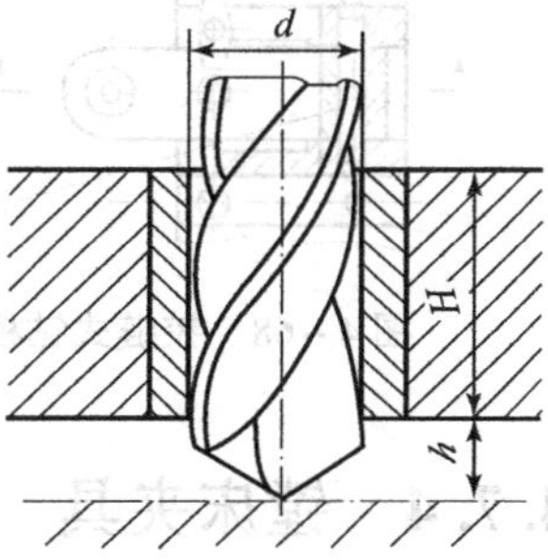

图 4 – 67 钻套的尺寸

（2）钻套高度 H。对于一般孔距精度：

$$H=(1.5\sim2)d$$

当孔距精度要求高于 ±0.05 mm 时：

$$H=(2.5\sim3.5)d$$

（3）钻套与工件距离 h。增大 h 值，排屑方便，但刀具的刚度和孔加工精度都会降低。钻削易排屑的铸铁时，常取：

$$h=(0.3\sim0.7)d$$

钻削较难排屑的钢件时，常取：

$$h=(0.7\sim1.5)d$$

工件精度要求高时，取 $h=0$，使切屑全部从钻套中排出。

3. 钻模板结构

钻模板用于安装钻套，并确保钻套在钻模上的位置。常见的钻模板有以下几种：

1）固定式钻模板

固定式钻模板与夹具体铸成一体，或用螺钉和销钉与夹具体连接在一起。其特点是结构简单，制造方便，定位精度高，但有时装配工件不方便。

2）铰链式钻模板

如图4－68所示，钻套导向孔与夹具安装面的垂直度可通过调整两个支承钉的高度加以保证。加工时，钻模板由螺母锁紧。由于铰链销、孔之间存在一定间隙，故工件的加工精度不会太高。

3）可卸式钻模板

如图4－69所示，可卸式钻模板与夹具体做成可拆卸式。工件每装卸一次，钻模板也要装卸一次，只适用于钻孔后继续进行倒角、锪平、攻螺纹等加工或其他类型钻模板不便装卸工件的中小批生产情况。

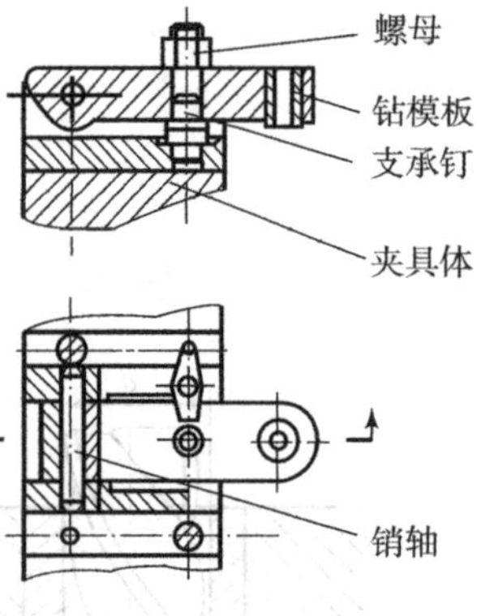

图4－68　铰链式钻模板

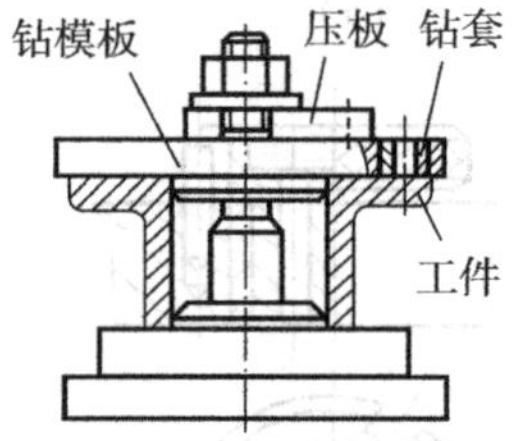

图4－69　可卸式钻模板

4.7.4　镗床夹具

镗床夹具简称镗模，主要由镗套、镗模支架、镗模底座以及必需的定位、夹紧机构组成，多用于在镗床、组合机床、车床和摇臂钻床上加工箱体、支座等零件上的精密孔或孔系。

按其所使用的机床形式，镗床夹具可分为卧式和立式两类；按其导向支架的布置形式，可分为双支承镗模、单支承镗模和无支承镗模三类。采用镗模可以不受机床精度的影响而加工出较高精度的工件。

1. 镗床夹具的典型结构

按镗杆的引导方式分为单、双支承以及无支承引导镗模。

1）单支承引导镗模

单支承引导时，因镗杆与机床主轴采用刚性连接，主轴回转精度影响镗孔精度，故只适于小孔和短孔加工。镗杆在镗模中只有一个镗套引导，因镗杆与机床主轴刚性连接，即镗杆插入机床主轴的莫式锥孔中，保证了镗套中心与主轴轴线重合，故机床主轴的回转精度将影响工件镗孔精度。

2）双支承引导镗模

双支承引导时，镗杆和机床主轴采用浮动连接，所以镗孔的位置精度取决于镗模两导向孔的位置精度，而与机床主轴精度无关，见图 4－70。镗模导向支架主要用来安装镗套和承受切削力。因要求其有足够的刚性及稳定性，故在结构上一般要有较大的安装基面和必要的加强筋，且支架上不允许安装夹紧机构来承受夹紧反力，以免支架变形而破坏精度。

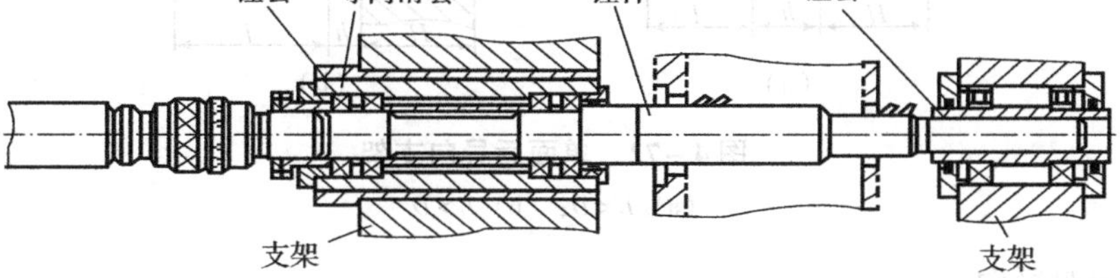

图 4－70　双支承镗模

3）无支承镗模

工件在刚度好、精度高的金刚镗床、坐标镗床或数控机床、加工中心上镗孔时，夹具上不设镗模支承，加工孔的尺寸和位置精度由镗床保证。无支承镗模只需设计定位、夹紧装置和夹具体即可。

2. 镗床夹具的设计要点

1）引导支架结构

主要依据镗孔的长径比 L/D 来选取，一般有如下 4 种形式：

（1）单面前导向。

单个导向支架布置在刀具的前方，如图 4－71 所示。这种形式适用于加工工件孔径 $D>60$ mm，加工长度 $L<D$ 的通孔。在多工步加工时，可不更换镗套，又便于在加工过程中进行观察和测量，特别适用锪平面或攻螺纹等工序。一般情况下 $h=(0.5\sim1)D$，不小于 20 mm，镗套长度一般取 $H=(1.5\sim3)d$。

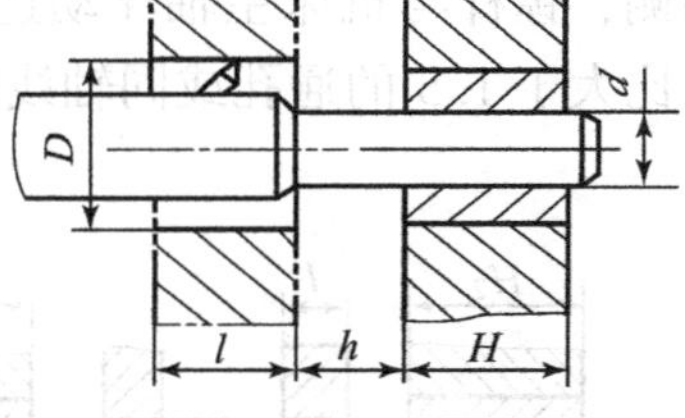

图 4－71　单面前导向支架

（2）单面后导向。

单个导向支架布置在刀具的后方，如图 4－72 所示。这种形式适用于盲孔或 $D<60$ mm 的通孔，装卸工件和更换刀具较方便。

当 $L<D$ 时，采用图 4－72（a）所示结构。刀具导向部分的直径 d 可大于所加工孔径 D，此时刀具刚度好，加工精度高，装卸工件和换刀方便，且在多工步加工时，可不更换镗套。

当 $L>D$ 时，采用图 4－72（b）所示结构。刀具导向部分的直径 d 应小于所加工孔径

D，镗杆能进入孔内，可减小镗杆的悬伸量，有利于缩短镗杆的长度。镗套长度一般取 $H=(1.5\sim3)d$。h 值的大小取决于换刀、装卸和测量工件及排屑是否方便。

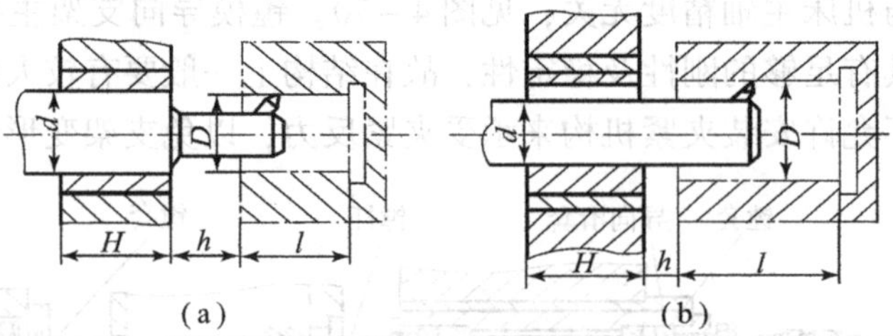

图 4-72　单面后导向支架

(a) $L<D$；(b) $L>D$

（3）单面双导向。

在刀具后方装有两个导向镗套（图 4-73），镗杆与机床主轴浮动连接。为保证镗杆刚度，镗杆的悬伸量 $H<5d$，两个支架的导向长度 $L>(1.25\sim1.5)H$。单面双导向镗模便于装卸工件和刀具，便于在加工中进行观察和测量。

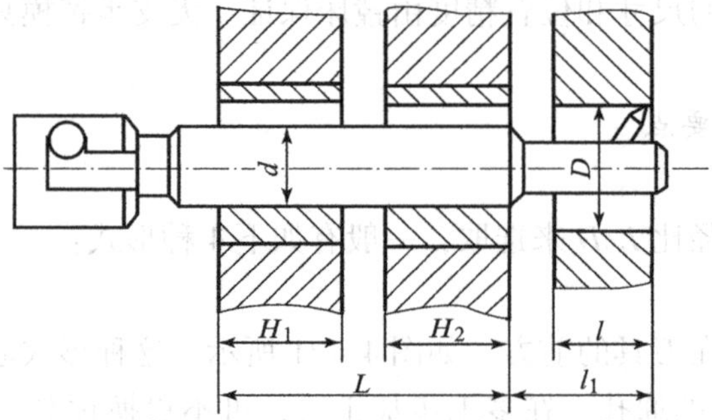

图 4-73　单面双导向

（4）双面单导向。

导向支架分别装在工件的两侧，镗杆与机床主轴浮动连接（图 4-74）。这种形式适用于加工孔径较大，工件孔的长径比大于 1.5 的通孔或同轴线的几个短孔，及有较高同轴度和中心距要求的孔系。

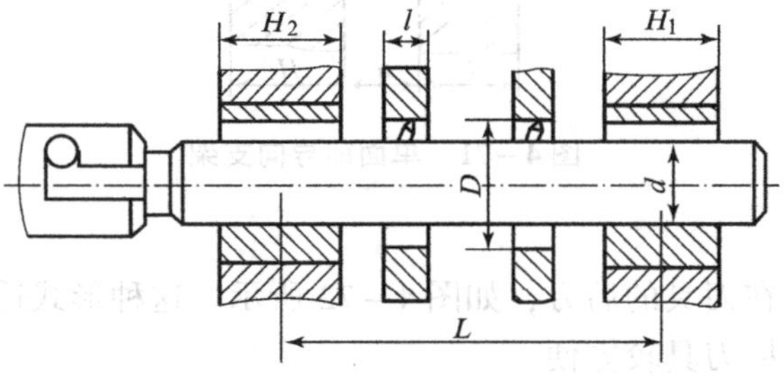

图 4-74　双面单导向

双面单导向结构镗杆长，刚性较差，刀具装卸不便。当镗套间距 $L>10d$ 时，应增加中间导向支承。在采用单刃镗刀镗削同一轴线上的几个等径孔时，需要设计让刀机构。

固定式镗套镗套长度取：

$$H_1 = H_2 = (1.5 \sim 2)d$$

2）镗套的选择与设计

镗套有固定式和回转式两种。固定式镗套是一类常用的镗套，是指在镗孔过程中不随镗杆转动的镗套，其结构与快换钻套基本相同。回转式镗套在镗孔过程中随镗杆一起转动，镗杆与镗套之间只有相对移动而无相对转动，从而减少了镗套的磨损，不会因摩擦发热而卡死，因此回转式镗套特别适用于高速镗削。

在回转式镗套结构中，设置有油杯和油孔，为使回转副得到充分润滑而在镗套中间开有键槽，镗杆上的键通过键槽带动镗套一起回转。这种镗套径向尺寸较小、回转精度高、减振性好、承载能力大，但需充分润滑。回转式镗套适用于摩擦面线速度 $v < 0.3 \sim 0.4$ m/s，孔心距较小的孔系的精加工。镗套结构如图 4－75 所示。

图 4－75（a）固定式镗套：固定式镗套外形尺寸小，结构简单，导向精度高，但镗杆在镗套内一边回转，一边做轴向移动，镗套易磨损，故只适用于低速镗孔。

图 4－75（b）滑动回转式镗套：镗套可在滑动轴承内回转，镗模架上所设镗套的结构形式和精度直接影响被加工孔的精度。

图 4－75（c）立式滚动回转式镗套：为避免切屑和切削液落入镗套，需设防护罩。为承受轴向力，一般采用圆锥滚子轴承。

图 4－75（d）卧式滚动回转式镗套：镗套支承在两个滚动轴承上，回转精度受轴承精度的影响，对润滑要求较低。但这种镗套径向尺寸较大，适用于粗加工和半精加工。滚动回转式镗套一般用于镗削孔距较大的孔系，一般摩擦面线速度 $v > 0.4$ m/s。其结构中采用圆锥滚子轴承。

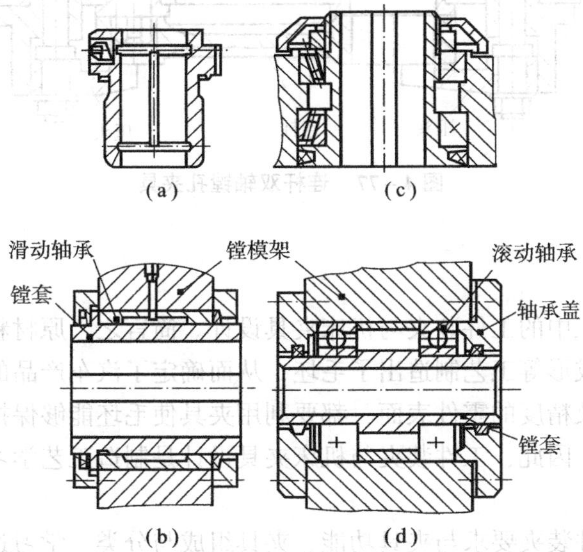

图 4－75 镗套结构

3. 汽车零件镗床夹具案例

图 4－76 所示镗缸体主轴承孔夹具。为了提高刚度，镗杆除在工件两端采用支承外，在轴承座之间还采用中间支承，以提高刚度。图 4－77 所示连杆双轴镗孔夹具。

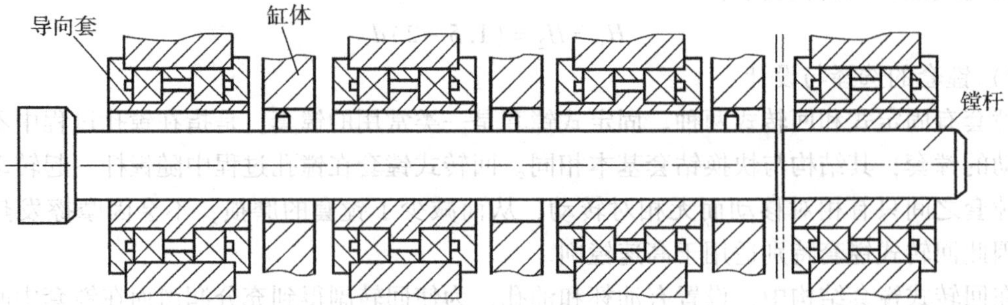

图 4-76　镗缸体主轴承孔夹具

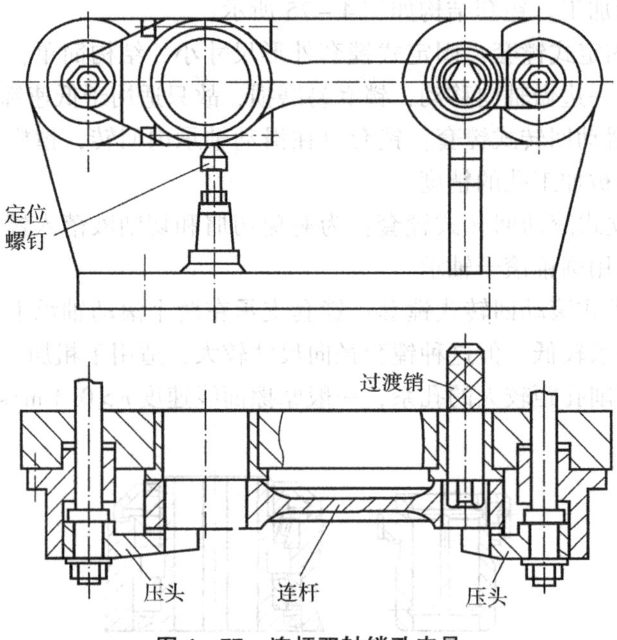

图 4-77　连杆双轴镗孔夹具

本章小结

本章介绍机械加工中的工件装夹与机床夹具设计。简言之，原材料经过铸造、模锻、冲压、粉末冶金与塑料成形等工艺制造出了毛坯，从而确定了汽车产品的主体外形。而需要通过机械加工确定形状及精度的零件表面，都要利用夹具使毛坯能够保持正确位置，并在整个加工过程中始终可靠。因此，工件装夹与机床夹具设计是制造工艺学习过程中一个比较系统化的重要环节。

本章主要介绍工件装夹要求与夹具功能、夹具组成与分类。学习过程中重点掌握工件定位与夹紧中的基本原理，包括工件定位原理及其应用、工件定位方式及定位元件、工件在夹具上的夹紧及典型夹紧机构。另外，本章简单介绍了常见的典型加工设备夹具，通过本章学习掌握夹具设计的内容与方法。

思考与习题

1. 说明工件装夹要求与夹具功能。
2. 机床夹具机构由哪几部分组成?
3. 机床夹具可分为哪几类?
4. 工件在空间具有哪几个自由度? 何谓工件的六点定位原理?
5. 何谓完全定位和不完全定位? 请举例说明其应用。
6. 何谓欠定位和过定位? 请举例说明。
7. 机械夹具中常用的定位方式有哪几种?
8. 说明平面定位中支承元件的结构形式与应用。
9. 说明外圆柱面定位中的定位方式及其应用。
10. 说明圆孔定位的常用定位元件及与平面定位的联合使用。
11. 何谓定位误差? 请分析造成定位误差的主要原因。
12. 如何实现工件在夹具上的夹紧? 其常用力源装置有哪些?
13. 设计夹紧装置有何要求?
14. 如何计算和确定夹紧力的大小、方向和作用点?
15. 分别说明几种典型夹紧机构的结构形式与应用特点。
16. 分析车床夹具的结构形式与设计要点。
17. 说明几种典型铣床夹具的结构形式与设计要点。
18. 分析钻床夹具的典型结构及其应用。
19. 分析几种镗床夹具的典型结构及其应用。
20. 说明镗床夹具的设计要点。

第5章　机械加工工艺规程的制订

【本章知识点】

1. 汽车生产过程及工艺过程的概念与组织形式。
2. 机械加工工艺规程及其作用。
3. 制订工艺规程的原则、依据和制订步骤。
4. 粗基准、精基准的选择原则与应用。
5. 机械加工工艺路线制订的方法。
6. 机械加工工序的详细设计。
7. 工艺尺寸链概念及计算方法。
8. 工艺方案比较及提高生产率措施。

5.1　工艺过程的组织

5.1.1　汽车生产过程和工艺过程

1. 汽车生产过程

汽车是一种复杂的机械产品，组成汽车产品的零部件数量较大，零件类型多样，一些零件及总成的技术要求较高，导致汽车产品的生产过程也比较复杂。

生产过程是指将原材料转变为汽车产品的全部劳动过程。生产过程中包括直接作用在生产对象上从而改变其形状、尺寸、相对位置和性能的劳动过程，还包括许多保证生产过程正常进行所必需的其他劳动过程和服务过程。因此，产品生产过程可划分为基本生产过程、辅助生产过程、生产服务过程、生产技术准备过程四部分。

1）基本生产过程

是指直接为完成产品生产所进行的生产活动，即直接改变生产对象形状、尺寸、相对位置和性能的生产过程，包括毛坯成形（铸造、锻造、冲压、焊装、粉末冶金）、零件机械加工、毛坯或半成品热处理、涂装、总成和整车装配等工艺过程。基本生产过程是整个产品生产过程的中心环节。

2）辅助生产过程

是指为保证基本生产过程的正常进行所必需的各种辅助生产活动，如机械制造企业中的动力生产供应、非标设备及工装夹具的制造、设备维修等。辅助生产过程是整个生产过程中不可分割的组成部分。

3）生产服务过程

是指为基本生产和辅助生产过程服务的各种生产服务活动，如原材料和半成品的供应、运输、保管等。

4）生产技术准备过程

是指产品在投入生产前所进行的各种生产技术准备工作，如产品的设计、工艺设计、工艺装备的设计与制造、标准化工作、定额工作、调整劳动组织和设备布置等。

2. 工艺过程

工艺过程是指生产过程中，直接改变原材料或生产对象的形状、尺寸、相对位置和性能等，使之成为半成品或产品（汽车）的过程。因此，工艺过程决定了基本生产过程。工艺过程包括毛坯制造工艺过程、热处理工艺过程、零件的机械加工工艺过程、部件或总成及汽车产品的装配工艺过程。生产对象不同，其工艺过程一般不同，特别是加工和装配工艺过程。

(1) 毛坯制造工艺过程是指通过铸造、锻造等方法将合金材料制成一定形状、尺寸和性能的铸件或锻件等毛坯的工艺过程。

(2) 零件机械加工工艺过程是在机床设备上利用切削刀具或其他工具，利用机械力将毛坯或型材、棒料切削加工形成零件的工艺过程。

(3) 热处理工艺过程指用热处理方法（如退火、正火、淬火、回火、调质、表面热处理等），不改变零件形状，只改善毛坯或零件的使用性能和工艺性能，以挖掘材料性能潜力，提高产品质量，延长使用寿命的工艺过程。

(4) 装配工艺过程是将半成品或成品通过焊接、铆接和螺旋紧固等方式连接成合件、组件、部件、分总成或总成直至整车的工艺过程。

5.1.2 机械加工工艺过程的组成

工艺过程由一系列按一定顺序排列的工序组成。工序成为组成工艺过程的最基本单元。在机械加工过程中，工序可进一步划分为安装、工位、工步和走刀等工作内容。

1. 工序

工序是指一个（或一组）工人，在一个工作地点（或加工设备），对同一个（或同时对几个）工件所连续完成的工艺过程。

划分工序的主要依据有两方面：一是工作地点或加工设备是否改变；二是对同一个（或同时对几个）工件的加工工艺过程是否连续完成。

图 5-1 所示是在卧式铣床上用铣削工艺来加工汽车变速器输入轴毛坯的大、小头两端面，形成了多种工序安排。图 5-1（a）中左边的铣床有两个工作头，用双铣刀同时加工轴的大小两端面，而右边的铣床带有回转工作台，通过工作台的旋转依次加工出轴的大小两端面；图 5-1（b）在同一台铣床上先装夹加工一个端面，再调头装夹加工另外一个端面；图 5-1（c）是在两台铣床上，分别加工出大小端面。图 5-1（a）和图 5-1（b）都是在同一台铣床上连续加工出轴的大小两端面，所以是一道工序，而图 5-1（c）是在两台铣床上分别加工，形成两道工序。

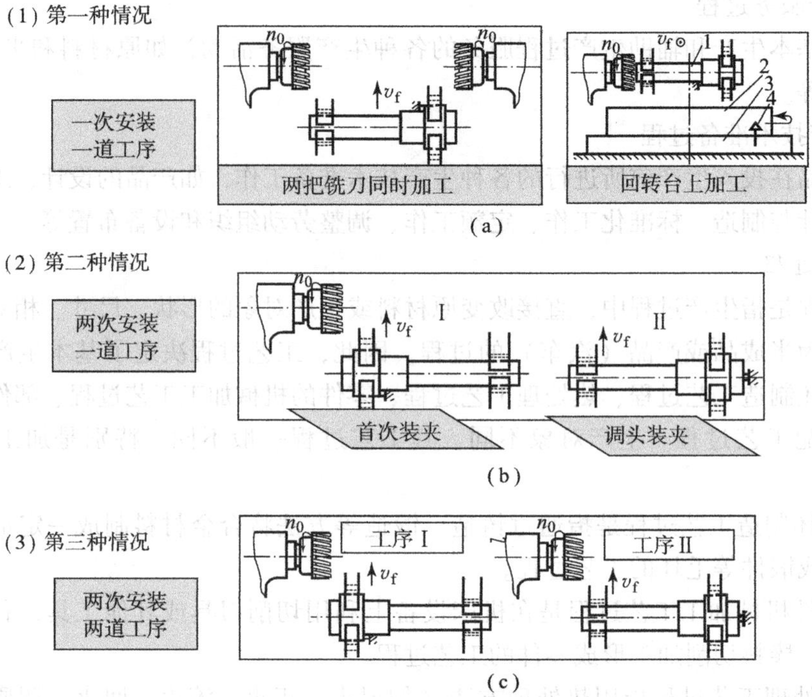

图 5-1 工序划分实例

(a) 双铣刀和回转台加工；(b) 调头分别加工；(c) 两台铣床分别加工

2. 安装

安装是指同一道工序中，工件每次装夹所完成的工序内容。一道工序中工件有几次装夹，就相应的有几次安装。如图 5-1 (a) 中只有一次装夹形成一次安装，而图 5-1 (b) 中有两次装夹形成两次安装。

在同一道工序中，为提高生产效率和零件位置精度，应尽量减少安装次数。因为每次装夹都需要花费时间，同时会改变工件与夹具或刀具之间的安装位置关系，导致不同装夹下加工出来的工件部位之间的位置精度。

3. 工位

工位是指工件在一次安装后，零件相对于机床或刀具所占据的同一确定空间位置上所完成的工艺过程。如图 5-2 所示的回转工作台有 4 个加工位置，位置 1 完成装卸工件，转到位置 2 完成钻孔工作，再转到位置 3 和位置 4 分别完成扩孔和铰孔工作，每个位置中的零件与机床或刀具之间形成了确定的空间位置关系，所以形成 4 个工位。

所以，工位的变换必须借助机床夹具分度机构和工作台移位或转位来实现。当通过分度或移位装置改变工件与机床或刀具之间的加工位置时，每一位置上所完成的加工内容即为工位。

多工位零件加工方法减少了安装次数，提高了生产效率，同时提高了零件的位置精度。如图 5-3 所示是卧式铣床的回转工作台夹具，借助它可实现一道工序、一次安装、两个工位的工件两端面连续加工。该方案比图 5-1 (b) 方案（一道工序，两次安装）更省时，效率更高，并且两端面之间的位置误差更小。

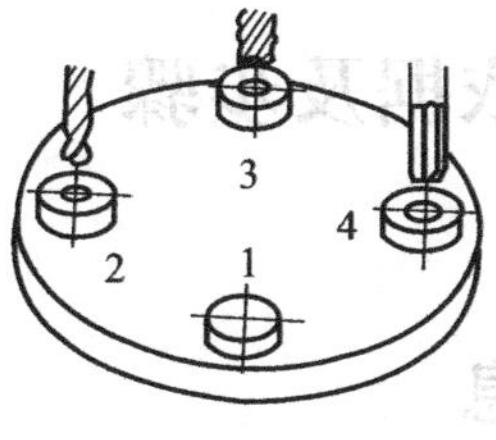

图5-2　回转工作台上孔加工工位

1—装卸工件；2—钻孔；3—扩孔；4—铰孔

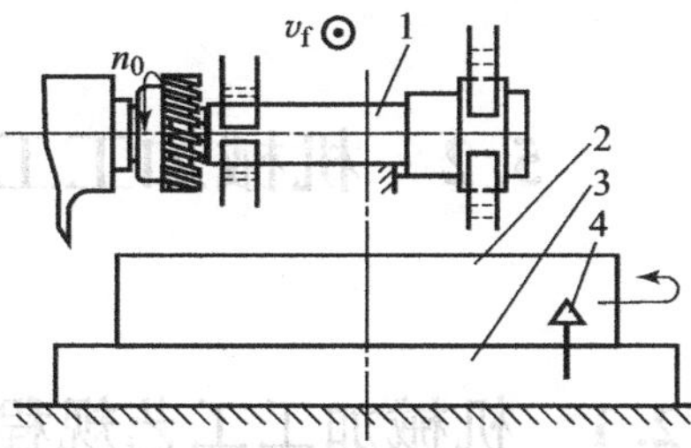

图5-3　卧铣床的回转工作台夹具示意图

1—工件；2—回转工作台；3—夹具底座；4—分度机构

4. 工步与复合工步

工步是指工件在一次安装中的同一工位内，在加工表面、加工刀具和切削用量（转速与进给量）不变的情况下，所连续完成的工艺过程。如图5-4所示的车削变速器第一轴中，用车刀连续加工阶梯外圆柱面1、2、3、4、5时共形成五个工步。

在机械零件加工过程中，为了提高生产效率，常在一次安装条件下，采用多把刀具同时对工件的几个表面用相同的切削用量（转速与进给量）进行加工，这些工序内容可合成一个工步，称为复合工步。在图5-5所示的立轴转塔车床上加工轴套零件过程中，用多把调整好的外圆车刀、钻头，同时完成多个外圆柱面、端面、孔的加工过程，形成一个复合工步。

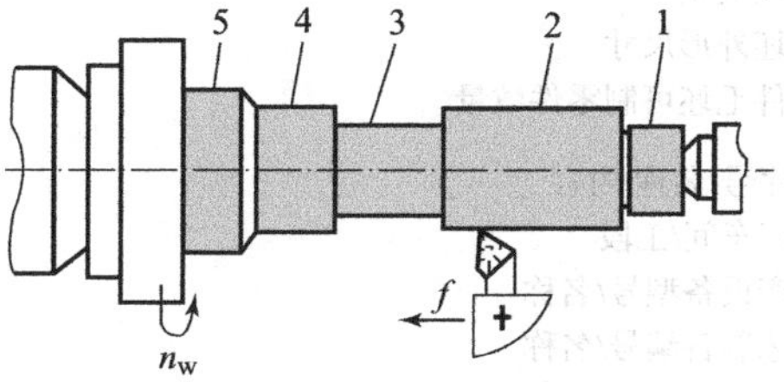

图5-4　车削变速器第一轴

1—工步一；2—工步二；3—工步三；
4—工步四；5—工步五

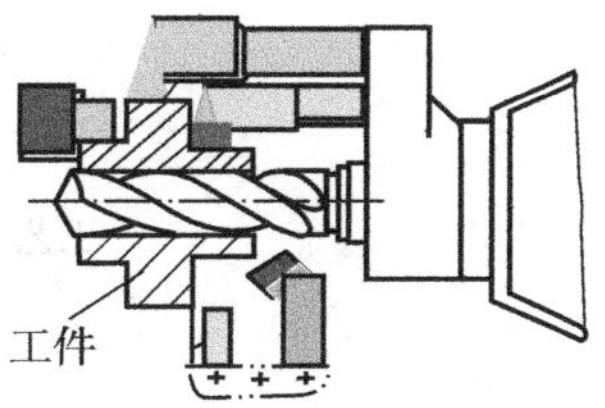

图5-5　立轴转塔车床上加工轴套零件

5. 走刀

走刀是指一个工步内，切削刀具在加工表面切削一次所完成的工艺过程。当一个工步内被加工表面的总加工余量较大时，需要进行多次切削，每次切削就成为一次走刀。如图5-6所示为用车刀车削加工外圆柱面时，用两次分别切除1和2两层金属完成加工，形成两次走刀。

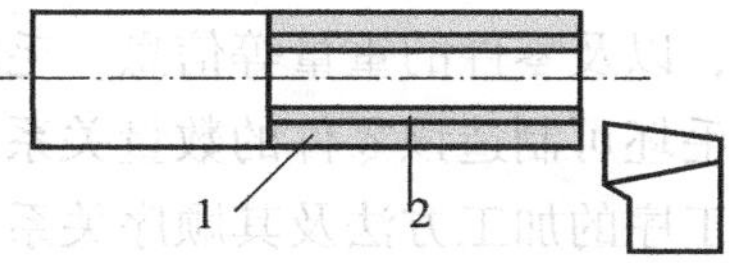

图5-6　走刀示意图

1—待切除的第一层金属；2—待切除的第二层金属

5.2 机械加工工艺规程的制订依据及步骤

5.2.1 机械加工工艺规程的概念及包含信息

机械加工工艺规程（简称工艺规程）是规定零件制造工艺过程和操作方法的工艺文件。它是在总结生产实践的基础上，依据工艺理论和必要的工艺试验制订的。

由上节知道，零件制造工艺过程是使原材料或生产对象（毛坯）的形状、尺寸或性能发生变化成为零件的过程，这一过程由若干按一定顺序排列的工序组成，而工序又可划分成多个工步。所以，在工艺规程文件中，应明确说明并包含零件设计对象信息、毛坯信息、工序信息和工步信息。工艺规程文件包含的详细信息分类如图 5－7 所示。

- 工艺规程
  - 零件信息
    - 零件号/名称
    - 所属产品型号/名称
    - 每件产品零件数量
    - 材料牌号
    - 零件重量
  - 毛坯信息
    - 毛坯类型
    - 毛坯外形尺寸
    - 每件毛坯可制零件数量
  - 工序信息
    - 工序号/名称/内容
    - 生产车间/工段
    - 生产设备型号/名称
    - 工艺装备编号/名称
    - 加工定位表面及技术要求
    - 工作时间定额
  - 工步信息
    - 工步号/内容
    - 工艺装备名称
    - 工艺技术参数
    - 走刀次数
    - 工作时间定额

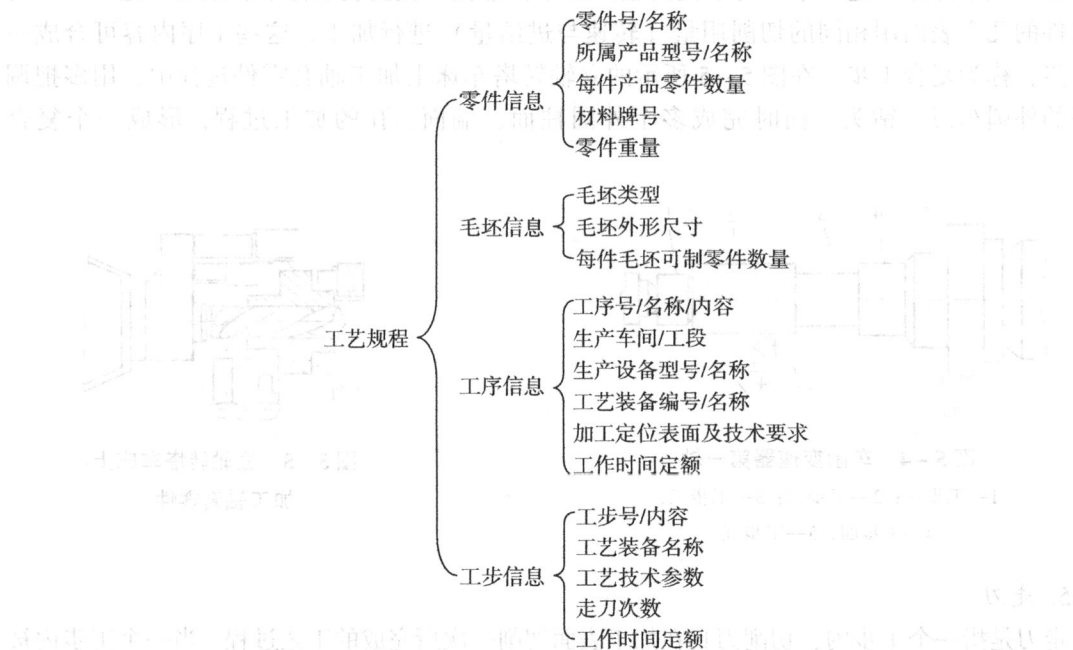

图 5－7　工艺规程信息分类

工艺规程文件中，应指明该工艺文件的加工对象信息和毛坯信息。加工对象信息，即零件设计信息，包括零件编号和名称、零件所属产品的型号和名称、每个产品包含零件对象的数量关系、零件所采用的材料，以及零件的重量等信息。毛坯信息包括制造该零件所用的毛坯类型、外形尺寸，以及每件毛坯可制造该零件的数量关系。

在工序信息中，要明确各工序的加工方法及其顺序关系，各工序所用的生产设备、工艺装备（指产品制造时所使用的刀具、夹具、量检具、辅具、模具等各种工具的总称）及其所在地点，加工定位表面及其技术要求（通过工序图表达），以及完成各工序所用的工作时间。工序信息主要为管理人员在工艺管理和生产管理过程中提供指导信息。

工步信息中，要进一步明确各工步操作内容及其顺序关系，各工步所用工艺装备，加工工艺参数与走刀次数，以及各工步的工作时间，用来指导操作者完成具体操作。

所以，工艺规程不仅科学地制订了每一工序的加工方法、具体的操作内容，而且严格地规定了各工序的顺序、生产设备和工艺装备，是用来指导操作者操作和用于生产管理和工艺管理的技术文件，从而使整个生产优质、高效、低成本、安全地进行。

5.2.2　工艺规程文件的类型及格式

机械制造中，机械加工工艺规程作为指令性的工艺技术文件，通常要按一定的格式（通常为表格或图表）和要求描述出来，并装订成册，作为企业有关人员严格执行的依据。

由于生产类型不同，工艺规程文件的形式多种多样，其包含的内容及其繁简程度也有很大差别。同时，不同企业，甚至企业中的不同部门，其工艺规程的表现形式也不尽相同。总的来说，机械加工工艺规程文件主要有工艺过程卡、工序卡、检验工序卡和机床调整卡等。

1. 工艺过程卡

它是以工序为单位，从总体上清晰地表明零件加工工艺过程的一种工艺文件，又称工艺路线卡或工艺流程卡。这种卡片，除了反映零件设计对象和毛坯信息外，还说明零件各工序加工经过的车间和工段，所用的机床设备和工艺装备，以及所用的时间定额等信息。常见工艺过程卡的格式如图 5－8 所示。在生产过程中，这种卡片的主要使用对象为生产管理人员，帮助他们在完成生产计划和调度工作时集中迅速地掌握相关信息。

<table>
<tr><td rowspan="4">工厂名</td><td rowspan="4">机械加工工艺过程卡片</td><td colspan="2">产品名称及型号</td><td></td><td colspan="2">零件名称</td><td></td><td>零件图号</td><td colspan="3"></td></tr>
<tr><td rowspan="3">材料</td><td>名称</td><td></td><td rowspan="2">毛坯</td><td>种类</td><td></td><td rowspan="2">零件质量/kg</td><td>毛重</td><td></td><td>共　页</td></tr>
<tr><td>牌号</td><td></td><td>尺寸</td><td></td><td>净重</td><td></td><td>共　页</td></tr>
<tr><td>性能</td><td></td><td colspan="2">每料件数</td><td></td><td>每台件数</td><td></td><td>每批件数</td><td></td></tr>
</table>

<table>
<tr><td rowspan="2">工序号</td><td rowspan="2">工序内容</td><td rowspan="2">加工车间</td><td rowspan="2">设备名称及编号</td><td colspan="3">工艺装备名称及编号</td><td rowspan="2">技术等级</td><td colspan="2">时间定额/min</td></tr>
<tr><td>夹具</td><td>刀具</td><td>量具</td><td>单件</td><td>准备—终结</td></tr>
<tr><td></td><td></td><td></td><td></td><td></td><td></td><td></td><td></td><td></td><td></td></tr>
<tr><td></td><td></td><td></td><td></td><td></td><td></td><td></td><td></td><td></td><td></td></tr>
</table>

<table>
<tr><td rowspan="3">更改内容</td><td colspan="9"></td></tr>
<tr><td colspan="9"></td></tr>
<tr><td colspan="9"></td></tr>
<tr><td>编制</td><td></td><td>抄写</td><td></td><td>校对</td><td></td><td>审核</td><td></td><td>批准</td><td></td></tr>
</table>

图 5－8　工艺过程卡

2. 工序卡

它是为详细说明每道工序的加工内容和操作方法而编制的一种工艺文件，并用于指导工人具体操作。在工序卡中，除了反映零件设计对象、毛坯信息，以及完成这道工序的生产设备和夹具信息外，工序卡清晰地表明了各工步操作内容及其顺序关系，每个工步所用刀具、量具等工艺装备、切削用量、时间定额等信息。同时，在工序卡上一般附有工序简图，图上按规定要求注明定位基准，并以粗实线标明本工序要加工的部位、加工后要求达到的工序尺寸公差、表面粗糙度、形状与位置公差等技术要求。典型的工序卡的格式如图 5－9 所示。

(工厂名)	机械加工工序卡片	产品名称及型号	零件名称	零件图号	工序名称	工序号	第　页
							第　页
(画工序简图处)			车间	工程	材料名称	材料牌号	力学性能
			同时加工件数	每料件数	技术等级	单件时间/min	准备—终结时间/min
			设备名称	设备编号	夹具名称	夹具编号	工作液
			更改内容				

工步号	工步内容	计算数据/mm			走刀次数	切削用量			工时定额/min			刀具、量具及辅助工具				
		直径或长度	进给长度	单边余量		背吃刀量/mm	进给量/($mm \cdot r^{-1}$)或/($mm \cdot min^{-1}$)	切削速度/($r \cdot min^{-1}$)或双行程数/min	基本时间	辅助时间	工作地服务时间	工步号	名称	规格	编号	数量

编制		抄写		校对		审核		批准	

图 5－9　工序卡

3. 检验工序卡

检验工序卡简称检验卡，是专门为检验零件在通过加工过程后是否达到设计图样中所规定的技术要求而制订的一种特殊工艺文件。零件在加工过程中，会受到很多因素的影响，导致实际加工完成后形成的零件加工质量跟理想状态有差异，所以需要在相关加工工序任务完成后，对加工对象质量进行检测，并根据检测结果以决定加工对象是直接进行下一道工序的加工或者返修，还是进行报废处理。在每个零件的工艺规程中，都应该有一份检验工序卡，作为工艺规程中的最后一道工序。对于加工过程复杂和技术要求高的零件，有时会有若干份检验工序卡，并根据需要安排在相应加工工序的后面。典型检验工序卡的格式如图 5 – 10 所示。在检验工序卡中需要对检验步骤、检验内容、使用的检测设备和量检具作出详细说明，用以指导质量检验人员完成检验操作。

检验卡片			产品型号		零件图号		
			产品名称	轻型载货汽车	零件名称	后桥主动锥齿轮	共 4 页　第 1 页
工序号	序号	检验内容	百分比	加工工序号	设备及检具	量具及标准号	量具名称
10J	1	中心孔 B4	6%	1			中心孔量规
	2	背锥角 13°20′ ~ 12°40′	6%	2			角度样板
	3	圆锥角 16°35′ ~ 16°25′	6%	3			角度样板
	4	矩形花键	25%	4			花键环规
	5	轴颈 $\phi45.49 \sim \phi45.47$，$\sqrt{Ra\ 1.6}$	100%	5	检验夹具		卡　规
		跳动公差 0.035	25%		百分表		
	6	轴颈 $\phi35.29 \sim \phi35.27$，$\sqrt{Ra\ 1.6}$	100%	6	检验夹具		卡　规
		跳动公差 0.035	25%		百分表		
	7	螺纹 M20 × 1.5 – 6h	5%	7			螺纹环规

										设计（日期）	审核（日期）	标准化（日期）	会签（日期）
标记	处数	更改文件号	签字	日期	标记	处数	更改文件号	签字	日期				

图 5 – 10　检验工序卡

4. 机床调整卡

在某些零件工序的加工前，常需要对机床进行调整，以保证夹具相对于机床具有正确位置关系。对于自动线、流水线上的机床或在自动机床、半自动机床上加工复杂且精度要求高的零件时，机床的调整工作量很大，为此需要专门设置一道调整工序，详细地对机床调整过程和方法做出具体说明，用以帮助和指导操作工人或专门的设备维护人员进行工作。为此，需要对机床调整制订规范的工艺文件，即机床调整卡，为机床设备的调整提供依据。典型的机床调整卡格式如图 5 – 11 所示。

需要说明的是，在单件小批生产中由于生产的分工比较简单，通常只需说明零件加工工艺路线，即加工工序顺序，所以一般只填写机械加工工艺过程卡；而在大中批量生产中，由于其生产组织严密、分工细密，要求工艺规程详尽，需对每道加工工序的加工精度、操作过程、切削用量，使用的设备及刀、夹、量具等做出具体规定。因此，在大中批量生产中，除了工艺过程卡外，还应有相应的工序卡，必要时还需要检验工序卡和机床调整卡。在汽车生产中，这种情况较为常见。

<table>
<tr><td colspan="6">弧齿锥齿轮切齿调整表</td><td>齿轮材料 40MnB</td><td colspan="2">齿轮名称</td><td colspan="3">主从动锥齿轮</td></tr>
<tr><td colspan="6">齿轮基本参数：$z_1=11$（小轮）
$z_2=25$（大轮）</td><td colspan="6" rowspan="2">机床调整数据：
切齿方法：固定安装的双面—单面切削法</td></tr>
<tr><td colspan="3">端面模数 m_a/mm</td><td colspan="2">9</td><td>9</td></tr>
<tr><td colspan="3">压力角 α</td><td colspan="2">20°</td><td>20°</td><td>调整项目</td><td colspan="2">大　轮</td><td colspan="3">小　轮</td></tr>
<tr><td colspan="3">螺旋角 β_w</td><td colspan="2">35°</td><td>35°</td><td>工序内容</td><td>粗切</td><td>精切</td><td>粗切</td><td>粗切凸面</td><td>精切凹面</td></tr>
<tr><td colspan="3">外锥距 R/mm</td><td colspan="2">122.91</td><td>122.91</td><td>齿坯安装角 δ</td><td colspan="2">60°35′</td><td colspan="3">20°44′</td></tr>
<tr><td colspan="3">顶修角 δ</td><td colspan="2">29°26′</td><td>69°16′</td><td>垂直轮位 E</td><td>0</td><td>0</td><td>0</td><td>0</td><td>0</td></tr>
<tr><td colspan="3">节锥角 δ'</td><td colspan="2">23°45′</td><td>66°15′</td><td>水平轮位 X</td><td>168.0</td><td>168.0</td><td>121.15</td><td>118.17</td><td>124.13</td></tr>
<tr><td colspan="3">齿根角 θ</td><td colspan="2">3°01′</td><td>5°40′</td><td>床位 X</td><td>-0.10</td><td>0</td><td>-0.10</td><td>-1.05</td><td>+1.05</td></tr>
<tr><td colspan="3">外径 D/mm</td><td colspan="2">ϕ228.85</td><td>ϕ118.26</td><td>径向刀位 S</td><td>102.5732</td><td>102.5732</td><td>102.5732</td><td>108.40</td><td>96.99</td></tr>
<tr><td colspan="3">安装距 A/mm</td><td colspan="2">118±0.1</td><td>71.15</td><td>摇台角 Q</td><td>67°47′</td><td>67°47′</td><td>292°13′</td><td>292°13′</td><td>292°13′</td></tr>
<tr><td colspan="6">刀盘数据：</td><td>刀倾角</td><td>0</td><td>0</td><td>0</td><td>0</td><td>0</td></tr>
<tr><td></td><td colspan="2">切削刀</td><td>公称直径 D_0/mm</td><td>切削刀齿形角</td><td>刀尖形成直径 D 或 D/mm</td><td>刀转角</td><td>0</td><td>0</td><td>0</td><td>0</td><td>0</td></tr>
<tr><td rowspan="4">大轮</td><td rowspan="2">粗切</td><td>外切削刃</td><td>228.6</td><td></td><td>232</td><td>分齿挂轮 i</td><td></td><td></td><td></td><td></td><td></td></tr>
<tr><td>内切削刃</td><td>228.6</td><td></td><td>235.1</td><td>滚比挂轮 i</td><td>不滚切</td><td>$\frac{43}{69}\ \frac{45}{77}$</td><td>$\frac{43}{69}\ \frac{45}{77}$</td><td>$\frac{38}{64}\ \frac{47}{77}$</td><td>$\frac{47}{65}\ \frac{49}{100}$</td></tr>
<tr><td rowspan="2">精切</td><td>外切削刃</td><td>228.6</td><td>17°35′</td><td>224</td><td>切削速度挂轮</td><td></td><td></td><td></td><td></td><td></td></tr>
<tr><td>内切削刃</td><td>228.6</td><td>22°25′</td><td>233.2</td><td>进给挂轮</td><td></td><td></td><td></td><td></td><td></td></tr>
<tr><td rowspan="4">小轮</td><td rowspan="2">粗切</td><td>外切削刃</td><td>228.6</td><td></td><td>226.9</td><td>摆角挂轮</td><td></td><td></td><td></td><td></td><td></td></tr>
<tr><td>内切削刃</td><td>228.6</td><td></td><td>230.3</td><td colspan="6" rowspan="2">备注：</td></tr>
<tr><td rowspan="2">精切</td><td>外切削刃</td><td>228.6</td><td>17°35′</td><td>211.56</td></tr>
<tr><td>内切削刃</td><td>228.6</td><td>22°25′</td><td>245.64</td><td>计算</td><td></td><td>校对</td><td></td><td>日期</td><td></td></tr>
</table>

图 5-11　机床调整卡

5.2.3　工艺规程的作用

工艺设计是联系产品结构设计和生产制造的桥梁和纽带，起着承上启下的作用。作为工艺设计的结果，工艺规程对生产制造起着不可替代的作用。其作用主要体现在以下三个方面：

1. 指导生产的主要技术文件

制订车间生产计划需要以工艺规程中的工序及其顺序关系、完成各工序的生产车间和工段信息为依据，而生产调度需要各工序的生产设备信息；生产设备和工时定额信息是进行加工成本核算的依据；工序卡用来指导工人操作；检验卡是开展零件加工质量检验的依据。另外，处理生产过程中出现的问题和矛盾，常以工艺规程作为共同依据，如处理质量事故，必须按工艺规程来确定各有关单位、人员的责任。所以工艺规程是组织和开展生产管理的主要技术文件，它对产品的生产周期、质量和生产率有着直接影响。

2. 生产准备工作的主要依据

零件生产前要根据工艺规程完成一系列的生产准备工作，如设备的购置或改造，所需刀、夹、量具的准备，原材料及毛坯的采购或制造，技术工人的配备等，这些工作都必须根据工艺规程中的相关信息来进行安排。

3. 新建或扩建工厂（车间）的基本技术文件

新建加工车间时，应根据零件工艺规程中确定的所需机床种类和数量，开展车间布局设计，确定车间的面积大小、动力和吊装设备配置以及所需工人的工种、技术等级、数量，等等。

5.2.4　制订工艺规程的原则和主要依据

1. 制订工艺规程的原则

制订工艺规程要满足技术性、经济性和安全性的要求，其基本原则是在一定的生产条件下，保证生产过程的优质、高产、低成本和安全。因此，在制订工艺规程时，应该注意以下问题。

1）技术条件

在制订工艺规程时，需要了解国内外本行业工艺技术的发展水平，并通过必要的工艺试验，积极采用科学合理的先进工艺和工艺装备，要求能够可靠地保证零件设计图样上所规定的全部加工技术要求。

2）经济合理

在一定的生产条件下，要求以最小的生产成本、最高的设备利用率和最少的时间来完成工艺过程。所以，应该提出几种能够保证零件技术要求的工艺方案，然后通过成本核算和相互对比，选取经济上最为合理的方案，以保证产品的能源、原材料消耗和成本最低。

3）安全可靠

制订工艺规程时，要注意保证工人在操作时具有良好而安全的工作条件，并结合企业未来的发展与投资状况制订规划，尽量采取机械化、自动化措施，将工人从笨重繁杂的体力劳动中解放出来，切实保障安全生产。

2. 制订工艺规程的主要依据

制订零件工艺规程时，需要提供以下原始资料。

（1）零件设计图和必要的产品装配图。

（2）零件的验收质量标准及其交付技术状态。

（3）产品的生产纲领及生产类型。

（4）工厂现有设备的种类、规格和精度状况，工人的技术水平，现有的刀、辅、量、夹具规格以及非标工艺装备的设计制造能力等生产条件。

（5）有关的法律法规及各种相关技术手册、标准等资料。

（6）国内外先进工艺及生产技术的发展与应用资料。

5.2.5　制订工艺规程的步骤

科学、合理地制订零件的加工工艺规程，一般要经过准备、工艺分析、毛坯选择、工艺方案制订、详细工艺设计等阶段或步骤。

1. 准备阶段

1）全面了解零件功能和使用要求

根据零件图和装配图，熟悉产品的性能、用途、工作条件和使用环境，明确各零件的相互装配位置、作用及对整机性能的影响，了解和研究各项技术条件制订的依据，找出其主要技术要求和关键技术问题等。

2）确定生产纲领

生产纲领确定后，也就确定了生产类型、投产批量和批次，也就明确了所使用的工艺手段、生产设备和工艺装备的特征等。

3）熟悉现有生产条件

编制工艺时，要充分利用现有的生产条件，这样可以减少投资，缩短生产准备的时间。同时，还应该积极地采用新工艺、新方法、新技术和新材料，提高零件的加工质量和生产效率。

2. 工艺分析阶段

对零件进行工艺分析，即工艺审查，是工艺规程编制的重要阶段之一。工艺审查的目标是指对所设计的零件，要求在满足使用功能的前提下，分析和研究其制造的可行性和经济性。通过工艺分析，工艺人员不仅要充分领会零件设计图提出的技术要求，而且要在保证使用性能的前提下，提出有利于提高加工质量和生产效率、降低成本的建议，保证零件具有良好的工艺性。对零件作结构工艺性分析时，主要考虑以下两方面的内容。

1）检验图样的完整性与正确性

如检查零件结构是否表达清楚，审查图纸尺寸、视图是否完整、正确与统一；尺寸是否标注齐全、技术要求是否合理及符合标准化要求等。同时，还需要用尺寸链原理对有关尺寸和公差进行校核。

2）审查零件的结构工艺性

具有良好工艺性的零件，既方便加工，又能保持较低的制造成本。零件结构工艺性包括加工工艺性和装配工艺性。零件的结构工艺性对加工工艺过程影响很大。具有相同使用性能而不同结构的零件，其加工方法及制造成本有很大差别。分析零件加工工艺性包括对零件尺寸及其公差、形状公差和表面粗糙度等技术要求合理性的审查，对零件表面各组成要素和整体结构设计的工艺性审查。

如果在工艺审查中发现了问题，需要及时同产品设计部门联系，共同研究解决办法。零件结构工艺性分析举例参见表5－1。

表5－1　零件结构工艺性分析与改进实例

序号	改　前	改　后	说　明
1	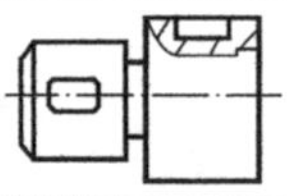	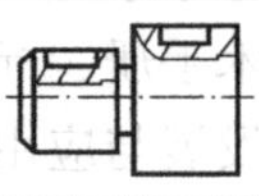	改后两个键槽方位尺寸均相同可在一次装夹中加工出来
2	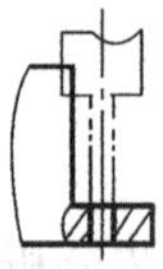	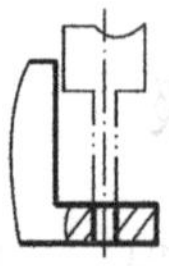	便于引进刀具，保证加工

续表

序号	改　　前	改　　后	说　　明
3	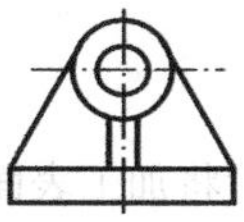	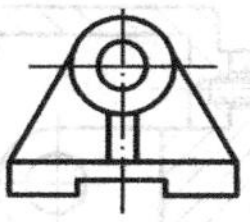	底面积小，稳定性好、加工量小
4	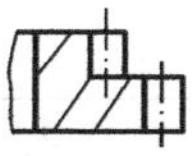	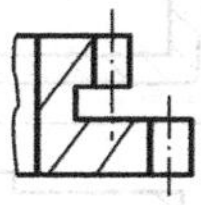	设计退刀槽，保证加工
5	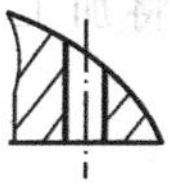		钻头不易钻偏和折断
6	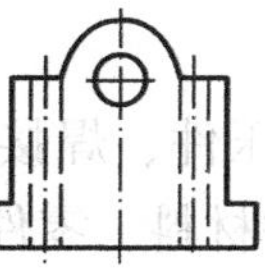	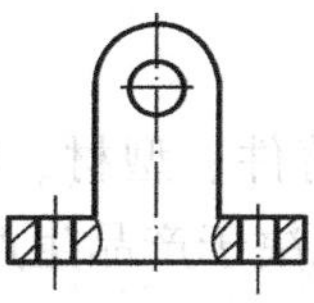	避免了深孔加工，节省了材料，紧固件连接可靠
7	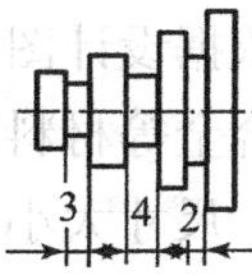	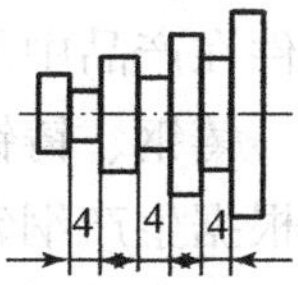	凹槽尺寸相同可节省换刀时间
8	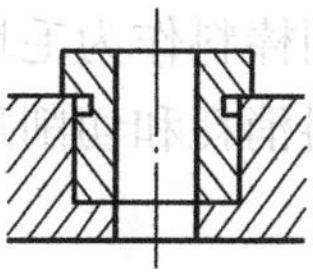	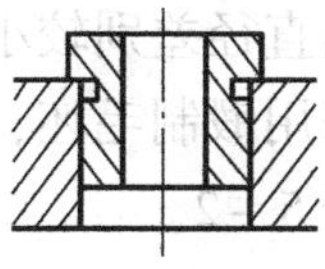	通直孔容易加工
9	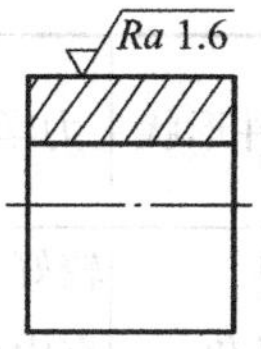	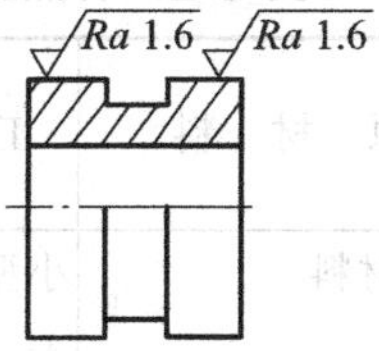	减少零件的加工表面面积，可降低刀具消耗，保证配合表面接触良好
10	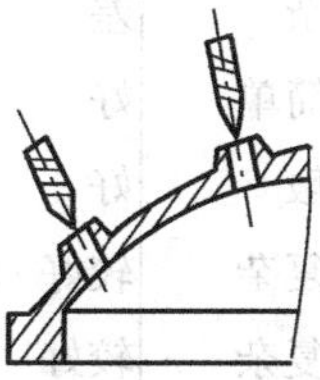	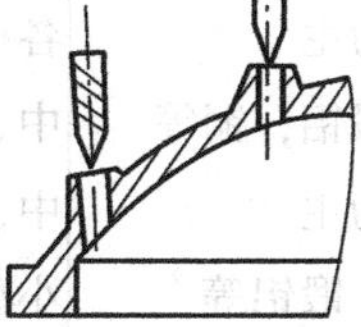	孔端圆形凸台平行，以便同时加工出来
11	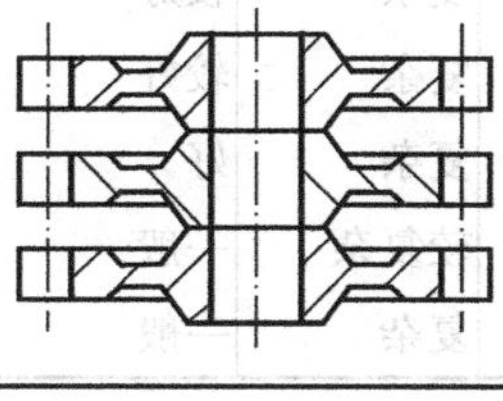	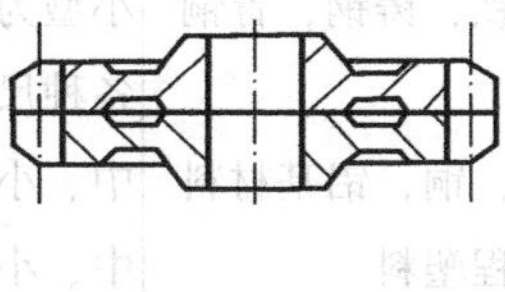	提高安装刚度，减少空程，生产率高

续表

序号	改　前	改　后	说　明
12	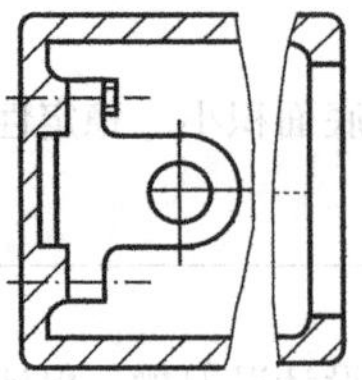	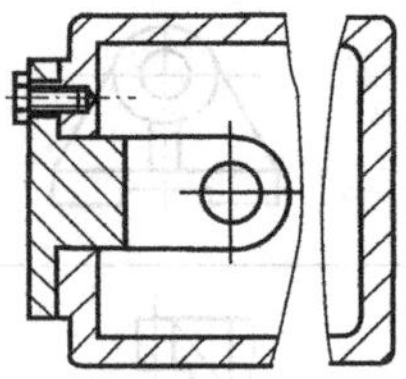	尽量将加工表面放在零件外部
13	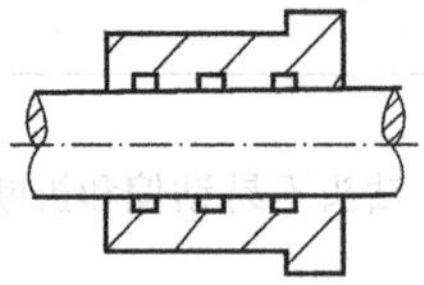	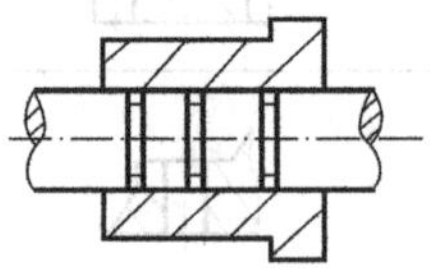	尽量将加工表面放在零件外圆表面

3. 毛坯选择

汽车常用的机械零件毛坯类型有铸件、型材、模锻件、冲压件、焊接件以及粉末冶金件、成形轧制件等。毛坯类型的选择取决于产品生产纲领、零件材料、零件结构形状和尺寸等要求。

一般情况下，设计人员可以根据零件在产品中的功能，以及依据设计图样上规定的零件材料牌号，确定毛坯种类。如选用铸铁、铸钢、铸铜、铝镁铸造合金等材料时，毛坯肯定为铸件。而对于材料为结构钢的零件，可根据生产纲领、结构形状、尺寸大小、技术要求和所起作用来确定毛坯种类。对于货车前梁、军车曲轴、连杆等重要零件，可明确毛坯是锻件。对于一般的阶梯轴类零件，若各阶梯的直径差别较小，则可用圆棒料作为毛坯；而对于重要的轴或直径差别较大的阶梯轴，则宜采用锻制毛坯，以减少材料消耗和切削加工量。

常用毛坯的特点及适用范围参见表 5－2。

表 5－2　各类毛坯的特点及适用范围

毛坯种类	制造精度（IT）	加工余量	原　材　料	工件尺寸	工件形状	力学性能	适用生产类型
型　材		大	各种材料	小型	简单	较好	各种类型
型材焊接件		一般	钢材	大、中型	较复杂	有内应力	单件
砂型铸件	14 级以下	大	铸铁，铸钢，青铜	各种尺寸	复杂	差	单件小批
自由锻件	14 级以下	大	钢材为主	各种尺寸	较简单	好	单件小批
模锻件	11～14	一般	钢，锻铝，铜等	中、小型	一般	好	中、大批量
金属型铸造	10～12	较小	铸铝为主	中、小型	较复杂	较好	中、大批量
精密模锻	8～11	较小	钢材，锻铝等	小型	较复杂	较好	大批量
压力铸造	8～11	小	铸铁，铸钢，青铜	中、小型	复杂	较好	中、大批量
熔模铸造	7～10	很小	铸铁，铸钢，青铜	小型为主	复杂	较好	中、大批量
冲压件	8～10	小	钢	各种尺寸	复杂	好	大批量
粉末冶金件	7～9	很小	铁，铜，铝基材料	中、小尺寸	较复杂	一般	中、大批量
工程塑料件	9～11	较小	工程塑料	中、小尺寸	复杂	一般	中、大批量

4. 制订加工工艺方案

工艺方案包括拟定工艺路线和定位方案两方面。所谓工艺路线就是零件在生产过程中由毛坯到成品所经历的工序及其先后顺序。工艺路线是机械加工工艺规程的核心，其主要内容包括表面加工方法的确定，加工顺序的安排，加工阶段的划分，工序集中与分散程度的确定，各工序所用设备及工艺装备的确定。定位方案的制订包括加工表面定位基准和定位元件的选择；工件夹紧方法的确定，并绘制必要的夹具草图。

工艺方案的拟订是工艺规程制订过程中最为关键并具有决定性意义的一步，必须在充分调查研究的基础上提出多套工艺方案，并通过分析比较，确定一个既经济又合理的工艺方案。最终确定的工艺方案，需要通过评审、审批环节才能作为开展后继工作的依据。

制订工艺路线的详细内容安排在本章 5.3 节中详细介绍，定位方案中定位基准的选择安排在本章 5.4 节中详细介绍。

5. 详细工序设计

工艺方案确定后，需对每道工序进行详细设计，划分一个个工步，并确定每个加工表面的加工余量、工序尺寸和公差、切削用量和时间定额。这部分内容安排在本章 5.5 节中详细介绍。

6. 填写工艺文件（略）

7. 审批发放（略）

5.3　工艺路线的制订

确定工艺路线是机械零件加工工艺规程制订过程的核心，它直接影响到工艺过程中工序的数量、设备类型及数量、车间面积大小、零件的加工质量、生产效率和生产成本等各个方面。因此，制订工艺路线时，应综合考虑各方面因素，科学决策。

5.3.1　加工经济精度和表面粗糙度

制订工艺规程过程中，在保证技术性要求的前提下，尽可能地选择费用少的加工方法，以满足经济性要求。任何一种加工工艺方法，都需要由技术工人利用相关的设备和工艺装备完成。这一过程需要花费一定的时间，并产生各种各样的费用，主要包括工人工资、设备损耗、能源消耗等。同时，同一种加工方法所能达到的技术等级和产生的费用跟设备和工艺装备的质量、工人的技术水平，以及加工时间的长短有直接关系。一般情况下，如果采用先进的设备和工艺装备、高技术水平的工人、花费较长的加工时间，则能达到的技术等级相对较高，但加工成本也相对较高。

任何一种加工方法的加工误差和加工成本之间都有如图 5－12 所示的关系。图 5－12 中 δ 为加工误差或加工精度，S 表示加工成本。由图 5－12 中曲线可知，加工成本的总趋势是随着加工误差的减小而上升，但在不同的误差范围内成本上升的速度却不同。只有在图 5－12 中曲线的 AB 段，加工成本与加工误差之间的关系相对稳定，既能保证较高的技术等级，又能控制合理的加工成本；AB 段之外，都不能同时兼顾技术和经济两方面的要求。所以，只有每种加工方法的加工误差落在曲线 *AB* 段之间时，才是经济合理的。人们称 *AB* 段所对应的加工误差或加工精度范围为每种加工方法的经济精度，它是一个范围而不是一个单值。

在制订工艺规程时，为了同时满足技术和经济两方面的要求，应合理地选择加工方法，而选择加工方法的依据就是加工经济精度和表面粗糙度。

加工经济精度和表面粗糙度是指在正常加工条件下，某种加工方法所能达到的公差等级和表面粗糙度。这里的正常加工条件是指采用符合质量标准的设备、工艺装备，使用标准技术等级的工人，并且不延长加工时间等。

各种加工方法都对应一定的加工经济精度和表面粗糙度范围。在工艺规程制订时，应当选择其加工经济精度和表面粗糙度能够满足工件加工技术要求的表面加工方法。加工经济精度与表面粗糙度之间存在一定关系。一般情况下，被加工表面加工精度高时，对应的表面粗糙度值也一定小；反之，表面粗糙度值小时，尺寸公差值不一定小。

另外，各种加工方法的加工经济精度所对应的公差等级并不是一成不变的，它随机械加工水平的不断提高，机床和工艺装备的改进而不断提高。加工精度与年代增长和技术进步的关系如图 5－13 所示。

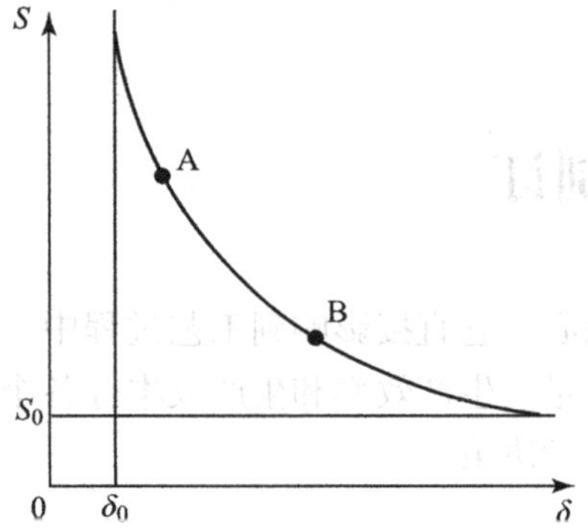

图 5－12　加工误差与加工成本的关系

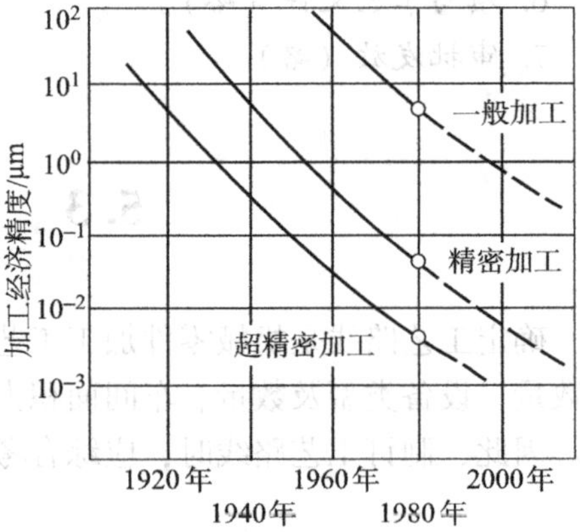

图 5－13　加工经济精度与年代增长和技术进步的关系

表 5－3、表 5－4 和表 5－5 分别给出了外圆表面、内孔及平面加工中各种加工方法所对应的加工经济精度和表面粗糙度。表 5－6 为常用机床加工的形位精度，可供选择时参考。

表 5－3　外圆加工中各种加工方法的加工经济精度及表面粗糙度

加工方法	加工情况	加工经济精度（IT）	表面粗糙度（*Ra*）/μm
车	粗车	12～13	10～80
	半精车	10～11	2.5～10
	精车	7～8	1.25～5
	金刚石车（镜面车）	5～6	0.02～1.25
铣	粗铣	12～13	10～80
	半精铣	11～12	2.5～10
	精铣	8～9	1.25～5

续表

加工方法	加工情况	加工经济精度（IT）	表面粗糙度（Ra）/μm
车槽	一次行程 二次行程	11～12 10～11	10～20 2.5～10
磨削	粗磨 半精磨 精磨 精密磨（精修砂轮） 镜面磨	8～9 7～8 6～7 5～6 5	1.25～10 0.32～2.5 0.16～1.25 0.08～0.40 0.008～0.08
抛光			0.08～1.25
研磨	粗研 精研 精密研	5～6 5 5	0.16～0.63 0.04～0.32 0.008～0.08
超精加工	精 精密	5 5	0.08～0.32 0.01～0.16
砂带磨	精磨 精密磨	5～6 5	0.02～0.16 0.01～0.04
滚压		6～7	0.16～1.25
注：加工有色金属时，表面粗糙度 Ra 取小值。			

表 5-4　孔加工中各种加工方法的加工经济精度及表面粗糙度

加工方法	加工情况	加工经济精度（IT）	表面粗糙度（Ra）/μm
钻	ϕ15 mm 以下 ϕ15 mm 以上	11～13 10～12	5～80 20～80
扩	粗扩 一次扩孔（铸孔或冲孔） 精扩	12～13 11～13 9～11	5～20 10～40 1.25～10
铰	半精铰 精铰 手铰	8～9 6～7 5	1.25～10 0.32～5 0.08～1.25
拉	粗拉 一次拉孔（铸孔或冲孔） 精拉	9～10 10～11 7～9	1.25～5 0.32～2.5 0.16～0.63
推	半精推 精推	6～8 6	0.32～1.25 0.08～0.32

续表

加工方法	加工情况	加工经济精度（IT）	表面粗糙度（Ra）/μm
镗	粗镗 半精镗 精镗（浮动镗） 金刚镗	12～13 10～11 7～9 5～7	5～20 2.5～10 0.63～5 0.16～1.25
磨	粗磨 半精磨 精磨 精密磨（精修整砂轮）	9～11 9～10 7～8 6～7	1.25～10 0.32～1.25 0.08～0.63 0.04～0.16
珩磨	粗珩 精珩	5～6 5	0.16～1.25 0.04～0.32
研磨	粗研 精研 精密研	5～6 5 5	0.16～0.63 0.04～0.32 0.008～0.08
挤	滚珠、滚柱扩孔器，挤压头	6～8	0.01～1.25
注：加工有色金属时，表面粗糙度 *Ra* 取小值。			

表 5－5　平面加工中各种加工方法的加工经济精度及表面粗糙度

加工方法	加工情况	加工经济精度（IT）	表面粗糙度（Ra）/μm
周铣	粗铣 半精铣 精铣	11～13 8～11 6～8	5～20 2.5～10 0.63～5
端铣	粗铣 半精铣 精铣	11～13 8～11 6～8	5～20 2.5～10 0.63～5
车	半精车 精车 细车（金刚石车）	8～11 6～8 6	2.5～10 1.25～5 0.02～1.25
刨	粗刨 半精刨 精刨 宽刀精刨	11～13 8～11 6～8 6	5～20 2.5～10 0.63～5 0.16～1.25
插	普通立插	10～11	2.5～20
拉	粗拉（铸造或冲压表面） 精拉	10～11 6～9	5～20 0.32～2.5

续表

加工方法	加工情况	加工经济精度（IT）	表面粗糙度（*Ra*）/μm
平磨	粗磨 半精磨 精磨 精密磨	8 ~ 10 8 ~ 9 6 ~ 8 6	1.25 ~ 10 0.63 ~ 2.5 0.16 ~ 1.25 0.04 ~ 0.32
刮	25 mm × 25 mm 内点数	8 ~ 10 10 ~ 14 13 ~ 16 16 ~ 20 20 ~ 25	0.63 ~ 1.25 0.32 ~ 0.63 0.16 ~ 0.32 0.08 ~ 0.16 0.04 ~ 0.08
研磨	粗研 精研 精密研	6 5 5	0.16 ~ 0.63 0.04 ~ 0.32 0.008 ~ 0.08
砂带磨	精磨 精密磨	5 ~ 6 5	0.04 ~ 0.32 0.01 ~ 0.04
滚压		7 ~ 10	0.16 ~ 2.5
注：加工有色金属时，表面粗糙度 *Ra* 取小值。			

表 5－6　各种机床加工时的形位精度（表中括号内的数字是新机床的精度标准）

机床类型			圆度/mm	圆柱度（mm/mm 长度）	直线度（mm/mm 直径）
普通车床	最大加工直径/mm	≤400	0.02(0.01)	0.015(0.01)/100	0.03(0.015)/200 0.04(0.02)/400 0.05(0.025)/400
		≤800	0.03(0.015)	0.05(0.04)/400	0.06(0.04)/500 0.08(0.04)/600 0.10(0.05)/700 0.12(0.06)/800
		≤1 600	0.04(0.02)	0.06(0.04)/400	0.14(0.07)/900 0.16(0.08)/1000
提高精度车床			0.01(0.005)	0.02(0.01)/150	0.02(0.01)/200
外圆磨床	最大磨削直径/mm	≤200	0.006(0.004)	0.011(0.007)/500	
		≤400	0.008(0.005)	0.02(0.01)/1000	
		≤800	0.012(0.007)	0.025(0.015)/全长	

续表

机床类型	钻孔的偏斜度(mm/mm 长度)	
	划线法	钻模法
立式钻床	0.3/100	0.1/100
摇臂钻床	0.3/100	0.1/100

机床类型			圆度/mm	圆柱度(mm/mm 长度)	直线度(凹入)(mm/mm 直径)	孔轴心线的平行度(mm/mm 长度)	孔与端面的垂直度(mm/mm 长度)
卧式镗床	镗杆直径/mm	≤100	外圆 0.05(0.025) 孔 0.04(0.02)	0.04(0.02)/200	0.04(0.02)/400		
		≤160	外圆 0.05(0.03) 孔 0.05(0.025)	0.05(0.03)/400	0.05(0.03)/500	0.05(0.03)/300	0.05(0.03)/300
		>160	外圆 0.05(0.04) 孔 0.05(0.03)	0.06(0.04)/400			
内圆磨床	最大直径/mm	≤50	0.008(0.005)①	0.008(0.005)/200	0.009(0.005)①		0.015(0.008)①
		≤200	0.015(0.008)①	0.015(0.008)/200	0.014(0.008)①		0.018(0.01)①
立式金刚镗床			0.008(0.005)	0.02(0.01)/400			0.03(0.02)/400

机床类型			直线度(mm/mm 长度)	平行度(加工面对基准面)(mm/mm 长度)	垂直度	
					加工面对基准面(mm/mm 长度)	加工面相互间(mm/mm 长度)
卧式铣床			0.06(0.04)/300	0.06(0.04)/300	0.04(0.02)/150	0.05(0.03)/400
立式铣床			0.06(0.04)/400	0.06(0.04)/400	0.04(0.02)/150	0.05(0.03)/400
龙门铣床	最大加工宽度/mm	≤2 000	0.05(0.03)/1000	0.05(0.04)/2 000 0.07(0.05)/4 000 0.10(0.06)/6 000 0.14(0.08)/8 000		0.06(0.04)/300
		>2 000				0.10(0.06)/500
插床	最大插削长度/mm	≤200	0.05(0.025)/300		0.05(0.025)/300	0.05(0.025)/300
		≤500	0.05(0.03)/300		0.05(0.03)/300	0.05(0.04)/300
		≤800	0.06(0.04)/500		0.06(0.04)/500	0.06(0.04)/500
		≤1 250	0.07(0.05)/500		0.07(0.05)/500	0.07(0.05)/500

续表

机床类型		直线度（mm/mm 长度）	平行度（加工面对基准面）（mm/mm 长度）	垂　直　度	
				加工面对基准面（mm/mm 长度）	加工面相互间（mm/mm 长度）
平面磨床	立轴矩台，卧轴矩台		0.02（0.015）/1 000		
	卧轴矩台（提高精度）		0.009（0.005）/500		0.01（0.005）/100
	卧轴圆台		0.02（0.01）/工作台直径		
	立轴圆台		0.03（0.02）/1 000		
①工件长度大于 1/2 机床最大磨削长度，但小于 200 mm。					

5.3.2　表面加工方法的选择

在设计工艺路线时，首先要考虑各表面加工方法的选择。具有不同加工精度和表面粗糙度要求的零件各表面，可由多种加工方法加工完成。因此，在选择加工方法时，必须先了解各类加工方法的原理、特点、加工经济精度和表面粗糙度，以及应用范围。

具有一定加工质量要求的零件各个表面，考虑到加工成本和企业生产条件，一般均不能只用一种加工方法、通过一次加工达到技术要求，而往往需要经过多次预加工和终加工，由粗到精的达到要求。选择零件表面加工方法的方法是：根据各种加工方法的加工经济精度和表面粗糙度，首先确定能满足并可靠保证加工表面加工精度和表面粗糙度要求的最终加工方法；其次是依据最终加工方法对加工前表面的加工精度和表面粗糙度要求，确定预加工方法；最后依次往前推，直到加工前表面为毛坯表面满足要求为止。同时，一个达到同样加工质量要求的表面从预加工到终加工的加工过程方案可以有多个，但它们之间有不同的生产率和加工成本。

1. *影响表面加工方法选择的因素*

影响零件表面加工方法选择的因素很多，主要因素有零件表面的形状、尺寸、精度和表面粗糙度，零件结构、重量，材料和热处理要求，零件产量、生产类型和企业生产条件等。因此，在选择零件从粗到精的加工方法及过程时，要综合考虑各方面因素对加工过程的影响，选择最佳加工方法。

（1）零件加工表面的形状和尺寸应与所选择的加工方法的成形特性相适应。

如小尺寸孔可选择钻、铰和拉削等加工方法，而大尺寸孔则一般采用镗和磨削等方法；螺纹可用车削与磨削加工；形状不规则的凸轮型面，就无法采用无心磨削加工，等等。

（2）工件表面加工方法的选择应与加工经济精度与表面粗糙度相适应。

如加工经济精度为 IT 10、表面粗糙度 Ra 为 1.6 μm 的外圆表面，可选用半精车的方法；而加工经济精度为 IT 5、表面粗糙度 Ra 为 0.1 μm 的外圆，可选用精磨的方法。

(3) 工件表面加工方法应满足工件的材料性能与热处理要求。

工件材料和热处理后的硬度，对加工性能有很大影响。淬硬钢硬度很高，不能采用金属切削刀具进行加工，而只能采用磨削加工方法；有色金属，硬度低而韧性较大，一般不采用磨削加工。

(4) 选择加工方法时，不能只依据加工表面本身的特性，还应考虑工件的整体形状与重量因素。

如孔可用钻、铰和拉等方法加工，但若孔是盲孔则不能用铰和拉的方法加工；当工件重量很大时，一般采用刀具做高速运动的加工方法。

(5) 选择加工方法时，还要考虑零件的产量及生产类型，以满足生产率和经济性要求。

当大批大量生产时，一般采用高效先进的加工方法，而单件小批生产中，则大多采用通用设备和常规加工方法。对于汽车零件来讲，由于生产批量大，质量要求高，采用自动线流水生产和社会配套加工，对生产条件、材料与毛坯性能等控制严格，同时更要周全分析和选择加工方法。

(6) 选择加工方法时，应充分考虑企业现有的生产设备及技术的发展。

充分利用企业现有的生产设备的同时，应根据需要对现有设备进行技术改造，采用新工艺、新技术，不断提高机械加工工艺水平，以促进生产的发展。

2. 典型表面的加工过程

机械加工零件的典型表面包括外圆表面、孔及平面三类，下面分别介绍其加工过程。

1) 外圆表面加工过程

图 5－14 给出了外圆表面的常见加工过程，以及加工过程中各加工方法所能达到的加工经济精度和表面粗糙度。

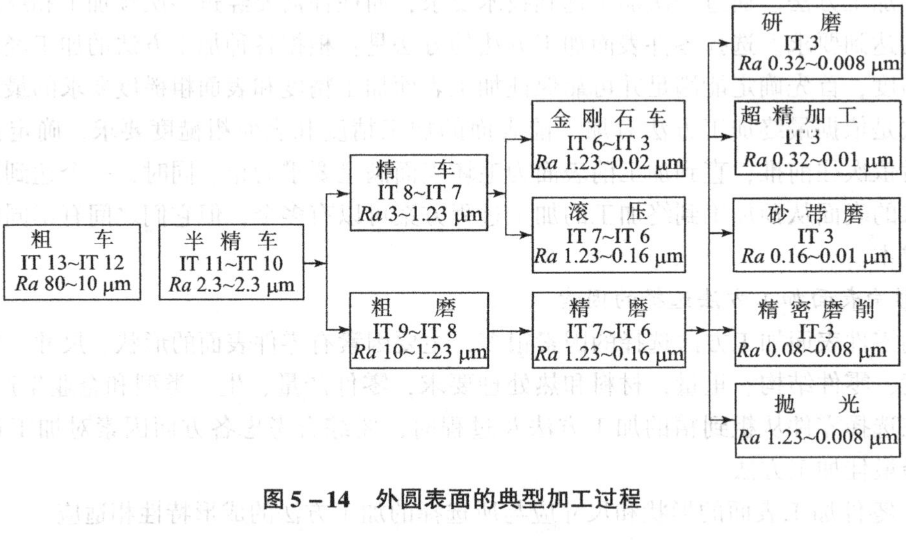

图 5－14　外圆表面的典型加工过程

在外圆表面的加工过程中，包括以下四种常用的典型方案。

(1) 粗车—半精车—精车。这是应用最广泛的一种加工方案。对于一般常用材料，加工经济精度要求不高于 IT 7、表面粗糙度 $Ra \geqslant 0.8$ μm 的零件表面，均可采用此加工方案。

(2) 粗车—半精车—粗磨—精磨。对于黑色金属材料，加工经济精度要求高，但表面粗糙度值要求较小，并且零件表面需要淬硬时，常采用此种加工方案并以磨削作为最终加工方法。

（3）粗车—半精车—精车—金刚石车。对于有色金属，因为它比较软，用磨削加工通常容易堵塞磨粒间的空隙，不易得到所要求的表面粗糙度，所以多用精车和金刚石车作为最终表面加工方法。

（4）粗车—半精车—粗磨—精磨—光整加工。对于黑色金属材料的淬硬零件，加工经济精度要求非常高，且表面粗糙度值要求很小，常用此加工方案，如发动机曲轴的加工。

2）孔的加工过程

图 5－15 是孔的常见加工过程，以及加工过程中各加工方法所能达到的加工经济精度和表面粗糙度。

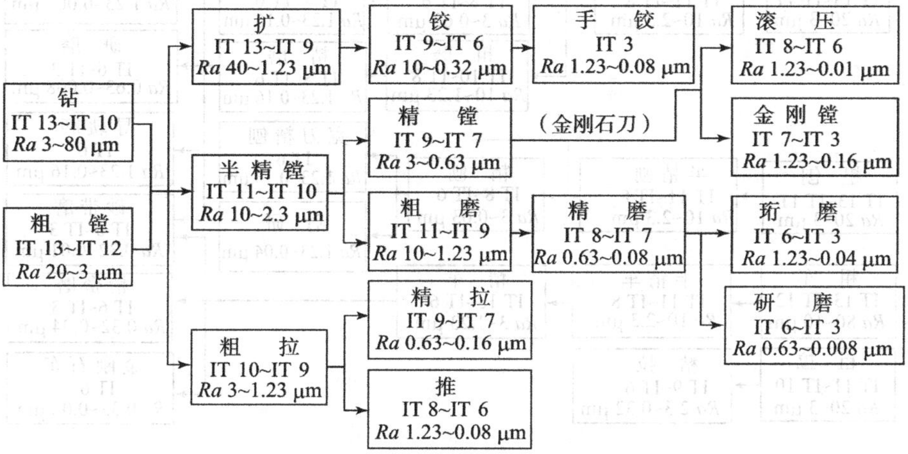

图 5－15　孔的典型加工过程

在孔的加工过程中，包括以下四种常见的典型加工方案。

（1）钻（粗镗）—粗拉—精拉。

此加工方案多用于大批量生产加工盘套类零件的圆孔、单键孔和花键孔，加工孔的尺寸精度可达 IT 7，且加工质量稳定，生产效率高。当工件上无铸出或锻出的毛坯孔时，第一道工序安排钻孔；若有毛坯孔，则安排粗镗孔；如毛坯孔的精度好，可直接拉孔。

（2）钻—扩—铰。

这是一种在各种生产类型中都应用非常广泛的孔加工方案，主要用于直径 $D<\phi 50$ mm 的中小孔加工。加工后孔的尺寸精度通常达 IT 8～IT 6，表面粗糙度 *Ra* 3.2～0.8 μm。若尺寸、形状精度和表面粗糙度要求更高，可在铰后安排一次手铰。由于铰削加工对孔的位置误差的纠正能力差，因此孔的位置精度主要由钻—扩来保证。所以，位置精度要求高的孔不宜采用此加工方案。

（3）钻（粗镗）—半精镗—精镗—浮动镗（或金刚镗）。

这也是一种在各种生产类型中应用非常广泛的加工方案，主要用于加工未经淬火的黑色金属及有色金属等材料的高精度孔和孔系（IT 7～IT 5 级，*Ra* 1.25～0.16 μm）。与钻—扩—铰工艺方案不同的是：所能加工的孔径范围大，一般孔径 $D\geqslant\phi 18$ mm，即可采用装夹式镗刀镗孔；加工出孔的位置精度高，如金刚镗多轴镗孔，孔距公差可控制在 ±0.005 mm～±0.01 mm，常用于加工位置精度要求高的孔或孔系，如连杆大小头孔、发动机箱体孔系等。

(4) 钻(粗镗)—半精镗—粗磨—精磨—研磨(或珩磨)。

这种加工方案常用于黑色金属，特别是淬硬零件的高精度的孔加工。其中，研磨孔的工艺原理与前述外圆研磨相同，只是此时的研具是一圆棒。发动机缸体活塞孔就是采用这种加工方案。

3) 平面加工过程

图5-16为平面的常见加工过程，以及加工过程中各加工方法所能达到的加工经济精度和表面粗糙度。

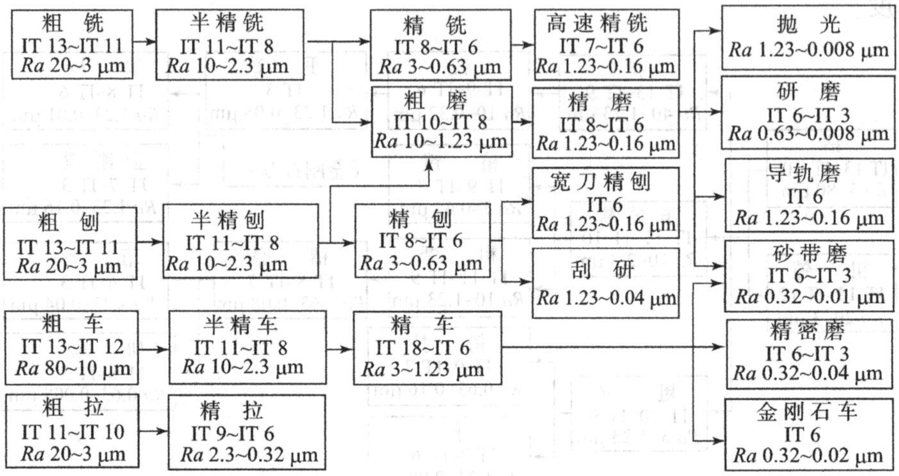

图5-16　平面典型的加工过程

在平面的加工过程中，包括以下五种常见的典型加工方案。

(1) 粗铣—半精铣—精铣—高速精铣。

铣削是平面加工中应用最多的方法。若采用高速精铣作为终加工，不但可达到较高精度，而且可获得较高的生产效率。高速精铣的工艺特点是：高速($v_c = 200 \sim 400$ m/min)，小进给($f = 0.04 \sim 0.10$ mm/r)，小吃深($a_p < 2$ mm)。其精度和效率，主要取决于铣床的精度和铣刀的材料、结构和精度，以及工艺系统的刚度。在大规模生产中应用较多，如发动机缸体平面加工。

(2) 粗刨—半精刨—精刨—宽刀精刨(或刮研)。

此加工方案以刨削加工为主。通常，刨削的生产率较铣削低，但机床运动精度易于保证，刨刀的刃磨和调整也较方便，故在单件小批量生产中应用较多。宽刀精刨可达到较高的精度和较低的表面粗糙度，在大平面精加工中用以代替刮研。

(3) 粗铣(刨)—半精铣(刨)—粗磨—精磨—研磨或导轨磨或砂带磨或抛光。

此加工方案主要用于淬硬表面或高精度表面的加工，淬火工序可安排在半精铣(刨)之后。

(4) 粗拉—精拉。

这是一条适合于大批量生产的加工方案，主要特点是生产率高，特别是对台阶面或有沟槽的表面，优点更为突出。如发动机缸体的底平面、曲轴轴瓦的半圆孔及分界面，都是一次拉削完成的。由于拉削设备和拉刀价格昂贵，因此只有在大批量生产中使用才体现出经济性。

(5) 粗车—半精车—精车—金刚石车。

此加工方案主要用于有色金属零件的平面加工，如轴类零件的端面。如果是黑色金属，则在精车以后安排精磨、砂带磨等方法。

5.3.3　机械加工顺序的安排

零件各点、线、面几何要素之间存在着尺寸位置关系。所以，零件某表面的加工会影响到它与其他表面之间的尺寸位置关系。为了使零件各表面通过一系列加工过程后最终满足各个几何要素之间的尺寸位置关系等技术要求，需要对各个表面之间的这些预加工和终加工方法进行合理的排序。安排机械加工顺序的原则有以下几个方面。

1. 先基准后其他

定位基准是安装的依据，所以为了后续表面加工的需要，应先安排定位精基准的加工，然后以精基准面来定位加工其他表面。

2. 先粗后精

对于零件每个表面，一般要经历预加工和终加工，这个加工过程是由粗到精的过程。对于整个零件，一般应划分粗加工、半精加工和精加工阶段，将粗精加工分开，即先进行粗加工，然后进行半精加工，最后是精加工和光整加工。

3. 先主后次

主要表面是指工件上加工精度和表面质量要求较高的表面，它们通常是零件的装配基准（基面）和主要工作面，它们的加工质量对整个工件加工质量的影响非常大，容易使工件成为废品。所以，为了减少工时的浪费，应先考虑主要表面的加工，后考虑次要表面的加工。应该指出，先主后次原则不是绝对的，并不是把所有次要表面的加工放在主要表面之后，而是把次要表面的加工穿插在各主要表面的加工过程中。

4. 先面后孔

对于工件上同时存在孔和平面的加工，且孔与平面有位置精度要求时，应先安排平面的加工，再以平面作为定位基准加工孔。这样，便于孔加工时的准确定位安装，有利于保证孔和平面之间的位置精度。另外，在已加工好的平面上钻孔，改善了刀具的初始加工条件，便于加工过程顺利进行。

5.3.4　其他工艺的安排

1. 热处理工序的安排

零件机械加工过程中，应根据其作用和目的，在机械加工工序之间合理穿插安排退火、正火、淬火、调质与表面处理等热处理工序。其执行原则是：

(1) 为改善材料切削性能而进行的热处理工序（如退火、正火等），需安排在切削加工之前。

(2) 为消除内应力而进行的热处理工序（如退火、人工时效等），最好安排在粗加工之后、精加工之前进行，有时也可安排在切削加工之前。

（3）为改善工件材料的力学性能而进行的热处理工序（如调质、淬火或表面淬火等）通常安排在粗加工后、精加工之前。其中渗碳淬火一般安排在切削加工后、磨削加工之前。对于表面淬火、渗碳和离子氮化等变形小的热处理工序，可允许安排在精加工后进行。

（4）为了提高零件表面耐磨性或耐蚀性而进行的热处理工序以及以装饰为目的的热处理工序或表面处理工序（如镀铬、镀锌、氧化、磷化等），一般放在工艺过程的最后。

2. 辅助工艺的安排

辅助工序一般包括去毛刺、倒棱、清洗、探伤、校直、防锈、退磁、检验、称重、平衡等。其中检验工序是主要的辅助工序，它对保障产品质量有着极其重要的作用。检验工序的安排原则是：

（1）安排在关键工序或工序较长的工序前后。

（2）在零件换车间加工前后，特别是在热处理工艺前后，一般都要进行形状、尺寸和表面硬度的检查，甚至是X光透视或金相组织的检查。

（3）在粗加工后、精加工前的中间检查。

（4）零件全部加工完毕的最终检测等。

5.3.5 加工阶段的划分

对零件加工工艺过程划分阶段，主要是为了保证零件的加工质量、生产效率和经济性，即贯彻“质量、效率、成本和安全”原则，将其划分成粗加工、半精加工和精加工三个阶段，使零件加工时由粗到精，按阶段顺序进行，分别完成不同的加工内容，达到不同的加工目的。对于精度要求高的零件，尤其是表面粗糙度要求特别高时，还需安排精密加工（含光整加工）和超精密加工阶段，以最终达到设计技术要求为目的。

加工阶段的划分是针对整个工件的加工过程来说的，不能以某一表面的加工或某一工序的性质来判断。如有的半精加工阶段就可能把工件某些表面加工得很准确，而在精加工阶段安排工件的一些次要表面的半精加工。

1. 各阶段的主要任务

1）粗加工阶段

粗加工阶段主要是从毛坯各加工表面上切除大部分的金属余量，使加工工件从形状和尺寸上最大限度地接近设计图样所规定的形状和尺寸要求，并加工出精基准。该阶段需要切除的加工余量占总余量的75%。

2）半精加工阶段

半精加工用来切除并减少工件上由粗加工阶段留下来的余量和误差，使工件加工表面达到一定的精度要求，从而接近和满足设计图样中规定的部分精度要求。这一方面是为工件主要表面的精加工做好准备；另一方面则对一些精度要求不高的表面完成终加工，如非配合面的加工等。

3）精加工阶段

精加工阶段主要是保证零件各主要表面的加工质量，如尺寸、形状、位置精度及表面粗糙度，都符合产品设计图样所规定的技术要求。大多数零件的表面都在此阶段后加工完毕，只有少数质量要求特别高的零件表面需要为进入后续精密加工或光整加工做好准备。

4）精密和超精密加工阶段

精整、光整加工阶段是精加工后从工件表面上不切除或切除极薄金属层，以进一步提高加工表面的尺寸及形状精度，降低表面粗糙度，或用强化来改善表面质量，最终达到零件设计图样上所规定的技术要求。需要说明的是，精整、光整加工一般不能用来提高位置精度。精密和超精密加工必须采用一些高精度的加工方法，如精密磨削、珩磨、研磨、金刚石车削等，进一步降低表面粗糙度。

2. 划分阶段的主要原因

零件加工划分加工阶段的主要原因有以下几个方面。

（1）可以更好地保证加工质量。

由于粗加工时加工余量大，加工时背吃刀量和进给量都大，产生的切削力及切削热都较大，因而引起工件的受力变形、受热变形及内应力都很大。这样，粗加工引起的加工误差就大，加工质量不高，必须通过后续更高级别的加工过程和技术手段，改变切削用量，逐步减少加工误差，最终达到零件设计时规定的加工质量要求。

另外，一些存在残余应力的毛坯在粗加工之后，会由于内应力重新分布而产生变形，而这种变形过程需要一定的时间。划分了加工阶段后，就可在粗加工后、精加工前安排技术方法，如人工时效处理，使工件残余应力释放，以避免残余应力引起的变形对精加工后零件的精度产生影响。

（2）可以方便地安排热处理工序并及时发现毛坯缺陷。

对需要热处理的零件，其加工过程至少需要划分为两个加工阶段。因为精密零件在粗加工后，为减少残余应力对精加工的影响，一般应安排一次去应力的时效处理。对于淬火、渗氮等零件表面强化处理，一般安排在半精加工之后以消除表面强化处理引起的变形，而且可满足零件表面强化的技术要求。

另外，零件划分加工阶段后，通过在粗加工阶段中切除较大的加工余量，可及早发现如疏松、缩孔等零件内部缺陷，以便及时采取报废或修补措施，避免继续加工造成的更多人力、物力、能源浪费。

（3）可以合理地安排使用机床设备。

加工过程划分阶段后，可根据各类加工设备的各自特点，合理地安排使用设备，充分发挥不同机床设备各自的性能和优势。在粗加工时，可使用功率大、刚度高、普通精度的机床设备，发挥其效率高的优势；精加工时，则使用高精度机床并在较小的切削力作用下工作，以长期保持设备的精度，并延长使用寿命。

需要指出的是，上述加工阶段的划分并不是绝对的，主要根据加工过程中工件的变形对其加工精度的影响程度来决定取舍。当零件的加工质量要求不高，工件刚性足够，且毛坯质量高、加工余量小时，也可以不划分加工阶段。

5.3.6　工序集中与分散（工序的组成）

在确定零件各表面的加工顺序及划分完零件加工阶段后，需要对每个加工阶段中的零件表面加工内容及方法进行工序划分和安排。工序划分是根据零件加工的工艺特点和生产加工过程的组织形式，应用工序集中和工序分散两种不同原则，对加工内容进行不同的组合来实现的。

所谓工序集中就是将工件加工内容尽可能集中在少数几道工序或一道工序内完成，而每道工序的加工内容较多；工序分散正好相反，它将工件加工内容分散在较多的工序中完成，而每道工序的加工内容较少。工序分散时，一道工序的加工内容最少时可以只包含一个简单工步。因此，工序集中与分散将影响工序的数目和每道工序内容的繁简程度。

1. 工序集中与分散的特点

1）工序集中

工序集中时，工序数目少，工序内容复杂，其工艺特点为：

(1) 工序数目少，有利于简化生产组织和计划管理工作。

(2) 减少了机床设备的数量，并相应减少操作工人，节省车间面积。

(3) 减少安装次数。在一次安装中可完成零件多个表面的加工，可以较好地保证这些表面的相互位置精度；同时，减少了装夹时间和工件的搬运工作量，有利于提高生产率，缩短生产周期。

(4) 有利于采用高效率的专用机床或自动生产线、数控机床等，可提高产品质量和生产率。

(5) 因为工序集中需要采用专用设备，且装备复杂，使得投资增大，设备调整和维修费时，生产准备工作量和时间增加。

2）工序分散

工序分散时，工序数目多，工序内容简单，其工艺特点为：

(1) 机床设备及工艺装备简单，调整和维修方便，工人易于掌握。

(2) 生产准备工作量少，便于平衡工序时间。

(3) 工序分散设备数量多，操作工人多，占用场地大，生产组织和计划管理工作复杂，生产周期长。

2. 工序集中与工序分散的应用

从工序集中和工序分散的特点可以看出，它们的优缺点正好相反，各有利弊。所以，制订工艺规程时，应根据零件生产类型、零件结构特点、技术要求、企业现有生产条件等进行综合考虑分析，择优选用。

1）生产纲领

一般情况下，产量较小（单件小批生产）时，采用工序集中原则，可以简化生产计划和生产组织管理工作。当产量大（大批大量生产）时，可选用工序分散原则，用流水线方式组织生产，提高产量。

2）工件的尺寸和重量

对尺寸和重量较大的工件，一般采用工序集中原则组织生产，以解决安装和运输问题。

3）机床（设备）工艺装备的条件

在高效、先进的机床（设备）和工艺装备上，如多刀、多轴机床或自动机床等，应采用工序集中原则，以获得较高的生产率。

另外需要指出的是：随着技术进步、成本降低，高效、先进的设备不断出现并广泛应用，工序集中成为趋势和主流，在提高生产率的同时提高了产品的质量。

5.3.7　机床（设备）和工艺装备的选择

机床（设备）和工艺装备是影响工件加工质量、生产效率和生产成本的重要因素。正确、合理、恰当地选择机床（设备）和工艺装备，对满足零件加工的技术性和经济性两方面的要求具有重要意义。所以，机床（设备）和工艺装备的选择是工艺规程制订中的重要环节之一。

各类加工方法都与相应原理的加工设备相对应。工艺人员在选择、确定零件表面加工方法后，基本就确定了机床（设备）的类型，但还得选择和确定具体的设备型号；当进一步完成了工序的划分和确定了定位基准后，工艺装备的类型也就基本确定，但还需进一步选择和确定工艺装备的规格。为了合理的选择机床（设备）和工艺装备，工艺人员应详细了解各种机床（设备）的规格、性能、精度和工艺装备的种类、规格，然后综合考虑零件结构、加工精度、生产规模等因素，合理选用。

1. 机床（设备）的选择

选择机床（设备）时，要综合考虑下列因素。

（1）机床（设备）的主要尺寸、行程和规格应该与工件的轮廓尺寸或其他相关尺寸相适应，即满足工件的尺寸加工要求。加工小尺寸的工件选用较小规格的机床（设备），而在加工较大尺寸的工件时选用较大规格的机床（设备），避免盲目选用大规格的机床（设备）。

（2）机床（设备）的加工精度、功率、刚度及切削用量范围应该与所加工零件的加工性质和要求相适应。粗加工时，选择刚度大、有一定功率储备的普通精度的机床（设备）；而在精加工时，选择主轴转速较高的高精度或精密机床（设备）。

（3）机床（设备）的生产效率应该与被加工零件的生产规格和类型相适应。单件小批量生产时选择通用机床（设备），而大批大量生产时选择高生产率的专用机床（设备）。

（4）机床（设备）的选择应考虑工厂、车间的现有条件，尽量采用现有机床（设备）或对现有的机床（设备）进行简单的技术改造以满足使用要求。

另外，还应考虑各类机床（设备）的生产负荷及其平衡，避免某些机床设备成为加工过程中的“瓶颈”超负荷运转，而有些设备则闲置不用。

2. 工艺装备的选择

工艺装备是指零件加工时所用的刀具、夹具、量具、检具、模具等各种工具的总称。如何合理选择使用工艺装备，可以从以下几个方面考虑。

（1）机床夹具的选择主要考虑生产类型和规模。对于单件小批量生产，应尽量选用通用夹具、组合夹具；在大批量生产时，应按加工工序内容要求设计、制造和使用专用夹具。由于汽车零件的生产一般属于成批、大量生产，所以除车床、外圆磨床等少数机床使用通用机床夹具外，多数机床使用高效的专用机床夹具。

（2）刀具的选择（种类、规格、材料、精度）主要取决于零件材料、加工表面的加工方法、尺寸大小、精度、表面粗糙度以及切削用量、生产效率、经济性等要素。一般条件下，尽可能采用标准刀具，这样可以直接降低生产成本。必要时，可采用复合刀具和专用刀具，如相同工艺的复合刀具（复合扩孔钻等）和不同工艺的复合刀具（钻—扩—铰复合刀具等）。这不仅提高了加工精度，还提高了生产效率，经济效果非常明显。

(3) 量检具的选择主要是根据零件生产规模、类型和检验项目精度来确定的。在单件小批量生产中，应尽量采用通用量具，如游标卡尺、千分尺、百分表等；成批大量生产时，应采用各种量规（专用环规、塞规等）、高生产率的检验仪器和检验用夹具等。

5.4 定位基准的选择

在制订零件机械加工工艺路线的同时，需要确定零件各加工表面的定位方案，主要包括选择加工表面的定位基准及其定位元件，计算定位误差。定位元件选择及定位误差计算已在前面章节详细介绍，本节将详细介绍定位基准的选择。

定位基准的合理选择是制订工艺规程过程中的一个非常重要的问题，它将直接影响到零件的加工质量，特别是零件相关表面之间的相对位置精度，以及专用机床夹具结构的复杂程度。所以，要在技术与经济两方面综合考虑，权衡利弊。

5.4.1 粗基准的选择

机械加工中，粗基准的选择主要考虑两个方面：一是保证各加工表面有足够且均匀的加工余量；二是非加工表面与加工表面之间的尺寸、位置误差要满足设计技术要求。具体应遵循以下几个原则。

1. *主要非加工表面原则*

为了保证工件上加工表面与非加工表面之间的相互位置关系，提高其位置精度，应以非加工表面作为粗基准；当工件上有多个非加工表面时，应选用其中主要或具有较高精度的非加工表面作为粗基准，而次要非加工表面则不宜作粗基准，一般只检查轮廓尺寸。

如图 5－17 所示的壳体零件，外圆柱面为非加工表面，选用它作为加工内圆柱面时的粗基准，以保证内圆柱面与外圆柱面之间具有足够的同轴度要求。

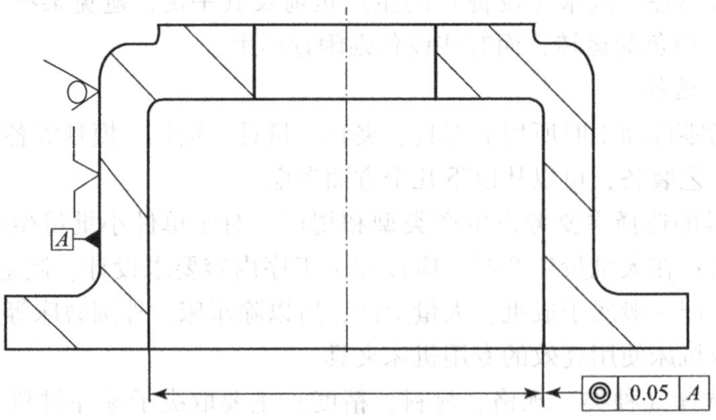

图 5－17　主要非加工面为粗基准

2. *余量均匀分配且最少原则*

当工件某加工表面很重要，要求保证它具有均匀的加工余量，则应选择该加工表面的毛坯面作为粗基准。如果工件各个表面都需要加工，则选用加工余量少的表面作为粗基准，以保证该表面加工时有足够多的余量。

如图 5－18 所示的车床床身，其中的导轨平面是其重要表面，精度要求高、晶体组织致密且要求均匀。所以，先以导轨平面的毛坯面作为粗基准加工底面，再以加工后的底面作为精基准加工其导轨平面，可保证加工导轨平面时具有均匀的余量，见图 5－18（a）；如果以底面作为粗基准直接加工导轨平面就无法保证导轨平面的加工余量分布均匀的要求，见图 5－18（b）。

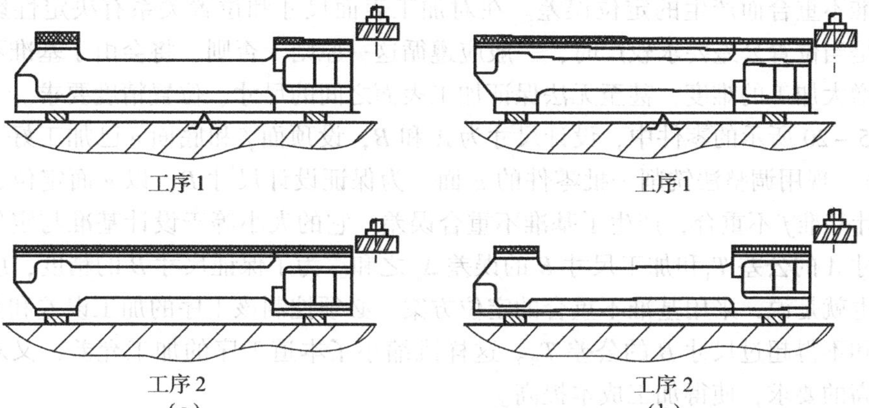

图 5－18　粗基准选择比较

（a）以导轨毛坯面作为粗基准，以导轨面作为精基准；（b）以底面作为粗基准

3. 同一尺寸方向上不重复使用原则

粗基准本身是毛坯表面，表面粗糙度大、尺寸和形状精度低。如在同一尺寸方向上重复使用，就不能保证每次装夹的定位位置一致，所以每次装夹时产生的定位误差很大，影响工件有关加工表面之间的加工精度要求。

如图 5－19 所示的凸缘，首先以不加工外圆表面定位来加工中心内孔，而在后面又以外圆表面定位加工凸缘上的几个均布孔，很显然加工完成后该凸缘上的均布孔会与中心内孔产生较大的同轴度误差。正确的工艺方案应先以外圆柱表面作为粗基准定位加工中心内孔，再以加工过的中心内孔作为定位基准加工均布孔，就能减小均布孔与中心内孔之间的同轴度误差。

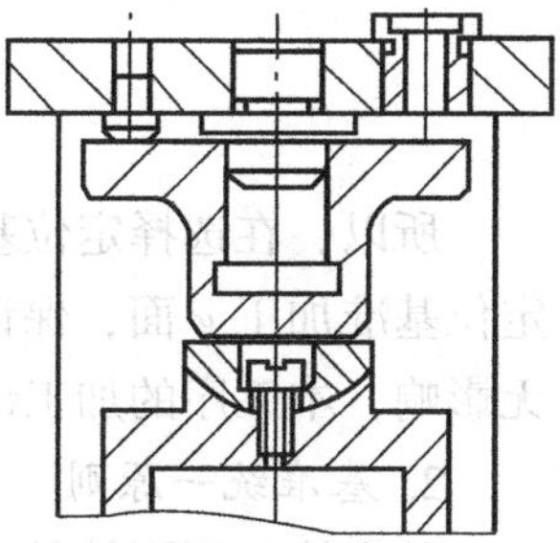

图 5－19　不重复使用粗基准

4. 便于工件装夹原则

选用的粗基准尽可能要求平整、光洁，且有足够大的尺寸和面积，不允许有锻造飞边，铸造浇、冒口等缺陷。所以，不宜选用铸造分型面作为粗基准。

对缸体类零件进行加工时，通常选取两端主轴承座孔和气缸内孔的毛坯孔作为粗基准。如果毛坯铸造精度较高，能保证缸体侧面对气缸孔轴线的位置精度，则也可选用侧面上的工艺凸台作为粗基准，以便于定位和装夹。

以上粗基准的选择原则，有时会出现相互矛盾的情况，需要根据具体情况综合考虑确定其主次关系，以主要原则优先来首先确定粗基准。

5.4.2 精基准的选择原则

精基准的选择主要考虑减少定位误差，保证加工表面之间的尺寸、位置精度要求，同时兼顾装夹的方便性与准确性。具体应遵循以下几个原则。

1. 基准重合原则

基准重合原则是指应尽可能地选用加工表面的设计基准或工序基准作为定位基准，以避免由于基准不重合而产生的定位误差。在对加工表面尺寸和位置关系有决定性影响的工序中，特别是当位置公差要求较严时，一般应遵循这一原则。否则，将会由于基准不重合误差的存在而增大加工的难度，甚至无法保证加工表面之间的尺寸、位置精度要求。

如图 5－20 所示的零件中，设计尺寸为 A 和 B，设顶面 f 和底面 e 已加工好（即尺寸 A 已经保证），现用调整法铣削一批零件的 g 面。为保证设计尺寸 B，以 e 面定位，则定位基准 e 与设计基准 f 不重合，产生了基准不重合误差。它的大小等于设计基准与定位基准之间的联系尺寸 A 的公差 T_A 和加工尺寸 B 的误差 Δ_j 之和。为了保证尺寸 B 的精度，应限制 $\Delta_j + T_A \leq T_B$。也就是说，采用基准不重合的定位方案，必须控制该工序的加工误差和基准不重合误差的总和不得超过尺寸 B 的公差 T_B。这样既缩小了本道工序的加工允差，又对前面工序提出了较高的要求，使得加工成本提高。

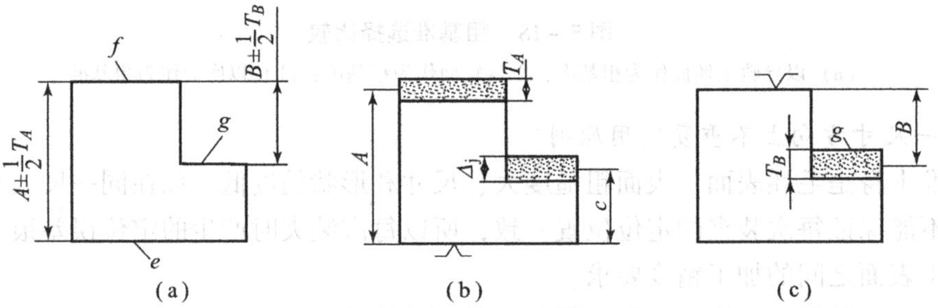

图 5－20 基准重合分析

（a）零件图；（b）基准不重合；（c）基准重合

所以，在选择定位基准时，需要尽量使定位基准与设计基准相重合。本例应以 f 面作为定位基准加工 g 面，保证设计基准与定位基准的重合。此时，尺寸 A 的误差对加工尺寸 B 无影响，本工序的加工误差只需满足 $\Delta_j \leq T_B$ 即可。

2. 基准统一原则

基准统一原则就是在各工序中，用同一组定位基准定位加工零件上尽可能多的表面。基准统一原则的意义在于它既减少了基准转换引起的误差，有利于保证各加工表面的相互位置精度，同时可以减少夹具的种类、数量，或简化夹具结构，减少了工作量，缩短生产准备周期和降低制造成本。

如图 5－21 所示的箱体类零件加工过程中，采用一面（底面）两孔（轴承孔）作为统一定位基准；如图 5－22 所示的轴类零件则采用两中心孔作为统一定位基准；盘套类零件常使用止口面作为统一定位基准；齿轮加工多采用齿轮的内孔及一端面作为统一的定位基准，等等。

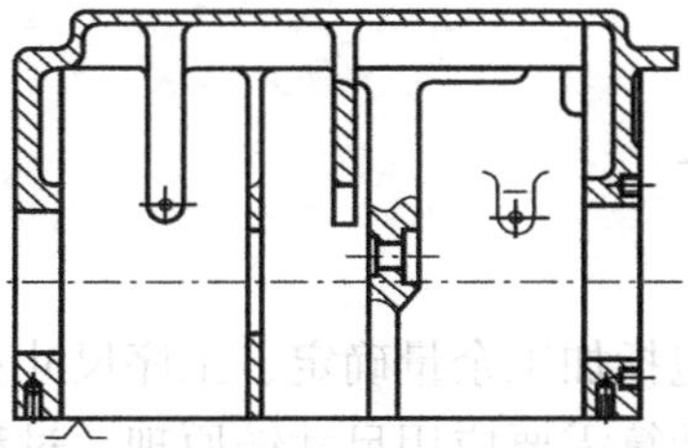

图 5－21　箱体采用一面两孔作为定位基准

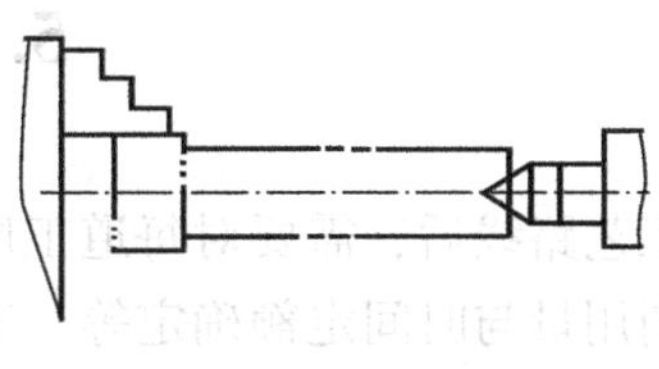

图 5－22　轴类零件采用两中心孔作为定位基准

3. 互为基准

互为基准是指对工件上两个相互位置、形状及尺寸精度要求很高的表面进行加工时，可分别反复利用对方作为基准完成自身表面的加工，以达到规定的设计技术要求。

如加工齿轮时，为了保证精密齿轮的齿圈跳动精度，在齿面淬硬后，先以齿面定位磨削内孔，再反过来又以内孔定位磨削齿面，从而有效地保证位置精度。如图 5－23 所示的车床主轴，其前锥孔与主轴支承轴颈间有严格的同轴度要求，加工时可先以轴颈外圆为定位基准来加工锥孔，然后以锥孔作为定位基准来加工外圆，如此反复多次，最终达到加工要求。

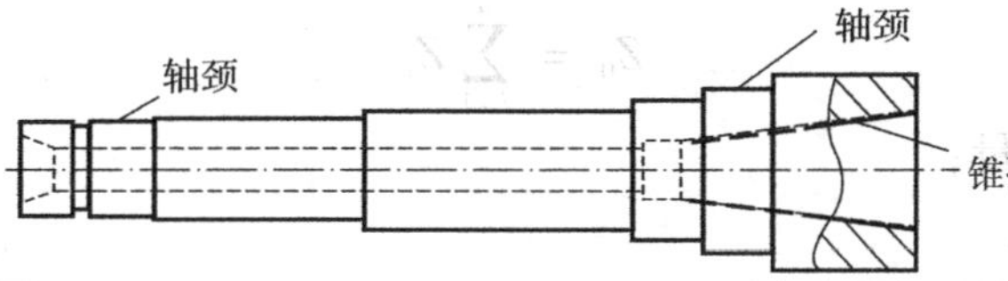

图 5－23　车床主轴采用互为基准

4. 自为基准

自为基准是指某些要求加工余量小而均匀的精加工工序，选择加工表面自身作为定位基准完成加工，以达到规定的设计技术要求。

如图 5－24 所示为磨削车床导轨面，用可调支承撑承床身零件；在导轨磨床上，用百分表找正导轨面相对机床运动方向的正确位置，然后依旧用百分表所找正的导轨面的运动轨迹来加工导轨面，保证余量均匀，以满足对导轨面的质量要求。又如采用浮动镗刀镗孔（图 5－25）和常用珩磨孔、拉孔及无心磨外圆等，都能实现自动对中，都属于自为基准。

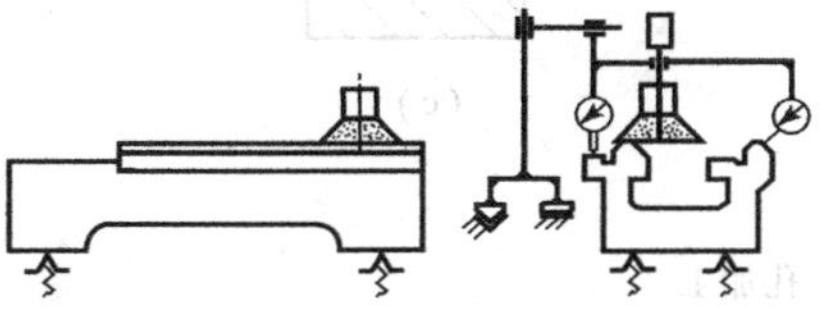

图 5－24　加工表面自身作为定位基准

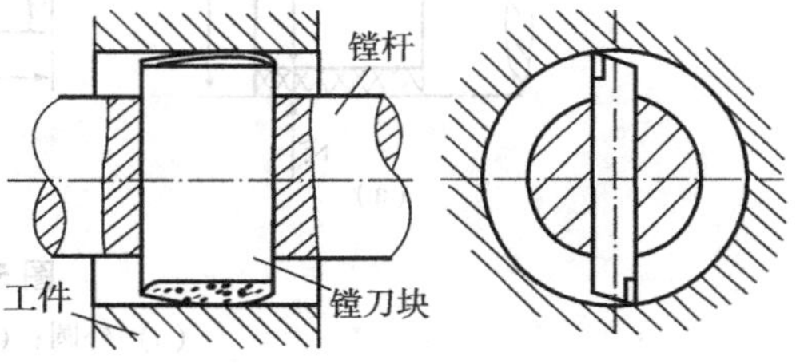

图 5－25　浮动镗刀镗孔（自动对中）

5.5 工序设计

拟定工艺路线后，需要对每道工序进行详细设计，包括加工余量确定、工序尺寸和公差计算、切削用量与时间定额确定等。工序尺寸和公差的计算需要应用尺寸链原理，过程比较复杂，将在本章5.6节中详细论述。

5.5.1 加工余量的确定

1. 加工余量的概念

在零件加工过程中，为了保证工件加工质量，需要从加工表面上切除一层金属，这层金属的厚度称为加工余量。加工余量有加工总余量和工序余量之分。加工总余量 Z_0 是指某加工表面上需要切除的金属层总厚度，也就是指毛坯尺寸与零件设计尺寸之差，也称之为毛坯余量。工序余量 Z_i 是指某加工表面相邻两工序的尺寸之差，也就是某道工序相关工步所切除的金属层厚度。对于加工总余量与工序余量之间显然有：

$$Z_0 = \sum_{i=1}^{n} Z_i$$

式中 Z_0——加工总余量；

Z_i——工序余量；

n——某加工表面的工序数目。

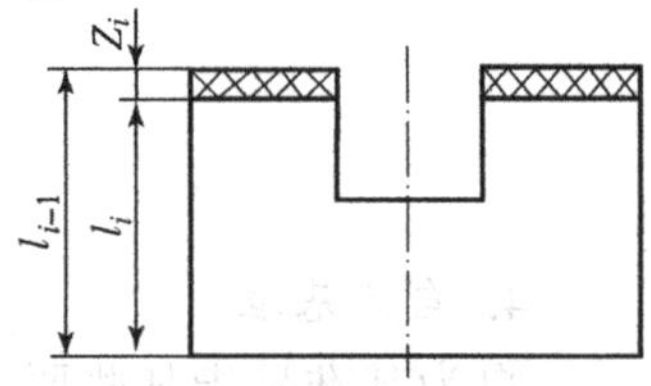

图 5-26 单边余量

工序余量可以分为单边余量和双边余量。工序余量只分布在工件加工表面的一侧平面上为单边余量，通常存在于平面加工（图5-26）中；工序余量分布在工件的对称加工表面上为双边余量，通常存在于回转面（如外圆、内孔加工等）和某些对称平面（如键槽等）加工（图5-27）中。

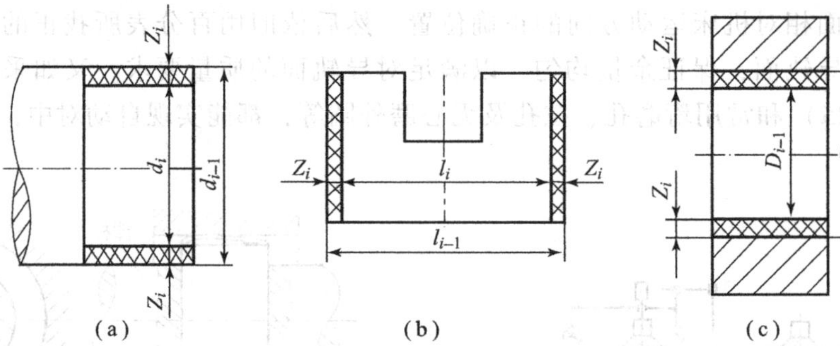

图 5-27 双边余量

(a) 外圆；(b) 对称平面；(c) 孔加工

设某加工表面上道工序的尺寸为 l_{i-1}，本道工序的尺寸 l_i，则本道工序该加工表面的基本余量 Z_i 为：

单边余量：　　　$Z_i = l_{i-1} - l_i$

轴双边余量：　　$2Z_i = l_{i-1} - l_i$

孔双边余量：　　$2Z_i = l_i - l_{i-1}$

跟工序尺寸一样，加工余量也有公差。单边最大余量 $Z_{i\max}$、最小余量 $Z_{i\min}$ 与上道工序极限尺寸（$l_{(i-1)\max}$ 与 $l_{(i-1)\min}$）、本道工序极限尺寸（$l_{i\max}$ 与 $l_{i\min}$）的关系如图 5－28 所示。由图可知：

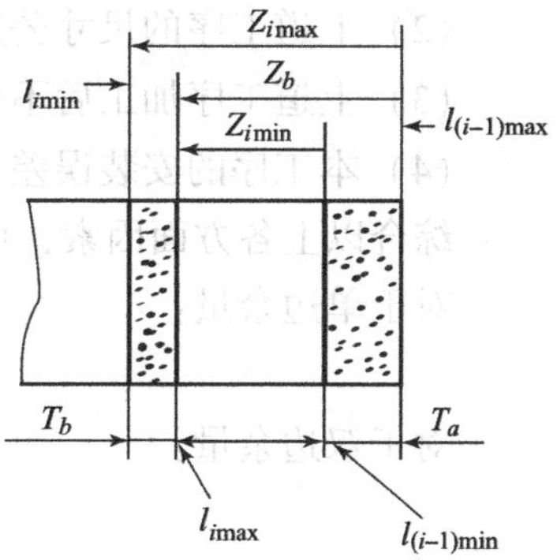

图 5－28　加工余量及公差

$$Z_{i\max} = l_{(i-1)\max} - l_{i\min}$$
$$Z_{i\min} = l_{(i-1)\min} - l_{i\max}$$

则单边余量公差：

$$\begin{aligned}T_{zi} &= Z_{i\max} - Z_{i\min}\\ &= (l_{(i-1)\max} - l_{(i-1)\min}) + (l_{i\max} - l_{i\min})\\ &= T_a + T_b\end{aligned}$$

即加工余量的公差大小等于本道工序尺寸公差 T_b 与上道工序尺寸公差 T_a 之和。对于孔、轴双边余量也有同样的结论。

2. 最小加工余量

为了保证加工质量和生产效率，需要合理确定加工余量的大小，并保证其均匀性。合理的加工余量既不能太小又不能太大。最小加工余量应确保能切除加工表面金属层的各种误差和缺陷，从而最大限度地满足加工要求，避免增加废品率；同时，加工余量太大又会引起费工费时，增加刀具、电力的损耗，浪费材料，从而增加成本。

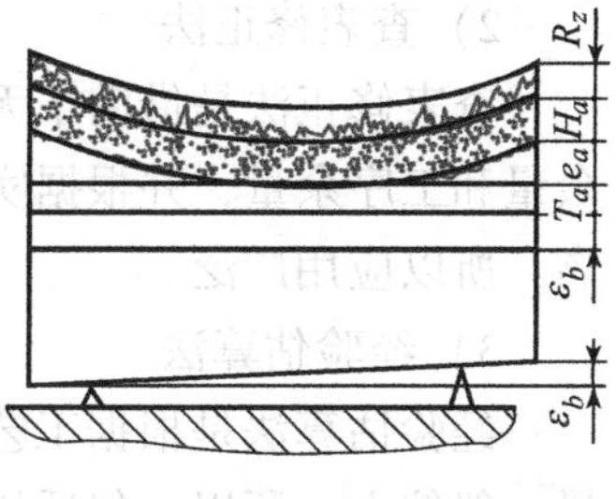

图 5－29　最小加工余量构成

为正确确定出加工余量，必须对影响加工余量的各种因素进行分析统计，并加以修正。加工余量主要取决于前一工序加工面（或毛坯面）的状态，其影响因素如图 5－29 所示，主要有以下几方面。

（1）上道工序加工表面（或毛坯表面）的表面质量，即表面粗糙度高度 Rz 和表面缺陷层深度 H_a（见表 5－7）。

表 5－7　各种加工方法的表面粗糙度高度 Rz 和表面缺陷层 H_a 的数值（μm）

加工方法	Rz	H_a	加工方法	Rz	H_a
粗车内外圆	15～100	40～60	磨端面	1.7～15	15～35
精车内外圆	5～40	30～40	磨平面	1.5～15	20～30
粗车端面	15～225	40～60	粗　刨	15～100	40～50
精车端面	5～54	30～40	精　刨	5～45	25～40
钻　孔	45～225	40～60	粗　插	25～100	50～60
粗扩孔	25～225	40～60	精　插	5～45	35～50
精扩孔	25～100	30～40	粗　铣	15～225	40～60
粗　铰	25～100	25～30	精　铣	5～45	25～40
精　铰	8.5～25	10～20	拉	1.7～45	10～20
粗　镗	25～225	30～50	切　断	45～225	60
精　镗	5～25	25～40	研　磨	0～1.6	3～5
磨外圆	1.7～15	15～25	超精加工	0～0.8	0.2～0.3
磨内圆	1.7～15	20～30	抛　光	0.06～1.6	2～5

（2）上道工序的尺寸公差 T_a。

（3）上道工序加工后不包括在尺寸公差范围内的位置误差 e_a。

（4）本工序的安装误差 ε_b，它将直接影响到被加工表面与切屑刀具的相对位置。

综合以上各方面因素，可以确定出加工余量的大小。

对于单边余量：

$$Z_{i\min} \geqslant T_a + Rz + Ha + e_a + \varepsilon_b$$

对于双边余量：

$$Z_{i\min} \geqslant T_a + 2(Rz + Ha + e_a + \varepsilon_b)$$

3. 确定加工余量的方法

在生产实践中，加工余量的确定方法有三种，分别是分析计算法、查表修正法和经验估算法。

1）分析计算法

分析计算法是根据前述的方法，对影响加工余量的各种因素进行分析，然后根据有关计算公式计算出加工余量。按此方法确定的加工余量比较准确，但需要参考很多相关资料，计算也较复杂，在实际应用中仅在大批大量生产中采用。

2）查表修正法

查表修正法是借助于无数次科学实践基础上总结出来的有关技术手册，查出各表面的总余量和工序余量，并根据实际情况加以修正。这种方法既方便迅速，确定出的余量又比较可靠，所以应用广泛。

3）经验估算法

经验估算法是根据工艺人员的经验来确定加工余量。为避免产生废品，所确定的加工余量一般偏大。所以，仅适用于单件小批生产。

5.5.2　切削用量的确定

切削用量，即切削三要素，包括背吃刀量 a_p、进给量 f、切削速度 v_c，是制订工艺规程过程中需要为各加工方法确定的具体操作工艺参数。合理的选择切削用量，对提高生产率、保证加工质量和刀具寿命等都有很大意义。如果只单纯考虑提高生产效率，则应采用尽可能大的切削用量。但采用较大的切削用量将增大切削力和切削热，影响到工件的加工质量、刀具的寿命、机床设备的工作动力性能，并将对零件毛坯的制造方法和零件材料的切削性能提出了更高的要求。所以，确定切削用量时受到多种因素的限制，应综合考虑多方面因素，其基本原则是：在保证零件加工质量的前提下，尽可能提高生产率和降低加工成本。根据切削用量对刀具寿命的影响程度，切削用量的选择次序依次为背吃刀量 a_p、进给量 f、切削速度 v_c。

1）背吃刀量 a_p 的选择

粗加工时，对加工质量要求不高的工件，主要考虑提高零件的生产效率和保证刀具的使用寿命。为了切除零件表面多余金属层，为精加工做好准备，背吃刀量的取值可选择等于该工序的加工余量。如果发现该工序加工余量太大或刀具的硬度不足，也可分两次或多次走刀完成，并且按先多后少的方案分几次切除，即第一次走刀时背吃刀量应尽可能地选择大一些，而以后依次减小。

精加工时，选择切削用量考虑的主要因素为零件的加工精度和表面粗糙度。半精加工、精加工工序零件的加工余量小，其背吃刀量由相应的加工方法所需的加工余量确定，即取工序的加工余量。

2）进给量 f 的选择

粗加工时，进给量的选择主要考虑工艺系统的刚度与强度。在工艺系统刚度和强度允许的情况下，应尽量选取大一些的进给量。

精加工时，考虑零件设计对表面粗糙度的要求，进给量不宜选取过大。

3）切削速度 v_c 的选择

在背吃刀量和进给量确定之后，可在保证合理刀具寿命的前提下，确定切削速度。粗、精加工中确定切削速度时，主要考虑两方面的影响因素：一是机床设备的动力性能（功率、转矩）；二是刀具的使用寿命。通常情况下，车刀的使用寿命为 60 min；高速钢麻花钻的使用寿命为 80 ~ 120 min；硬质合金面铣刀的使用寿命为 120 ~ 180 min；齿轮刀具的使用寿命为 200 ~ 300 min。在确定了背吃刀量 a_p、进给量 f 和刀具使用寿命后，就可以根据切削用量对刀具寿命影响的切削原理计算公式，计算出切削速度，或者从标准切削速度表格中选取。

切削用量对刀具寿命影响的切削原理计算公式：

$$v_c = \frac{c_v}{60^{1-m} T^m a_p^{x_V} f^{y_V}} K_v$$

式中　T——刀具寿命；

a_p——背吃刀量；

c_v——刀具寿命系数，它与刀具材料、工件材料和切削条件有关；

x_v、y_v、m 为各种切削用量时刀具寿命影响程度的系数；

K_v——修正系数。

x_v、y_v、m 和 K_v 可参考有关文献查表确定。

5.5.3　时间定额的确定

1. 时间定额

时间定额是指在一定生产条件下，规定生产一件产品或完成一道工序所需消耗的时间。对于同样的产品或工序，不同企业或同一企业不同时期，由于其生产条件不一样，时间定额也不一样。时间定额是企业安排生产作业计划，进行成本核算，确定设备数量、人员编制及规划生产面积的重要依据，是工艺规程的重要组成部分。

合理确定时间定额，可促进工人不断提高其生产技能和技术熟练程度，充分发挥工人的生产积极性和创造性，从而提高生产效率和产品质量。时间定额首先应该按照工人的平均先进水平确定，并随着生产技术水平的提高而不断进行修正，防止出现过紧或过松现象。在生产实践中，一般通过实测与计算相结合的方法来确定时间定额。

2. 时间定额组成

1）基本时间 t_B

基本时间是指直接用于改变工件的尺寸、形状、相互位置，以及表面状态或材料性质等工艺过程所消耗的时间。对于切削加工，它是指切除加工余量所消耗的时间，在数值上等于切削工作行程跟进给速度之比，包括切入、切削和与切出时间，又称机动时间。

2）辅助时间 t_A

辅助时间指为完成一道工序的加工过程而必须进行的各种辅助动作所消耗的时间，包括装卸工件、开停机床、改变切削用量、进退刀具、测量工件等。辅助时间的确定跟生产类型有关。在大批量生产中，将各辅助动作分解，然后采用实测或查表的方法确定各分解动作所需消耗的时间，最后综合计算得到辅助时间。在中小批生产中，可按基本时间的百分比估算，并在实际生产过程中对它进行修正，使之趋于合理。

3）布置工作地时间 t_S

布置工作地时间是指为保证生产加工活动的正常进行，工人用于照管工作地所消耗的时间，如更换修磨刀具、检查润滑机床、清理切屑、收拾工具等。

4）休息和生理需要时间 t_R

休息和生理需要时间是指工人在工作时间内为恢复体力和满足生理需要所消耗的时间。

5）准备和终结时间 t_E

准备和终结时间是指大批量生产时，工人为生产一批工件而进行的准备和结束工作所消耗的时间，包括借还和熟悉工艺文件，借还刀、夹、量具，领取毛坯，安装刀具和夹具，调整机床，拆下和归还工艺装备，送检、清点和发送成品或半成品等。

3. 单件时间定额 T_S 的计算

在以上各类时间中，基本时间 t_B 和辅助时间 t_A 之和称为工序作业时间 t_W；布置工作地时间 t_S 一般按工序作业时间的百分比 α 来估算（一般取 $\alpha = 2\% \sim 7\%$）；休息和生理需要时间 t_R 一般按工序作业时间的百分比 β 来估算（一般取 $\beta = 2\% \sim 4\%$）。

所以，单件时间定额 T_S 的计算公式为

$$T_S = t_W(1 + \alpha + \beta) + t_E/N$$

式中，N 为批量。在大批量生产中，由于 t_E/N 数值很小，常常忽略不计。

5.6 工艺尺寸链的原理及应用

5.6.1 工艺尺寸链概念

在零件加工过程中，由同一零件有关工序尺寸所形成的尺寸链，称为工艺尺寸链。当采用如图 5－30 所示的定位方式进行铣槽操作，并通过工序尺寸 A_3 最终保证尺寸 A_2 中，工件尺寸 A_1、A_2 和 A_3 之间形成了工艺尺寸链。

尺寸链中的每一个尺寸，称为尺寸链的环。一个尺寸链至少要由三个环组成。各环根据其形成的顺序和特点不同，可分为封闭环和组成环。凡在零件加工过程中最终形成的环（或间接得到的环）称为封闭环，如图 5－30 中的尺寸 A_2。一个尺寸链中，封闭环只有一

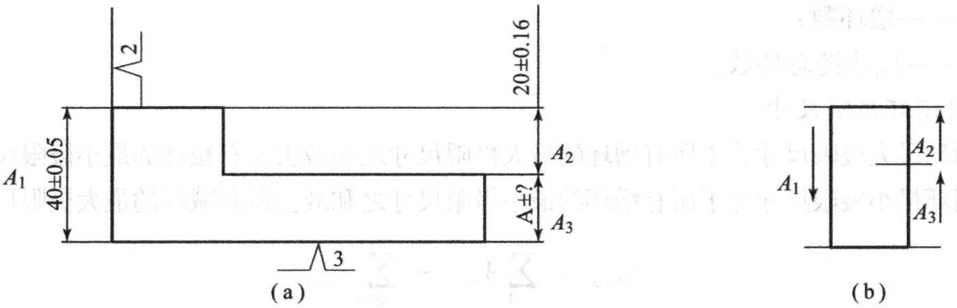

图 5－30　尺寸链示例

(a) 尺寸链；(b) 回路法

个。尺寸链中除封闭环以外的各环，也即加工过程中直接保证的环，称为组成环，如图 5－30 中的尺寸 A_1、A_3。

根据组成环对封闭环的影响，组成环又可分为增环和减环。凡该环变动（增大或减小）引起封闭环同向变动（增大或减小）的组成环，称为增环；反之，由于该环变动（增大或减小）引起封闭环反向变动（减小或增大）的环，称为减环。

在工艺尺寸链计算过程中，首先要明确哪个是封闭环，哪些是组成环；其次是确定组成环中的增、减环。判别增、减环常用的方法是回路法，也即以任意环为起点，绕尺寸链回路连接顺序画出单向箭头，凡是与封闭环箭头方向相反的环为增环，而与封闭环箭头方向相同的环为减环。所以，在图 5－30 的组成环 A_1、A_3 中，A_1 为增环，A_3 为减环。

5.6.2　工艺尺寸链的计算方法

工艺尺寸链的计算一般采用极值法计算。极值法是组成环处于极限尺寸条件下，计算封闭环极限尺寸、公差的方法。该方法具有使用简便、可靠的优点。

在图 5－31、图 5－32 所示的尺寸链中，表达了各环基本尺寸、公差和极限偏差关系。图 5－31 中，A_0 为封闭环，其公差为 T_0，减环 A_j 的公差为 T_j，增环 A_z 的公差为 T_z。

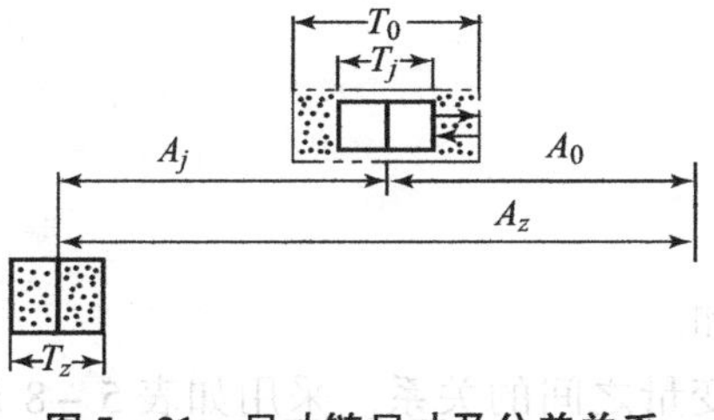

图 5－31　尺寸链尺寸及公差关系

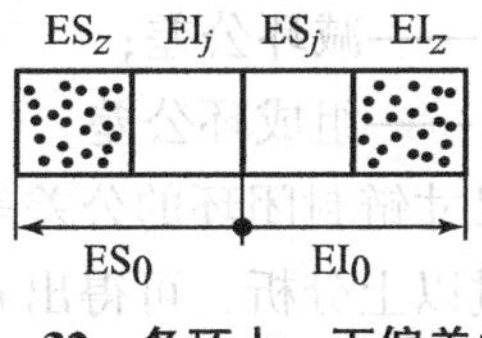

图 5－32　各环上、下偏差关系

1. 封闭环的基本尺寸

封闭环的基本尺寸等于各增环基本尺寸之和减去各减环基本尺寸之和，即：

$$A_0 = \sum_{z=1}^{m} A_z - \sum_{j=m+1}^{n-1} A_j \tag{5.1}$$

式中　A_0——封闭环的基本尺寸；

A_z——增环的基本尺寸；

A_j——减环的基本尺寸；

m——增环数；

n——尺寸链总环数。

2. 封闭环极限尺寸

封闭环最大极限尺寸等于所有增环的最大极限尺寸之和减去所有减环的最小极限尺寸之和。

封闭环最小极限尺寸等于所有增环的最小极限尺寸之和减去所有减环的最大极限尺寸之和。

$$A_{0\max} = \sum_{z=1}^{m} A_{z\max} - \sum_{j=m+1}^{n-1} A_{j\min} \tag{5.2}$$

$$A_{0\min} = \sum_{z=1}^{m} A_{z\min} - \sum_{j=m+1}^{n-1} A_{j\max} \tag{5.3}$$

式中 $A_{0\max}$、$A_{0\min}$——封闭环的最大、最小极限尺寸；

$A_{z\max}$、$A_{z\min}$——增环的最大、最小极限尺寸；

$A_{j\max}$、$A_{j\min}$——减环的最大、最小极限尺寸。

3. 封闭环上、下偏差

将式（5.2）减去式（5.1），式（5.3）减去式（5.1），可得封闭环的上、下偏差：

$$ES_0 = \sum_{z=1}^{m} ES_z - \sum_{j=m+1}^{n-1} EI_j \tag{5.4}$$

$$EI_0 = \sum_{z=1}^{m} EI_z - \sum_{j=m+1}^{n-1} ES_j \tag{5.5}$$

式中 ES_0、EI_0——封闭环的上、下偏差；

ES_z、EI_z——增环的上、下偏差；

ES_j、EI_j——减环的上、下偏差。

即封闭环的上（下）偏差等于各增环上（下）偏差之和减去各减环下（上）偏差之和。

4. 封闭环公差

将式（5.4）减去式（5.5），或式（5.2）减去式（5.3），可得封闭环公差：

$$T_0 = \sum_{z=1}^{m} T_z + \sum_{j=m+1}^{n-1} T_j = \sum_{i=1}^{n-1} T_i \tag{5.6}$$

式中 T_0——封闭环公差（极值公差）；

T_z——增环公差；

T_j——减环公差；

T_i——组成环公差。

即尺寸链封闭环的公差等于各组成环公差之和。

通过以上分析，可得出封闭环与增、减环各变量之间的关系。采用如表 5－8 所示的竖式计算表可清晰的反映这种关系。

表 5－8 尺寸链极值竖式计算表

封闭环	A_0	ES_0	EI_0	T_0
所有增环	$\sum A_z$	$\sum ES_z$	$\sum EI_z$	$\sum T_z$
符号	−	−	−	+
所有减环	$\sum A_j$	$\sum EI_j$	$\sum ES_j$	$\sum T_j$

5.6.3　工艺尺寸链的建立

当零件在同一方向上加工尺寸较多，并需多次转换工艺基准时，建立工艺尺寸链是一件非常复杂且易出错的事情。为了直观表明零件各表面加工的先后顺序，从众多的工序尺寸和余量中方便地查找并建立有关的工艺尺寸链，需要方法支持。这种方法就是工艺尺寸图表追踪法。它通过图表的方式将零件复杂加工过程中所有工序尺寸和余量之间的联系及变化用符号进行直观、形象的描绘和表达，从而方便、准确地追踪，查找出尺寸关联关系。工艺尺寸图表追踪法包括两个方面：一是绘制工艺尺寸图表；二是对它追踪，建立工艺尺寸链。

1. 工艺尺寸图表的绘制方法

（1）在图表上方绘制加工工件的轮廓简图，并用双点划线画出毛坯轮廓。

（2）对零件的各加工端面加编号，并用细实线向下引出各尺寸界线，不要求严格按图纸比例，但要求各尺寸界线不过于拥挤，以便能清晰表示各端面的加工尺寸。

（3）在尺寸界线左侧按加工过程从上到下严格填写加工步骤。

（4）按加工过程先后顺序，逐个地用线段连接工序基准面与加工表面之间的尺寸界线来表示毛坯尺寸和各工序尺寸。尺寸线段标注时所用的符号如下：

定位基准或基面用 ‾\/‾ 表示；

工序或测量基准、基面用 • 表示；

加工表面用 ⟶ 表示；

工序基准到加工表面之间的工序尺寸用 •⟶ 表示，并在其上标上尺寸代号或数值；

设计尺寸用 ├──┤ 表示；

如果工序尺寸是设计尺寸时，对工序尺寸上标注的尺寸代号加方框表示；

加工余量用 ⊠ 表示，余量尺寸与工序尺寸表示法一样。

2. 尺寸图表的追踪

查找尺寸链时，首先要确定封闭环。工艺尺寸链的封闭环是加工过程中间接保证的尺寸。它一般有两种形式：一是间接保证的零件设计尺寸；二是各道工序的加工余量。一个零件在加工过程中一般可建立多个尺寸链，同时存在两种形式的封闭环。但对于其中的任何一个尺寸链，只能有一个或一种形式的封闭环。

沿构成封闭环的两端尺寸界线同步做直线追踪，通过加工表面，遇到箭头拐弯，逆箭头方向横向沿水平线急进，遇圆点（加工基准面）向上折，继续向上查找，直至两追踪工艺尺寸界线重合，追踪路径构成封闭图形。封闭图形中涉及的各加工工序尺寸或余量就是要查找工艺尺寸链的各组成环。

3. 工艺尺寸图表追踪实例

1）确定工艺尺寸及公差

加工如图 5－33 所示的零件，试确定各工序尺寸及公差。其有关轴向尺寸的加工过程如下：

（1）以Ⅳ面定位，粗车Ⅰ面，保证Ⅰ、Ⅳ面距离尺寸 A_1，粗车Ⅲ面，保证Ⅰ、Ⅲ面距

离尺寸 A_2。

（2）以Ⅰ面定位，精车Ⅱ面，保证Ⅰ、Ⅱ面距离尺寸 A_3，粗车Ⅳ面，保证Ⅱ、Ⅳ面距离尺寸 A_4。

（3）以Ⅱ面定位，精车Ⅰ面，保证Ⅰ、Ⅱ面距离尺寸 A_5，同时保证设计尺寸 31.69 ± 0.31；精车Ⅲ面，保证设计尺寸 $A_6 = 27.07 \pm 0.07$。

（4）电火花磨削Ⅱ面，控制余量 $Z_7 = 0.1 \pm 0.02$，同时保证设计尺寸 6 ± 0.1。

2）建立工艺尺寸图表

首先建立工艺尺寸图表如图 5－34 所示，过程如下：

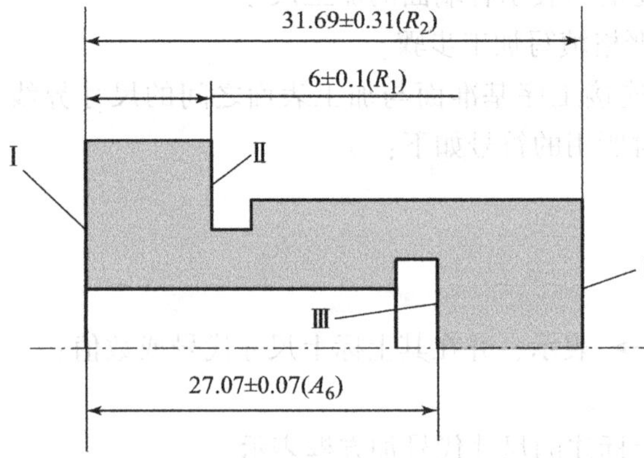

图 5－33　轴套零件结构

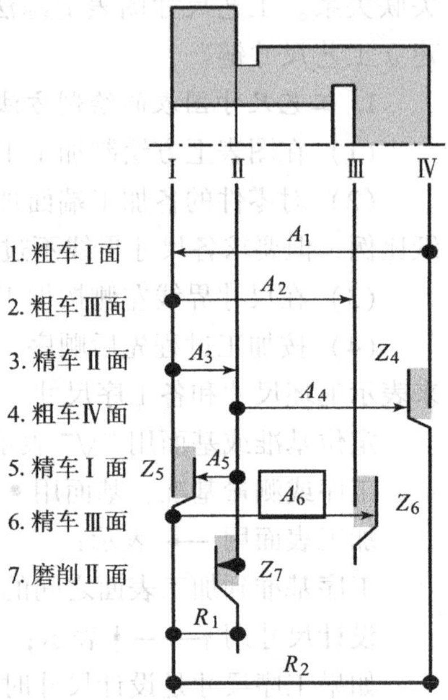

图 5－34　工艺尺寸图表

（1）画零件简图，为加工表面编号，并向下引尺寸线。

（2）在尺寸线左侧按加工顺序列出各表面加工过程。

（3）按加工顺序和规定符号自上而下标出工序尺寸和余量——用带圆点的箭线表示工序尺寸，箭头指向加工面，圆点表示测量基准；余量按“入体原则”标注。

（4）在最下方画出间接保证的设计尺寸，两边均为圆点。

（5）工序尺寸为设计尺寸时，用方框框出，以示区别，如图中尺寸 A_6。

接着用追踪法查找工艺尺寸链如图 5－35 所示：

（1）以磨削加工余量 Z_7 作为封闭环，查找到的尺寸链如图 5－35（a）所示；

（2）以设计尺寸 R_2 作为封闭环，查找到的尺寸链如图 5－35（b）所示；

（3）以余量 Z_6 作为封闭环，查找到的尺寸链如图 5－35（c）所示；

（4）以余量 Z_5 作为封闭环，查找到的尺寸链如图 5－35（d）所示；

（5）以余量 Z_4 作为封闭环，查找到的尺寸链如图 5－35（e）所示。

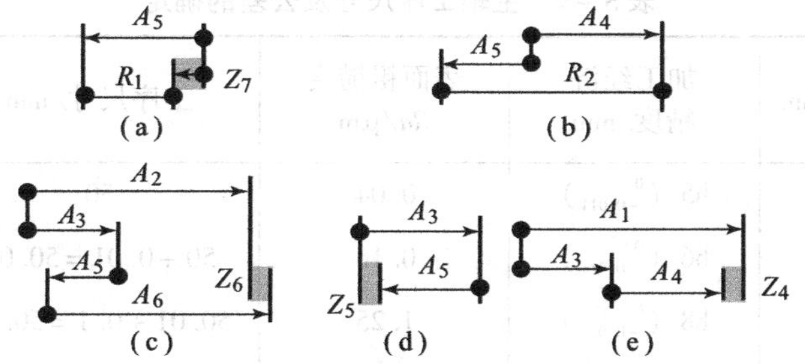

图 5-35　工艺尺寸链

(a) Z_7 作为封闭环；(b) R_2 作为封闭环；(c) Z_6 作为封闭环；(d) Z_5 作为封闭环；(e) Z_4 作为封闭环

5.6.4　工艺尺寸链的计算实例

1. *工序基准与设计基准重合时工序尺寸的计算*

当工序基准与设计基准重合时，工件在加工过程中不存在基准转换，同一表面经多次加工后最终得到设计尺寸，中间的各工序尺寸仅与工序余量有关。在这种情况下，计算和确定工序尺寸按如下步骤：

(1) 首先确定各工序加工余量。

(2) 从最终加工工序（设计尺寸）开始，依次根据各工序加工余量，计算出各工序的基本尺寸，直到毛坯尺寸为止。

(3) 除最终加工工序取设计尺寸公差外，其余各工序按各自采用的加工方法所对应的加工经济精度确定工序尺寸公差。

(4) 除最终加工工序按图纸标注公差外，其余各工序按"入体原则"标注工序尺寸公差，即，被包容尺寸的上偏差为 0，下偏差为负公差值；包容尺寸的上偏差为正公差值，下偏差为 0。

(5) 一般毛坯余量已事先确定，故第 1 道加工工序的加工工序余量由毛坯余量减去后续各半精加工和精加工的工序余量之和求得。

例 1：某机床主轴一外圆设计尺寸要求为 $\phi 50^{0}_{-0.011}$，表面粗糙度为 Ra 0.4 μm。若采用加工过程为：粗车—半精车—粗磨—精磨—研磨。试确定各加工工序的加工余量、工序尺寸及其公差。

解：对于孔轴类径向尺寸，工序基准与设计基准都为孔轴中心线。按照上述方法和步骤，并结合机械加工手册所给数据，可确定出表 5-9 所示的加工余量、工序尺寸及公差。

2. *工序或测量基准与设计基准不重合时工序尺寸的计算*

当工序或测量基准与设计基准不重合时，相关表面加工或测量时不是直接保证设计尺寸，而是由工序或测量尺寸间接保证的。所以，应建立以设计尺寸为封闭环的工艺尺寸链，通过尺寸换算求出有关工序尺寸及公差。

例 2：如图 5-36 (a) 所示零件，本工序以 *A* 面为定位基面，加工 *B* 面，保证尺寸 $25^{+0.25}_{0}$，试计算从 *A* 面至 *B* 面的工序尺寸 A_2 及偏差。

表 5－9　主轴工序尺寸及公差的确定

工序名称	工序余量/mm	加工经济精度/mm	表面粗糙度 Ra/μm	工序尺寸/mm	尺寸公差/mm
研磨	0.01	h5 ($^{0}_{-0.011}$)	0.04	50	$\phi 50^{0}_{-0.011}$
精磨	0.1	h6 ($^{0}_{-0.016}$)	0.16	50＋0.01＝50.01	$\phi 50.01^{0}_{-0.016}$
粗磨	0.3	h8 ($^{0}_{-0.039}$)	1.25	50.01＋0.1＝50.11	$\phi 50.11^{0}_{-0.039}$
半精车	1.1	h11 ($^{0}_{-0.016}$)	2.5	50.11＋0.3＝50.41	$\phi 50.41^{0}_{-0.016}$
粗车	4.49	h13 ($^{0}_{-0.039}$)	16	50.41＋1.1＝51.51	$\phi 51.51^{0}_{-0.039}$
锻造		±2		51.51＋4.49＝56	$\phi 56 \pm 2$

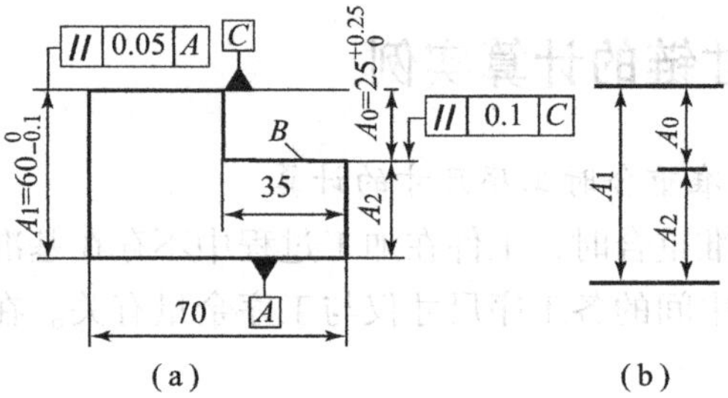

图 5－36　例 2 图

(a) 零件图；(b) 工艺尺寸链

解：由题意知，工艺尺寸链如图 5－36 (b) 所示，尺寸 A_0 为间接得到，属封闭环，A_1、A_2 直接得到为组成环，需通过 A_0、A_1 计算工序尺寸 A_2 及偏差。其中 A_1 为增环（A_1 增大或减小引起封闭环同向变动），A_2 为减环（A_2 增大或减小引起封闭环反向变动）。

根据尺寸链相关计算公式，即可求出 $A_2 = 35^{-0.1}_{-0.25}$，相关数据如表 5－10 所示。

表 5－10　例 2 尺寸链极值竖式计算表

封闭环 A_0	$A=25$	ES＝0.25	EI＝0	$T=0.25$
增环 A_1	＋60	0	－0.10	0.10
符号	－	－	－	＋
减环 A_2	35	－0.25	－0.10	0.15

例 3：如图 5－37 所示，本工序加工 C 面。为保证设计尺寸 $50^{0}_{-0.1}$，其设计基准为 B 面。由于该尺寸不便测量，现改为以右端 A 面为测量基准。由于测量基准与设计基准不重合，需计算测量尺寸 X。

解：由题意知，封闭环为 $50^{0}_{-0.1}$，增环为 X，减环为 $10^{0}_{-0.15}$。由于 $T_j > T_0$，将 T_j 改为 0.06，得 $A_j = 10^{0}_{-0.06}$。

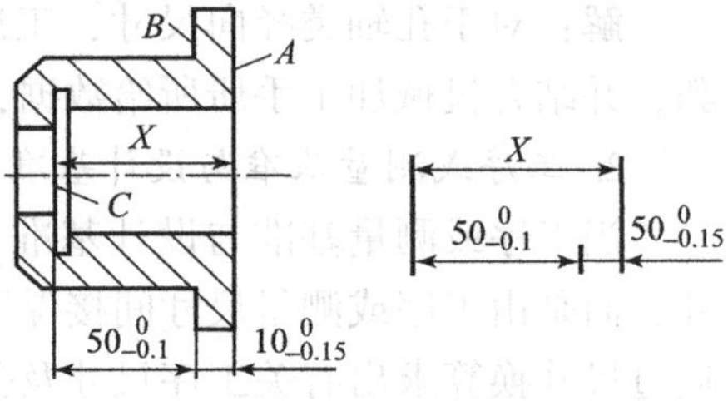

图 5－37　例 3 图

根据尺寸链相关计算公式，即可求出 $X=60_{-0.1}^{-0.06}$，相关数据如表 5 - 11 所示。

表 5 - 11　例 3 尺寸链极值竖式计算表

封闭环 A_0	$A=50$	$ES=0$	$EI=-0.10$	$T=0.10$
增环 X	+60	-0.06	-0.10	0.040
符号	-	-	-	+
减环 A_j	10	-0.06	0	0.06

3. *以待加工表面为工序基准时工序尺寸的确定*

在零件的加工过程中，前面工序的工序基准会成为后续工序的加工表面。当后续工序在加工该表面时，不仅要保证该工序对待加工表面加工后的工序尺寸或位置公差要求，而且还要保证以此待加工表面作为工序基准加工有关表面时的设计要求。此时，需要进行工序尺寸的换算。

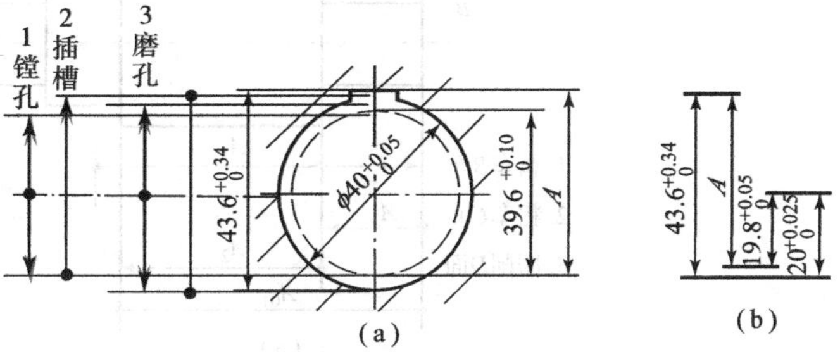

图 5 - 38　例 4 图

（a）零件图；（b）尺寸链图

例 4：如图 5 - 38 所示为一带键槽的齿轮孔加工。镗内孔至 $\phi 39.6_{0}^{+0.1}$；插键槽至尺寸 A；热处理；磨内孔至 $\phi 40_{0}^{+0.05}$，并同时间接保证键槽深度尺寸 $43.6_{0}^{+0.34}$，求尺寸 A。

解：首先绘制出工艺尺寸图表。由题意知，封闭环为 $43.6_{0}^{+0.34}$，并根据图表追踪法确定出尺寸链。其中，增环为 A 和孔的半径 $20_{0}^{+0.025}$；减环为镗内孔半径 $19.8_{0}^{+0.05}$。

根据尺寸链相关计算公式，即可求出 $A=43.4_{+0.05}^{+0.315}$，相关数据如表 5 - 12 所示。

表 5 - 12　例 4 尺寸链极值竖式计算表

A_0	$A_0=43.6$	$ES=0.34$	$EI=0$	$T=0.34$
A_{z_1}	20	0.025	0	0.025
A_{z_2}	43.4	0.315	0.05	0.265
符号	-	-	-	+
A_j	19.8	0	0.05	0.05

4. *一次加工同时保证多个设计尺寸时工序尺寸的确定*

在某些零件的设计图样上，会出现多个设计尺寸具有同一个设计基准的情况。当最后终加工这个设计基准时，需要同时保证这几个设计尺寸达到设计要求。在最终加工该设计基准时，只能直接保证其中一个设计尺寸，而另外几个设计尺寸是间接保证的，并且直接保证的是精度要求最高的那个设计尺寸。所以，当最终加工设计基准，而又需要同时保证多个设计尺寸时，实质上也是属于设计基准与工序基准不重合，必须进行工序尺寸换算。

例 5：如图 5 - 39（a）所示阶梯轴，以端面 D 为设计基准。在磨削端面 D 时，要同时

保证设计尺寸 $A_{01}=35\pm0.17$ mm 和 $A_{02}=20\pm0.07$ mm。求有关尺寸。

解： 应选择公差较小的一个设计尺寸 A_{02} 作为直接保证的工序尺寸，而公差较大的另一个设计尺寸 A_{01} 则为间接保证的设计尺寸，这样就需要进行有关工序尺寸的换算。

图 5-39（a）、图 5-39（b）分别为加工过程中工艺尺寸图表及以 A_{01} 为封闭环的工艺尺寸链。在工艺尺寸链中，A_3 为直接保证的工序尺寸，需要确定工序尺寸 A_2，以保证封闭环 A_{01} 的要求。根据尺寸链相关计算公式，即可求出 $A_2=15\pm0.1$ mm，相关数据如表 5-13 所示。

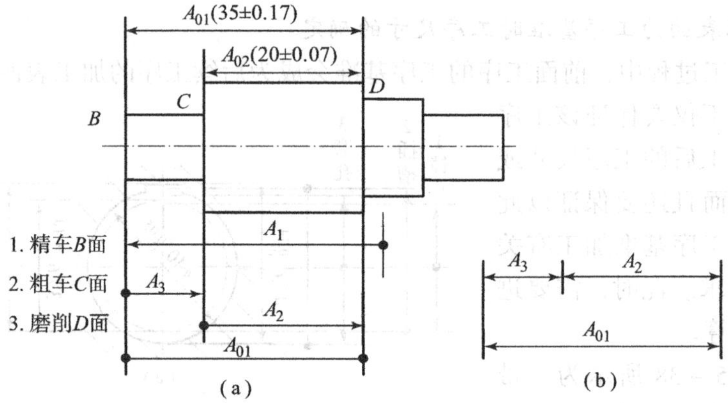

图 5-39　例 5 图

（a）工艺尺寸图；（b）工艺尺寸链

表 5-13　例 5 尺寸链极值竖式计算表

封闭环 A_{01}	$A=35$	ES = 0.17	EI = −0.17	$T=0.34$
增环 A_2	+20	+0.07	−0.07	0.14
符号	+	+	+	+
增环 A_3	15	+0.10	−0.10	0.20

5.7　工艺方案的经济分析及提高生产率措施

5.7.1　工艺方案的经济分析

制订工艺规程时，在满足被加工零件加工技术要求的前提下，其加工工艺过程会有多种方案。工艺方案经济分析的目的是通过对不同工艺方案的经济分析与评比，选定一个最经济合理的工艺方案。工艺方案的经济分析与评价可按技术经济指标和工艺成本两种方法进行。

1. 技术经济指标分析评比

即按规定的一些技术经济指标来分析和评比几种工艺方案，确定经济效果较好的工艺方案。技术经济指标主要有以下几方面：

（1）每一产品（零件或工件）所需的劳动工作量（工时或台时）。

（2）每一工人年产量（t/人或件/人）。

（3）每平方米生产面积的年产量（t/m^2 或件/m^2）等。

2. 工艺成本分析评比

生产成本是制造一台产品或一个工件所需要的一切费用总和，包括与工艺过程直接有关的费用和与工艺过程无关的费用。前者称为第一类费用或工艺成本；后者称为第二类费用。

第一类费用包括与年产量有关的可变费用 V 和与年产量无关的不变费用 C。与年产量有关的可变费用 V 包括：材料及毛坯费，机床工人工资，万能机床和通用机床夹具维修折旧费，刀具折旧及电力消耗费。与年产量无关的不变费用 C 包括：专用机床、专用夹具、刀具折旧维修费，调整工人工资。第二类费用包括：行政人员工资，厂房折旧维修费，照明、取暖和通风费等。

同一生产条件下，不同工艺方案与工艺过程无关的费用（第二类费用）基本相等，所以生产成本的分析评比可只分析评比第一类费用（工艺成本）。

当工件年产量为 N 时，则全年工艺成本 S_a 由下式表示：

$$S_a = VN + C$$

则单件工艺成本为：

$$S = V + C/N$$

式中　S_a——全年工艺成本（元）；

S——单件工艺成本（元/件）；

N——年产量（件）；

V——可变费用（元）；

C——不变费用（元）。

如图 5－40 所示显示了全年工艺成本与年产量的关系。

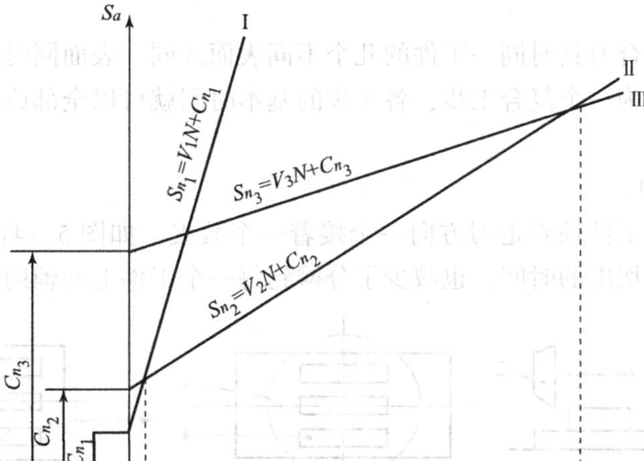

图 5－40　不同加工方案成本比较

当基本投资相近，或采用现有设备条件，用工艺成本作为衡量各工艺方案经济性的依据。

当基本投资差额较大，考虑工艺成本的同时，还应比较基本投资回收期。回收期（是指方案Ⅰ比方案Ⅱ多花费的投资，需多少时间才能收回。τ愈短，经济效果愈好。τ可由下式计算：

$$\tau = (K_1 - K_2)/(S_{a_2} - S_{a_1}) = \Delta K/\Delta S$$

计算回收期应满足以下几个条件。

（1）τ应小于基本投资设备的使用年限。

（2）τ应小于该产品预定生产年限。

（3）τ应小于国家规定标准年限。例如，一般专用机床夹具为2~3年，机床为4~6年。

5.7.2 提高机械加工生产率的工艺措施

生产率是衡量生产效率的一个综合性指标，表示在单位时间内生产出合格产品的数量，或在单位时间内为社会创造财富的价值。它与产品质量、加工成本之间有着密切关系，是不断提高劳动生产率、降低成本、增加积累和扩大再生产的主要途径。

任何提高劳动生产率的措施，必须以保证产品质量为前提，否则毫无意义。同时，提高劳动生产率时应该具有成本核算观点，需要考虑加工成本的高低。提高生产率与很多因素有关，这里只介绍提高生产率的工艺因素。

1. 缩短基本时间

1）提高切削用量

提高切削速度 v_c、进给量 f 和背吃刀量 a_p，都可以缩短基本时间。

2）减少切削行程长度

减少切削行程长度也可以缩减基本时间，如采用排刀装置，用几把车刀同时加工同一表面。

3）合并工步

用几把刀具或复合刀具对同一工件的几个不同表面或同一表面同时进行加工，或把原来单独的几个工步集中为一个复合工步，各工步的基本时间就可以全部或部分相重合，从而减少工序的基本时间。

4）采用多件加工

顺序多件加工即工件顺着走刀方向一个接着一个装夹，如图5－41（a）所示。这种方法减少了刀具切入和切出的时间，也减少了分摊到每一个工件上的辅助时间。平行多件加工

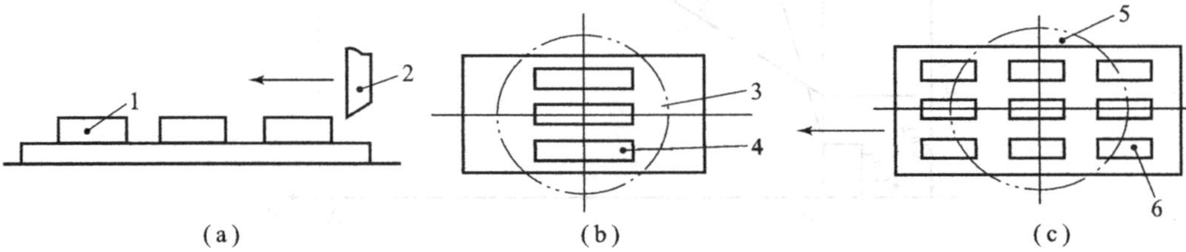

图5－41　多件加工

（a）顺序加工；（b）平行加工；（c）平行顺序多件加工

1，4，6—工件；2—刨刀；3—铣刀；5—砂轮

即在一次走刀中同时加工多个平行排列的工件，如图5－41（b）所示。平行顺序多件加工为上述两种方法的综合应用，如图5－41（c）所示，这种方法适用于工件较小、批量较大的情况。

2. 缩短辅助时间

图5－42所示为采用辅助时间与基本时间重合来提高生产率的例子。其实，平时从事任何工作或日常生活，为提高工作或时间效率，也常常需要建立这个正确的理念。

生产中，如果辅助时间占单件时间的55%～70%以上，那么，人们就必须考虑缩短辅助时间来提高生产率。由此，采用快速动作夹具和自动上、下料装置等都是好办法，这样可以有效缩短装卸工件所占用的辅助时间。于是，采用转位夹具或转位工作台，在利用机床加工的时间内装、卸工件，即将装、卸工件的辅助时间与基本时间重合。图5－42（a）为直线往复移动式加工；图5－42（b）为连续式回转加工。

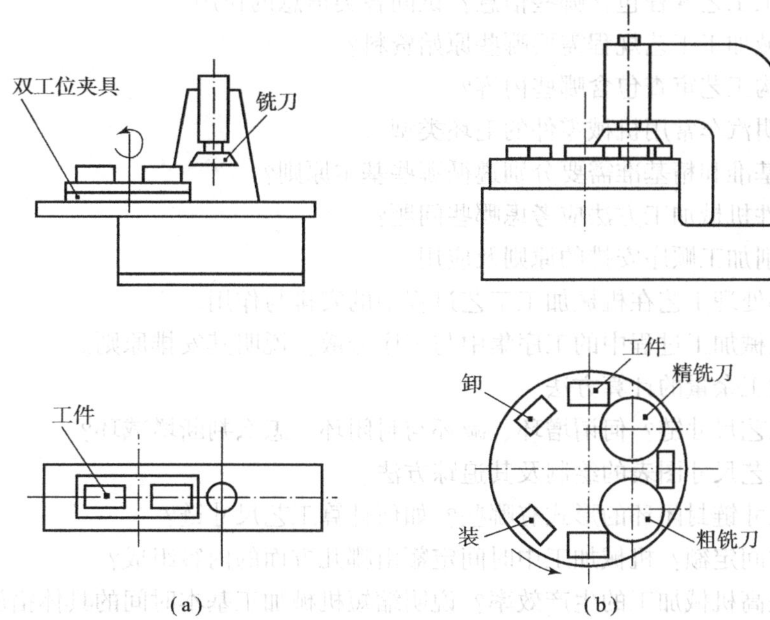

图5－42　辅助时间与基本时间重合

（a）直线往复移动式加工；（b）连续式回转加工

3. 缩短技术性服务时间

缩短技术性服务时间主要是指耗费在更换刀具、修磨砂轮、调整刀具位置的时间。通常可以采用快速换刀、快速对刀、机夹式不刃磨刀具等措施来减少技术性服务时间。

4. 缩短准备结束时间

实践证明，采用成组技术，把结构形状、技术条件和工艺过程都比较接近的工件归为一类，制订出典型的工艺规程并为之选择、设计好一套工具和夹具，可以缩短准备结束时间。这样，在更换下一批同类工件时就不必更换工具和夹具或经过少许调整就能投入生产。

本章小结

本章在前面机械加工方法和加工质量影响因素的基础上，详细介绍了机械零件加工工艺规程的制订过程和具体方法。机械加工工艺规程是以表格形式表达的，规定零件机械加工工艺过程和详细操作方法，并用于指导生产管理的工艺文件。工艺规程的编制是产品开发过程中的重要一环，是工艺人员的工作重点。通过学习制订机械加工工艺规程，需要熟练掌握工艺规程的概念和作用、制订原则和步骤；在此基础上，掌握机械加工工艺路线的内容和具体制订方法，掌握包括确定加工余量、时间定额以及通过工艺尺寸链计算工序尺寸的详细过程，并了解提高机械加工生产率的措施以及工艺方案评价的方法。通过本章内容的学习，最终为学习者能够在今后的学习和工作中从事机械零件加工工艺的设计工作奠定基础。

思考与习题

1. 何谓汽车生产过程和工艺过程？汽车生产过程和工艺过程的关系？
2. 何谓机械加工工艺规程？它常表现为哪几种文件形式？
3. 机械加工工艺规程包含哪些信息？试问各类信息的作用？
4. 制订机械加工工艺规程需要哪些原始资料？
5. 零件结构工艺审查包含哪些内容？
6. 举例说明汽车常用机械零件的毛坯类型。
7. 选择粗基准和精基准需要分别遵循哪些基本原则？
8. 选择零件机械加工方法应考虑哪些问题？
9. 说明切削加工顺序安排的原则及应用。
10. 说明热处理工艺在机械加工工艺过程中的安排与作用。
11. 何谓机械加工过程中的工序集中与工序分散？说明其安排原则。
12. 说明加工余量的计算方法。
13. 何谓工艺尺寸链？何谓增环、减环与封闭环？怎么判断增减环？
14. 叙述工艺尺寸图表的绘制及其追踪方法。
15. 工艺尺寸链封闭环的形式有哪些？如何计算工艺尺寸链？
16. 何谓时间定额？机械加工中时间定额由哪几方面的内容组成？
17. 如何提高机械加工的生产效率？说明缩短机械加工基本时间的具体措施。

第 6 章　机械加工质量

【本章知识点】

1. 机械加工质量分析及控制的内涵与意义。
2. 工艺系统几何误差及其控制措施。
3. 工艺系统受力变形误差及其控制措施。
4. 工艺系统热变形误差与控制措施。
5. 影响表面质量的因素及其控制。
6. 影响表层力学性能因素及改进措施。

6.1　机械加工质量的内涵

为了满足用户需求，汽车产品制造必须达到特定的指标。这些衡量产品性能的指标就是通常意义上的产品质量。国家标准《基础和术语 GB/T 19000—2008》对产品质量有这样的描述：产品的“特性”分为“固有特性”和“赋予特性”两种。“固有特性”包括产品的形状、性质、体积、重量等固有性质；“赋予特性”是价格、交货期等外在系统附加在产品上的特性。“质量”是产品的“一组固有特性满足要求的程度”，“要求”是指“明示的、通常隐含的或必须履行的需求或期望”。

汽车产品制造质量包括零件制造质量和装配质量两方面内容，零件机械加工质量是保证产品质量的基础。机械加工质量包括加工几何精度与表面加工质量。加工几何精度包括尺寸精度、形状精度、位置精度。表面加工质量包括表面几何形状精度和缺陷层面等，详见图 6－1。随着制造技术的进步，衡量产品质量的指标也在不断地拓展。

- 加工质量
  - 加工几何精度
    - 尺寸精度
    - 形状精度
    - 位置精度
  - 表面加工质量
    - 表面几何形状精度
      - 粗糙度
      - 波度
      - 纹理方向
      - 伤痕（划痕、裂纹、砂眼）
    - 缺陷层面
      - 加工硬化
      - 金相组织变化
      - 残余应力

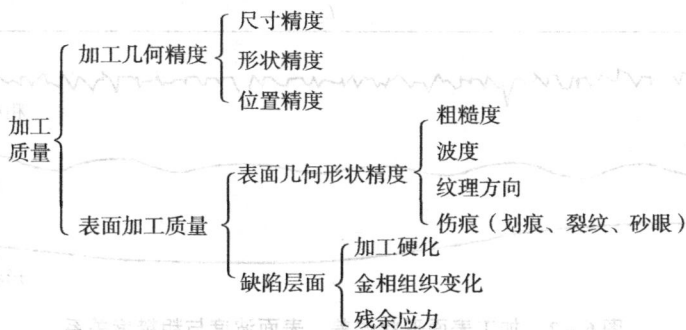

图 6－1　加工质量包含的内容

汽车产品是制造工艺过程的结果，产品质量是工艺过程的结果与设计目标的接近程度。一般情况下，零件加工精度越高时，加工成本相对越高，生产效率则越低。汽车产品制造通常采用大量的自动化设备，零件的加工精度是由制造系统保证的，工艺过程的各个环节均对产品的精度产生影响。对产品精度的控制，需要在整个工艺系统内进行，制造误差合理的分配不仅能够提高产品的质量，同时也能降低制造成本。为了不断提高产品的质量，必须对产品加工工艺的各个环节进行系统的误差分析，确定误差产生的原因，并研究消除或降低误差的方法。

6.1.1 加工质量

实际加工时不可能也没有必要把零件做得与理想零件完全一致，而总会有一定的偏差，即加工误差。加工误差是指零件加工后的实际几何参数对理想几何参数的偏离程度，只要这些误差在规定的范围内，即能满足机器使用性能的要求。为了满足不同的产品性能目标，对加工误差大小的要求称为加工精度。加工精度是指零件实际几何参数与设计几何参数的接近程度。

表面质量是零件机械加工质量的组成部分之一。零件的磨损、腐蚀和疲劳破坏都是从零件表面开始的，表面质量直接影响零件的工作性能。表面质量指零件表面的几何特征和表面层的物理力学性能。表面的几何特征包括表面粗糙度和波度。物理力学性能包括塑性变形、组织变化和表层金属中的残余内应力。

1. *加工表面几何形状*

机械加工后的表面微观几何形状总是以“峰”“谷”交替形式出现，如图 6－2 所示，形状误差是宏观变化，表面质量是指表面微观变化。

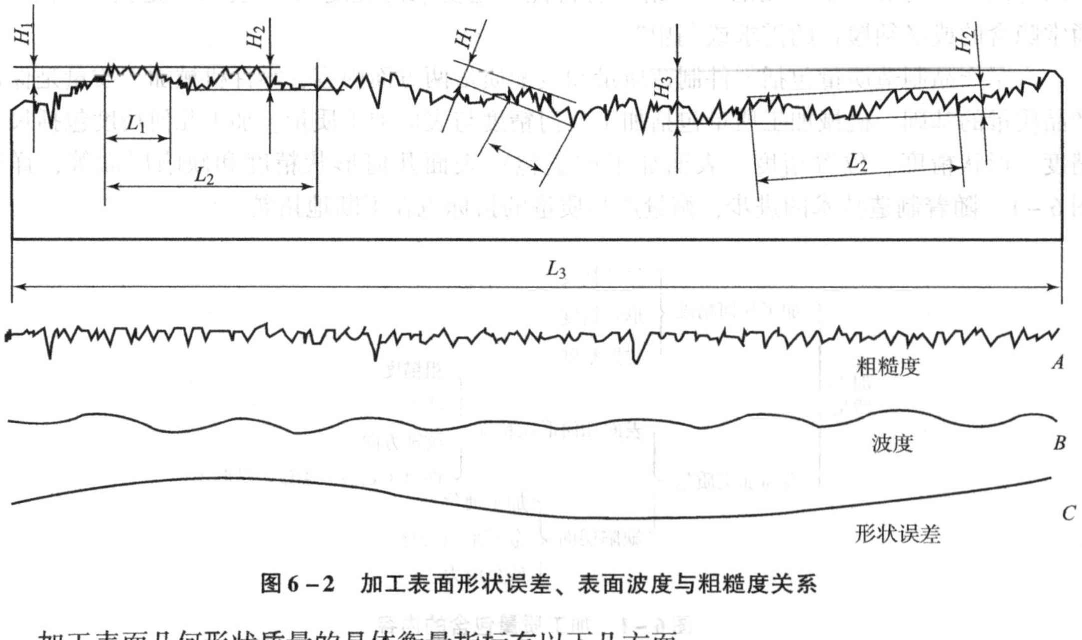

图 6－2　加工表面形状误差、表面波度与粗糙度关系

加工表面几何形状质量的具体衡量指标有以下几方面：

（1）尺寸精度。指零件的长度、直径、表面之间的间隙等尺寸的实际数值与设计要求偏差的程度。

（2）形状精度。指零件表面几何形状与设计要求形状的偏差程度。国家标准中规定的常用评价线性形状的衡量指标有直线度、圆度、线轮廓度等；平面衡量指标有平面度、圆柱度、面轮廓度等。

（3）位置精度。指零件几何元素之间实际相对位置与设计要求的偏离程度。国家标准规定的衡量指标有：平行度、垂直度、对称度、同轴度、位置度、圆跳动度、全跳动度等。

衡量表面微观变化程度的指标包括以下几个：

（1）表面粗糙度。如图 6－2 *A* 所示，是指加工表面的微观几何形状误差。国家标准规定：表面粗糙度用在一定长度内（称为基本长度）轮廓的算术平均偏差值 Ra 或轮廓最大高度 Rz 作为评定指标。

（2）表面波度。如图 6－2 *B* 所示，是介于宏观几何形状与微观几何形状误差之间的周期性几何形状误差。$L/H = 50 \sim 1\,000$，则称为表面波度。表面波度通常由加工过程中工艺系统的低频振动所造成。

（3）表面纹理。指切削工具在加工表面形成刻痕方向的分布规律，这取决于零件表面具体的加工方法。常见的分布规律有平行纹理、交叉形纹理、同心圆纹理、回形纹理、放射形纹理、随机纹理和自相似纹理等。

（4）表面缺陷。如砂眼、气孔、裂纹等，通常是毛坯制造以及加工中的振动等随机事件引起的。

加工误差用数值表示，误差值越大则精度越低。加工精度用公差等级衡量，等级数越小则精度越高。尺寸精度、形状精度和相互位置精度三者有下面近似的关系：

$$\text{表面形状误差} \approx \text{尺寸公差} \times (30\% \sim 50\%)$$

$$\text{表面位置误差} \approx \text{尺寸公差} \times (65\% \sim 85\%)$$

因此，形状公差应该限制在位置公差之内。位置公差应限制在尺寸公差之内。尺寸精度越高时，形状、位置精度越高。

2. 加工表面层物理力学性能

材料的表面层在加工时会产生物理、力学和化学性质的变化，常常在最外层生成氧化膜或其他化合物并吸收、渗进气体粒子，此称之为吸附层。在加工过程中由切削力造成的材料表面为压缩区，将形成塑性变形区域，厚度约在几十至几百微米之内，并随加工方法的不同而改变。压缩区上部为纤维层，由被加工材料与刀具间的摩擦所造成。另外，切削热也会使材料表层产生如同淬火、回火一样的相变以及晶粒大小的改变等。机械加工过程中，工件表面层的物理、化学特性在这些因素的综合作用下变得异常复杂，对工件表面质量的影响也多种多样。通常，表面层的物理力学性能不同于基体，主要表现为以下三方面：

（1）表层发生冷作硬化。

其原因在于工件在机械加工过程中，表层受力产生塑性变形，使其内部晶体发生剪切滑移，晶格扭曲、晶粒拉长或破碎甚至纤维化，使表层材料的强度和硬度提高，这种现象称为表面冷作硬化。

(2) 表层形成残余应力。

在切削特别是在磨削加工中，由于切削变形和切削热的影响，导致材料表层与内部基体材料间因热胀冷缩不同而处于相互牵制、平衡的弹性应力状态，从而形成残余应力。

(3) 表层金相组织的可能变化。

在机械加工特别是磨削加工中，由于切削热的集中，使得表面产生高温，促使其发生不同程度的金相组织和性能改变。

工件表面质量对使用性能的影响包括以下几方面：

(1) 对零件耐磨性的影响。

零件的表面质量对零件的耐磨性起决定作用。零件表面的磨损过程分初期磨损、正常磨损和急剧磨损三个阶段。初期磨损阶段，表面粗糙度大，凸峰间的挤裂、破碎和切断作用加剧，磨损增加；表面粗糙度过小，紧密接触的两个光滑面的贮油能力差，接触面间产生分子亲和力，使摩擦阻力增大，磨损量也会增加。在一定条件下，有一个最佳表面粗糙度。

(2) 对零件疲劳强度的影响。

在交变载荷的作用下，零件表面的微观不平和缺陷会引起应力集中，当应力超过材料的疲劳极限时，就会产生和扩展疲劳裂纹，造成疲劳破坏。不同材料对应力集中的敏感程度不同，材料越致密，晶粒越细，则对应力集中越敏感，对疲劳强度的影响也就越严重。

加工硬化能阻止已有裂纹的产生和扩展。表层的残余应力能抵消部分工作载荷所引起的拉应力，延缓疲劳裂纹的产生和扩展，从而提高疲劳强度。

(3) 对耐腐蚀性的影响。

零件的耐腐蚀性主要取决于表面粗糙度。表面粗糙度大，腐蚀介质易积聚在低谷处而发生化学腐蚀，在波峰处产生电化学腐蚀。降低零件表面粗糙度，能提高零件的耐腐蚀性。零件在应力状态下工作时，会产生应力腐蚀。零件表面的残余应力会降低零件的耐腐蚀性。

(4) 对配合精度的影响。

对间隙配合的表面，表面粗糙度大会使配合间隙增大，影响配合精度及稳定性。对于过盈配合的表面，表面粗糙度大影响实际过盈量的大小和配合的可靠性。

6.1.2 零件加工精度获得的方法

在零件加工的每一道工序中，为了获得被加工表面的合格形状、尺寸和位置精度，必须对机床、夹具和刀具进行调整。而采用任何调整方法及使用任何调整工具都难免带来一些原始误差，这就是调整误差。例如，用试切法调整会存在测量误差、进给机构的位移误差以及受到最小极限切削厚度的影响；用调整法调整将必然存在定程机构误差、样板或样件调整时的样板或样件的误差等。

1. 试切调整法

试切调整法的工作顺序是：初调刀具位置→试切→测量尺寸→比较，按差值重复上述过程。当达到所要求的尺寸后，再切削整个表面，如图 6-3 所示。

2. 按定程机构调整

定程机构包括行程挡块、靠模和凸轮等；调整块有限位块、对刀块。限位块可保证工件定位准确和刀具位移准确；用对刀块对刀调整，将使刀具与工件处于相对理想位置，参见图 6－4。钻套也属于一种限位块，钻套可确定钻头的位置（图 6－5）。

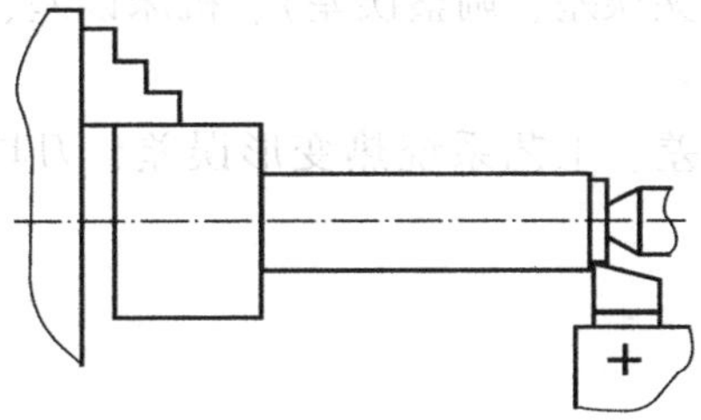

图 6－3　试切法

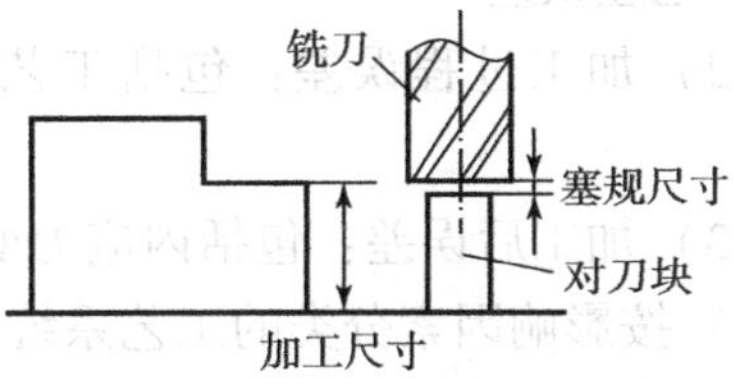

图 6－4　对刀块调整

3. 按样件或样板调整

在大批大量生产中常采用多刀加工，往往通过样件来调整切削刃间的相对位置。

4. 在线调整

在线调整实际上包括在线测量工件尺寸并及时调整刀具进给量。这种方法适用于高精度零件加工。测量、调整和切削等机构可以综合为相互联系、协调的自动化系统，如图 6－6 所示。

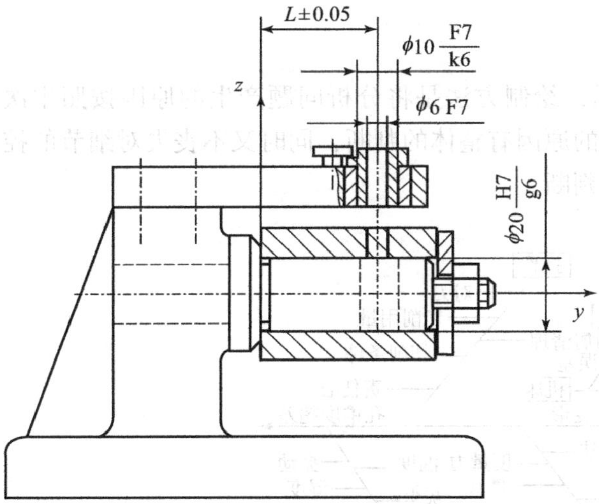

图 6－5　钻套确定钻头的位置

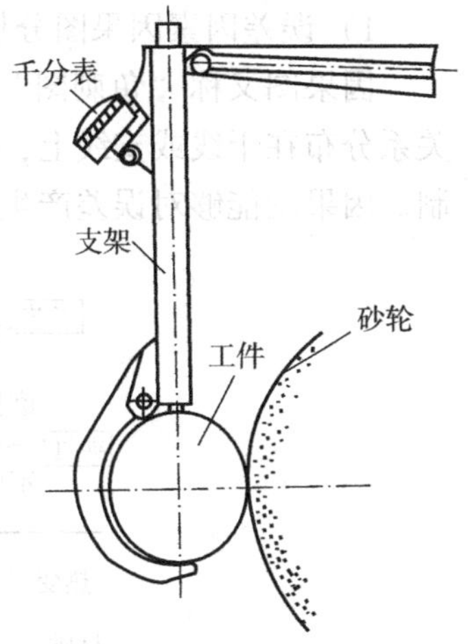

图 6－6　千分表测量并调整砂轮磨削进给量

5. 定尺刀具法

所谓定尺刀具，是按照零件的形状和位置要求设计并制造的特种刀具。工件加工后的形状由刀具的形状保证。这种方法加工效率高，精度高，但是刀具制造复杂，成本较高。

6.1.3　误差分析的研究方法

机械制造系统的组成包括施行方法、机械实体、切削过程三大部分。几何误差产生的原因是由构成机械加工工艺系统的工件、刀具、机床和夹具四要素决定的。由工艺系统产生的误差称为系统误差。加工误差产生的原因非常复杂。

1. 系统误差产生的原因

1）按时间顺序产生的系统误差

（1）加工前误差：包括原理误差、加工误差（装夹误差、调整误差）、机床误差、工装误差、毛坯误差。

（2）加工过程误差：包括工艺系统受力变形误差、工艺系统热变形误差、刀具磨损误差。

（3）加工后误差：包括内应力变形、测量误差。

2）按影响因素分类的工艺系统误差

（1）工艺系统几何误差。

（2）工艺系统受力变形误差。

（3）工艺系统热变形误差。

2. 误差分析常使用的技术手段

对加工误差的分析与诊断非常困难。为了满足制造精度要求，产品制造误差应该满足误差不等式，即工艺系统内所有误差影响因素产生的误差之和应小于零件加工质量要求的偏差。误差分析的主要理论有主成分分析法等。常采用的技术手段包括统计法、点图法、故障树法等。

1）误差因素因果图分析法

因果图又称“鱼刺图”，如图 6-7 所示，绘制方法是将分析问题产生的原因按照主次关系分布在干线或支线上，一边对问题产生的原因有整体的判断，同时又不丧失对细节的控制。因果图能够对误差产生的原因做定性的判断。

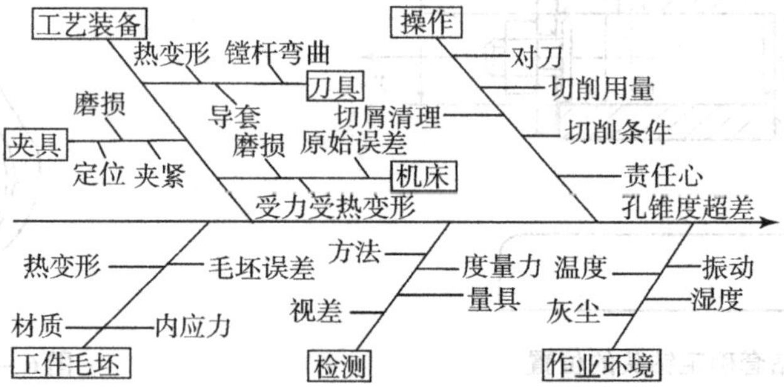

图 6-7 误差因果图分析

2）分布图分析法

加工一批工件，由于各种误差的存在，加工尺寸的实际数值是各不相同的，这种现象称为尺寸分散。以工件尺寸为横坐标，以频数或频率为纵坐标，即可作出该工序工件加工尺寸的实际分布图——直方图，如图 6-8 所示。直方图可以判断生产过程是否稳定，估计生产过程的加工质量及产生废品的可能性。

3）点图分析法

依次测量每件尺寸，记入以零件号为横坐标，以尺寸为纵坐标的图表中，能较清楚地揭示出加工过程中误差的性质及其变化趋势，如图 6-9 所示。

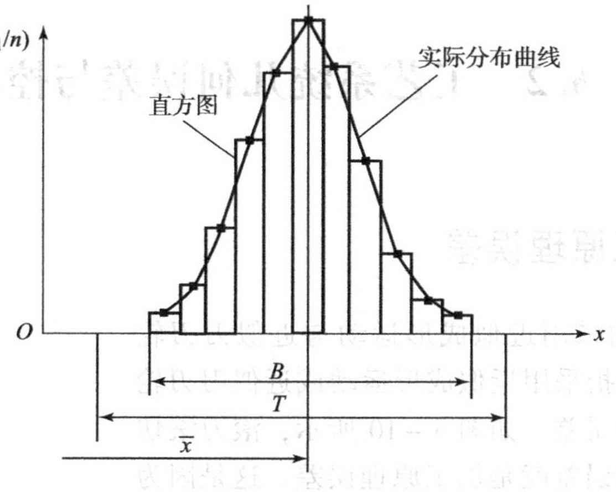

图 6-8　误差分布直方图

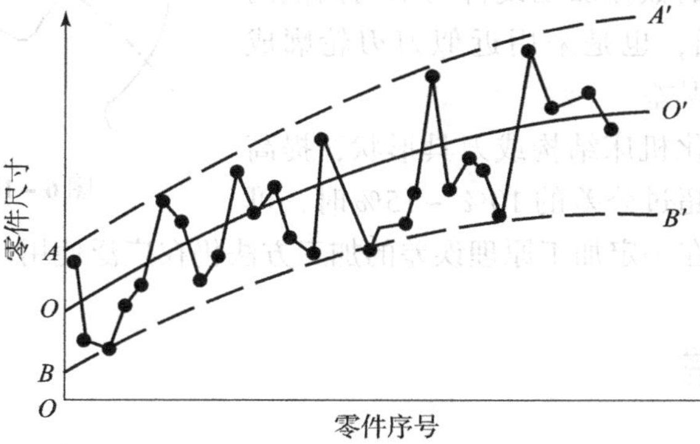

图 6-9　误差分布点图

4）主成分分析法与误差不等式

主成分分析法基于如下假设：工艺系统中产生误差的因素相互独立，互不影响，因此可以对各个误差因素进行独立的分析，最后总的误差是各个误差因素的线性叠加的结果。通过对产品的特定指标进行持续的统计跟踪，发现指标的规律。通常，统计结果呈随机分布。但这种分布的结果是工艺系统各个环节不同分布规律叠加的结果，是一种"伪随机"分布。运用数理统计学的方法，能够将工艺系统中的各个子系统的分布分离，其根本目标是将工艺系统产生的符合正态分布的随机误差和符合线性规律（或其他形式的初等代数关系）系统误差成分分离，从而发现系统误差与工艺系统中的特定参数之间的联系。

从制造角度看，制造工艺过程中的误差都会累积到产品上。要想制造出合格的产品，那么各个工艺环节误差的总和一定要小于产品的设计要求，这称为制造的误差不等式，即：

$$E_{产品} > E_{毛坯} + E_{设备} + E_{刀具} + E_{夹具} + E_{工艺系统} \cdots$$

从管理角度上说，制造精度要求会按照一定的规则分配到工艺系统的各个环节，合理的分配方案有利于产品质量的提高，并能够相对容易地控制质量和制造成本。而误差分配不理想时则很难保证产品的加工质量，其直接结果就是产品的制造成本和管理成本的增加，从而降低产品的市场竞争力。因此，产品制造各个环节之间的误差分析对提高产品质量至关重要。

6.2 工艺系统几何误差与控制

6.2.1 加工原理误差

绝大多数加工均采用近似成形运动与近似刀刃轮廓。加工原理误差是指采用近似成形运动或近似刀刃轮廓进行加工而产生的误差。如图 6－10 所示，滚刀滚切渐开线齿面时的齿形误差就是加工原理误差。这是因为滚刀是由有限个非光滑渐开线切削刃包络而形成的近似刀刃轮廓。目前几乎所有的数控加工设备均采用插值的方法拟合复杂的几何表面，也是采用近似刀刃轮廓成形，这些也属于加工原理误差。

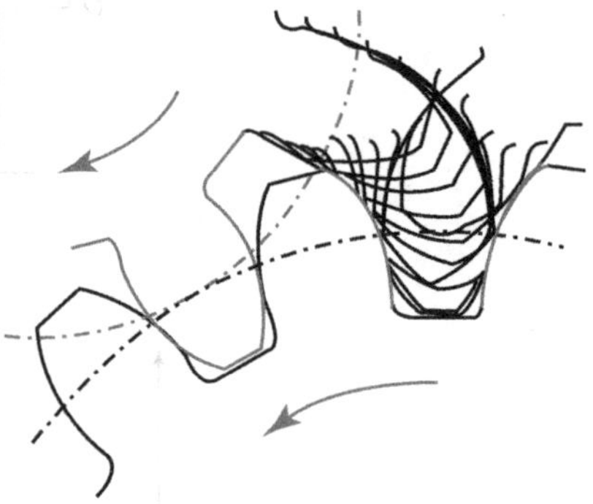
图 6－10　滚切包络线

近似成形运动能够简化机床结构或刀具形状，提高生产效率。当加工误差不超过公差的 10%～15% 时，可满足生产要求。因此，存在一定加工原理误差的加工方法仍在广泛使用。

6.2.2 调整误差

调整误差是指加工准备期对加工系统调整过程中产生的误差。表 6－1 总结了调整误差来源及形成原因。

表 6－1　调整误差来源及形成原因

因素 方法	刀　具	机　床	量　具
试切法	刀刃误差 最小切削厚度的影响误差	进给机构位移误差	测量误差
调整法	刀刃误差	定程机构误差 样件、样板误差	测量误差

6.2.3 机床误差

1. 主轴回转误差

1）主轴回转误差原因

机床主轴回转运动误差是指主轴实际回转线相对其理想回转轴线的漂移，其误差形式可以分为径向跳动、轴向串动和角度摆动三种，如图 6－11 所示。加工时，主轴三种回转误差形式通常同时存在。

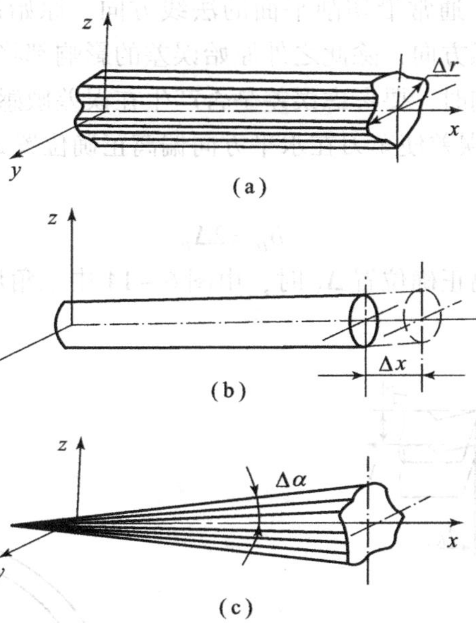

图6-11 回转轴线的漂移

(a) 径向跳动；(b) 轴向串动；(c) 角度摆动

当主轴采用滑动轴承支承时，主轴轴径和轴承孔圆度误差直接影响主轴回转误差精度。主轴在切削力作用下出现径向偏移，与轴承内孔接触部位也不断发生变化。

对于工件回转类机床（如车床），图6-12（a）表示车床主轴不圆度影响回转精度的情况，切削力的方向固定不变，主轴与轴承内圈接触的位置也是固定的。图6-12（b）为主轴产生的径向跳动量误差。对于刀具回转类机床（如镗床），主轴回转时切削力的方向不断变化，主轴与轴承孔接触位置也不断变化，镗床主轴不圆度影响精度的情况如图6-12（b）所示。另外，主轴可能会出现轴向串动，其主要原因是主轴承载轴肩与轴线的垂直度误差。

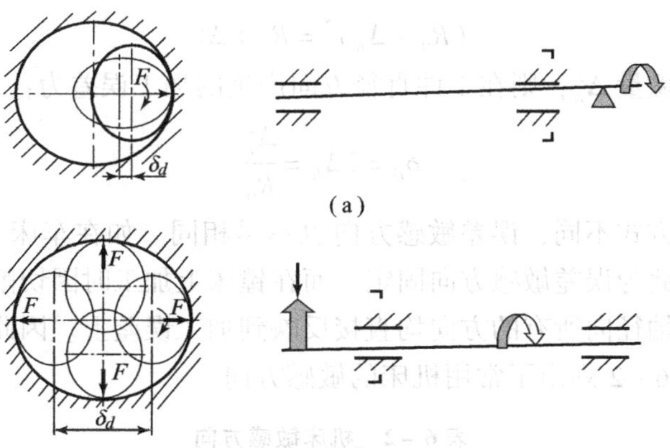

图6-12 机床主轴误差

(a) 车床主轴不圆度对回转精度的影响；(b) 镗床轴承孔不圆度对回转精度的影响

2）主轴回转误差的影响

原始误差的大小和方向不同，对加工精度的影响也不尽相同。当原始误差与加工精度要求方向一致时其影响最大。通常沿切削平面的法线方向，原始误差将等比例转变成加工误差，这个方向称为误差敏感方向，除此之外原始误差的影响都将不同程度缩小。在分析主轴回转误差对加工精度的影响时，要考虑误差是否产生在误差敏感方向上。以在卧式车床上车外圆为例（图 6－13），当误差使车刀在水平方向偏离正确位置 Δ_X 时，在工件直径方向所产生的加工误差为：

$$\delta_D = 2\Delta_R \tag{6.1}$$

当车刀在垂直方向偏离正确位置 Δ_Y 时，由图 6－14 中三角形得知：

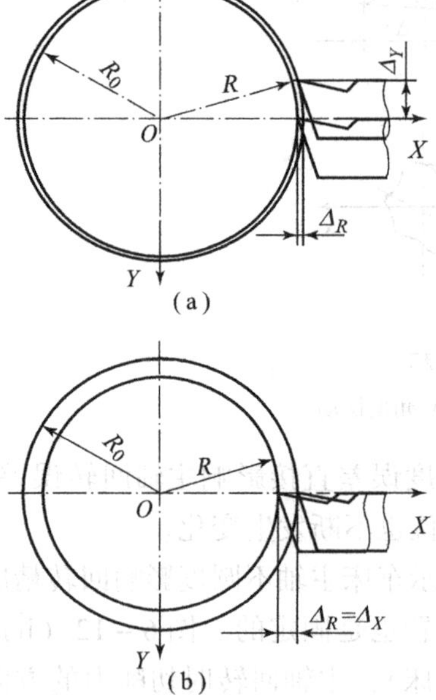

图 6－13　误差敏感方向

（a）车刀偏离正确位置；（b）误差敏感方向固定

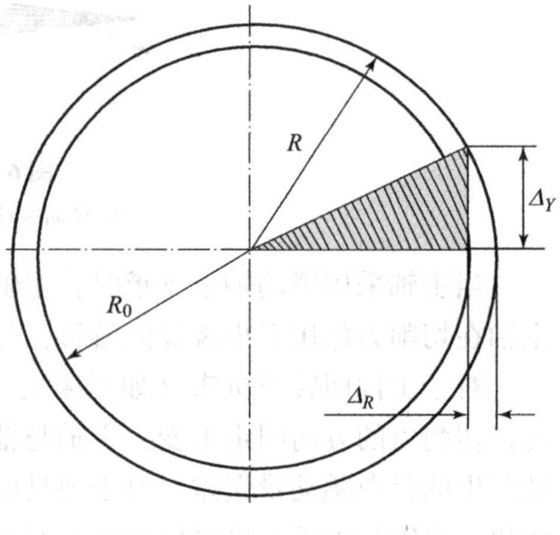

图 6－14　误差分析图

$$(R_0 + \Delta_R)^2 = R_0^2 + \Delta_Y^2$$

展开后略去二阶微量 Δ_R^2，则在工件直径方向产生的加工误差为：

$$\delta_D = 2\Delta_R = \frac{\Delta_Y^2}{R_0} \tag{6.2}$$

机床类型和加工方式不同，误差敏感方向也不尽相同。如在车床上加工时因刀具固定，切削平面固定不变，此为误差敏感方向固定。而在镗床上加工时因切削平面旋转，误差敏感方向是圆周，也即主轴径向所有的方向均直接反映到加工误差上。因此对这类机床的主轴回转精度要求更高。表 6－2 列出了常用机床的敏感方向。

表 6－2　机床敏感方向

	敏感方向固定		敏感方向变化
机床名称	卧式车床、平面磨床	卧式铣床、龙门刨床	镗　床
敏感方向	水　平	铅　垂	变　化

机床主轴回转误差对加工精度影响包括以下两方面：

（1）机床主轴径向跳动会使工件产生圆度误差。若镗孔时镗杆作水平简谐运动，则镗刀轨迹就是椭圆，如图 6－15 所示。

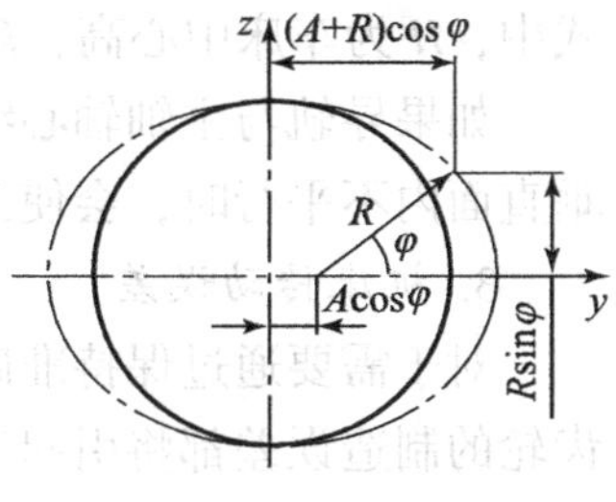

图 6－15　镗杆水平振动时镗孔为椭圆

（2）主轴轴向串动会形成下列误差：加工端平面时，会造成被加工平面与圆柱面不垂直；加工螺纹时，会产生小周期螺距误差。在镗床上镗孔时，镗杆角度摆动会镗削出椭圆柱面来。

3）提高主轴精度措施

根据前面分析，首先主轴前轴承选用精度、刚度较高的轴承，并对滚动轴承进行预紧。当采用滑动轴承时，则采用静压轴承。其次是提高主轴箱体支承孔、主轴轴颈等与轴承配合相关表面的加工精度。为了使主轴回转误差不影响工件，尽量避免切削方向旋转或浮动。还可采取一些相应措施，如磨削外圆时采用死顶尖，主轴仅仅只提供旋转运动和转矩，只要中心孔的形状与位置精度得以保证，即可加工出高精度的外圆柱面，而与主轴的回转精度无关。

2. 机床导轨误差

机床导轨误差对零件的加工精度会产生直接影响。如图 6－16（a）所示，车床导轨水平误差 Δ_Y 处于加工的误差敏感方向上，将引起工件出现半径误差 $\Delta_R=\Delta_Y$。从图 6－16（b）可看出，当导轨在垂直面内直线度误差 Δ_Z 不在误差敏感方向上时，反映到工件半径误差为 Δ_R 可按照公式 6.2 计算，而实际的加工误差几乎可以忽略不计。

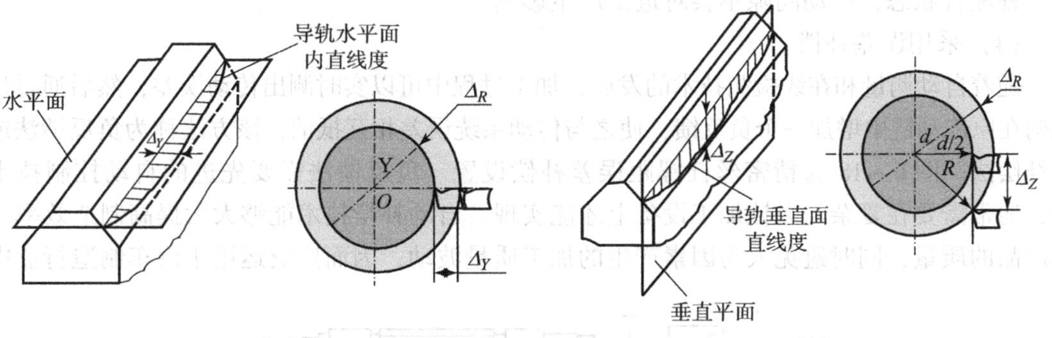

图 6－16　车床导轨误差对工件精度影响

（a）导轨水平误差；（b）导轨垂直误差

对平面磨床、龙门刨床、铣床等主轴垂直的设备，导轨在垂直方向上的误差处于误差敏感方向上，其误差直接反映到工件的加工表面上。因此，导轨直线度对加工精度的影响要根据加工设备的形态进行具体分析，才能确定其对加工精度的影响。

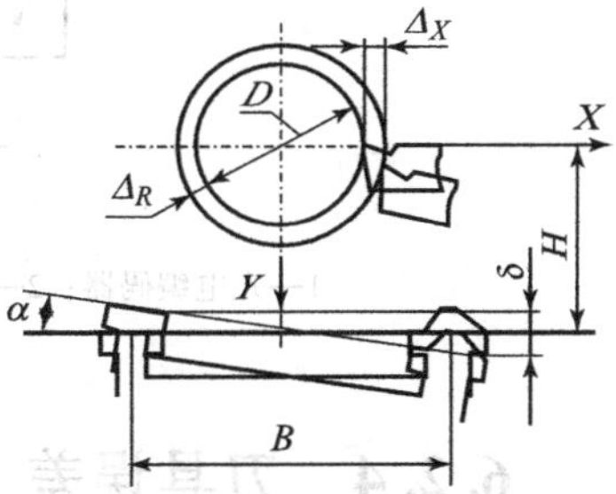

图 6－17　车床导轨扭曲对工件误差影响

机床导轨面间平行度误差的影响。如图 6－17 所示，车床两导轨的平行度产生误差（扭曲），使鞍座出现横向倾斜，刀具相应发生位移，因而引起工件形状误差。由图可知：

$$\Delta_X=\alpha H\approx\delta H/B \tag{6.3}$$

式中，H 为车床中心高；B 为导轨宽度；α 为导轨倾斜角；δ 为前后导轨的扭曲量。

如果导轨与主轴轴心线不平行，发生在水平面内，会使工件的外圆柱表面产生锥度；在垂直面内不平行时，会使工件加工成马鞍形。

3. 机床传动误差

对于需要通过保持准确的传动关系而保证加工精度，如车削螺纹时，车床丝杠导程和各齿轮的制造误差都将引起工件螺纹导程的误差。为了减少机床传动误差对加工精度的影响，可以采用如下措施：

(1) 减少传动链中的环节，缩短传动链。

传动链的传动误差等于组成传动链各传动件传递误差之和。例如在车床上加工较高精度螺纹时，不经过进给箱，而用交换齿轮直接传动给丝杠，以缩短传动链长度，减少传动链的传动误差。

(2) 采用降速传动链。

减小传动比，传动元件误差也相应地被缩小了，传动精度就高。因此，采用降速传动是提高传动精度的主要方法。为保证降速传动，加工螺纹时机床传动丝杠的导程应大于工件螺纹导程；齿轮加工时选择大齿数分度蜗轮，也是为了通过增大减速比的方法获得较高的传动精度。

(3) 消除传动间隙，避免双向进给。

传动链中各传动件存在间隙，如果切削采用双向进给，则传动机构出现两种配合状态，传动间隙出现在误差敏感方向上，直接影响加工精度。而采用单向进给的时候，传动机构仅有一种配合状态，传动间隙不会对进给产生影响。

(4) 采用误差补偿。

随着自动测量和在线检测技术的发展，加工过程中可以实时测出传动误差，然后通过反馈机构在原传动链中增加一个负反馈，使之与传动系统误差相互抵消，该方法称为负反馈法或误差补偿法。图 6－18 为精密丝杠螺距误差补偿设置。负反馈法需要先进的自动控制技术支承，通常需要在复杂的数控加工设备上才能实现。自动补偿技术能够大大提高制造效率，提高产品的质量，同时避免人为因素产生的加工质量波动，因而广泛运用于汽车制造行业中。

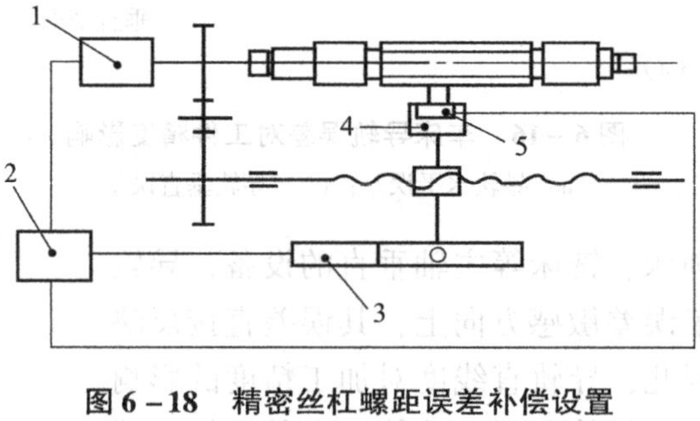

图 6－18　精密丝杠螺距误差补偿设置

1—光电编码器；2—计算机；3—光栅位移传感器；4—刀架；5—压电陶瓷微位移刀架

6.2.4　刀具误差

刀具误差包括刀具的制造、安装误差和磨损等。机床加工中常用的刀具有一般刀具、定尺寸刀具和成形刀具。一般刀具如普通车刀、单刃镗刀、平面铣刀等的制造误差，对加工精度没有直接影响。但当刀具与工件的相对位置调整好以后，在加工过程中，刀具的磨损将会增加加工误差，见图 6－19。定尺寸刀具如钻头、铰刀、拉刀、槽铣刀等的制造误差及磨损误差，均直接影响工件的加工尺寸精度。成形刀具，如成形车刀、成形铣刀、齿轮刀具等的制造和磨损误差，主要影响被加工工件的形状精度。

加工过程中刀具磨损分三个阶段，如图 6－20 所示：第一阶段刀具较为锋利，切削效率高但磨损也较快；第二阶段经磨损后刀尖圆角增大，磨损速度减慢，加工精度较为稳定；第三阶段进入快速磨损阶段，刀具切削刃即将被破坏，因而应尽量避免在这个阶段加工工件。

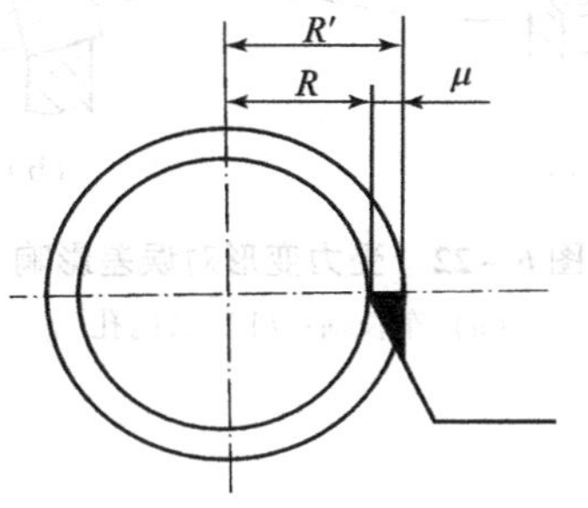

图 6－19　刀具磨损对加工的影响

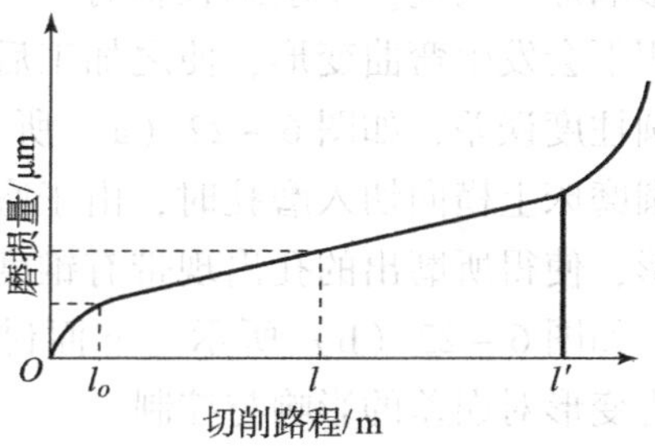

图 6－20　刀具磨损曲线

6.2.5　夹具几何误差

夹具误差主要是指定位误差、夹紧误差、夹具安装误差、对刀误差以及夹具的磨损等。夹具误差在本书第 4 章已经详细介绍。

6.2.6　测量误差

工件在加工中进行的测量和加工后的测量，总会产生测量误差。测量结果与被测真值之差，称为测量误差。测量误差来源于测量方法和测量装置误差，也会由温度、湿度、气压、振动、照明、尘埃与电磁场等环境变化引起。

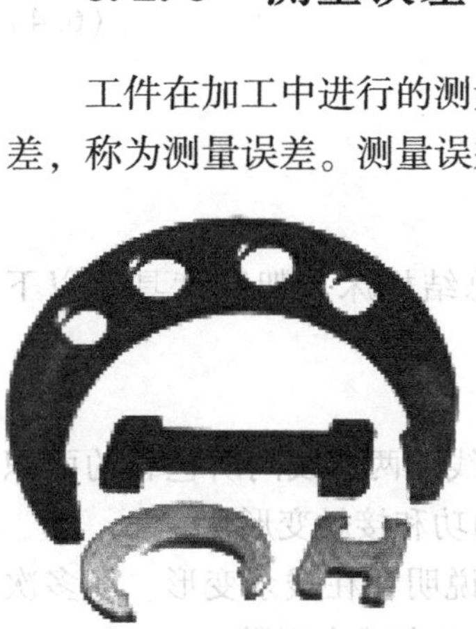

图 6－21　光滑极限量规

为了减少测量误差，提高检验效率，降低工人的技术要求，汽车生产中大量采用专用量具、检具来测量零件。图 6－21 所示光滑极限量规即为一种专用量具。测量零件用的专用量具、检具是针对具体零件尺寸而制造的，大多数只用来判断是否合格而不反映实际真值。只有对某些特殊需要的专用量具和检具，需要通过专业设计、制造来反映真值。专用量具、检具包括光滑极限量规、高度和深度量规、圆锥规、花键规样板及综合检验夹具等。

6.3 工艺系统受力变形误差及其控制

由机床、夹具、刀具、工件组成的工艺系统，受到切削力、传动力、惯性力、夹紧力以及重力等的作用，会因各种力的作用而产生相应变形。这种变形将破坏工艺系统各组元件已调整好的正确位置关系，从而形成加工误差。

例如，工人师傅通过工作经验总结的“车工怕杆，磨工怕眼”，就是指切削力作用下工件变形会影响加工质量。车削细长轴时，工件在切削力作用下会发生弯曲变形，使之加工后产生腰鼓形的圆柱度误差，如图 6－22（a）所示；又如，在内圆磨床上横向切入磨孔时，由于磨头主轴弯曲变形，使得所磨出的孔出现带有锥度的圆柱度误差，如图 6－22（b）所示。下面讨论工艺系统受力变形对误差的影响与控制。

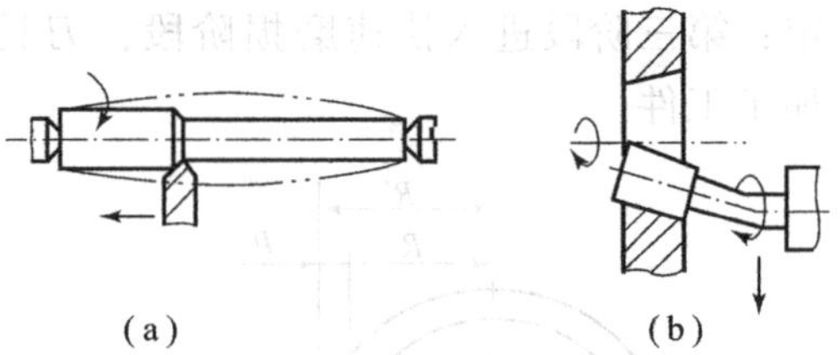

图 6－22　受力变形对误差影响

（a）车长轴；（b）磨内孔

6.3.1 工艺系统刚度

机械加工工艺系统是一个弹性系统，在切削力的作用下所产生各个方向上的变形，只有在误差敏感方向上产生的位移影响工件质量，因此定义工艺系统在切削方向上的位移与切削力之比，代表了工艺系统抵抗外力的能力，称为工艺系统的刚度。切削力有三个分力，在切削加工中对加工精度影响最大的是刀刃沿加工表面的法线方向（y 方向上）的分力，考虑此方向上的切削分力 F_y 和变形位移量 y，即：

$$K=\frac{F_y}{y} \tag{6.4}$$

6.3.2 车床刀架刚度变形曲线

车床刀架刚度变形曲线如图 6－23 所示，通过分析可以总结机床刀架刚度具有以下特点。

（1）变形与载荷不成线性关系。

（2）加载曲线和卸载曲线不重合，卸载曲线滞后于加载曲线。两曲线间所包容的面积就是加载和卸载循环中所损耗的能量。该能量消耗摩擦力所做的功和接触变形功。

（3）第一次卸载后，变形恢复不到第一次加载的起点，这说明存在残余变形。经多次加载卸载后，加载曲线起点才和卸载曲线终点重合，残余变形才逐渐减小到零。

（4）机床部件的实际刚度远比我们按实体估算的要小。

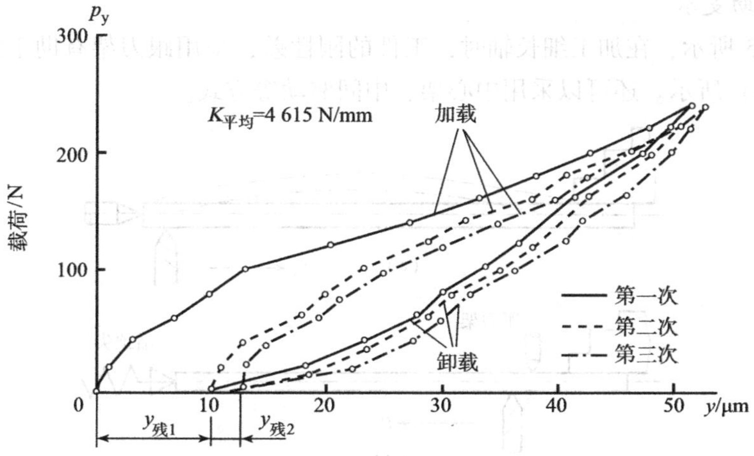

图 6-23 车床刀架刚度变形曲线

6.3.3 复映误差

加工过程中，由于工件的加工余量发生改变而引起切削力变化，所以刀架后移会产生加工误差。如图 6-24 所示车削有误差的毛坯，吃刀量总是从 a_{p1} 到 a_{p2} 周期变化，故刀架后移量 y 也随之周期性变动。所以，偏心的毛坯经过加工后仍是偏心的，毛坯的误差被复映下来，只不过减小了很多，这种现象称为加工过程中的毛坯误差复映现象。工件误差 $\Delta_{工}$ 与毛坯误差 $\Delta_{毛}$ 之比 ε 称为误差复映系数，即 $\varepsilon=\Delta_{工}/\Delta_{毛}<1$。当表面分若干次加工时，每一次加工误差不断减少，复映系数逐渐变小，工件精度不断提高。该表面总的误差复映系数为：

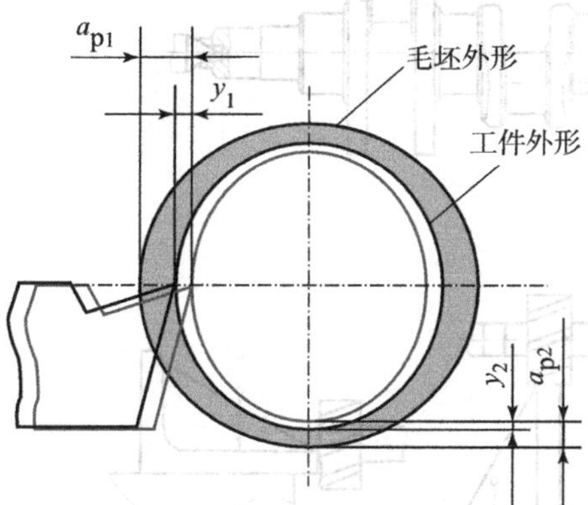

图 6-24 偏心毛坯误差复映现象

$$\varepsilon_{总}=\varepsilon_1\varepsilon_2\cdots\varepsilon_n=\frac{\Delta_{工1}}{\Delta_{毛}}\frac{\Delta_{工2}}{\Delta_{工1}}\cdots\frac{\Delta_{工n}}{\Delta_{工n-1}}=\frac{\Delta_{工n}}{\Delta_{毛}} \tag{6.5}$$

由此可知，工序次数 n 越多，误差复映系数 ε 越小，加工精度越高。由于 ε 小于 1，所以总的误差复映系数将是一个很小的值，这样工件精度就随着 n 增加而逐步提高。这就是加工表面通常采用粗、精、精细加工的几个阶段后逐步达到技术要求的道理。

6.3.4 提高工艺系统刚度措施

1. 合理设计零部件结构

在设计零部件结构时，应尽量减少连接面数目，并防止有局部低刚度环节出现。对于基础件、支承件，应合理选择零件结构和截面形状，以提高机床部件中零件间的接合刚度。必要时，应给机床部件以预加反向载荷等。

2. 采用辅助支承

如图 6－25 所示，在加工细长轴时，工件的刚性差，采用跟刀架有助于提高工件刚度，如图 6－25（b）所示。还可以采用中心架、中间驱动等方式。

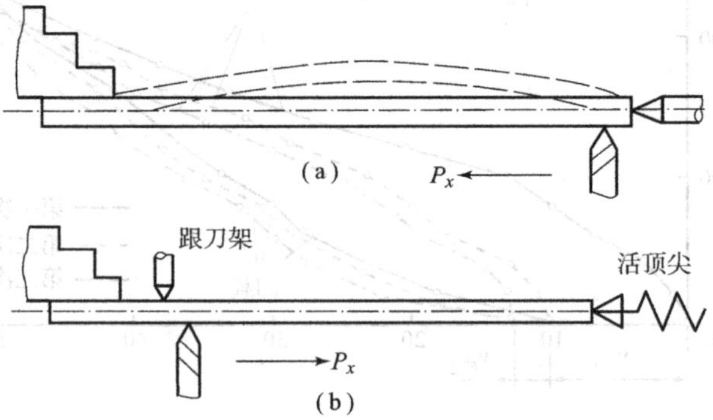

图 6－25　工件刚度的影响及措施

（a）车削细长轴出现弯曲；（b）加装跟刀架或活顶尖

图 6－26（a）所示曲轴车床采用中间驱动而不是端头驱动，好处是明显缩短驱动处与被加工轴颈距离，降低了对刚度的要求。图 6－26（b）所示为六角车床采用导套和导杆辅

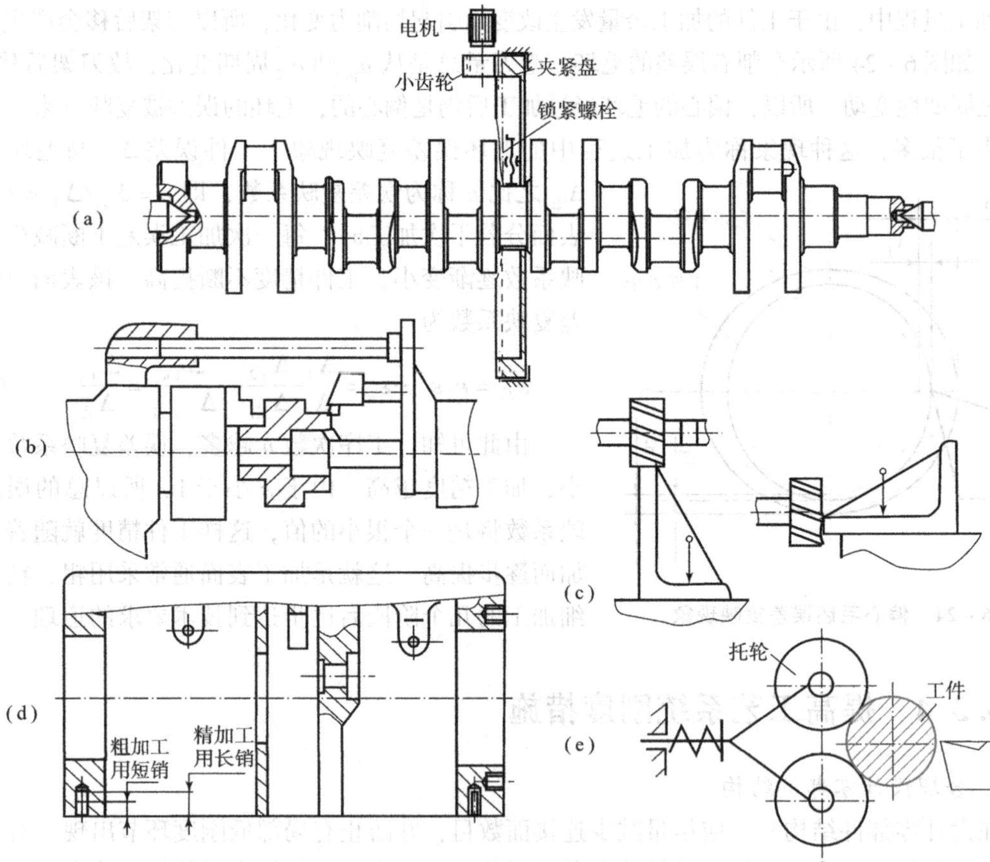

图 6－26　提高工件刚度措施

（a）曲轴加工采用中间驱动；（b）采用导向机构；（c）改变装夹和加工方式；（d）精加工用长定位销；（e）凸轮轴加工采用托轮

助支承副提高刀架刚度。

3. 采用合理的装夹和加工方式

例如，在卧式铣床上铣削角铁形零件，如按图 6－26（c）左所示装夹和加工方式，则工件刚度较低；如改用图 6－26（c）右所示装夹和加工方式，则工件刚度明显提高。加工箱体零件，粗加工采用短定位销，精加工采用长定位销，以消除定位孔磨损的影响，见图 6－26（d）。加工汽车凸轮轴则采用托轮增加刚性，见图 6－26（e）。

4. 减小载荷及其变化

为了提高工艺系统刚度，建议采取适当的工艺措施来减小工艺系统中的载荷和变化。首先应该合理选择刀具几何参数，例如增大前角、让主偏角接近 90°等；其次是控制切削用量，如适当减少进给量和背吃刀量，以减小切削力，相应减小受力变形；最后，将毛坯分组，使加工中的各组毛坯余量相对均匀，这样能减小切削力的变化，从而减小复映误差。

6.4　工艺系统热变形误差与控制

6.4.1　工艺系统热源

工件、刀具等的热变形对加工精度影响较大，特别是在精密加工和大件加工中，热变形所引起的加工误差通常会占到工件总误差的 40%～70%。

引起工艺系统热变形的热源可分为内部热源和外部热源两大类。

1. 内部热源

内部热源包括切削热、摩擦热。

在切削过程中，消耗于切削的弹、塑性变形能及刀具、工件和切屑之间摩擦的机械能，绝大部分都转变成了切削热。在车削加工中，切屑所带走的热量可达 50%～80%，传给工件的热量约为 30%，传给刀具的热量不超过 5%。

工艺系统中的摩擦热，主要是机床运动部件产生的，如电动机、轴承、齿轮、丝杠副、导轨副、离合器、液压泵、阀等。尽管摩擦热比切削热少，在工艺系统中是局部发热，但是会引起局部温升和变形，破坏了系统原有的几何精度，对加工精度也会带来严重影响。

2. 外部热源

外部热源的热辐射，包括照明灯光、加热器等对机床的热辐射。同时也不容忽视周围环境温度，如不同昼夜温度对机床热变形的影响。外部热源的热辐射影响对于大型和精密加工尤显重要。

6.4.2　工艺系统热变形引起的误差

1. 机床热变形对加工精度的影响

一般机床的体积较大，热容量大，虽温升不高，但变形量不容忽视。机床结构较复杂，达到热平衡的时间较长，各部分的受热变形不均，会破坏原有的相互位置精度，造成工件的加工误差。

机床结构和工作条件不同，机床热变形的热源和变形形式也不尽相同。对于车、铣、钻、镗类机床，其主轴箱中的齿轮、轴承摩擦发热和润滑油发热是主要热源，因而使得主轴箱及与之相连部分，如床身或立柱的温度升高而产生较大变形。车床主轴发热使主轴箱在垂直面内与水平面内发生偏移和倾斜，如图 6－27（a）所示。图 6－27（b）所示为车床主轴温升、位移随运转时间变化而变化的情况。由图 6－27（b）可见，y 方向的位移量远大于 x 方向的位移量。由于 y 方向是误差非敏感方向，故对加工精度影响较小。

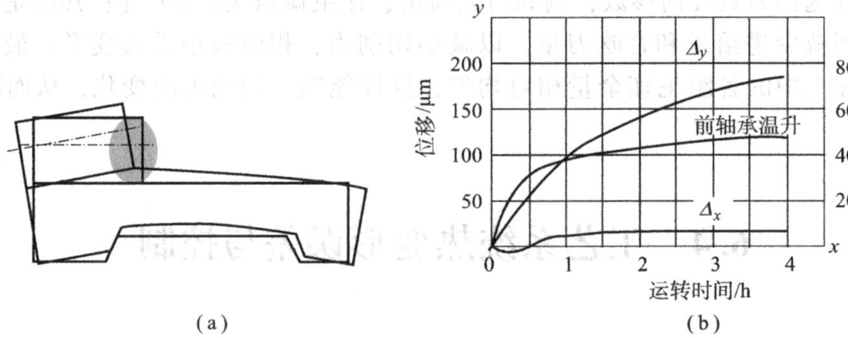

图 6－27　车床主轴温升与变形

（a）车床受热变形形态；（b）温升与变形曲线

对于龙门刨床、导轨磨床等大型机床，其床身较长。如果导轨面与床身底面间有温差，那么床身导轨就会产生较大的弯曲变形，从而影响加工精度。例如一台长 13 m 高 0.8 m 的导轨磨床床身，导轨面与床身底面温差 1 ℃时，其弯曲变形量可达 0.33 mm。床身上下表面产生温差，不仅是由工作台运转时导轨面摩擦发热所致，环境温度的影响也是重要的原因。例如在夏天，地面温度一般低于车间室温，床身会产生“中凸”。

2. 刀具热变形所引起的误差

尽管在切削加工中传入刀具的热量很少，但由于刀具的尺寸和热容量小，故仍有相当程度的温升，从而引起刀具的热伸长并造成加工误差。例如车削时高速钢车刀的工作表面温度可达 700 ℃～800 ℃，硬质合金可达 1 000 ℃，刀具伸长量可达 0.03～0.05 mm。

图 6－28 所示为车刀热伸长量与切削时间的关系。当车刀连续切削时，切削开始时，刀具的温升和热伸长较快，随后趋于缓和，经 30 min 逐步达到热平衡。当切削停止时，刀具温度开始下降较快，以后逐渐减缓。刀具断续加工时，变形趋于零。如加工一批短小轴件，在加工过程中机床、工件、刀具趋于热平衡。在连续冷却条件下经 20 min 后温度趋于室温，变形趋于零。

3. 工件热变形引起的误差

1）工件均匀受热图

一些简单的均匀受热工件，如车、磨轴类件的外圆，待加工后冷却到室温时其长度和直径将有所收缩，由此而产生尺寸误差 Δ_L。Δ_L 可用简单的热伸长公式进行估算，即

$$\Delta_L = L \cdot \alpha \cdot \Delta_t \tag{6.6}$$

式中　L——工件热变形方向的尺寸（mm）；

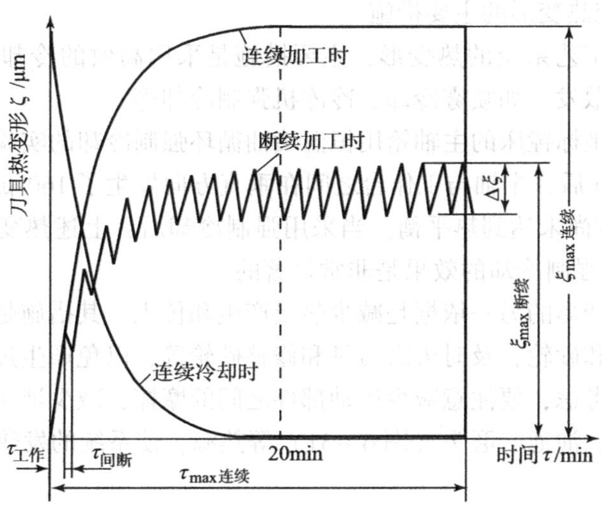

图 6－28　刀具热变形曲线

α——工件的热膨胀系数（1/℃）；

Δ_t——工件的平均温升（℃）。

2）工件非均匀受热

应该知道，工件受热不均会引起内部产生热应力和外部变形。如磨削零件的单一表面，由于工件单面受热而产生向上翘曲变形 y，加工冷却后将形成中凹的形状误差 y'，见图 6－29（a）。可根据图 6－29（b）所示几何关系得出如下工件中凹形状误差 y'的关系式，即：

$$y' \approx \frac{\alpha \cdot L^2 \cdot \Delta_t}{8H} \tag{6.7}$$

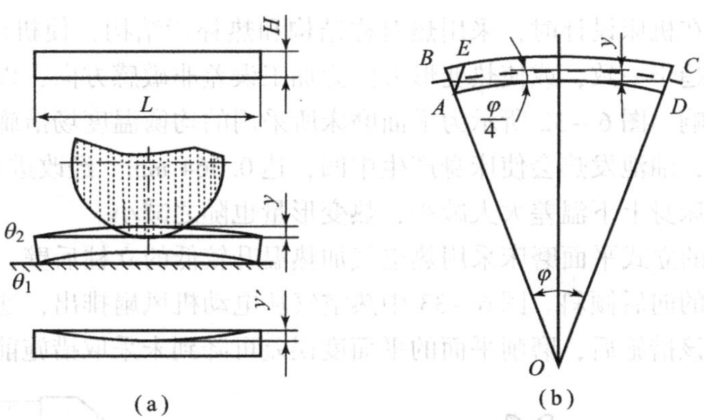

图 6－29　薄壁零件热变形

（a）工件加工冷却后产生翘曲、中凹形状；（b）工件中凹形状几何图示

式中，α 为工件的热膨胀系数。式中说明，工件的长度 L 越大，厚度 H 越小则中凹形状误差 y'就越大。在铣削或刨削薄板零件平面时，也有类似情况发生。为减小工件的热变形带来的加工误差，在工件长度 L 和厚度 H 基本一定的前提下，应重点控制好工件上下表面温差 Δ_t。

3）控制工艺系统热变形的主要措施

为了有效地控制工艺系统的热变形，主要措施是采用高效的冷却方式，加强其散热能力，加速系统热量的散发。如喷雾冷却、冷冻机强制冷却等。

图 6－30 所示为坐标镗床的主轴箱用恒温喷油循环强制冷却的实验结果。当不采用强制冷却时，机床运转 6 h 后，主轴与工作台之间在垂直方向发生了 160 μm 的位移（如图中曲线 1 所示），而且机床尚未达到热平衡。当采用强制冷却后，上述热变形位移减少到 7 μm，见图中曲线 2），可见强制冷却的效果是非常显著的。

控制工艺系统热变形的另一依据是减少热量产生和传入。其措施是合理选用切削和磨削用量，正确使用刀具和砂轮，及时刃磨刀具和修整砂轮等，以免产生过多的加工热。从机床的结构和润滑方式上考虑，要注意减少运动部件之间的摩擦，减少液压传动系统的发热，隔离电机、齿轮变速箱、油池、磨头（图 6－31）等热源，使系统的发热及其对加工精度的影响得到有效控制。

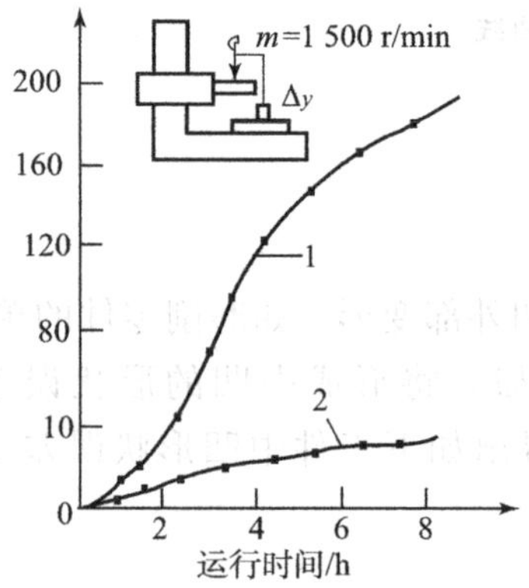

图 6－30 镗床强制冷却曲线图

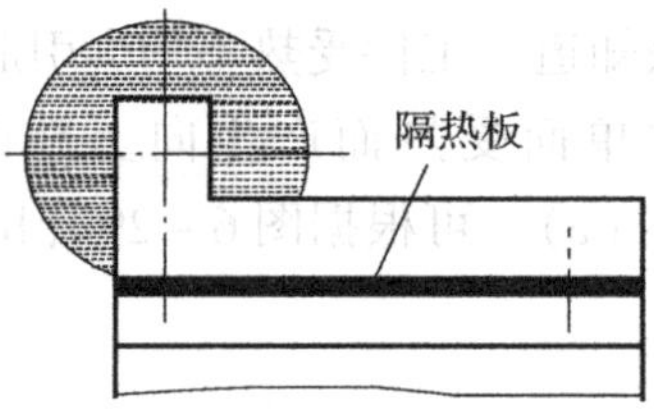

图 6－31 磨床隔离热源

均衡温度场。在机床设计时，采用热对称结构和热补偿结构，使机床各部分受热均匀，热变形方向和大小趋于一致，或使热变形方向为加工误差非敏感方向，以减小工艺系统热变形对加工精度的影响。图 6－32 所示为平面磨床所采用的均衡温度场措施的示意图。该机床油池位于床身底部，油池发热会使床身产生中凹，达 0.364 mm。经改进在导轨下配置油沟，导入热油循环，使床身上下温差大大减小，热变形量也随之减小。

图 6－33 所示的立式平面磨床采用热空气加热温升较低的立柱后壁，以均衡立柱前后壁的温升，减小立柱的向后倾斜。图 6－33 中热空气从电动机风扇排出，通过特设软管引向立柱后壁空间。采用该措施后，磨削平面的平面度误差可降到未采取措施前的 1/4 ~ 1/3。

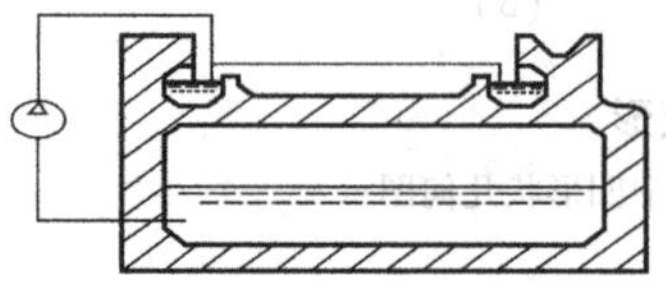

图 6－32 磨床热油循环

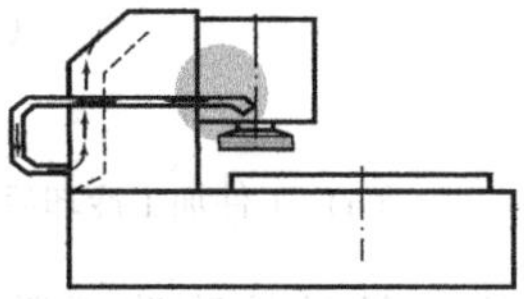

图 6－33 均衡温度场

缩小发热零件长度。如图 6－34 所示为外圆磨床横向进给机构示意图，图 6－34（b）中对螺母位置进行改进，缩小了丝杠热变形长度，使得热变形造成丝杠的螺距累积误差减小，因而砂轮的定位精度较高。

对发热零部件拟采用热对称结构。比如，图 6－35 所示的传统牛头刨滑枕截面结构内，由于导轨面的高速滑动，导致摩擦生热，使滑枕上冷下热，产生弯曲变形。如果将导轨布置在截面中间，滑枕截面上下对称，显然可以减小导轨面的弯曲变形。

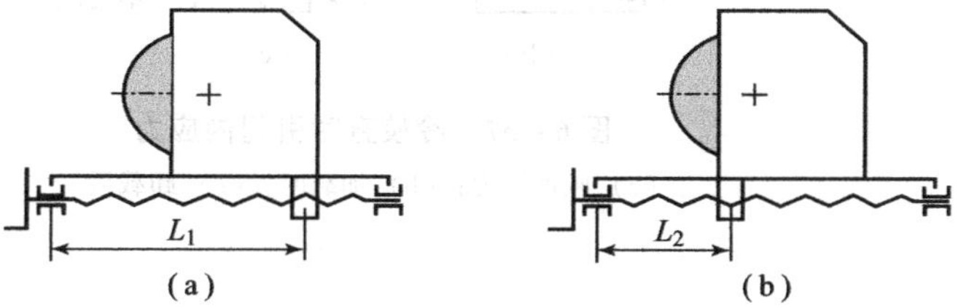

图 6－34　缩小丝杠变形长度图

（a）改进前；（b）改进后

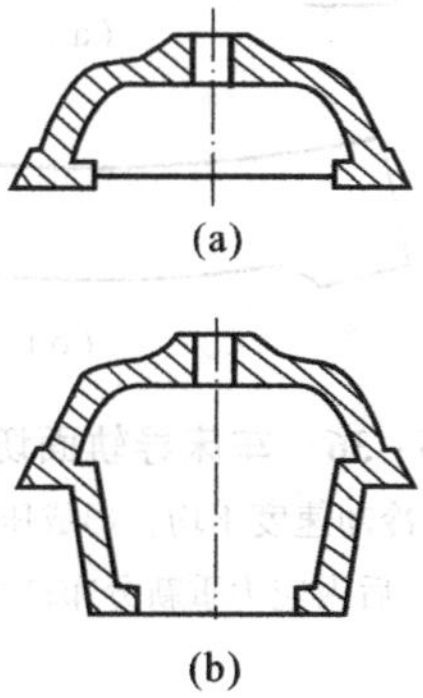

图 6－35　刨床滑枕改进后的热对称结构

（a）改进前；（b）改进后

控制环境温度，安排精密加工在恒温室内进行。

6.4.3　内应力引起的误差

在没有外载荷的作用时仍然残存在工件内部的应力称内应力或残余应力。在铸造、锻造及切削加工后，工件内部常常会存在各种内应力（也称热应力）。工件内应力的重新分布不仅影响零件的加工精度，而且对装配精度也有很大的影响。内应力存在于工件内部，且其存在和分布情况相当复杂，下面作一些定性分析。

1. *毛坯的内应力*

铸、锻、焊毛坯等在生产过程中，由于各部分结构厚薄不均，导致冷却速度与热胀冷缩互不均匀而相互牵制，形成内应力。一般规律是厚处（缓冷部位）产生拉应力，相连薄处（快冷部位）产生压应力。变形将朝向减小内应力的方向弯曲。图 6－36 为车床床身，铸造时，床身导轨表面及床腿面冷却速度较快，中间部分冷却速度较慢，因此形成了上下表层出现压应力的状态，中间部分（导轨截面主体）处于拉应力状态。当将导轨表面铣削或刨去一层金属时，内应力重新分布，力的平衡将被打破，导轨截面的拉应力更加突出，于是，整个床身将产生中部下凹的弯曲变形。

2. *冷校直内应力*

细长的轴类零件，如发动机凸轮轴等在加工和运输中很容易产生弯曲变形。因此，大多数在装配前需要安排冷校直工序。这种方法简单方便，但会带来内应力，引起工件变形而影响零件加工精度。

图 6－37 所示为冷校直时引起内应力的情况。在弯曲的轴类零件中部施加压力 F，使其产生反弯曲。这时加载，轴的上层受压，下层受拉，外层为塑变区，内层为弹变区。如果外力加得适当，在去除外力后，塑变区的变形将保留下来，而弹变区的变形将全部恢复，应力

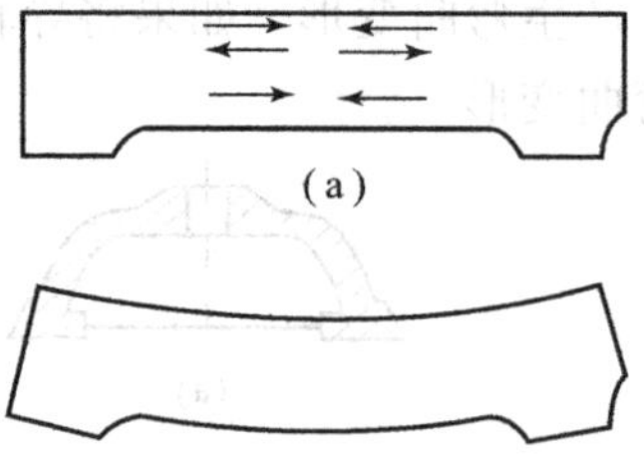

图 6－36　车床导轨面切削后引起变形

(a) 冷却速度不均，形成压应力；(b) 加工后内应力重新分布产生弯曲变形

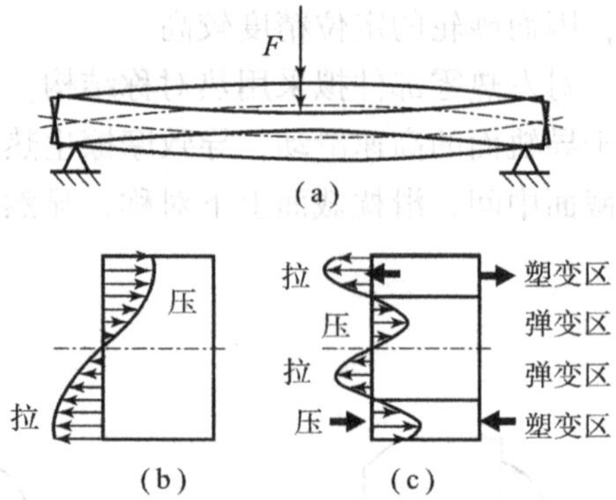

图 6－37　冷校直时引起内应力

(a) 施加压力；(b) 加载时；(c) 卸载后

重新分布，工件弯曲得以校直。但是，如果变形控制不当，又将引起工件重新变形而影响零件加工精度。

由于冷校直后工件仍会出现变形，所以精密零件的加工是不允许安排冷校直工序的。当零件产生弯曲变形时，如果变形较小，可加大加工余量，利用切削加工方法去除其弯曲度，这时需要注意切削力的大小，因为这些零件刚度很差，极易受力变形；如果变形较大，则可用热校直的方法，这样可减小内应力，但操作麻烦。

6.5　影响表面质量的因素及其控制

机械零件的破坏一般总是从表面层开始。产品的性能，尤其是它的可靠性和耐久性，在很大程度上也取决于零件表面层的质量。研究机械加工表面质量的目的就是掌握机械加工中各种工艺因素对加工表面质量影响的规律，以便运用这些规律来控制加工过程，达到改善表面质量、提高产品使用性能的目的。

6.5.1　加工表面粗糙度影响因素及改进

1. 加工表面粗糙度

切削加工表面粗糙度主要取决于切削残留面积的高度，并与切削表面塑性变形及积屑瘤的产生有关。

1）切削残留面积

由于刀具切削刃的几何形状、几何参数、进给运动及切削刃本身的粗糙度等原因，未能将被加工表面上的材料层完全干净去除掉，在已加工表面上遗留下残留面积。残留面积的高度构成了表面粗糙度 Rz。

图 6－38 表示出了车削加工残留面积的高度。图 6－38（a）为使用直线刀刃切削的情况，其切削残留面积的高度为：

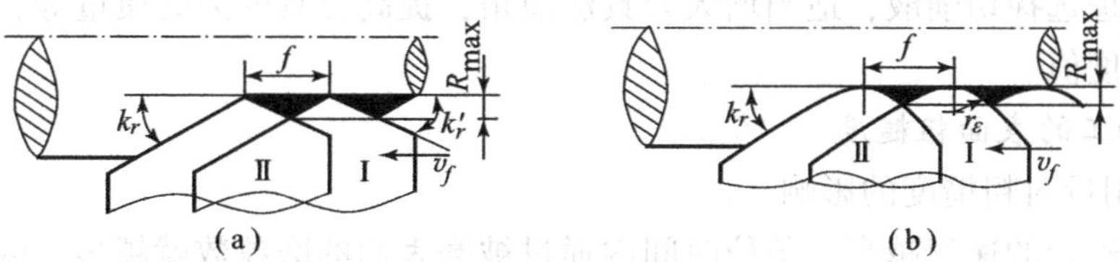

图 6－38　车削加工残留面积

(a) 直线刀刃；(b) 圆弧刀刃

$$R = \frac{f}{\arctan k_r + \arctan k_r'} \tag{6.8}$$

图 6－38（b）为使用圆弧刀刃切削的情况，其切削残留面积的高度为：

$$R = \frac{f^2}{8r_\varepsilon} \tag{6.9}$$

从以上两式得知，影响切削残留面积的高度的因素主要包括刀尖圆弧半径 r_ε、主偏角 k_r、副偏角 k_r' 及进给量 f 等。

实际上，加工表面的粗糙度总是大于按以上计算的残留面积的高度。只有当切削脆性材料或高速切削塑性材料时，实际加工表面的粗糙度才比较接近残留面积的高度，这说明影响表面粗糙度大小还有其他种种原因。

2）切削表面塑性变形和积屑瘤

图 6－39 表示出加工塑性材料时切削速度对表面粗糙度的影响。图 6－39 中反映，切削速度 v_c 处于 30～50 m/min 时，表面粗糙度值最大，这是由于此时容易产生积屑瘤或鳞刺。鳞刺是指切削加工表面在切削速度方向产生的鱼鳞片状的毛刺。积屑瘤和鳞刺均使表面粗糙度值加大。当切削速度超 100 m/min 时，表面粗糙度值反而下降并趋于稳定。选择低速宽刀精切和高速精切，往往可以得到较小的表面粗糙度值。

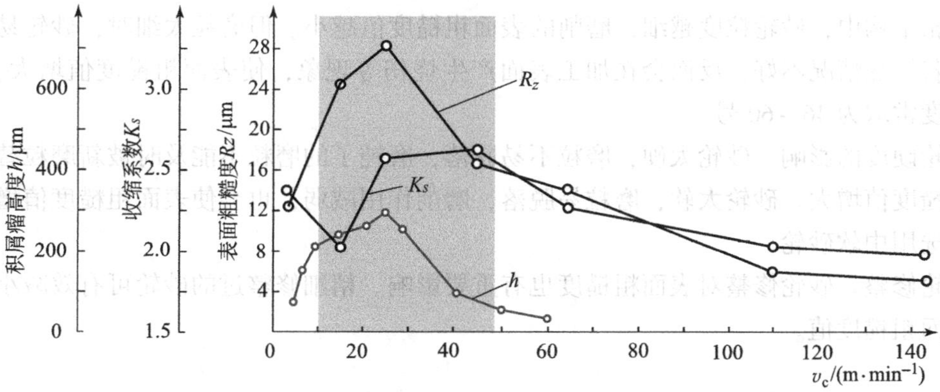

图 6－39　加工塑性材料时切削速度对表面粗糙度的影响

一般说，材料韧性越大或塑性变形趋势越大，被加工表面粗糙度就越大。切削脆性材料比切削塑性材料容易达到表面粗糙度的要求。对于同样的材料，金相组织越是粗大，切削加工后的表面粗糙度值也越大。为减小切削加工后的表面粗糙度值，常在精加工前进行调质处理（淬火＋高温回火），目的在于得到均匀细密的晶粒组织和较高的硬度。

此外，合理选择切削液，适当增大刀具法前角，提高刀具的刃磨质量等，均能有效减小加工表面粗糙度值。

2. 磨削加工的表面粗糙度

1）磨削用量对粗糙度的影响

磨削时，砂轮的速度越高，单位时间内通过被磨表面的磨粒数就越多，因而工件表面的粗糙度值就越小，参见图 6－40（a）。

工件速度对表面粗糙度的影响刚好与砂轮速度的影响相反。增大工件速度时，单位时间内通过被磨表面的磨粒数减少，表面粗糙度值将增加，参见图 6－40（b）。

磨削深度（背吃刀量）增大，表层塑性变形将随之增大，被磨表面粗糙度值也会增大，参见图 6－40（c）。

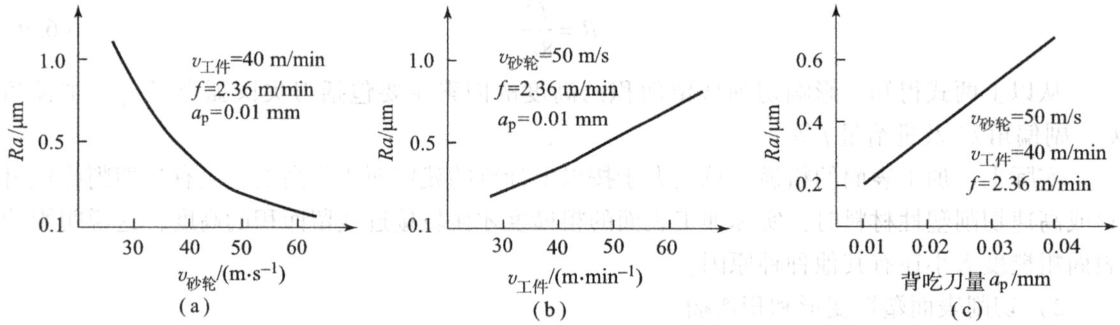

图 6－40　磨削用量与粗糙度关系

（a）砂轮的速度越高，粗糙度值越小；（b）增大工件速度，粗糙度值将增加；（c）磨削深度增大，粗糙度值增大

另外，砂轮的纵向进给减小，工件表面的每个部位被砂轮重复磨削的次数增加，被磨表面的粗糙度值将减小。

2）砂轮结构对粗糙度的影响

砂轮结构中，砂轮粒度越细，磨削的表面粗糙度值越小。但磨粒太细时，砂轮易被磨屑堵塞，若导热情况不好，反而会在加工表面产生烧伤等现象，使表面粗糙度值增大。因此，砂轮粒度常取为 46～60 号。

砂轮硬度的影响。砂轮太硬，磨粒不易脱落，磨钝了的磨粒不能及时被新磨粒替代，使表面粗糙度值增大。砂轮太软，磨粒易脱落，磨削作用减弱，也会使表面粗糙度值增大。因此，常选用中软砂轮。

砂轮修整。砂轮修整对表面粗糙度也有重要影响。精细修整过的砂轮可有效减小被磨工件的表面粗糙度值。

6.5.2　影响表层力学性能因素及改进

1. 表面冷作硬化

工件加工时，由于受到切削力和切削热的作用，表面金属层的力学物理性能会产生很大变化，变化之一是表层金属的显微硬度发生变化。

评定硬化组织的指标有三项：表层金属的显微硬度 HV、硬化层深度 h 和硬化程度。硬化程度：

$$N = [(HV - HV0)/HV0] \times 100\%$$

式中，HV0 为工件表面硬化层内层金属的显微硬度。

各种加工方式对钢件表面的硬化程度与硬化深度的影响参见表 6－3。

表 6－3　钢件表面的硬化程度 N 与硬化深度 Δh_d

加工方法	硬化程度（N）/%		硬化深度 Δh_d/μm	
	平均值	最大值	平均值	最大值
车削	20～50	100	30～50	100
精车	40～80	120	30～60	
端铣	40～60	100	40～80	200
周铣	20～40	80	40～80	110
钻扩孔	60～70		180～200	250
拉孔	150～100		20～100	
滚插齿	60～100		120～150	
外圆磨低碳钢	60～100	150	30～60	
磨淬硬中碳钢	40～60	100	30～60	
平面磨	50		16～35	
研磨	12～17		3～7	

影响加工硬化的主要因素有切削用量、刀具几何参数及磨损和工件材料等。

1）切削用量的影响

当加大进给量时，表层金属的显微硬度通常将随之增大。这是因为随着进给量的增大，切削力增大，表层金属的塑性变形加剧，冷硬程度增加，参见图 6－41。

切削深度对表层金属冷作硬化的影响不大。但对于磨床，磨削深度越深，对冷作硬化影响相对提高，见图 6－42。

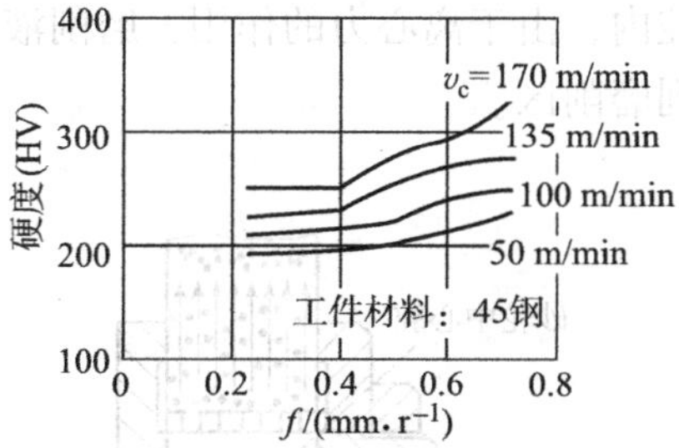

图 6－41　f 和 v_c 的影响

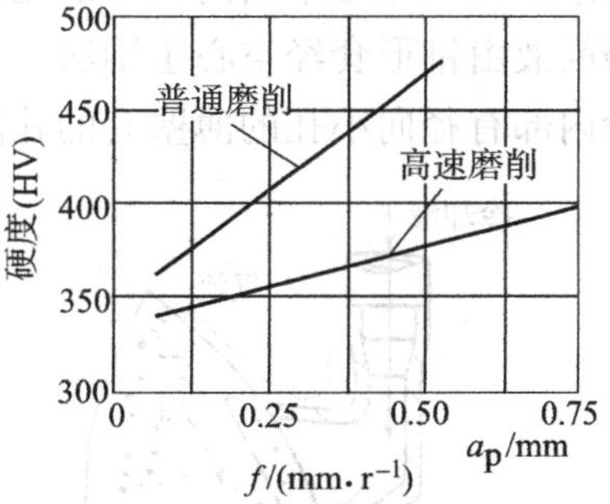

图 6－42　磨削深度的影响

2）刀具的影响

刀具前角 γ_o 越大，切削变形越小，加工硬化程度和硬化层深度均相应减小。

由图 6－43 可见，刀具后刀面磨损宽度 VB 从 0 增大到 0.3 mm，显微硬度由 330HV 增大到 340HV，这是由于磨损宽度加大后，刀具后刀面与被加工工件的摩擦

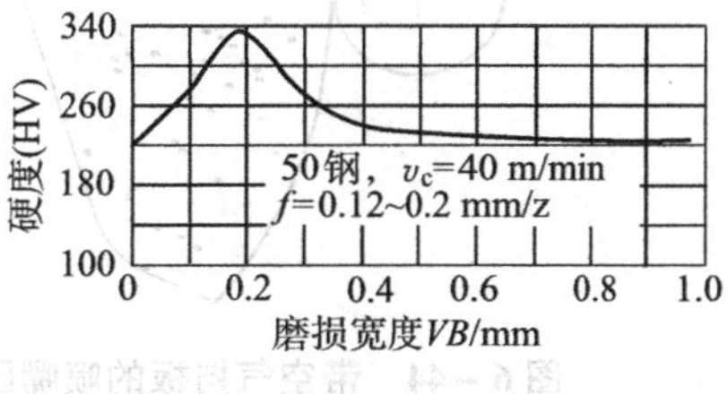

图 6－43　刀具磨损宽度的影响

加剧，塑性变形增大，导致表面冷硬增大的缘故。然而，当磨损宽度继续加大，摩擦热急剧增大，弱化趋势凸显，表层金属的显微硬度反而逐渐下降，直至稳定在某一个水平上。

3）工件材料的影响。

众所周知，工件材料硬度越低，塑性增加，加工硬化程度和硬化层深度越大。就汽车常用的低碳、中碳或合金结构钢而言，由于其塑性变形能力强，机械加工中表现硬化严重。

2. 材料的金相组织变化

1）磨削烧伤

磨削工件时，当其表面层温度达到或超过金属材料的相变温度时，表层金属材料的金相组织将可能发生部分相变，表层显微硬度也会相应变化，并伴随有残余应力产生，甚至出现微裂纹，事实上还会出现彩色氧化膜，这种现象称磨削烧伤。

2）磨削裂纹

一般情况下，磨削表面多呈残余拉应力。磨削淬火钢、渗碳钢及硬质合金工件时，常常沿垂直于磨削的方向产生微小龟裂，严重时发展成龟壳状微裂纹，有的裂纹还不在工件外表面，而是在表面层下，用肉眼根本无法发现。裂纹常与磨削方向垂直或呈网状，并且与烧伤同时出现。其危害是降低零件的疲劳强度，甚至出现早期低应力断裂。

3）磨削烧伤改进措施

第一是正确选择砂轮。对于导热性差的材料如不锈钢，为避免产生烧伤，应选择较软的砂轮。选择具有一定弹性的结合剂（如橡胶结合剂、树脂结合剂等）。这样考虑，也有助于避免磨削烧伤现象的产生。

第二是合理选择磨削用量。从减轻烧伤而同时又尽可能地保持较高的生产率考虑，在选择磨削用量时，应选用较大的工件速度 v_w 和较小的磨削深度 a_p。

第三是改善冷却条件。建议安装带空气挡板的喷嘴，此法可以减轻高速回转砂轮表面处的高压附着气流作用，使磨削液能顺利喷注到磨削区，参见图 6-44。

第四是可考虑采用内冷却砂轮。内冷却砂轮的工作原理如图 6-45 所示。经过严格过滤的磨削液由锥形套经空心主轴法兰套引入砂轮的中心腔内，由于离心力的作用，磨削液经由砂轮内部有径向小孔的薄壁套的孔隙甩出，直接浇注到磨削区。

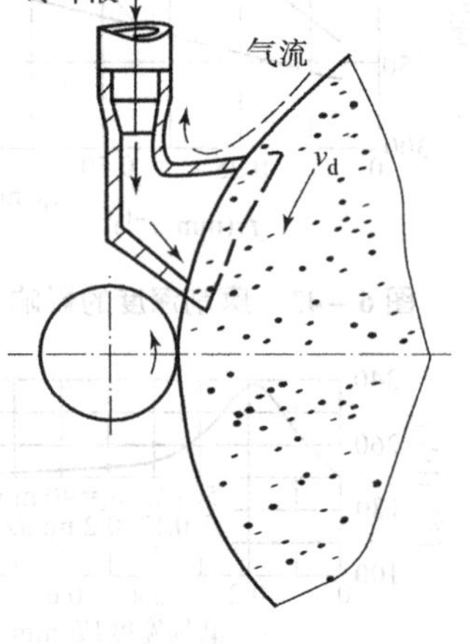

图 6-44 带空气挡板的喷嘴图

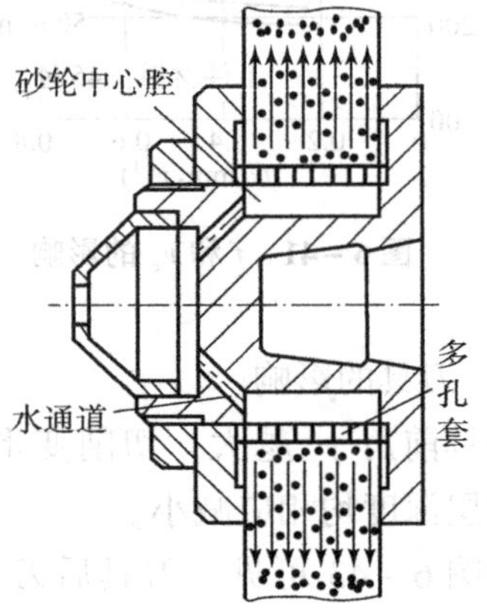

图 6-45 内冷却砂轮

3. 表面金属残余应力

1）切削用量的影响

切削用量三要素中的切削速度和进给量对残余应力的影响较大。因为切削速度增加，切削温度升高，此时由切削温度引起的热应力逐渐起主导作用，故随着切削速度增加，残余应力将增大，但残余应力层深度减小。进给量增加，残余拉应力增大，但压应力将向里层移动。背吃刀量对残余应力的影响并不显著。

2）刀具的影响

刀具几何参数中对残余应力影响最大的是刀具前角。当前角由正变为负时，表层残余拉应力逐渐减小。这是因为刀具对加工表面的挤压与摩擦作用加大，从而使残余拉应力减小；当刀具前角为较大负值且切削用量合适时，甚至可得到残余压应力。

刀具后刀面磨损值增大，使后刀面与加工表面摩擦加大，切削温度升高，由热应力引起的残余应力的影响增强，此时加工表面呈残余拉应力状态，使残余拉应力层深度加大。

3）工件材料

工件材料塑性越大，切削加工后产生的残余拉应力越大，如奥氏体不锈钢等。切削灰铸铁等脆性材料时，加工表面易产生残余压应力，原因在于刀具的后刀面挤压与摩擦使得表面产生拉伸变形，待与刀具后刀面脱离接触后将通过里层的弹性恢复作用使得表层呈残余压应力。

本章小结

学习本章内容，要求先行了解机械加工质量分析及控制的内涵与意义；学会分析工艺系统几何误差、受力变形误差、热变形误差及其控制措施。同时了解影响表面质量的因素，了解表面强化方法、光整加工和高速切削内容及其良好效果等。这样，学习者就可继此进一步学习后面机械加工工艺设计的相关知识，为将来投入汽车生产行列、从事相关工艺技术工作打下基础。

思考与习题

1. 说明机械加工质量分析及控制的内涵与意义。

2. 机械加工过程中，零件表面层材料会产生哪些物理、力学和化学性质的变化？这些变化对加工质量有何影响？

3. 何谓机械加工的工艺系统？工艺系统误差按影响因素类型可分为哪几类？

4. 何谓工艺系统几何误差？工艺系统几何误差来自哪几方面？

5. 就加工原理误差和调整误差说明工艺系统几何误差的形成机制与控制措施。

6. 何谓工艺系统受力变形误差？分析工艺系统刚度变化对工件加工精度的影响。

7. 可以采取哪几方面措施来提高机械加工工艺系统的刚度？

8. 何谓工艺系统热变形引起的误差？机床热变形对加工精度会带来什么影响？

9. 控制工艺系统热变形的主要措施包括哪几方面？

10. 表面粗糙度主要取决于哪些因素？如何合理保证磨削加工表面粗糙度的要求？

11. 分析机械加工过程中工件表层力学性能的变化及其影响因素。应从哪些方面采取措施予以改进？

第7章 汽车典型零部件制造工艺

【本章知识点】

1. 了解汽车齿轮的种类及加工方法。
2. 了解汽车曲轴的作用及加工方法。
3. 了解汽车连杆的作用及加工方法。

7.1 齿轮制造工艺

齿轮广泛应用于汽车的传动系（变速器、驱动桥）中，其作用是改变传动比，扩大驱动轮转矩和转速的变化范围，以适应经常变化的复杂行驶条件。

7.1.1 齿轮的结构特点及结构工艺性分析

汽车中的各种齿轮，按照结构的特点可分为五类，如图7－1所示。

1. 齿轮的结构特点

(1) 单联齿轮。如图7－1 (a) 所示，孔的长径比 $L/D<1$。

(2) 多联齿轮。如图7－1 (b) 所示，孔的长径比 $L/D>1$。

(3) 盘形齿轮。如图7－1 (c) 所示，具有轮毂，孔的长径比 $L/D<1$。

(4) 齿圈。如图7－1 (d) 所示，具有轮毂，孔的长径比 $L/D<1$。

(5) 轴齿轮。如图7－1 (e) 所示。

由图7－1可知，齿轮一般分为齿圈和轮体两部分，在齿圈上可切出直齿、斜齿、螺旋齿等齿形，而在轮体上有内孔（光孔、键槽孔、花键孔）或轴。

2. 齿轮结构的工艺性分析

齿轮的结构形状直接影响齿轮加工工艺的制订。对齿轮类零件机械加工工艺的分析，除了应进行常规的结构工艺分析外，还应考虑以下几方面的因素：

1) 双联齿轮

用滚刀加工双联齿轮小齿轮时，大小齿轮之间的距离 B 要足够大（图7－2），以免加工时滚刀碰到大齿轮的端面。B 的大小与滚刀直径、滚刀切削部分长度及滚刀安装角度等有关。

2) 盘形齿轮

当齿轮较大时，为了减轻重量和机械加工量，常设计成有凹槽的、带轮毂式的，如图7－3所示。

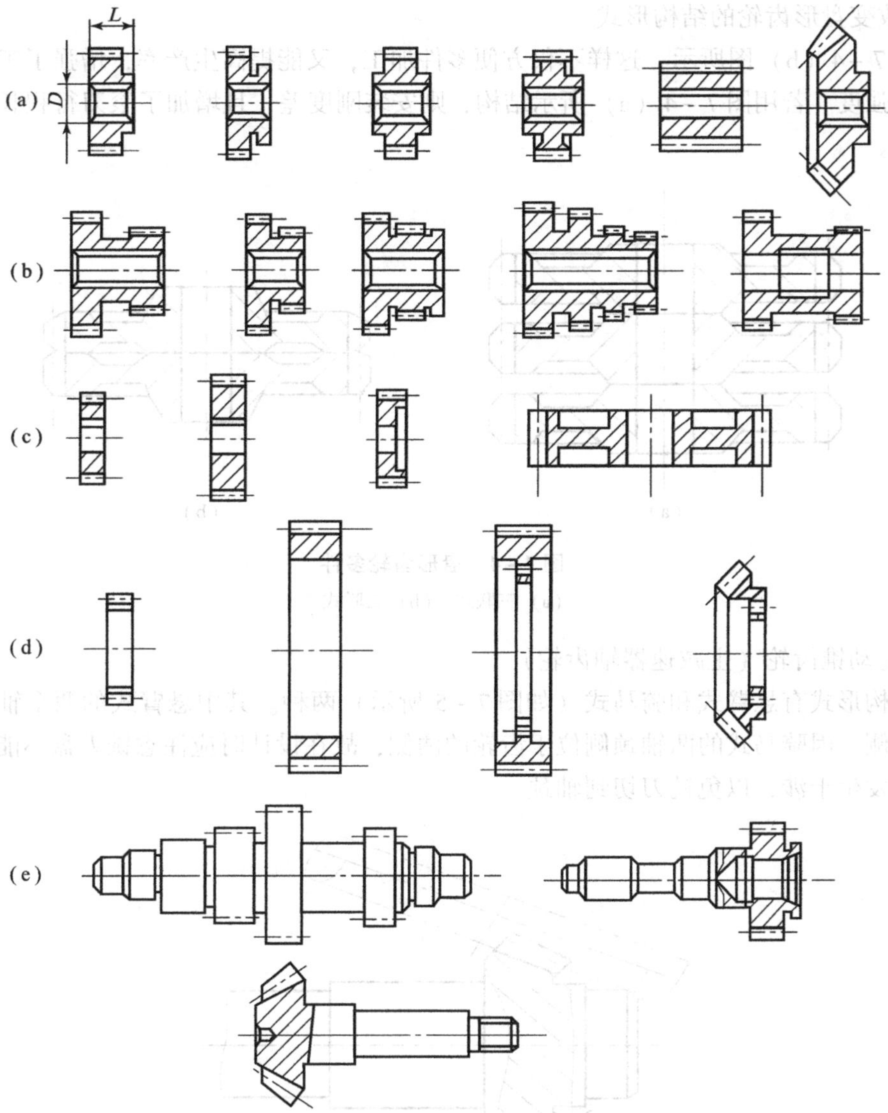

图 7 – 1　汽车齿轮的结构类型

(a) 单联齿轮；(b) 多联齿轮；(c) 盘形齿轮；(d) 齿圈；(e) 轴齿轮

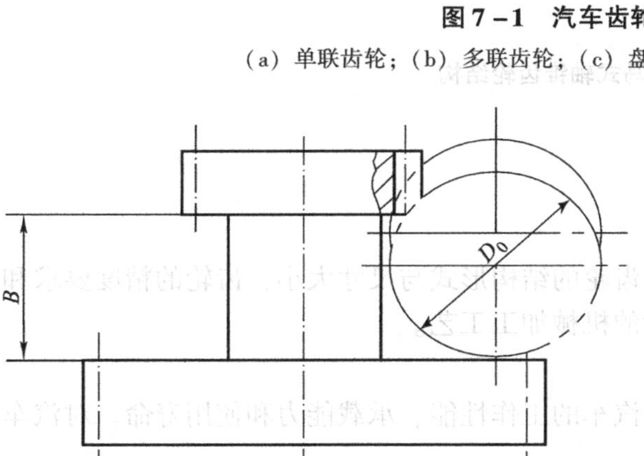

图 7 – 2　双联齿轮两齿轮之间应有足够距离

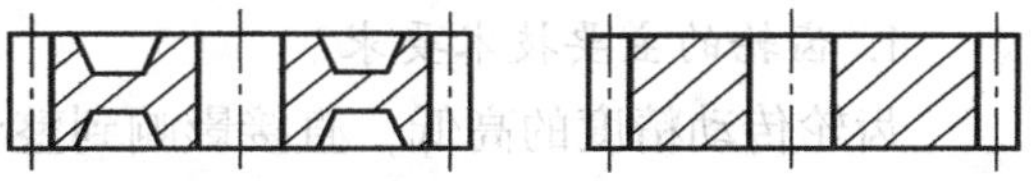

(a)　　(b)

图 7 – 3　盘形齿轮的端面形式

(a) 轮毂式；(b) 平端面

3）改变盘形齿轮的结构形式

如图7－4（b）图所示，这样不仅方便多件加工，又能提高生产率，增强了工件在机床上的安装强度。若用图7－4（a）所示结构，则安装刚度差，且增加了滚刀行程长度，降低了生产率。

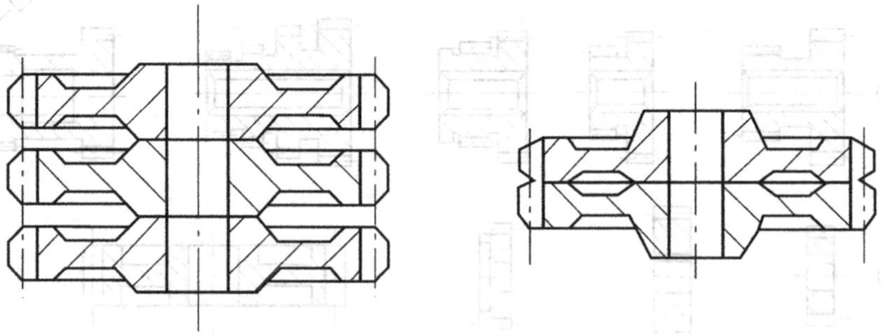

（a）　　（b）

图7－4　盘形齿轮多件

（a）三联式；（b）二联式

4）主动锥齿轮（主减速器轴齿轮）

其结构形式有悬臂式和骑马式（如图7－5所示）两种。其中悬臂式的两个轴颈位于齿轮的同一侧。因骑马式的两轴颈侧位于齿轮的两侧，故在设计时应注意铣刀盘不能与小头一侧的轴颈发生干涉，以免铣刀切到轴颈。

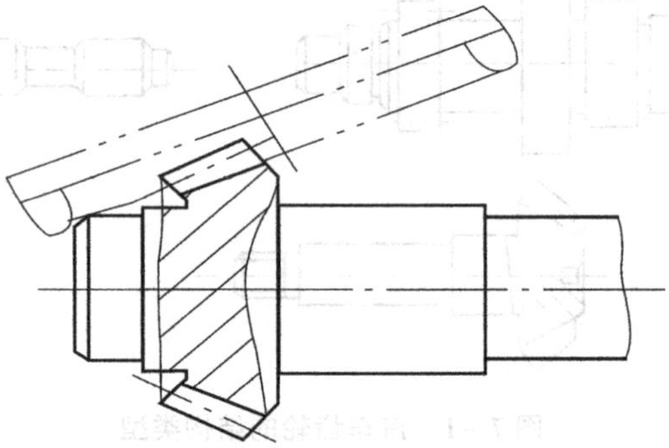

图7－5　骑马式轴锥齿轮结构

7.1.2　齿轮的机械加工工艺

根据齿轮的材质、毛坯与热处理要求，齿轮的结构形式与尺寸大小，齿轮的精度要求和生产批量，车间现有设备条件等来制订齿轮的机械加工工艺。

1. 齿轮的主要技术要求

齿轮传动精度的高低，直接影响到整台汽车的工作性能、承载能力和使用寿命。对汽车上传动齿轮的主要技术要求有以下几方面：

1）齿轮精度和表面粗糙度

载货汽车变速器齿轮的精度不低于8级，表面粗糙度 Ra 不大于3.2 μm；轿车齿轮的精度不低于 7 级，表面粗糙度 *Ra* 不大于 1.6 μm。

2）齿轮内孔或齿轮轴颈尺寸公差和表面粗糙度

齿轮孔或齿轮轴颈是加工、测量和装配时的基面，故要有较高的加工精度和较小的表面粗糙度。对于 6 级精度的齿轮，其内孔精度为 IT 6，轴颈为 IT 5；对于 7 级精度的齿轮，其内孔精度为 IT 7，轴颈为 IT 6。对基准孔和轴颈的尺寸公差和形状公差应遵守包容原则，表面粗糙度 *Ra* 的值为 0.40 ~ 0.80 μm。

3）端面跳动

带孔齿轮端面是切齿时的定位基准，端面对内孔在分度圆上的跳动对齿轮的加工精度有很大影响。端面跳动量视齿轮精度和分度圆直径不同而异，对于精度等级为 6 ~ 7 级的齿轮，规定为 0.011 ~ 0.022 mm。基准端面的表面粗糙度 *Ra* 的值为 0.40 ~ 0.80 μm，非定位和非工作端面的表面粗糙度 *Ra* 值为 6.3 ~ 25 μm。

4）齿轮外圆尺寸公差

当齿轮外圆不作为加工、测量的基准时，其尺寸公差一般为 IT 11，但不大于 0.1 mm（法向模数）。当其作为加工、测量的基准时，其尺寸公差要求较严，一般为 IT 8。

2. 齿轮的材料、毛坯与热处理

1）齿轮材料的选择

齿轮的材料对齿轮的加工性能和使用寿命有着直接影响。对于汽车中的传动、传力齿轮，因其传力齿轮的齿面受冲击交变载荷压迫产生裂纹或磨损，且轮齿易折断，应选用机械强度、硬度等综合力学性能较好的低合金渗碳钢，亦可选用低淬透性合金调质钢。

2）齿轮毛坯

汽车齿轮通常都采用锻造毛坯。中小批量生产时采用胎模锻工艺成形；产量大时用模锻工艺成形。当孔径大于 25 mm，且深度较浅时，内孔可锻出。大批量生产中，盘形齿轮采用先进的高速镦锻工艺成形，而尺寸较大的从动圆柱（锥）齿轮坯可采用辗环工艺成形，既可节省材料、精化锻件，又可提高生产率。

3. 齿轮的热处理

根据不同的目的常安排两种热处理工序。

1）毛坯热处理

在齿坯加工前后安排预先热处理（通常为正火或调质），其目的是消除锻造及粗加工引起的内应力，改善材料的切削性能，提高综合力学性能。对于铸造的毛坯可以增加时效处理，用以消除内应力。

2）齿面热处理

齿形加工后，为提高齿面的硬度和耐磨性，对于用低合金渗碳钢的齿轮进行渗碳淬火处理；对于用低淬透性合金钢的齿轮进行高频感应淬火处理。

4. 齿轮加工定位基准选择

齿轮加工时定位基准应与设计基准尽量保持一致，以避免因基准不重合而产生的误差，符合基准重合的原则。具体应用为：对于小直径轴齿轮，可采用两端中心孔作为定位基准；对于大直径的轴齿轮，通常用轴颈和一个较大的端面组合定位；带孔齿轮则以孔和一个端面组合定位。这样，既符合“基准重合”原则，又符合“基准统一”原则。

齿轮主要加工表面的工序安排是：齿坯加工→齿形加工→齿圈热处理→热处理后的精加工。

1）齿坯加工

齿坯加工主要是为齿面加工准备好定位基准面，主要内容包括齿坯的内孔与端面、轴齿轮的端面和中心孔、轴颈外圆和端面的加工。此外，还要加工外圆的一些次要表面，如凹槽、倒角、螺纹以及其他非定位用端面等。

在大批量生产时，加工尺寸中等齿轮坯时，多采用“钻—扩—拉—多刀车”的工艺方案，即以毛坯外圆及端面定位进行钻孔、扩孔、拉孔，以孔定位，在多刀自动车床上粗车、精车外圆、端面、槽及倒角。这种加工工艺方案由于采用高效机床组成流水线或自动线，故生产效率高。具体的齿轮加工工艺过程由于产品的各自特点和生产的具体情况不同而有所差别。

2）齿形加工

齿圈上的齿形加工是整个齿轮加工的核心内容。虽然齿轮的机械加工有许多工序，但都是为最终获得符合精度要求的齿形加工服务的。齿形加工方案的选择取决于齿轮的精度等级、结构特点、生产类型及热处理方案等。常用的齿形加工方案有如下几个：

(1) 对于8级精度以下的齿轮，调质齿轮用插齿或滚齿就能满足要求；对硬齿轮则可采用滚（插）齿—剃齿或冷挤—齿端加工—淬火—校正孔的加工方案。

(2) 对于6~7级精度齿轮，硬齿面可采用滚（插）齿—齿端加工—表面淬火—校正基准—磨齿（蜗杆砂轮磨齿）；也可采用滚（插）齿—剃齿或冷挤—表面淬火—校正基准—内啮合珩齿的加工方案。

(3) 对于5级以上精度的齿轮，一般采用粗滚齿—精滚齿—表面淬火—校正基准—粗磨齿—精磨齿的加工方案。大批量生产时亦可采用滚齿—粗磨齿—精磨齿—表面淬火—校正基准—磨削外珩的加工方案。

3）齿端加工

齿端加工主要有倒圆、倒尖、倒棱和去毛刺等，经过倒圆、倒尖与倒棱后的齿轮，沿轴向移动时容易进行啮合。

4）精基准的修整

齿轮在淬火后，其基准孔会发生变形。为了保证齿形的精加工质量，必须对基准孔予以修整。修整的方法是内孔和端面一般用内圆磨床磨削，花键孔则用推刀加工。轴齿轮中心孔用硬质合金顶尖加磨料研磨。另外，对于汽车后桥的主动、被动锥齿轮齿面的最后加工，是将大小齿轮成对地进行对研，对研后打上标记，以便配对装配。

5. 典型汽车齿轮的机械加工工艺过程

1）汽车变速器第一速及倒车齿轮零件的加工工艺过程

汽车变速器第一速及倒车齿轮零件加工工艺过程如表7-1所示。

2）汽车后桥主减速器主动锥齿轮零件的加工工艺

汽车后桥主减速器主动锥齿轮零件结构如图7-6所示。两端面及定位基准中心孔的加工，采用双工位专用机床夹具在专用机床上先装夹好，常采用液压仿形车床进行加工。近年来已开始采用数控或程控车床加工，可显著缩短加工基本时间和辅助时间，提高生产效率。

表 7－1　汽车变速器第一速及倒车齿轮加工工艺过程

工序号	工序内容	设　备	工序号	工序内容	设　备
1	粗车小端外圆、端面、倒角	车　床	8	倒齿端圆角	齿轮倒角机
2	粗车大端外圆、端面、内孔	车　床	9	剃齿或冷挤齿	剃齿机或挤齿机
2J	中间检验		10	修花键槽宽	压　床
3	半精车大端面、内孔	车　床	11	清　洗	清洗机
4	拉花键孔	拉　床	11J	中间检验	
4J	中间检验		12	热处理	
5	精车两端面及外圆	多刀半自动车床	13	磨内孔	内圆磨床
5J	中间检验	车　床	14	珩磨齿	蜗杆式珩齿机
6	滚　齿	滚齿机	15	清　洗	清洗机
7	清　洗	清洗机	15J	最终检验	

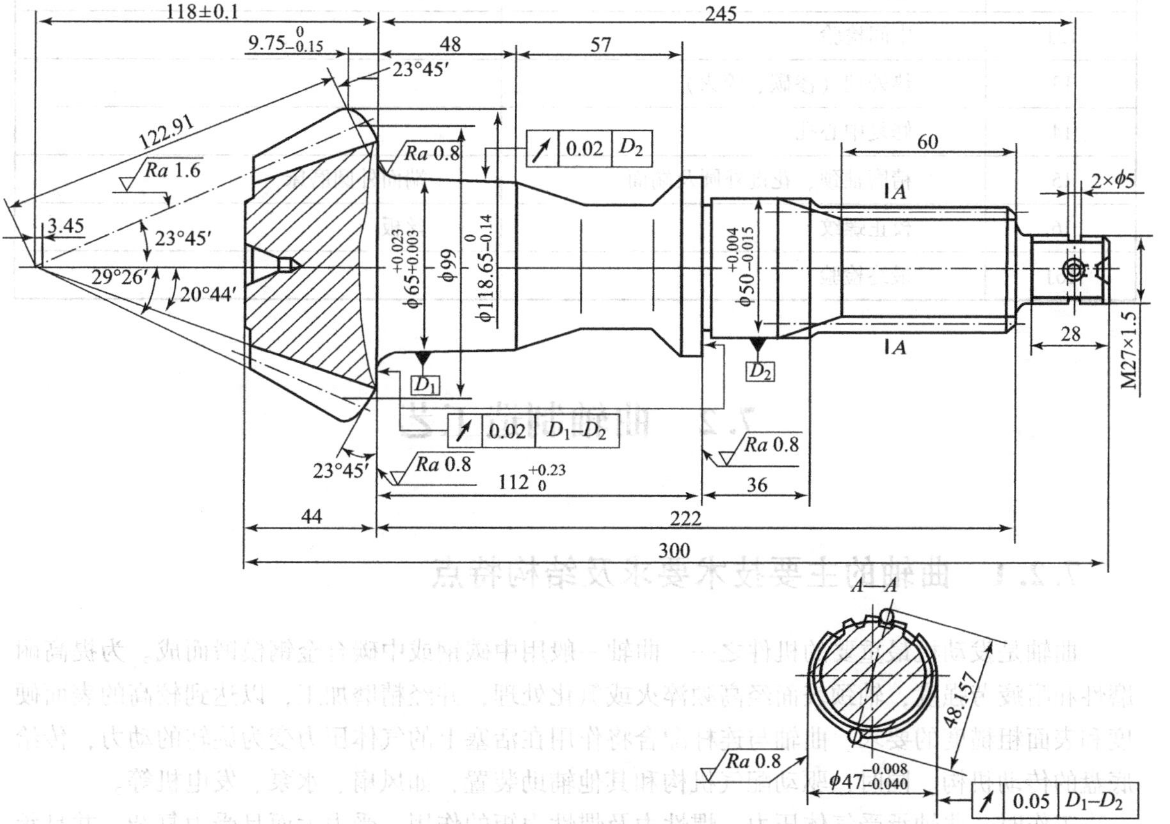

图 7－6　汽车后桥主减速器主动锥齿轮零件简图

表 7-2 所列为大批量生产条件下汽车主减速器主动锥齿轮的工艺过程。

表 7-2　汽车主减速器主动锥齿轮的工艺过程

工序号	工序内容	设　备
1	铣两端面、钻两端中心孔	双面铣、钻专用机床和夹具
2	车轴颈外圆、前背锥及端面	液压仿形车床（或数控车床）
3	铣花键	花键铣床
4	粗磨轴颈外圆、花键外圆及端面	端面外圆磨床
5	钻十字孔 ϕ5 mm	台钻
6	锪孔 ϕ5 mm 孔口 90°	台钻
7	车（或铣）铣螺纹	车床或螺纹铣床
7J	中间检查	
8	粗切齿	弧齿锥齿轮切齿机
9	精切齿凸面	弧齿锥齿轮切齿机
10	精切齿凹面	弧齿锥齿轮切齿机
11	倒角	铣床
12	清洗	清洗机
12J	中间检验	
13	热处理（渗碳、淬火）	
14	修复中心孔	
15	精磨轴颈、花键外圆及端面	端面外圆磨床
16	校正螺纹	丝板
16J	最终检验	

7.2　曲轴制造工艺

7.2.1　曲轴的主要技术要求及结构特点

曲轴是发动机最重要的机件之一。曲轴一般用中碳钢或中碳合金钢模锻而成。为提高耐磨性和耐疲劳强度，轴颈表面经高频淬火或氮化处理，并经精磨加工，以达到较高的表面硬度和表面粗糙度的要求。曲轴与连杆配合将作用在活塞上的气体压力变为旋转的动力，传给底盘的传动机构。同时，驱动配气机构和其他辅助装置，如风扇、水泵、发电机等。

工作时，曲轴承受气体压力、惯性力及惯性力矩的作用，受力大而且受力复杂，并且承受交变载荷的冲击作用。同时，曲轴又是高速旋转件，因此，要求曲轴具有足够的刚度和强度，具有良好的承受冲击载荷的能力，耐磨损且润滑良好。

曲轴一般由主轴颈、连杆轴颈、曲柄、平衡块、前端和后端等组成。

7.2.2　曲轴的机械加工工艺

1. 零件的工艺分析

曲轴图样的视图、尺寸、公差和技术要求齐全正确；零件选用材料为球墨铸铁，具有较高的强度、韧性和塑性，切削性能良好，结构工艺性较好。根据各加工方法的经济精度及一般机床所能达到的位置精度，该零件没有很难加工的表面，上述各表面的技术要求采用常规加工工艺均可以保证。图7－7为汽车发动机曲轴零件示意图，以下曲轴工艺加工实例基于此图。

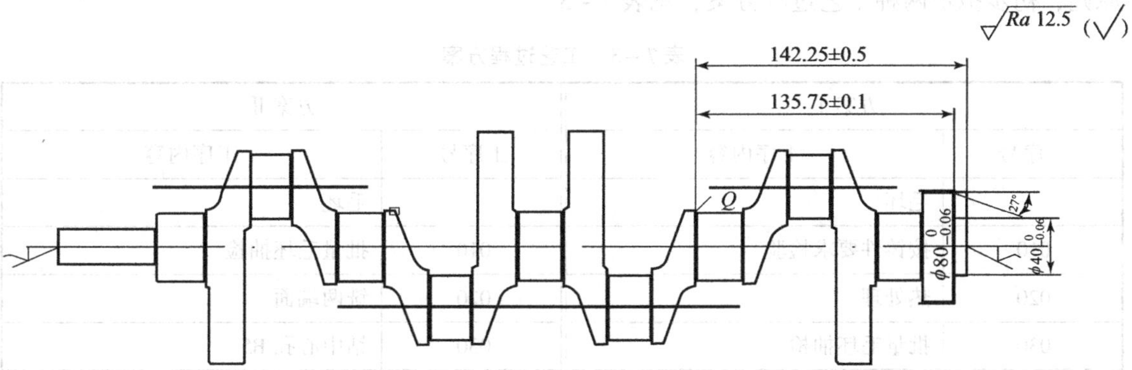

图7－7　发动机曲轴零件示意图

2. 确定生产类型

已知曲轴零件的年生产纲领为150 000件，零件质量为12.383 6 kg，可以确定其生产类型为大量生产。大量生产有以下主要工艺特点：全部有互换性；某些精度较高的配合件用分组选择法装配；铸件广泛采用金属模机械造型，毛坯精度高，加工余量小；采用高生产率的专用机床及自动机床，按流水线形式排列；采用高生产率夹具及调整法达到精度要求，采用高生产率刀具和量具，对操作工人的技术要求较低，但对调整工人的技术要求较高；有详细的工艺规程，生产率高，成本低。

3. 确定毛坯种类及加工余量

根据零件材料确定毛坯为铸件。并依其结构形状、尺寸大小和生产类型，毛坯的铸造方法选用金属模机械砂型铸造，铸件尺寸公差等级采用IT 9。取加工余量为MA－G级。对于金属模机械砂型铸造，零件上的孔不铸出。

4. 选择曲轴表面加工方法

根据各表面加工要求和各种加工方法所能达到的经济精度，选择零件主要表面（依次为从长头到短头）的加工方法与方案如下：

φ14孔：钻（IT 12）—车螺纹；

φ28圆柱面：粗车（IT 12）—半精车（IT 10）—精车（IT 7）—抛光（IT 5）；

φ50圆柱面：粗车（IT 12）—半精车（IT 10）—粗磨（IT 8）—精磨（IT 6）；

ϕ47 连杆颈圆柱面：粗车（IT 12）—半精车（IT 10）—粗磨（IT 8）—精磨（IT 6）—抛光（IT 5）；

ϕ5 斜油孔：钻（IT 12）—抛光（IT 8）；

ϕ80 法兰盘：粗车（IT 12）—半精车（IT 10）—磨削（IT 6）；

ϕ40 圆柱面：粗车（IT 12）—半精车（IT 10）；

ϕ5 孔：钻（IT 12）；

M10×1：钻（IT 12）—攻丝；

M14×1.5：钻（IT 12）—攻丝。

5. 确定工艺过程方案

1）拟定方案

由于各表面加工方法已基本确定，现按照先粗后精、先主后次、先面后孔、基准先行的原则，初步拟定两种工艺过程方案，见表 7－3。

表 7－3　工艺过程方案

方案Ⅰ		方案Ⅱ	
工序号	工序内容	工序号	工序内容
	毛坯		毛坯
010	按铸件要求检验	010	批量毛坯抽检
020	热处理	020	铣两端面
030	批量毛坯抽检	030	钻中心孔 B5
040	铣两端面	040	检测曲轴硬度
050	钻中心孔 B5	050	粗车短头
060	检测曲轴硬度	060	粗车长头
070	粗车第四主轴颈	070	精车短头
080	粗车短头	080	精车短头
090	粗车长头	090	检验曲轴硬度
100	粗车主轴颈	100	车开档
110	精车短头	110	粗、精车连杆轴颈
120	精车长头	120	钻孔
130	修正中心孔	130	钻斜油孔
140	粗车连杆轴颈	140	修正中心孔
150	精车连杆轴颈	150	粗磨两端主轴颈
160	钻小头螺纹底孔及法兰盘导向孔	160	粗磨连杆轴颈
170	钻 ϕ5、ϕ10 孔	170	粗磨连杆轴颈 ϕ47
180	粗磨主轴颈及法兰盘	180	钻 ϕ5、ϕ10 孔
190	粗磨连杆轴颈	190	钻斜油孔

续表

方案Ⅰ		方案Ⅱ	
工序号	工序内容	工序号	工序内容
200	钻斜油孔	200	精磨主轴颈
210	抛光油孔口	210	精磨连杆轴颈
220	修正中心孔	220	油孔 $\phi5$ 抛光
230	精磨连杆轴颈	230	钻攻 2—M6
240	抛光连杆轴颈	240	精磨主轴颈 $\phi50$ k6
250	磁力探伤	250	精磨连杆轴颈 $\phi47$
260	动平衡实验	260	打编号
270	检验相关尺寸	270	探伤
280	打编号	280	清洗
290	氮化处理	290	氮化
300	清洗	300	抛光连杆轴颈
310	探伤	310	清洗、检验、包装
320	氮化硬度检查		
330	检验各相关尺寸		
340	清洗、检验、包装		

2）加工方案论证

方案Ⅰ的优点在于基本遵循粗、精加工划分阶段的原则，且注重中心孔的加工；修正方案Ⅱ的不足之处是加工过程中的检验太少，不利于控制曲轴的加工质量。根据以上分析，确定方案Ⅰ为曲轴零件加工的工艺路线。

6. 选择加工设备与工艺装备

机床是金属切削机床的习惯叫法，机床的作用是使用刀具切削的方法将零件的毛坯加工为成品或半成品，它是制造机器的机器，所以又称为“工作母机”或工具机。在挑选机床时，考虑到生产类型为大量生产，所以以高效机床为优先选择。如上工序中 070、080、090、100、110、120、140、150 均为圆柱面的车削加工，用 CJK6132 数控车床加工方便且效率高；工序 180、190、230 均为圆柱面的磨削加工，用 JK101 数显曲轴磨床加工方便且效率高；其余表面加工均采用通用机床，例如：C6140 卧式车床、X62W 万能铣床、Z5125 立式钻床等。

7. 选择夹具、刀具及量具

在曲轴加工工艺中，采用中心孔定位的工序均使用三爪卡盘；加工连杆轴颈及钻孔等工序，考虑到生产类型为大量生产，所以大量采用专用夹具。

在选择刀具时，主要考虑的是被加工工件的材料硬度以及加工方式。在车床上加工的工序，均采用 YG8 硬质合金外圆车刀，并尽量采用成形车刀，这样可以减少工步，提高生产效率，并降低成本；在铣床上加工的工序，铣平面选用 YG8A 硬质合金圆盘铣刀；在磨床上加工的工序，磨主轴颈选用砂轮 P600 × 63 × 305，C46K2B35，其外径为 600 mm，厚度为 63 mm，内径为 305 mm；磨连杆轴颈选用砂轮 P600 ×25 ×305，C46K2B35，其外径为600 mm，厚度为 25 mm，内径为 305 mm；在钻床上加工的工序，均选用麻花钻和机用丝锥。

在本曲轴加工工艺中，检测时均采用通用量具，具体个工序所采用的量具选择，详见工序卡片。

8. 确定工序尺寸

径向各圆柱表面加工时的工艺基准与设计基准重合。根据已初步确定工件各面的总加工余量，依据有关资料确定各表面精加工、半精加工余量，由后向前推算工序尺寸，并确定其公差，各工序计算结果见表 7－4。

表 7－4　各表面工序尺寸及公差

加工表面	加工内容	加工余量	精度等级	工序尺寸	表面粗糙度
M14 ×1.5 孔	铸件	14	CT 9	$\phi 14 \pm 1.0$	
	攻丝				
	钻孔	11.9	IT 12	$\phi 14_{-0.28}^{-0.10}$	12.5
ϕ28 h7	铸件	5	CT 9	$\phi 32 \pm 1.0$	
	精车	0.3	IT 7	$\phi 28_{-0.021}^{0}$	1.6
	半精车	1.3	IT 10	$\phi 29.3_{-0.1}^{0.63}$	6.3
	粗车	3.4	IT 12	$\phi 32.7_{-0.25}^{+0}$	12.5
ϕ50 主轴颈（除第四主轴颈）	铸件	5	CT 9	$\phi 55 \pm 1.0$	
	抛光				
	精磨	0.1	IT 6	$\phi 50_{-0.025}^{-0.009}$	0.2
	粗磨	0.2	IT 8	$\phi 50.1_{-0.011}^{-0.041}$	0.4
	半精车	1.5	IT 10	$\phi 50.3_{-0.12}^{+0}$	6.3
	粗车	3.2	IT 12	$\phi 51.8_{-0.39}^{-0.25}$	12.5
ϕ47 连杆轴颈圆柱面	铸件	5	CT 9	$\phi 55 \pm 1.0$	
	抛光				
	精磨	0.1	IT 6	$\phi 47_{-0.025}^{-0.009}$	0.2
	粗磨	0.2	IT 8	$\phi 47.1_{-0.011}^{-0.041}$	0.4
	半精车	1.5	IT 10	$\phi 47.3_{-0.12}^{+0}$	6.3
	粗车	3.2	IT 12	$\phi 48.8_{-0.39}^{-0.25}$	12.5
ϕ80 法兰盘	铸件	5	CT 9	$\phi 80 \pm 1.1$	
	磨削	0.4	IT 6	$\phi 80_{-0.046}^{+0}$	0.5
	半精车	1.8	IT 10	$\phi 80.4_{-0.22}^{-0.14}$	6.3
	粗车	2.8	IT 12	$\phi 82.2_{-0.54}^{-0.35}$	12.5

续表

加工表面	加工内容	加工余量	精度等级	工序尺寸	表面粗糙度
ϕ40 短头	铸件	5	CT 9	$\phi45\pm1.1$	
	半精车	1.1	IT 10	$\phi40^{+0}_{+0.016}$	6.3
	粗车	3.9	IT 12	$\phi41.8^{-0.25}_{-0.39}$	12.5
ϕ50 主轴颈（第四主轴颈）	铸件	5	CT 9	$\phi55\pm1.0$	
	抛光				
	精磨	0.1	IT 6	$\phi50^{-0.009}_{-0.025}$	0.2
	粗磨	0.2	IT 8	$\phi50.1^{-0.041}_{-0.011}$	0.4
	半精车	1.5	IT 10	$\phi50.3^{0}_{-0.12}$	6.3
	粗车	3.2	IT 12	$\phi51.8^{-0.25}_{-0.39}$	12.5
ϕ5 孔	攻丝 钻孔	4.8	IT 12	ϕ4.8	12.5
M10×1	攻丝 钻孔	8.5	IT 12	ϕ8.5	12.5
ϕ5 斜油孔	抛光 钻孔	5	IT 12	ϕ5	12.5

7.3　连杆制造工艺

7.3.1　连杆的结构特点及结构工艺性分析

连杆是汽车发动机中重要的传动部件。连杆将活塞的往复运动转变为曲轴的旋转运动，承受交变应力。连杆由大头、小头和杆身等部分组成。大头为分开式结构，连杆体与连杆盖用螺栓连接。大头孔和小头孔内分别安装轴瓦和衬套。为了减轻重量且使连杆具有足够的强度和刚度，连杆杆身的截面多为工字形，其外表面一般不进行机械加工。

大多数汽油发动机的连杆都是以垂直于杆身轴线的平面作为连杆体和连杆盖的接合面，有些柴油发动机的曲轴，由于提高强度、刚度和减小轴承比压的需要，增大了连杆轴颈，因此，连杆大头的外部尺寸略大于气缸直径，致使连杆大头不能从气缸孔中抽出。为了便于装卸，将连杆大头的接合面做成与连杆杆身轴线成 45°的斜面。

为了减少活塞销和连杆小头孔的磨损及磨损后便于修理，在连杆小头孔中压入青铜衬套。大头孔内装有轴瓦，以减小连杆大头孔和曲轴连杆轴颈之间的摩擦。按照轴瓦的种类，一般有直接在大头孔内浇铸抗磨合金的连杆、大头孔内装有刚性厚壁轴瓦的连杆和大头孔内装有薄壁双金属轴瓦的连杆。前两种连杆，连杆体和连杆盖之间用一组垫片来补偿抗磨合金的磨损；后一种连杆不用垫片，这种薄壁双金属轴瓦可以互换，故应用最广。

连杆的大头和小头端面一般与杆身对称。有些连杆在结构上规定有工艺凸台、中心孔等，作为机械加工时的辅助基准。

1. 连杆的主要技术要求

汽车发动机连杆的加工工艺影响连杆的加工精度，而连杆的加工精度对发动机的性能有直接的影响。因此对连杆的主要技术要求做如表 7－5 所示规定。

表 7－5　连杆的主要技术要求

技术要求项目	具体要求或数值	满足的主要性能
大头孔、小头孔精度	尺寸公差等级 IT 6，圆度、圆柱度 0.004～0.006	保证与轴瓦的良好配合
两孔中心距	±0.03～±0.05	气缸的压缩比
两孔轴线在两个互相垂直方向上的平行度	在连杆大头、小头孔轴线所在平面内的平行度为（0.02～0.05）: 100，在垂直连杆大头、小孔轴线所在平面内的平行度为（0.04～0.09）: 100	使气缸壁磨损均匀和使曲轴颈边缘减少磨损
大头孔两端面对其轴线的垂直度	100 : 0.1	减少曲轴颈边缘的磨损
两螺孔（定位孔）的位置精度	在两个垂直方向上的平行度为（0.02～0.04）: 100 对接合面的垂直度为（0.1～0.2）: 100	保证正常承载能力和大头轴瓦与曲轴颈的良好配合
连杆组内各连杆的重量差	±2%	保证运转平稳

2. 连杆的材料和毛坯

汽车发动机连杆的材料，一般采用45 号钢（控制碳的质量分数为0.42%～0.47%）。连杆在材质方面，我国有些工厂有用球墨铸铁制造连杆的，但大多数工厂一般采用钢制连杆，锻造后经调质处理，以提高其强度及抗冲击能力。在单件小批生产时，采用自由锻造或用简单的胎模锻；在大批大量生产中采用模锻。模锻时，一般分两个工序进行，即初锻和终锻，通常在切边后进行热校正。中、小型的连杆，其大、小头的端面常进行精压，以提高毛坯精度。

模锻生产率高，但需要较大的锻造设备。因此，我国有些生产连杆的工厂，采用了连杆辊锻工艺或辊锻—模锻工艺。采用辊锻毛坯，在连杆结构设计时，锻造圆角和拔模角不能过小，要尽量避免截面突然变化，否则在锻造时不易充满成形。20 世纪 80 年代后期随着材料工业的发展，连杆有采用粉末冶金制造的，其特点是尺寸精度高，质量小，连杆的部分表面精度可以达到免加工的要求。

连杆的锻坯在形式上有两种：连杆体与连杆盖合在一起的整体锻件和连杆体、连杆盖分开的分开锻件。整体锻件较分开锻件减少了毛坯制造的劳动量，并节约金属材料。整体锻造的毛坯需要在以后的机械加工过程中将其分开，切断后连杆盖的金属纤维是断裂的，削弱了连杆的整体强度。为保证切开后粗镗孔余量的均匀，通常将大头孔锻成椭圆形。分开锻造的连杆盖，金属纤维是连续的，在强度方面优于整体锻造的连杆盖。整体锻造的连杆，虽然增加了切开连杆盖的工序，但减少了毛坯制造的劳动量，降低了材料的损耗，又可使连杆盖与连杆体的端面同时加工，减少了工序数目，提高了生产效率，所以生产单位采用整体锻造的毛坯较多。

3. 连杆的结构工艺性分析

连杆的结构形式，直接影响机械加工工艺的可靠性和经济性。影响连杆结构工艺性的因素，主要有以下几个方面：

1）连杆盖和连杆体的定位方式

定位方式主要有连杆螺栓、套筒、齿形和凸肩四种。平切口连杆在用连杆螺栓定位时，螺栓和螺栓孔的尺寸公差值都较小；用套筒定位，连杆体、连杆盖与套筒配合的孔的尺寸公差和孔中心距公差要求较高；用齿形或凸肩定位，定位精度高，接合稳定性好，制造工艺也较简单。连杆螺栓孔为自由尺寸，接合面上的齿形或凸肩可采用拉削方法加工，适用于大批大量生产。在成批生产时，可用铣削方法加工。

2）连杆大、小头厚度确定

在确定连杆大、小头厚度时，考虑到加工时的定位、加工中的输送等要求，连杆大、小头一般采用相等厚度。对于不等厚度的连杆，为了加工定位和夹紧的方便，也常在工艺过程中先按相等厚度加工，最后再将连杆小头加工至所需尺寸。

3）连杆杆身上润滑油孔

活塞销与连杆小头衬套孔之间需进行润滑，部分发动机连杆采用压力润滑。为此，在连杆杆身中钻有油孔，润滑油从连杆大头沿油孔通向小头衬套。油孔一般为深孔。由于深孔加工困难，大多数发动机连杆以阶梯孔代替小直径通孔，从而改善了工艺性，避免了深孔加工。经过长期的实践，汽车发动力机连杆小头衬套的润滑方式主要以飞溅润滑为主，外加重力润滑。当发动机工作时，飞溅在活塞内腔顶部上的润滑油，由于自重落到连杆小头油孔或开口内，再经过衬套上的小孔流到活塞销的摩擦表面，这种结构不需要加工深油孔，所以便于生产加工。

7.3.2　连杆机械加工工艺

1. 连杆机械加工的定位基准

连杆的工艺特点是：连杆本身外形较复杂，不易定位；大、小头由细长的杆身连接，刚度差，容易变形；尺寸公差、形状和位置公差要求很严，表面粗糙度值小。这给连杆机械加工带来了许多困难。

定位基准的正确选择对保证加工精度是很重要的。如为保证大头孔与端面垂直，加工大、小头孔时，应以一端面为定位基准。为区分作为定位基准的端面，通常在非定位一端的杆身和连杆盖上各锻造出一凸点（小凸台）。为保证两孔位置公差，在加工其中一孔时，常以另一孔作为定位基准，即互为定位基准。

根据连杆加工工艺要求，可设置工艺凸台。大、小头侧面都有工艺凸台的连杆，是用端面、大头孔和小头工艺凸台为定位基准加工小头孔；大头侧面有工艺凸台的连杆，是用端面、小头孔和大头工艺凸台为基准加工接合面；大、小头侧面和小头顶面有工艺凸台的连杆，是用端面和工艺凸台为定位基准加工大头孔或小头孔，也可以同时加工大、小头孔。这三种结构形式不同的连杆的定位方式适用于产量较大的生产。这三种定位方式不仅用于加工时的定位，也便于在自动化生产中作为输送基面。连杆加工时的粗基准的选择：以连杆的一个端面和大头孔为主要的定位粗基准，以小头处外表面为辅助粗基准。连杆加工时的精基准的选择：考虑要保证零件的加工精度和装夹的准确方便，依据基准重合原则和基准统一原则，以粗加工后的连杆端面和大头孔为主要的定位精基准，以小头处外表面为辅助精基准。

粗基准的选择：以连杆的一个端面和大头孔为主要的定位粗基准，以小头处外表面为辅助粗基准。精基准的选择：考虑要保证零件的加工精度和装夹的准确方便，依据基准重合原则和基准统一原则，以粗加工后的连杆端面和大头孔为主要的定位精基准，以小头处外表面为辅助精基准。

2. 连杆合理的夹紧方法

连杆是一个刚性较差的工件，应十分注意夹紧力的大小、方向及着力点位置的选择，以免因受夹紧力的作用而产生变形，降低加工精度。

实际生产中，设计粗铣两端面的夹具时，应使夹紧力主方向与端面平行。在夹紧力作用的方向上，大头端部与小头端部的刚性大，即使有一点变形，也产生在平行于端面的方向上，对端面平行度影响较小。夹紧力通过工件直接作用在定位元件上，可避免工件产生弯曲或扭转变形。从前述粗基准选择中可知，这样还有利于对称。

3. 连杆主要表面的加工方法

连杆的两端面是连杆加工过程中主要的定位基准面，而且在许多工序中反复使用，所以应先加工它，并随着工艺过程的进行要逐渐精化，以提高其定位精度。大批大量生产中，连杆两端面多采用磨削和拉削加工，成批生产多采用铣削加工。

连杆大、小头孔的加工是连杆加工中的关键工序，尤其大头孔的加工是连杆各部位加工中要求最高的部位，直接影响连杆成品的质量。连杆大头孔、小头孔的加工可分为：粗加工、半精加工和精整加工三个阶段。一般先加工小头孔，后加工大头孔，合装后，再同时精加工大、小头孔，最后光整加工大、小头孔。小头孔直径小，锻坯上有时不预锻出孔，所以小头孔首道工序为钻削加工，加工方案多为钻—扩—镗。

无论采用整体锻造还是分开锻造，大头孔都会预锻出孔，因此大头孔首道工序都是粗镗（或扩）。大头孔的加工方案多为（扩）粗镗—半精镗—精镗。

在大、小头孔的粗加工和半精加工中，镗孔是保证精度的主要方法。因为镗孔能够修正毛坯和上道工序造成的孔的歪斜，易于保证孔与其他孔或平面的位置精度。虽然镗杆尺寸受孔径大小的限制，但连杆的孔径一般不会太小，且孔深与孔径比皆在 1 左右，这个范围的镗孔工艺性最好，镗杆悬臂短，刚性也好。

在大、小头孔的精加工和光整加工中，精镗一般都在专用的双轴镗床上同时进行，多采用双面、双轴金刚镗床，有利于提高加工精度和生产率。大、小头孔的光整加工是保证孔的形状精度和表面粗糙度不可缺少的加工工序。一般有三种方案：珩磨、金刚镗以及脉冲式滚压。

连杆加工金属大批量生产。连杆形状复杂、刚性差，因此工艺路线多为工序分散，大部分工序采用高生产率的组合机床和专用机床，构成生产流水线，同时广泛使用气动、液动夹具，以提高生产率，满足大批量生产的需要。

4. 整体精锻连杆盖、体的撑断新工艺

连杆盖、连杆体整体精锻，在生产中被广泛采用。在半精加工后，采用连杆盖与连杆体撑断的方法，产生的接合断面凸凹不平，连杆盖与连杆体再组装时的装配位置具有唯一性。因此，连杆盖与连杆体之间只需用螺栓连接，可保证相互之间的位置精度。这样既简化了连杆的加工工艺，保证了连杆盖与连杆体的装配精度，又由于连杆盖与连杆体之间没有去掉金属，金属纤维是连续的，从而保证了连杆的强度。为了将撑断面控制在一定范围内，撑断时连杆盖与连杆体不发生塑性变形，设计连杆时应注意适当减小接合面面积，并在撑断前在连杆盖与连杆体接合处拉出引断槽形成应力集中。此种加工的新工艺已在轿车发动机连杆生产中采用。

5. 大批量生产时连杆机械加工的工艺过程

在汽车发动机的制造中，连杆的加工多属于大批大量生产，广泛采用先进工艺和高生产率专用机床，实现机械加工、连杆盖和连杆体装配、称重、检验、清洗和包装等工序自动化。表7－6为成批生产整体锻造的连杆机械加工工艺过程。

表7－6　成批生产分开锻造的连杆机械加工工艺过程

工序号	工序内容	设备	工序号	工序内容	设备
1	粗磨两端面	立式双轴平面磨床	12	装配连杆盖和连杆体	钳工台
2	钻小头孔	立式钻床	13	扩大头孔	八轴钻床
3	拉小头孔	立式拉床	14	精磨两端面	立式双轴平面磨床
4	拉接合面、侧面及半圆孔	连续式拉床	15	精镗大头孔	金刚镗床
5	拉螺栓头贴合面	立式拉床	16	称重、去重	特种秤、立式钻床
6	铣小头油槽	卧式铣床	17	珩磨大头孔	珩磨机
7	铣锁口槽	卧式铣床	18	清洗	清洗机
8	钻阶梯油孔	组合机床	18A	中间检验	—
9	去毛刺	钳工台	19	小头孔两端压衬套	气动压床
10	精磨接合面	立式双轴平面磨床	20	挤压衬套	压床
10A	中间检验	—	21	精镗小头衬套孔	金刚镗床
11	钻铰连杆盖和连杆体螺栓孔	组合机床	22	去毛刺、清洗	钳工台、清洗机
			22A	最终检验	—

7.3.3　连杆的机械加工工艺实例

如图7－8所示的柴油机连杆体，其结构较为复杂。首先铣磨两端平面，由于大头孔与小头孔处厚度不等，而且两个端面不在一个平面上，所以必然会产生误差，因此夹具设计是将毛坯支承板作成不等厚度，以保证其定位基准。对于镗大、小头孔时，可将小头孔锻出，以减少工序，提高生产率，降低生产成本。铣工艺凸台和接合面，磨接合面。钻 $\phi8$ 孔。钻、攻螺纹孔。钻、铰定位孔，镗定位孔。

制订工艺路线的出发点，应当是使零件的几何形状、尺寸精度及位置精度等技术要求得到合理保证。工艺路线方案为：

工序1：粗、精铣两端平面。

工序2：磨两端平面。

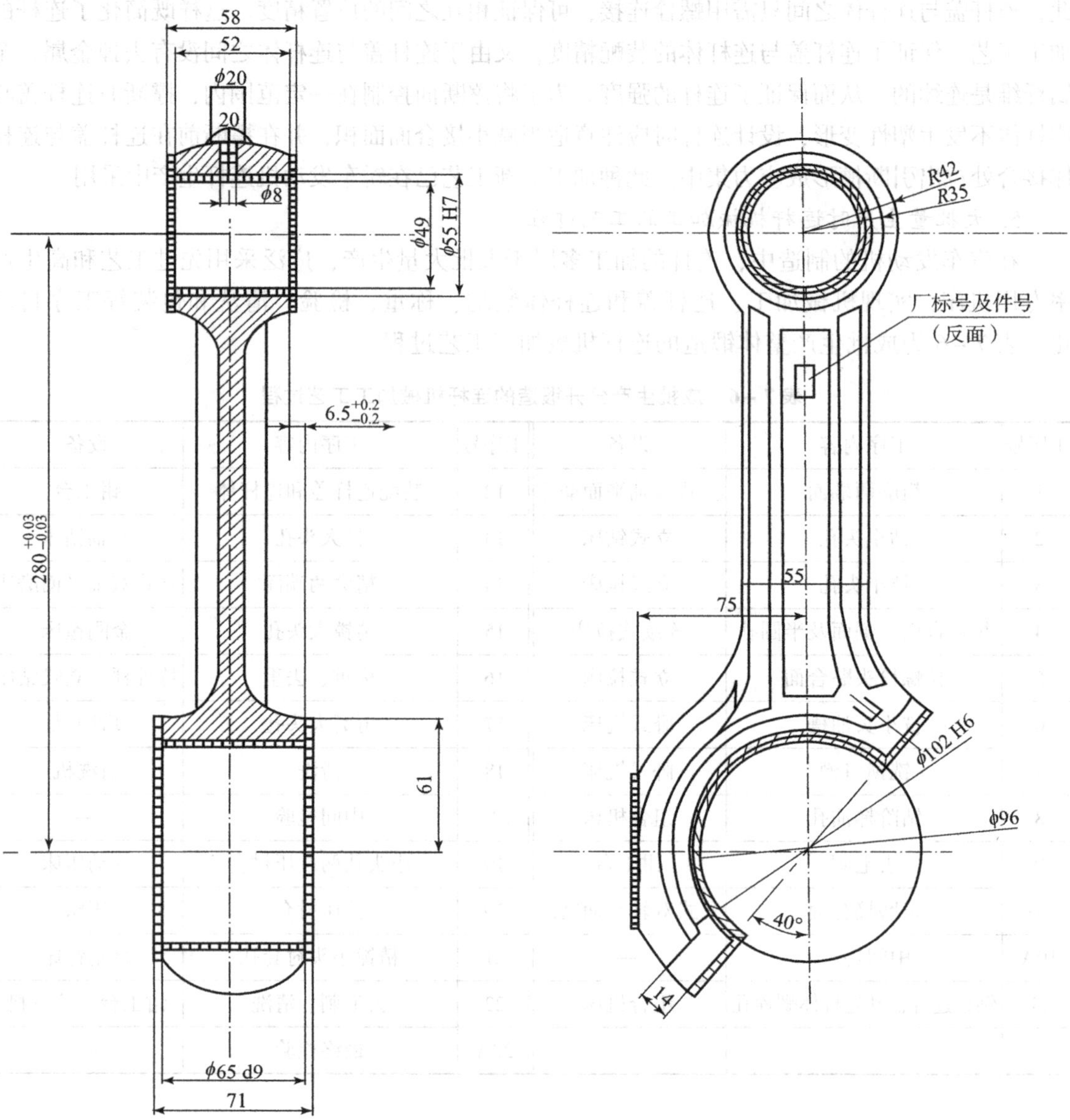

图 7-8　发动机连杆毛坯图

工序 3：粗、精铣工艺凸台及接合面。

工序 4：钻 ϕ8 孔，孔口倒角 120°。

工序 5：钻、攻螺纹孔，钻、铰定位孔。

工序 6：插槽。

工序 7：磨接合面。

工序 8：连杆体粗镗，精镗大、小头孔；盖上倒角调头。

工序 9：精镗定位孔。

工序 10：终检。

本章小结

本章介绍了汽车典型零件生产过程及工艺过程的概念与组织形式，介绍了以连杆、曲轴、齿轮三种典型零件为代表的机械加工工艺，掌握主要的加工设备及加工方法。重点讲述工件定位与装夹、机床夹具应用与设计、机械加工工艺规程的制订与范例。这样就可继此进一步学习后面机械加工工艺设计的相关知识，为将来投入汽车生产行业，从事相关工艺技术工作打下良好的基础。

思考与习题

1. 根据发动机曲轴工况与技术要求，说明曲轴的结构工艺特点。
2. 提出曲轴选材依据，分析曲轴毛坯使用现状，比较其性能特点。
3. 汽车发动机曲轴有哪几类加工定位基准？分别说明其应用。
4. 曲轴的机械加工工艺过程划分成哪几个阶段？说明曲轴机械加工的主要工序内容。
5. 如何安排曲轴主轴颈和连杆轴颈的机械加工工艺顺序？
6. 基于曲轴的结构特点，如何结合生产批量完成对曲轴主轴颈和连杆轴颈的车削加工？
7. 何谓主轴颈与连杆轴颈的外铣和内铣？重点说明内铣的实现条件与加工特点。
8. 何谓曲轴车拉加工？说明几种车拉加工方法的刀具运动形式及加工特点。
9. 说明曲轴超精加工的内涵与实现条件及质量要求。
10. 为什么曲轴油孔的加工是曲轴尤其是锻钢曲轴加工中的一个难题？
11. 分析连杆结构特点与技术要求，说明连杆材料使用状况与毛坯供货状态。
12. 说明连杆基准选择的基本要求。如何确定连杆加工的粗基准和主要加工表面的精基准？
13. 如何划分连杆的加工阶段？请用表格形式合理编排连杆机械加工工艺过程与工序顺序（包括热处理），要求反映工序顺序、工序内容及主要技术要点说明。
14. 说明各连杆辅助工序的名称、内容、作用与要求。
15. 汽车齿轮分为哪几类？有何加工技术要求？
16. 如何分类确定齿轮加工的定位基准？
17. 说明齿轮主要表面加工方法及其加工顺序。
18. 就一个典型汽车齿轮实例说明其机械加工工艺过程主要工序内容与顺序。

第8章　装配工艺基础

【本章知识点】

1. 了解装配的方法。
2. 掌握装配尺寸链的建立。
3. 了解装配工艺的制订方法。

8.1　概　　述

8.1.1　装配的概念

任何机械产品都是由若干零件、组件和部件组成，并根据规定的装配精度要求，将零件结合成组件和部件，并进一步将零件、组件和部件结合成机器的过程称为装配。

零件与零件的组合过程称为组装，其成品为组件；零件与组件的组合过程称为部装，其成品为部件；而零件、组件和部件的组合过程称为总装，其成品为机器或产品。

8.1.2　装配工作的主要内容

1. 清洗

进入装配的零件必须先进行清洗，除去在制造、储存和运输过程中所黏附的切屑、油脂、灰尘等。部件或总成在运转磨合后也要清洗。清洗对于保证和提高装配质量、延长产品的使用寿命有着重要意义。保证清洗的质量，主要靠合理选用清洗液、清洗方法及工艺参数。零件在清洗后，应具有一定的防锈能力。

2. 平衡

旋转体的平衡是装配过程中一项重要工作。特别是对于转速高、运转平稳性要求高的机器，对其零部件的平衡要求更为严格，平衡工作更为重要。旋转体的平衡方法有静平衡和动平衡两种方法。对于盘状旋转体零件，如带轮、飞轮等，一般只进行静平衡；对于长度大的零件，如曲轴、传动轴等，必须进行动平衡。

旋转体内的不平衡质量可用加工去除法进行平衡，如钻、铣、磨、锉、刮等；也可用加配质量法进行平衡，如螺纹连接、铆接、补焊、胶接、喷涂等。

3. 过盈连接

机器中的孔、轴配合时，有很多采用过盈连接。对于过盈连接件，在装配前应保持配合表面的清洁。常用的过盈连接装配方法有压入法和热胀（或冷缩）法。

（1）压入法是在常温下将工件以一定压力压入装配，会把配合表面微观不平度挤平，影响过盈量。压入法适用于过盈量不大和要求不高的情况。

（2）重要的、精密的机械以及过盈量较大的连接处，常用热胀（或冷缩）法。即采用加热孔件或冷却轴件的办法，使得过盈量缩小或达到有间隙后进行装配。

4. 螺纹连接

在汽车结构中广泛采用螺纹连接。对螺纹连接的要求为如下几方面：

（1）螺栓杆部不产生弯曲变形，螺栓头部、螺母底面与被连接件接触良好。

（2）被连接件应均匀受压，互相紧密贴合，连接牢固。

（3）根据被连接件形状、螺栓的分布情况，按一定顺序逐次（一般为 2 ~ 3 次）拧紧螺母。

螺纹连接的质量，除受有关零件的加工精度影响外，与装配技术也有很大关系。如拧紧的次序不对、施力不均，零件将产生变形，降低装配精度，造成漏油、漏气、漏水等。螺纹连接中控制拧紧扭矩的方法为：控制转矩法、控制旋转角法、控制屈服点法。

5. 校正

将各零部件本身或相互之间位置的找正及相应的调整工作称为校正，校正是装配时重要的工作之一。

8.2　常用装配方法

汽车的装配精度包括以下几方面：有关零件或部件间的尺寸精度，如间隙或过盈量等；位置精度，如平行度、垂直度和同轴度等；相对运动精度，即在相对运动过程中，保证有关零件或部件间相对位置的准确度以及各个配合表面的接触精度等。

汽车制造中常用的保证装配精度的装配方法有互换装配法、选择装配法、调整装配法和修配装配法，其中互换装配法又分为完全互换装配法和大数互换装配法。

8.2.1　互换装配法

互换装配法是在装配时，各配合零件不经选择、调整或修理即可达到装配精度的方法。互换装配法的实质就是通过控制零件的加工误差来保证装配精度。采用互换装配法，有关零件的公差按下述两种原则来确定。

（1）各有关零件公差之和应小于或等于装配公差，用公式表示如下：

$$T_0 \geqslant \sum_{i=1}^{n} T_i = T_1 + T_2 + \cdots + T_n \tag{8.1}$$

显然，在这种装配中，零件是可以完全互换的，因此又称为完全互换法。

（2）各有关零件公差值平方和的平方根小于或等于装配公差，用公式表示如下：

$$T_0 \geqslant \sqrt{\sum_{i=1}^{n} T_i^2} = \sqrt{T_1^2 + T_2^2 + \cdots + T_n^2} \tag{8.2}$$

显然，按式（8.2）计算时，与式（8.1）相比零件的公差可以放大一些，从而使加工变得容易而经济，同时仍能保证装配精度要求。但式（8.2）的应用是有条件的。由于其原理是根据概率理论，所以只适用于大批大量生产类型，当符合一定条件时，能够达到完全互换法的效果，否则，会使一部分装配达不到装配精度要求，此时称为不完全互换法。

完全互换装配法的优点是：可保证零部件的互换性，便于组织专业化生产，备品、备件供应方便；装配工作简单、经济，生产率高；便于组织流水装配及自动化装配，对装配工人的技术水平要求不高；易于扩大再生产。由于有这些优点，完全互换法成为保证装配精度的先进的装配方法，被广泛应用于各种生产类型的汽车装配中。

8.2.2 选择装配法

选择装配法是在成批或大量生产中，将产品配合副经过选择进行装配以达到装配精度的方法。

在成批或大量生产条件下，若组成零件数不多而装配精度很高时，如果采用完全互换法，会使零件的公差值过小，不仅会造成加工困难，甚至会超过加工的实现可能性。在这种情况下，就不能只依靠零件的加工精度来保证装配精度。这时可以采用选择装配法，将配合副中各零件的公差放大，然后通过选择合适的零件进行装配，以保证规定的装配精度。

选择装配法按其形式不同可分为三种：直接选配法、分组装配法和复合选配法。

1）直接选配法

直接选配法即在装配时，由装配工人直接从待装配的零件中选择合适的零件进行装配，以满足装配精度的方法。例如在汽车发动机活塞环的装配，为了避免活塞环工作时在环槽中卡死，装配工人凭经验直接挑选合适的活塞环进行装配，来保证装配精度。

这种装配方法的优点是简单。但装配质量在很大程度上取决于装配工人的技术水平，装配质量不稳定，而且工时分配也不稳定，不适用于生产节拍要求严格的现代化流水装配线。

2）分组装配法

分组装配法是在成批或大量生产中，将产品各配合副的零件按实测尺寸分组，装配时按组进行互换装配以达到装配精度的方法。在装配精度要求很高的情况，各组成零件的加工精度也很高，使得加工很不经济或很困难，甚至无法满足加工要求。例如，发动机活塞销和销孔的配合，技术要求规定，在冷态装配时应有极小的过盈量。若用完全互换法装配，则活塞销和销孔各自的加工公差分配非常小，若按平均分配，则销和孔的公差各为 0.002 5 mm，这么小的公差，给机械加工造成极大困难，也不经济。在实际生产中，采用分组装配法，即把活塞销和销孔的公差放大到 0.012 mm，然后对这些零件进行测量分组，按分组顺序，对应组的零件进行装配，以保证装配精度的要求。

分组装配法的优点是降低了零件加工精度的要求，仍能获得很高的装配精度；同组内的零件具有完全互换的优点。它的缺点是：增加了零件的测量、分组工作，增加了零件存储量，并使零件的储存、运输工作复杂化。

分组装配法只适用于大批大量生产中，组成件数目少而装配精度要求高的场合。柴油机中的柱塞偶件、针阀偶件、出油阀偶件等精密偶件都采用分组装配法，大量生产的滚动轴承工厂也采用此种装配法。

采用分组装配法时应注意如下事项。

（1）配合件的公差应相等，公差增大应同一方向，增大的倍数就是分组组数。

（2）配合件的表面粗糙度、形位公差必须保持原设计要求，不应随着配合件公差的放大而降低要求。

（3）保证零件分组装配中都能配套。若产生某一组零件过多或过少而无法配套时，必须采取措施，避免造成积压或浪费。

（4）所分组数不宜过多，以免管理复杂。

3）复合选配法

该种方法是上述两种方法的复合，即先把零件测量分组，装配时再在对应组零件中直接选择装配。复合选配法的优点在于吸取了前述两种装配法的长处，不仅较快地选择合适的零件进行装配，又能达到理想的装配质量。实际生产中发动机气缸孔与活塞的装配大都采用此种装配方法。

8.2.3　调整装配法

调整装配法是用改变可调整零件的相对位置或选用合适的调整件来达到装配精度的方法。根据调整件的不同，调整装配法又分为可动调整装配法和固定调整装配法。对于组成件数比较多，而装配精度要求又高的场合，宜采用调整装配法。

调整装配法的优点是不仅能获得很高的装配精度，而且在采用可动调整法时，可达到理想的精度，而且可以随时调整由于磨损、热变形或弹性变形等原因所引起的误差，零件可按加工经济精度确定公差。它的缺点是应用可动调整装配法时，往往要增大调整机构的体积，当机构复杂时，计算烦琐，不易准确。应用固定调整装配法时，调整件需要准备几挡不同的规格，增加了零件的数量和制造费用；调整工作繁杂，费工费时，装配精度在一定程度上依赖工人的技术水平，质量波动大。

1. 可动调整装配法

可动调整装配法是用改变预先选定的可调整零件（一般为螺钉、螺母等）在产品中的相对位置来达到装配精度的要求。如图 8－1 所示，发动机的气门间隙就是通过调整螺钉来保证要求的。

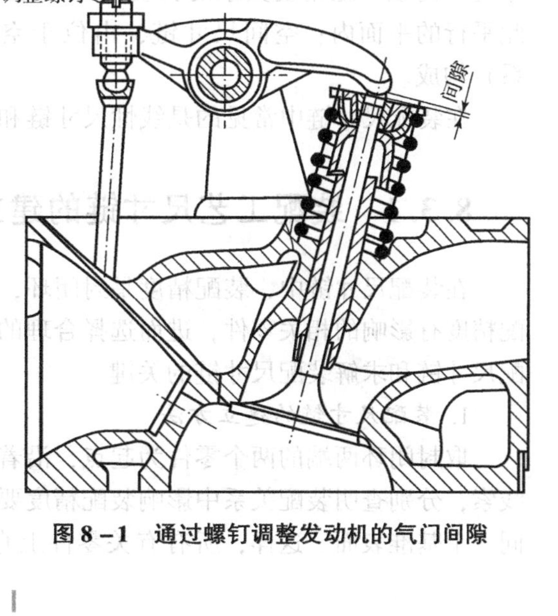

图 8－1　通过螺钉调整发动机的气门间隙

2. 固定调整装配法

固定调整装配法需预先设置几挡定尺寸调整件，装配时根据需要选择相应尺寸的调整件装入，以达到所要求的装配精度。汽车主减速器中主动锥齿轮轴承预紧度的调整，就是通过选择不同厚度的调整垫片来保证要求的。

调整装配法虽然多用了一个调整件，因而增加了部分调整工作量和一些机械加工量，但就保证整个汽车生产的装配质量来说，却是非常重要的，所以在汽车装配中被广泛采用。

8.2.4 修配装配法

修配装配法是指在装配时修去指定零件上预留的修配量以达到装配精度的方法。

修配装配法和调整装配法在原理上是一样的，都是通过调整件来补偿累积误差，仅仅是具体方法不同。

修配装配法一般适用于产量小的场合，如单件小批生产或新产品的试制阶段。当装配件数量不多，但对装配精度要求很高，或装配件数量多而装配精度要求也很高，可以采用修配装配法。

总的来说，因为汽车多是大批量生产，所以修配装配法的应用不如前述三种装配方法广泛。

8.3 装配尺寸链分析

汽车是由许多零件装配而成的，这些零件加工误差的累积将影响装配精度。在分析具有累积误差的装配精度时，首先应找出影响这项精度的相关零件，并分析其具体影响因素，然后确定各相关零件具体影响因素的加工精度。可将有关影响因素按照一定的顺序一个个连接起来，形成封闭尺寸链，即为装配尺寸链。装配尺寸链不是零件或部件上的实际尺寸，而是不同零件或部件的表面或轴线间的相对位置尺寸，它不能独立地变化，而是装配过程最后形成的，即为装配精度，在尺寸链中一般为封闭环。

装配尺寸链按照各环的几何特征和所处的空间位置大致可分为：线性尺寸链，由长度尺寸组成，且各尺寸彼此平行；角度尺寸链，由角度、平行度、垂直度等构成；平面尺寸链，构成一定角度关系的长度尺寸及相应的角度尺寸（或角度关系），且处于同一或彼此平行的平面内；空间尺寸链，由位于空间相交平面的直线尺寸和角度尺寸（或角度关系）构成。

在装配尺寸链中常见的是线性尺寸链和角度尺寸链两种。

8.3.1 装配工艺尺寸链的建立

在装配尺寸链中，装配精度是封闭环，相关零件的设计尺寸是组成环。如何查找对某装配精度有影响的相关零件，进而选择合理的装配方法和确定这些零件的加工精度，是建立装配尺寸链和求解装配尺寸链的关键。

1. 装配尺寸链的建立方法

取封闭环两端的两个零件为起点，沿着装配精度要求的位置方向，以装配基准面为联系线索，分别查明装配关系中影响装配精度要求的有关零件，直至找到同一个基准零件甚至是同一个基准表面。这样，所有有关零件上直接连接两个装配基准面间的位置尺寸或位置关系，便是装配尺寸链的全部组成环。

2. 查找装配尺寸链时应注意的两点原则

装配尺寸链的简化原则，查找装配尺寸链时，在保证装配精度的前提下可略去影响较小的因素，使装配尺寸链的组成环简化；装配尺寸链组成的最短路线原则，由尺寸链的基本理论可知，在结构给定的条件下，组成装配尺寸链的每个相关的零部件只能有一个尺寸作为组成环列入装配尺寸链，这样，组成环的数目就应等于相关零部件的数目，即一件一环，这就是装配尺寸链的最短路线原则。

8.3.2　装配工艺尺寸链的计算

1. 装配工艺尺寸链的计算类型

1）正计算法

已有产品装配图和全部零件图，已经确定尺寸链的中封闭环及各组成环的基本尺寸、公差及偏差，求封闭环的基本尺寸、公差及偏差；然后和已知条件对比，验证各环精度是否合理。

2）反计算法

当已知装配精度即封闭环的基本尺寸及其偏差，求解与该项装配精度有关的各零部件基本尺寸及其偏差的计算过程。反计算法主要用于产品设计过程之中。反计算法求解问题时，可利用“协调环”来解算。即在组成环中，选择一个比较容易加工或在加工中受到限制较少的组成环作为“协调环”，计算时先按经济精度确定其他环的公差及偏差，然后利用公式算出“协调环”的公差及偏差。

3）中间计算法

已知封闭环及部分组成环的基本尺寸及偏差，求另一组成环的基本尺寸及偏差。无论采用哪一种情况，其计算方法都有两种，即极值法和概率法。

2. 装配工艺尺寸链的计算方法

1）极值法（又称完全互换法）

用极值法解装配尺寸链的计算方法，其公式与工艺尺寸链的公式相同。

2）概率法（又称不完全互换法）

极值法的优点是简单可靠，其缺点是在极端条件情况下推导出的计算公式比较保守，当封闭环的公差较小而组成环的数目又较多时，各组成环分得的公差是很小的，使加工困难、制造成本增加。在生产实践中，加工一批零件时，多数实际尺寸处于公差中间部分，而处于极限尺寸的零件是极少数的，而且一批零件在装配中，尤其是对于多环尺寸链的装配，同一部件的各组成环，恰好都处于极限尺寸情况的，更是少见。因此，在成批大量生产中，当装配精度要求高，而且组成环的数目又较多时，应用概率法解算装配尺寸链比较合理。概率法和极值法所用的计算公式的区别在于封闭环公差的计算上，其他计算完全相同。

8.4 装配工艺规程的制订

规定产品的装配工艺过程和装配方法的工艺文件，称为装配工艺规程。它是指导装配工作的技术文件，也是制订装配生产计划和技术准备的依据。装配工艺规程对保证装配质量、提高装配生产效率、缩短装配周期、降低工人的劳动强度、缩小装配占地面积和降低成本等都有重要的影响。

8.4.1 制订装配工艺规程的基本原则

制订装配工艺规程的基本原则是：保证产品的装配质量要求；装配劳动量尽量小，钳工装配工作尽量少；装配周期尽量短，保证对装配的生产率要求；占用的生产面积尽量小。

在装配工艺规程制订中，必须采取各种技术措施和组织措施，即合理地确定以下所述的装配工艺规程各项内容，以实现上述各项基本原则。

8.4.2 装配工艺规程的内容及制订的依据

1. 装配工艺规程的内容

装配工艺规程的内容包括以下几方面：

(1) 产品装配的工艺过程，包括装配工艺系统图、装配方法和工艺规程卡片。

(2) 装配的组织形式。

(3) 装配设备和工夹具。

(4) 各个装配工序的技术条件和检查方法。

(5) 制品的运输方法和运输工具。

2. 制订装配工艺规程的依据

制订装配工艺规程的依据即所需的原始资料为：

(1) 产品装配图及重要件的零件图。

(2) 产品的技术条件。

(3) 生产纲领。

8.4.3 制订装配工艺规程的步骤

制订装配工艺规程的步骤分为以下几方面：

(1) 分析产品的技术要求、尺寸链及结构工艺性。

(2) 装配工艺过程的确定。

(3) 装配组织形式的确定。

(4) 编写装配工艺文件。

装配的组织形式一般分为固定式装配和移动式装配两种。固定式装配是在地面上或者在装配台架上进行，又可分为集中式和分散式两种。移动式装配在小车上或输送带上进行，分为连续移动和间歇移动两种。

8.4.4　装配工艺过程

1. 划分装配单元

将产品划分为可进行独立装配的单元是制订装配工艺规程中最重要的一个步骤，这对于大批大量生产结构复杂的机器装配尤为重要。只有划分好装配单元，才能合理地安排装配顺序和划分装配工序，以便组织装配工作的平行、流水作业。

产品或机器是由零件、合件、组件、部件等独立装配单元经过总装而成。零件是组成机器的基本单元。零件一般都预先装配成合件、组件和部件后才安装到机器上，直接进入机器的零件并不多。合件是由若干零件永久连接（铆或焊）而成或连接后再经加工而成，如装配式齿轮、发动机连杆小头孔压入衬套后再经精镗孔。组件是指一个或几个合件与零件的组装件。部件是若干组件、合件及零件的组合体，并具有一定完整的功用，如柴油机上的喷油泵、喷油器、增压器、调速器等。汽车则是由上述各种具有完整、独立功能的装配单元结合而成的整体。

2. 选择装配基准

无论哪一级的装配单元，都要选定某一零件或比它低一级的装配单元作为装配基准件。装配基准件通常应是产品的基体或主干零部件。基准件应有较大的体积和重量，有足够的支承面，以满足陆续装入零部件时的作业要求和稳定性要求。例如，发动机缸体是发动机缸体组件的装配基准；汽车车架分总成是非承载式车身汽车的装配基准。基准件补充加工量应最少，尽可能不再有后续加工工序。另外，基准件的选择应有利于装配过程的检测，有利于工序间的传递运输和翻身、转位等作业。

3. 确定装配顺序，绘制装配系统图

在划分装配单元、确定装配基准零件后，即可安排装配顺序。往往需要通过尺寸链分析才能合理确定装配顺序，并以装配系统图的形式表示出来。对于结构比较简单、组成的零部件少的产品，可以只绘制产品装配系统图；对于结构复杂，组成的零部件很多的产品，除绘制产品装配系统图外，还要绘制各装配单元的装配系统图。

装配系统图有多种形式，以上图例只是其中的两种。这种形式的装配系统图绘法为：首先画一条较粗的横线，横线右端箭头指向表示装配单元（或产品）的长方格，横线左端为基准件的长方格。再按装配顺序，从左向右依次将装入基准件的零件、合件、组件和部件引入。表示零件的长方格画在横线上方；表示合件、组件和部件的长方格画在横线下方。每一长方格内，上方注明装配单元名称，左下方填写装配单元的编号，右下方填写装配单元的件数。

在装配单元系统图上加注所需的工艺说明，如焊接、配钻、配刮、冷压、热压和检验等，这样就形成了一份较详细的装配工艺系统图。

装配工艺系统图比较清楚而全面地描述了装配单元划分、装配顺序和装配工艺方法。它是装配工艺规程制订中主要的文件之一，也是划分装配工序的依据。

4. 划分装配工序

装配顺序确定后，就可将装配工艺过程划分为若干工序。其主要工作为如下几方面：

（1）确定工序集中与分散的程度。

（2）划分装配工序，确定各工序的内容。

（3）制订工序的操作规范，如过盈配合所需的压力，变温装配的温度值，紧固螺栓连接的预紧扭矩，以及装配环境要求等。

（4）选择设备和工艺装备。若需要专用设备和工艺装备，则应提出设计任务书。

（5）制订各工序装配质量要求及检测项目。

（6）确定工时定额，并协调各工序内容。在大批大量生产时，要平衡工序的节拍，均衡生产，实现流水装配。

5. 确定装配顺序应注意的事项

（1）预处理工序在前。装配前先安排零件的预处理工序，如零件的倒角、去毛刺与飞边、清洗、防锈、防腐处理、涂装、干燥等。

（2）先下后上。首先进行基础零部件的装配，使机器在装配过程中重心处于最稳定状态。

（3）先内后外。先装配机器内部的零部件，使先装部分不成为后续装配作业的障碍。

（4）先难后易。在开始装配时，基准件上有较开阔的安装、调整、检测空间，有利于零部件的装配。

（5）先进行能破坏后续工序装配质量的工序。有些装配工序需施加较大装配力或高温，这样容易破坏以后装配工作的质量。如冲击性质装配作业、压力装配作业、加热装配、补充加工工序等，应尽量安排在装配初期进行，以保证整台机器的装配质量。

（6）及时安排检验工序。在完成对机器装配质量有较大影响的工序后，必须及时安排检验工序，检验合格后方可进行后续装配工序，以保证装配精度和装配效率。

（7）集中安排使用相同设备、工艺装备以及具有共同特殊环境的工序，这样可以减少装配设备和工艺装备的重复使用，以及产品在装配地的迂回。

（8）处于基准件同一方位的装配工序应尽可能集中连续安排，以防止基准件的转位和翻身。

（9）电线、油（气）管路的安装应与相应工序同时进行，以防止零部件的反复拆装。

（10）易燃、易爆、易碎、有毒物质或零部件的安装，尽可能放在最后，以减少安全防护工作量，保证装配工作顺利完成。

本章小结

本章主要介绍在汽车装配工艺过程中常用装配方法和装配精度等基础知识，然后分节说明装配的工艺过程和内容、装配技术与质量要求等。

学习本章内容，要求了解常用装配方法和掌握装配精度内容与要求；熟悉汽车装配工艺过程和组织形式；熟悉汽车装配技术和质量控制。

思考与习题

1. 汽车装配的任务与要求是什么？汽车装配与其他机器装配有何不同？

2. 汽车总装配中的常用装配方法主要有哪几种？重点说明螺纹连接与销连接的装配特点。

3. 说明装配精度的内涵与应用意义。

4. 装配精度与零件精度的关系包含哪几方面的内容？

5. 装配方法的选择，一般要遵循哪几项原则？

6. 说明互换装配法和修配装配法的应用。

参 考 文 献

[1] 韩英淳. 汽车制造工艺学 [M]. 北京：人民交通出版社，2005.
[2] 王永伦. 汽车制造工艺基础 [M]. 北京：机械工业出版社，2012.
[3] 何耀华. 汽车制造工艺 [M]. 北京：机械工业出版社，2012.
[4] 唐远志. 汽车制造工艺 [M]. 北京：化学工业出版社，2012.
[5] 卢秉恒. 机械制造技术基础 [M]. 3 版. 北京：机械工业出版社，2009
[6] 贾亚洲. 金属切削机床概论 [M]. 2 版. 北京：机械工业出版社，2012.
[7] 贾振元，王福吉. 机械制造技术基础 [M]. 北京：科学出版社，2011.
[8] 马力. 机械制造工艺及设备概论 [M]. 沈阳：辽宁科学技术出版社，1993.
[9] 施晓芳. 数控加工工艺 [M]. 北京：电子工业出版社，2011.
[10] 王宝玺，贾庆祥. 汽车制造工艺学 [M]. 北京：机械工业出版社，2009.
[11] 吕士峰，王士柱. 数控加工工艺 [M]. 北京：国防工业出版社，2006.
[12] 丁柏群，王晓娟. 汽车制造工艺技术 [M]. 北京：国防工业出版社，2008.
[13] 邓仕珍，范森海. 汽车车身制造工艺学 [M]. 北京：北京理工大学出版社，1997.
[14] 王东升. 金属工艺学 [M]. 杭州：浙江大学出版社，1997.
[15] 周述积. 材料成形工艺 [M]. 北京：机械工业出版社，2005.
[16] 宋晓琳. 汽车车身制造工艺学 [M]. 北京：北京理工大学出版社，2006.
[17] 周述积. 汽车制造工艺学 [M]. 北京：北京理工大学出版社，2013.
[18] 曾东健. 汽车制造工艺学 [M]. 北京：机械工业出版社，2007.
[19] 刘传绍，苏建修. 机械制造工艺学 [M]. 北京：电子工业出版社，2011.
[20] 张建中，朱瑛，于超. 机械制造工艺学 [M]. 北京：国防工业出版社，2011.
[21] 王先奎. 机械制造工艺学 [M]. 北京：清华大学出版社，1989.
[22] 郭宗连. 机械制造工艺学 [M]. 北京：中国建材工业出版社，1997.
[23] 王启平. 机械制造工艺学 [M]. 哈尔滨：哈尔滨工业大学出版社，1995.
[24] 卢圣春. 汽车装配技术 [M]. 北京. 北京理工大学出版社，2013.
[25] 李华. 机械制造技术 [M]. 北京：机械工业出版社，1997.
[26] 顾崇衔. 机械制造工艺学 [M]. 西安：陕西科学技术出版社，1987.
[27] 陈红霞. 机械制造工艺学 [M]. 北京：北京大学出版社，2010.